Responsabilité civile extracontractuelle et assurance des constructeurs

Logiques Juridiques

Fondée par Gérard Marcou

Dirigée par Jean-Claude Némery et Thomas Perroud

Le droit n'est pas seulement un savoir, il est d'abord un ensemble de rapports et pratiques que l'on rencontre dans presque toutes les formes de sociétés. C'est pourquoi il a toujours donné lieu à la fois à une littérature de juristes professionnels, produisant le savoir juridique, et à une littérature sur le droit, produite par des philosophes, des sociologues ou des économistes notamment.

Parce que le domaine du droit s'étend sans cesse et rend de plus en plus souvent nécessaire le recours au savoir juridique spécialisé, même dans des matières où il n'avait jadis qu'une importance secondaire, les ouvrages juridiques à caractère professionnel ou pédagogique dominent l'édition, et ils tendent à réduire la recherche en droit à sa seule dimension positive. À l'inverse de cette tendance, la collection « Logiques juridiques » des éditions L'Harmattan est ouverte à toutes les approches du droit. Tout en publiant aussi des ouvrages à vocation professionnelle ou pédagogique, elle se fixe avant tout pour but de contribuer à la publication et à la diffusion des recherches en droit, ainsi qu'au dialogue scientifique sur le droit. Comme son nom l'indique, elle se veut plurielle.

Dernières parutions

Yaya DIALLO, *Les sûretés et garanties réelles dans les procédures collectives,* 2019.

Sangoné THIAM, *Droits de la défense et enquête policière*, 2019.

Georges-Philippe ZAKHOUR, *Les investissements étrangers, Droit application et tribunal compétent*, 2019.

Rachid EL BAZZIM, *Conseil de la concurrence au Maroc*, 2019.

Bienvenu OKIEMY, *L'OMC, une ingénierie juridique et commerciale à reconfigurer*, 2019.

Didier JAMOT, *Annuaire des engagements internationaux ayant fait l'objet d'une loi d'autorisation sous la Ve République*, 2019.

Sotirios LYTRAS, *Le phénomène disciplinaire dans le droit public héllenique contemporain,* 2019.

Massimo VOGLIOTTI, *Pour une nouvelle éducation juridique*, 2018.

Claire AGUILON, *Justice constitutionnelle et subsidiarité. L'apport de l'expérience canadienne pour la construction européenne*, 2018.

Jackeline Patricia CESPEDES ARTEAGA, *La contribution de la CJUE dans la construction du droit de la Communauté andine*, 2018.

Michaël MARTINEZ, *Le train de vie en droit privé*, 2018.

Hafedh BOUAZIZ, *La conversion des actes juridiques,* 2018.

Mohamed Jamal BENNOUNA

RESPONSABILITE CIVILE EXTRACONTRACTUELLE ET ASSURANCE DES CONSTRUCTEURS

Droit comparé

L'Harmattan

5-7, rue de l'École-Polytechnique ; 75005 Paris
http://www.editions-harmattan.fr
ISBN : 978-2-343-14800-7
EAN : 9782343148007

DÉDICACES

À mes enfants

Aïda et Ilias

« La sagesse, c'est d'avoir des rêves suffisamment grands pour ne pas les perdre de vue lorsqu'on les poursuit. »

Oscar Wilde, écrivain irlandais

SOMMAIRE

TABLE DES ABRÉVIATIONS

Abréviation	Désignation
ACAPS	Autorité de Contrôle des Assurances et de la Prévoyance Sociale
Ad	Administratif
AFNOR	Association Française de Normalisation
Al	Alinéa
Alg	Algérie, algérien
All	Allemagne, Allemand
Ap	Cour d'appel
Ar	Arrêt
Art	Article.
As	Assurance
Ass Plén	Assemblée plénière
BA	Béton armé
BCT	Bureau de Contrôle Technique.
BdM	Police Bris de Machines
Bel	Belgique, Belge
BET	Bureau d'Études Techniques.
B.O	Bulletin officiel.
BP	Béton précontraint
Bul Civ	Bulletin Civil
CCAG-MO	Cahier des Clauses Administratives Générales - Maitrise d'Œuvre.
CCAG-T.	Cahier des Clauses Administratives Générales - Travaux.
Cd	Code
Cd Ass	Code des assurances
Cd Civ.	Code civil
Cd Paras	Code parasismique
Cd Pr Civ	Code de la procédure civile.
Ch	Chambre
Ch Civ	Chambre civile
Ch Com	Chambre Commerciale
Ch Crim	Chambre criminelle
Civ	Civil

Com	Commercial
CPS	Cahier des Prescriptions Spéciales
Cr Cass	Cour de Cassation
Crim	Criminel
D.O.C	Dahir des Obligations et Contrats.
DAPS	Direction d'Assurance et de Prévoyance Sociale
Dos	Dossier
DTU	Document Technique Unifié
EC	Police Engins de Chantiers
Ed	Édition
Egy	Égypte, égyptien
Esp	Espagne, Espagnol
FMSAR	Fédération des Sociétés d'Assurance et de Réassurance
Fra	France, Français
Gbr	Grande Bretagne, Britannique
GC	Génie Civil
HCP	Haut Commissariat au Plan
Ins	Tribunal de Première Instance
Ita	Italie
Jug	Jugement
LCI	Limite Contractuelle d'Indemnisation
Mar	Maroc, marocain
Mio	Million
NF	Norme Française
NM	Norme Marocaine
N°	Numéro
Ord	Ordonnance
P	Page
PE	Garantie Perte d'Exploitation
PEA	Garantie Perte d'Exploitation Anticipée
Pén	Pénal
Pr	Procédure
Prv	Pourvoi
Pub	Publié
RC	Responsabilité Civile
RCD	Assurance Responsabilité Civile Décennale
RCP	Assurance Responsabilité Civile Professionnelle
Rev	Revue
RGAT	Revue Générale des Assurances Terrestres

RP	Règle Proportionnelle
Sén	Sénégal ; sénégalais
Soc	Social
Sui	Suisse
Suiv.	Suivants
Sup	Cour suprême
T	Tome
TGI	Tribunal de Grande Instance (France)
Th	Thèse
Tr	Tribunal
Tr Adm.	Tribunal Administratif
Tr Com	Tribunal de Commerce
TRC	Assurance Tous Risques Chantiers
TRI	Police Tous Risques Informatiques
TRM	Assurance Tous Risques Montages
Tun	Tunisie, tunisien
V	Voir
VRD	Voirie et Réseaux Divers

INTRODUCTION GÉNÉRALE

À notre connaissance et sans prétendre à l'exhaustivité absolue ; la plupart des études juridiques traitant de la responsabilité civile des constructeurs n'ont abordé en général que la responsabilité contractuelle sans pour autant aborder leur responsabilité extracontractuelle et encore moins leur assurance.
L'analyse et l'étude de ce type de responsabilité extracontractuelle exige, d'une part la connaissance parfaite des métiers et professions qui concourent à la réalisation d'une construction et d'autre part avoir une connaissance ; du moins approfondie ; des fautes commises par ces mêmes intervenants et en même temps avoir une base de données des sinistres typiques et accidents vécus sur chantier.
Notre formation polyvalente d'ingénieur et de juriste, ainsi que notre métier d'expert d'assurance et d'expert judiciaire, nous ont permis de constater combien même les fautes extracontractuelles des constructeurs sont nombreuses et méritent une attention particulière. L'étude et l'analyse de ce genre de faute pourrait participer à l'évolution de la législation et l'amélioration des couvertures d'assurance des constructions au Maroc.
En tant qu'ingénieur expert et juriste, notre souhait est d'exprimer un avis ; modeste soit-il ; sur les défaillances et carences de la législation marocaine dans le domaine de la construction. On tient à rappeler que les données tant financières qu'économiques montrent et démontrent d'une façon évidente la place importante et grandissante du secteur du BTP dans l'économie marocaine. À ce propos, on rappelle que le secteur du BTP joue un rôle essentiel tant au niveau économique qu'au niveau social.

Notre choix s'est porté sur l'étude de la responsabilité extra-contractuelle des constructeurs dans le cadre de la législation marocaine et en comparant son traitement par d'autres législations européennes (**France, Allemagne, Espagne et Grande Bretagne**) ou africaines (**Algérie, Tunisie et Sénégal**). Ce choix est tout d'abord motivé par l'existence actuelle d'un important contentieux entre les constructeurs et les maitres d'ouvrage de nature extra-contractuelle. Ce choix repose également sur l'objectif de rechercher les explications objectives de ce

contentieux dans le cadre du jeu des règles de la responsabilité des constructeurs tracées par la législation marocaine.
Nous exposerons tout d'abord, dans la suite de la présente introduction générale, l'intérêt de ce choix restreint. Nous nous efforcerons de montrer que l'étude de la responsabilité extra-contractuelle des constructeurs peut être considérée comme un exemple paradigmatique pour l'étude de la responsabilité des industriels en général.
Nous essaierons de démontrer les liens entre les règles applicables à ce contentieux de nature extra-contractuelle et certaines règles générales portant sur la responsabilité contractuelle des constructeurs. Afin de situer cette problématique, nous exposerons la méthode d'étude que nous avons choisie et ce en partant d'une définition générale de la responsabilité des constructeurs telle qu'elle est pratiquée sur chantier et non par la loi. Cette approche conduit nécessairement à omettre l'étude de certains points de droit ; certes indissociables de l'étude de la responsabilité des constructeurs ; mais que nous ne développerons pas, telle la responsabilité contractuelle. Enfin, nous exposerons le plan adopté pour notre étude de la responsabilité extra-contractuelle des constructeurs, permettant de résoudre notre problématique en expliquant le contentieux naissant entre les constructeurs et les maitres d'ouvrages par le jeu des règles de la responsabilité des constructeurs dans le cadre du D.O.C (en l'absence pour le moment d'un code de la construction) ainsi que dans celui du code des assurances.
Le choix du sujet est motivé aussi par les types de réponses que peut apporter le secteur d'assurance à cette problématique de la responsabilité extra-contractuelle des constructeurs envers les tiers après réception des travaux.

En effet, du fait de son rôle moteur de l'économie, le BTP agit comme un véritable levier de croissance. Passé la consolidation actuelle, le secteur du BTP devrait continuer son développement dans les années à venir, du fait de la conjonction de plusieurs facteurs endogènes :

- L'ouverture de l'économie nationale sur le reste du monde ;
- Les différentes mesures mises en place par l'État marocain pour dynamiser l'attractivité du secteur (Mise en place d'outils de financement, avantages fiscaux, programmes des villes nouvelles et politique du logement social) ;
- La croissance démographique et son impact sur l'évolution urbaine en termes de logements et d'infrastructure socio-économiques ;

- La mise en chantier de grands projets structurants (routes, autoroutes, voies ferrées et gares, ports, infrastructures publiques) ;
- La volonté délibérée de conquérir des marchés de l'Afrique de l'Ouest jumelée à l'exportation de l'ingénierie marocaine.

Le secteur du bâtiment et travaux publics contribue à hauteur de 6,6% du total des valeurs ajoutées aux prix courants et 22,3% de celles relatives aux activités secondaires entre 2008 et 2013. Il emploie près d'un million de personnes soit 9,3% de la population active occupée, dont 11% dans le milieu urbain.
Activité stratégique pour l'économie du Maroc, le secteur du bâtiment et des travaux publics réalise un PIB de 53 milliards de DH par année, soit près de 6,6 % du PIB national. De ce fait, le BTP se présente comme un secteur clé de l'économie marocaine.

Entre 2002 et 2013, le secteur du BTP a connu une grande évolution au point que sa valeur ajoutée s'est vue doublée. Le secteur renferme environ 60.000 entreprises et emploie environ 9 % de la population active marocaine. Mais, ce secteur n'est pas bien organisé et le secteur informel est très présent dans le domaine de la construction destiné à l'habitat au point qu'il domine pratiquement le secteur privé.

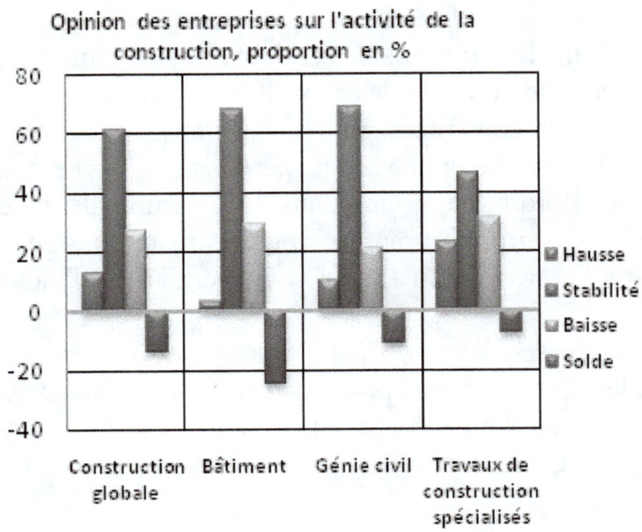

Figure 1 : Enquêtes trimestrielles de conjoncture – HCP Décembre 2016

Selon le HCP (Voir tableau de bord sectoriel - Mai 2015 - Direction des études et prévisions financières - Ministère de l'économie et des finances), en 2016 l'économie a perdu 125.000 emplois touchant tous les secteurs d'industrie, des services ainsi que ceux de l'agriculture à l'exception du secteur du BTP qui a créé plutôt 52.000 emplois. En effet, le secteur du BTP reste un secteur actif et créateur d'emploi en comparaison avec d'autres secteurs de l'économie marocaine.
Selon l'enquête du HCP (Enquêtes trimestrielles de Conjoncture – 3ème Trimestre 2016 - HCP Décembre 2016) réalisée auprès de patrons d'entreprises du BTP en Décembre 2016 dédiée au 3ème trimestre de l'année 2016, 61 % des patrons considèrent que le secteur aurait connu une certaine stabilité contre 27 % qui considèrent ; au contraire ; que le secteur aurait connu une baisse de l'activité. Cette stabilité selon les 61 % des patrons est réalisée dans les deux secteurs de constructions tant du bâtiment que du Génie Civil.
En ce qui concerne les commandes constatées dans le secteur de la construction, 50 % des patrons considèrent que le niveau de ces commandes est stable contre 39 % des patrons qui considèrent au contraire que le carnet de commandes a connu une baisse notoire. Quant à l'emploi, la majorité des patrons (73 %) aurait connu une stabilité et le taux d'utilisation de capacité productive (TUC : Ratio entre les capacités de production mobilisée par les entreprises pour la réalisation des travaux et l'ensemble des capacités de production effectivement disponibles dans les entreprises) serait stabilisé au niveau de 64 %. Ce taux TUC élevé indique que les capacités de production mobilisées par les entreprises de construction sont importantes et dénotent un carnet de commande assez rempli. Mais ne perdons pas de vue que l'État reste un donneur d'ordre important dans le domaine de la construction puisque 80 % environ des marchés publics marocains sont dédiés à la construction (Travaux du bâtiment et Génie civil confondus).

La construction de bâtiment ainsi que les travaux spécialisés de Génie Civil sont les deux segments porteurs de cette branche. Dans le segment de l'habitat privé, l'auto-construction représente la moitié des unités réalisées chaque année.

Indicateurs sectoriels - Bâtiment et travaux publics

	Moyenne 2005-09	2010	2011	2012	2013	2014
Activité des cimenteries						
Importation de ciment hydraulique (En milliers de tonnes)	254,84	434,58	185,18	203,35	124,32	110,87
Ventes totales de ciment (En milliers de tonnes)	12 600,11	14 571,12	16 129,62	15 871,06	14 864,34	14 059,90
Autorisations de construire (En nombre)	**51 325,60**	**57 296,00**	**53 086,00**	**54 869,00**	**53 008,00**	
Structure (En %)						
Immeubles	13,37	10,16	12,01	11,31	12,89	
Villas	4,69	3,38	3,83	4,57	4,37	
Habitation type marocain	74,32	79,32	76,26	75,47	74,64	
Bâtiments du commerce et de l'industrie	6,78	6,31	7,12	7,85	7,27	
Bâtiments administratifs	0,37	0,36	0,38	0,43	0,47	
Autres	0,48	0,48	0,39	0,38	0,36	
Prix moyen du m² couvert (En DH)	**1 162,80**	**1 188,00**	**1 255,28**	**1 293,00**		
Immeubles	1 186,00	1 203,00	1 304,40	1 308,03		
Villas	1 431,60	1 654,00	1 758,42	1 660,15		
Habitation type marocain	1 214,60	1 156,00	1 215,74	1 262,12		
Bâtiments du commerce et de l'industrie	1 206,20	1 230,00	1 243,36	1 269,54		
Bâtiments administratifs	1 549,93	1 767,22	1 930,55	1 821,46		
Autres	1 340,80	1 281,00	1 332,30	1 631,45		
Surface bâtie (En milliers de m²)	**5 833,45**	**6 613,93**	**5 639,48**	**5 976,00**	**5 992,00**	
Surface du plancher (En milliers de m²)	**15 932,52**	**16 032,90**	**17 946,71**	**16 218,00**	**17 024,00**	
Valeur prévue (En millions de DH)	**21 030,61**	**20 537,14**	**22 758,06**	**23 642,00**	**25 838,00**	

Mise à jour : 11/2015

Tableau 1 : Tableau de bord relatif au secteur du BTP jusqu'à l'exercice 2014

Source : Calcul de la DEPF sur la base des données du Ministère de l'Industrie, du Commerce, de l'Investissement et de l'Économie Numérique, du Haut-Commissariat au Plan et de l'Association Professionnelle des Cimentiers du Maroc

Par ailleurs, les données économiques africaines nous montrent la place du Maroc dans le tissu économique africain :

Perspectives macroéconomiques de l'Afrique du Nord

Taux de croissance du PIB, en volume (%)	2012	2013 (e)	2014 (p)	2015 (p)
Afrique	**6.4**	**3.9**	**4.8**	**5.7**
Afrique (hors Libye)	**4.1**	**4.2**	**4.8**	**5.2**
Afrique du Nord	**9.4**	**1.8**	**3.1**	**5.5**
Algérie	3.3	3.0	4.3	4.2
Égypte*	2.2	2.1	2.1	3.6
Libye	104.4	-12.1	4.3	22.4
Maroc	2.7	4.7	3.2	4.6
Mauritanie	7.0	6.8	6.9	7.3
Tunisie	3.7	2.6	3.3	4.6
Solde budgétaire total, dons compris (en % du PIB)	**2012**	**2013 (e)**	**2014 (p)**	**2015 (p)**
Afrique	**-2.9**	**-3.9**	**-4.5**	**-4.0**
Afrique du Nord	**-5.0**	**-7.3**	**-8.2**	**-5.8**
Algérie	-4.8	-0.2	-2.1	-2.6
Égypte*	-10.6	-13.7	-13.1	-11.3
Libye	13.8	-9.3	-13.2	0.4
Maroc	-8.7	-5.3	-5.5	-4.9
Mauritanie	0.8	-3.7	-2.1	-4.8
Tunisie	-4.8	-6.2	-6.4	-4.3

Note : * Année fiscale juillet (n-1)/juin (n). (e) estimations et (p) prévisions.
Source : Calculs des auteurs.

Tableau 2 : Perspectives macroéconomiques de l'Afrique du Nord[1]

À travers ces chiffres très signifiants et significatifs, nous pensons que la législation marocaine est vraiment en dessous des attentes des professionnels du BTP et ne fonctionne nullement au rythme du développement de ce secteur.

Une société ne peut espérer avancer dans la voie du développement tant économique que social qu'à travers la mise en place d'une législation moderne qui se met au diapason des attentes de ses membres actifs représentant la locomotive de développement, de la production et de l'industrie.

Nous pensons qu'il est temps de revoir les lois marocaines qui datent de l'époque du protectorat français (Le D.O.C en tant que code civil a été établi en 1913), revoir le code des assurances qui ne fait référence à aucun moment au secteur de la construction et mettre en place le code de la construction tant attendu par les professionnels ce qui permettra de répondre à l'évolution très rapide du secteur de la construction.

[1] Source : Perspectives économiques en Afrique 2014
http://www.africaneconomicoutlook.org/fileadmin/uploads/aeo/2014/PDF/Pocket_Edition_AEO2014-FR_mail.pdf : Consulté le 14 Juin 2015 à 17H49.

On peut constater que tout ouvrage à construire ou à monter est exposé aux périls les plus divers. La construction d'ouvrages n'est certainement plus simple à cause de plusieurs paramètres techniques et qui n'ont fait qu'aggraver les risques survenant tant en période de construction de l'ouvrage, que durant son exploitation. En effet, la pression urbaine ; conséquente de l'augmentation de la population dans les villes durant les dernières décennies ; a fait croitre la demande des logements. Cette situation a généré la rareté des terrains constructibles en zone urbaine au point d'avoir recours à l'utilisation de terrains réputés auparavant inconstructibles telles les anciennes carrières, anciennes décharges publiques et terrains marécageux.
Afin de répondre à cette demande croissante de logements, les ouvrages ont connu une augmentation de leurs volumes et hauteurs ainsi que le recours à l'utilisation de nouvelles techniques de construction ne bénéficiant pas de recul suffisant pour évaluer les risques qu'elles peuvent engendrer. D'ailleurs, la préfabrication en série d'éléments lourds et l'apparition de procédés d'étanchéité nouveaux, n'ont fait qu'aggraver la sinistralité dans le secteur de la construction.
Les marges bénéficiaires des entreprises deviennent de plus en plus réduites à cause du contexte économique défavorable et de la concurrence très prononcée ces dernières années se caractérisant par la venue et l'installation d'entreprises européennes au Maroc (principalement espagnoles et françaises).
À tous ces facteurs de risques tant techniques que financiers, s'ajoutent les phénomènes de corruption, de malversation ainsi que l'absence de contrôle des ouvrages en cours de construction par les autorités locales aggravant ainsi la sinistralité des constructions. Situation qui se traduit malheureusement parfois par l'écroulement d'immeubles en cours de construction et la mort de dizaines de personnes. Le cas de l'écroulement de l'immeuble de Kenitra en 2008, qui s'est soldé par la mort de 18 personnes et la blessure de 26 autres est l'exemple type qui corrobore le manque et même l'absence totale des contrôles de l'administration.
Tous ces facteurs d'aggravation des risques liés à la construction auraient pu être évités si la législation marocaine était en mesure de répondre à cette nouvelle situation caractérisée par la complexité grandissante du secteur de la construction. La législation marocaine est très en retard, voire obsolète et ne répond plus au développement du secteur de la construction. Il est temps de revoir cette législation pour

la mettre à niveau, afin de répondre aux exigences et contraintes du secteur de la construction.

Tous ces phénomènes créent des problèmes d'organisation dans les chantiers ou engendrent des litiges entre maîtres d'ouvrages et intervenants. Il est donc apparu intéressant d'analyser la responsabilité des intervenants dans l'acte de construire, tant à travers les législations marocaines et ses jurisprudences, qu'à travers les législations d'autres pays tels la Tunisie et la France.
La détermination et délimitation de la responsabilité des intervenants suppose ; d'une part l'existence d'une législation propre au secteur de la construction tel un code de la construction, d'autre part les contrats qui lient le maître d'ouvrage aux différents intervenants devraient être précis sur la nature des missions qui seront réalisées par l'intervenant tout en délimitant sa responsabilité. Par ailleurs, le corps de la magistrature devrait se spécialiser pour pouvoir rendre des sentences mieux fondées et par conséquent plus pertinentes.

Le principe de la responsabilité civile n'est nullement propre au secteur de la construction. C'est un vieux principe d'après lequel tout dommage causé à autrui oblige celui par la faute duquel il a été causé à réparer lorsqu'un lien de causalité a été démontré comme existant entre le dommage et l'acte commis. « La responsabilité civile consiste à assurer à la victime la réparation d'un dommage causé par un tiers. Par conséquent, elle ne se conçoit traditionnellement qu'en présence d'un dommage déjà réalisé, qu'il convient précisément de réparer. » (V. Bacache-Gibeili (M), Droit civil, T5, Les obligations, la responsabilité civile extracontractuelle, Beyrouth, Éditions DELTA, 2008, P 3).
Le fait dommageable engendre une obligation légale à la charge de l'auteur qui en est débiteur à l'égard de la victime. La réparation se fait généralement en numéraire au profit de la victime ou de ses ayants droits. La responsabilité civile n'est donc pas fondée que sur des préoccupations juridiques, mais également fondée sur des préoccupations morales. Il est important que le responsable d'un dommage le répare.

À travers et par la responsabilité civile, le droit cherche à assurer aux individus la réparation de leurs dommages privés afin de remettre les choses en état de rétablir un équilibre. Dans ce cas, la sanction est indemnitaire et non répressive.

La responsabilité peut dériver d'un contrat produisant une responsabilité contractuelle régie par les articles 723 et suivants du D.O.C et relatifs aux contrats de louage de service ou de louage d'ouvrages par opposition à la responsabilité délictuelle ou quasi délictuelle régie par les articles 77 et suivants du D.O.C et qui oblige le responsable à réparer un préjudice causé à autrui n'ayant aucun lien juridique avec le responsable fautif au moment de la constatation du dommage. D'ailleurs, dans le cadre de la construction, les deux types de responsabilité civile peuvent cohabiter, se produire simultanément ou séparément. Le cas pouvant illustrer ces situations engendrées par un seul et même sinistre se résume en l'écroulement d'une partie de l'ouvrage sur une rue touchant un passant et dégradant l'entrée d'un magasin. Ce type de sinistre générerait éventuellement trois types de dommages engageant ainsi la responsabilité civile des intervenants dans l'acte de construire.

En premier lieu, ce genre de sinistre génère des dommages à l'ouvrage en cours de construction ce qui mettra en jeu la responsabilité civile contractuelle des intervenants vis-à-vis du maître d'ouvrage. Par ailleurs, cet écroulement va se traduire par un dommage corporel touchant le passant et engageant ainsi la responsabilité civile des intervenants vis-à-vis des tiers. En dernier lieu, ce sinistre produira des dommages matériels correspondant à la détérioration de l'entrée du magasin (dommage matériel) ainsi qu'une perte d'exploitation (dommage immatériel) due à la fermeture pour réparation ce qui mettra en jeu la responsabilité civile extracontractuelle des intervenants.

Ce genre d'accident illustre à quel point la responsabilité civile des intervenants peut être importante voire énorme suite à un sinistre. Cette remarque mène à faire un lien entre le développement de la législation et celui des assurances et des couvertures pouvant être offertes par les assureurs au Maroc.

Afin de délimiter la responsabilité tant contractuelle que quasi délictuelle de chaque intervenant dans l'acte de construire, il serait nécessaire de définir la fonction de chacun de ces intervenants. Cette approche parait importante au vu de l'amalgame et de la confusion souvent constatées dans les différentes publications sur la fonction de l'architecte ainsi que celle des ingénieurs.

Par ailleurs, à ce jour le D.O.C ne définit nullement les appellations et codifications des différents intervenants dans l'acte de construire.

La définition et délimitation de fonction permettrait aussi de comprendre dans quelle mesure la responsabilité *in solidum* peut être utilisée en cas de litige ou de conflit entre intervenants dans l'acte de construire.

La responsabilité contractuelle de ces prestataires de service ne pourra être engagée que s'il est apporté la preuve :

- D'un comportement fautif ;
- D'un préjudice ;
- D'un lien de causalité entre ce comportement fautif et le préjudice allégué.

Le comportement fautif serait interprété comme tout manquement aux obligations prévues explicitement ou découlant implicitement du contrat qui lie le prestataire (ou l'entreprise dont il dépend) à l'autre partie.
Le comportement fautif pourrait ainsi s'agir de l'une (ou plusieurs) des situations suivantes :

- D'une inexécution partielle ou totale des obligations contractuelles (absence de livraison d'un matériel, d'une commande, d'une étude, etc.) ;
- D'un simple retard dans l'exécution : retard dans les délais pour lesquels le prestataire s'était engagé à fournir sa prestation intellectuelle ou matérielle ;
- Ou d'une exécution dite défectueuse des obligations (Exemple : préconisations de l'ingénieur qui se seraient avérées dangereuses pour l'entreprise conseillée, etc.).

Si les obligations explicitement prévues dans le contrat (obligations dites principales) ne posent guère de difficultés pour être identifiées, il y a lieu de noter que les tribunaux imposent d'autres obligations aux prestataires de service et particulièrement à l'ingénieur, liées à sa qualité d'homme de l'art, qui découlent implicitement du contrat (obligations dites accessoires) et que l'ingénieur se doit pourtant de respecter : il s'agit par exemple de l'obligation de conseil, du devoir d'informer l'autre partie des éventuels risques liés à la mise en œuvre de telle ou telle préconisation, de l'obligation de s'assurer de la sécurité des biens et des personnes dans l'utilisation de tel ou tel outil ou dans la mise en œuvre de tel ou tel *process* industriel ou technologique.

Mais en contrepartie, comment peut-on expliquer le peu d'attention et de coordination portées par les professionnels à la prévention des risques liés à la responsabilité civile dans le secteur industriel et particulièrement dans le secteur du BTP ? Afin d'expliquer cette situation, certains font valoir la difficulté de la tâche de prévention en responsabilité civile du fait qu'il ne s'agit pas de protéger un bien clairement identifié mais plutôt de s'intéresser aux activités de l'entreprise ainsi qu'aux comportements et faits et gestes de son personnel. S'il est vrai que le caractère, à la fois omniprésent et diffus de la responsabilité civile, rend sa prévention délicate, il reste néanmoins possible de mettre en place de nombreuses procédures et outils de Risk Management permettant de prévenir les dommages aux tiers. D'ailleurs de plus en plus d'industriels et de professionnels de l'assurance s'intéressent aux moyens de prévention de la responsabilité civile de l'entreprise dans des situations diversifiées tels les accidents de travail, la pollution des eaux et/ou de l'air, ou encore le risque de rappel des produits déclarés défectueux (V. BARON (F), MBA Prévention RC, ENASS Avril 2009, P 8).

Dans le secteur du BTP, les constructions sont soumises à des phénomènes divers pouvant mettre leur pérennité en danger. Ces risques peuvent provenir en période de construction ou/et en période d'exploitation de l'ouvrage (V. SUDRES (R), L'assurance des risques de la construction, Hannover, HANNOVER RE, 2006, P 5). Ils sont de trois types : Les risques techniques dus à l'erreur humaine, ceux dus aux phénomènes naturels ainsi que ceux de nature juridique et liés aux contrats liant le maitre d'ouvrage aux différents intervenants.

Le risque peut être celui d'une force mécanique de provenance extérieure telle que le heurt d'une flèche de grue contre l'ouvrage en cours de construction, la chute d'un appareil de navigation aérienne, le choc des navires sur un ouvrage maritime tel un quai ou une digue. Le cas le plus courant est celui des grues à tour dont la chute sur l'ouvrage en cours d'édification peut causer des dégâts importants.

La maladresse, la négligence, sont souvent à l'origine de différents accidents dommageables à un ouvrage. Signalons aussi que dans un bâtiment à étage, les dégâts provoqués par les infiltrations d'eau en provenance des étages supérieurs et pouvant ruisseler en cascade au sein d'une construction peuvent être graves. Le gel de l'hiver peut être à l'origine aussi de sinistres très onéreux se traduisant par l'éclatement

de canalisation ou les surcharges imprévues qui peuvent être à l'origine d'effondrement de toitures.
Signalons également la période délicate des essais ; et qui fait trembler le cœur des assureurs ; dans la mise en route d'une construction industrielle ou d'une usine, période propre à la survenance d'accidents fort dommageables.
Aux dégâts des eaux, s'associe quelquefois un risque bien repéré qu'est celui du vol et le bris de glace.
D'autres phénomènes, sans caractère de brutalité mais pouvant altérer les composantes de l'ouvrage, viennent créer au sein des ouvrages de multiples désordres qui peuvent constituer, dans certains cas, l'objet de dommages matériels élevés caractérisés par les fissurations, etc. :

- Le retrait des mortiers et bétons ;
- Le fluage des bétons ;
- La relaxation des aciers ;
- La corrosion des aciers produite par la pollution atmosphérique, proximité immédiate, de la mer, etc. ;
- La polymérisation de matériaux de synthèse ;
- L'érosion due au fonctionnement ou à l'usure ;
- Le mauvais entretien de l'ouvrage ;
- Les alternances de température provoquant dilatation et retrait des matériaux.

Le secteur du BTP est un secteur très dynamique et participe à la résomption du chômage pour une grande part. C'est un secteur qui génère aussi beaucoup de risques tant au niveau technique qu'au niveau juridique. Sa participation à l'économie nationale n'est plus à démontrer. Les attentes des acteurs de la construction sont multiples et sont d'ordre tant organisationnel que législatif.
Ce livre ; bien qu'ayant même un caractère fondamentalement juridique ; a pour vocation ; sans prétention de notre part ; de dresser un pont entre le droit et l'ingénierie.

PARTIE I : LA RESPONSABILITÉ CIVILE

TITRE I : LA RESPONSABILITÉ CIVILE DANS LE CONTEXTE LÉGISLATIF MAROCAIN

Introduction

Si les romains n'utilisaient pas les mots généraux et abstraits de « responsable » ou de « responsabilité »[2], ce n'est pas à dire pour autant qu'ils ignoraient l'idée, et ils raisonnaient déjà en termes de délits, de dommage et de sanction[3].

Les délits privés romains sources des obligations par opposition aux délits publics, entrainant des peines corporelles ou pécuniaires étaient très nombreux[4], étaient très nombreux. Dès la loi des XII tables, étaient réprimées des atteintes à la personne comme le *membrum ruptum* (amputation d'un membre), l'*os fratum* (os brisé) et les *injuria* (violences plus légères). On y trouvait aussi des préjudices moraux comme le *malum carmen incantare* (faire une incantation magique), ou encore le *flagitium facer* (faire un scandale)[5].

À la fin du Moyen Âge, quelques pratiques barbares subsistent, mais les bases de la responsabilité civile actuelle commencent à se dessiner. Dès la très ancienne coutume de Bretagne par exemple, rédigée entre 1312 et 1325, il est indiqué que « *nul ne nulle ne pout faire dommagé ne injurié par quelque voye que ce soit qu'in n'en soit récompensé, supposé encore que dommage luy fust fait à non escient* ». Apparait ainsi, dans quelques coutumes, l'idée que tout dommage causé à autrui doit être indemnisé, même en l'absence d'intention de le commettre[6].

D'ailleurs, si l'on fait référence aux Romains, pour eux, les objets du droit se résument aux trois principes : « vivre honnêtement, ne pas nuire, attribuer à chacun ce qu'il lui revient ».

---

2 FABRE-MAGNAN (M), Droit des obligations, Responsabilité civile et quasi-contrats, Paris, PRESSES UNIVERSIATAIRES DE FRANCE, 3ème éd, 2013, P 49.

3 GAZZANIGA (J-L), Introduction historique au droit des obligations, Paris, PUF « Droit fondamental », 1992, P 213

4 GIRARD (P-F), Manuel élémentaire de droit romain, Paris, ARTHUR ROUSSEAU, 5ème éd, 1911, P 391.

5 LEVY (J-P), Histoire des obligations, Les cours du droit, 1995, P 137.

6 FABRE-MAGNAN (M), Droit des obligations, Responsabilité civile et quasi-contrats, Paris, PRESSES UNIVERSIATAIRES DE FRANCE, 3ème éd, 2013, P 52.

Chapitre I - Principes et régimes de responsabilité civile

Curieuse notion qu'est la responsabilité civile : on la fuit comme on la recherche. On use du même vocable pour désigner un pouvoir, pour attribuer une faute, etc.

Sorti du cadre juridique, le mot circule de l'entreprise au cabinet médical, dans la sphère politique ou même sportive etc. Il subit le destin de tous ces termes ambulants qui perdent leur clarté à force d'innovation.

Section 1 - Principes généraux de la responsabilité civile

Pour le sens commun, la responsabilité civile évoque l'idée d'un dommage et sa réparation ou encore l'indemnisation de ses victimes. La responsabilité civile répond de ce fait à ce légitime souci d'indemniser les victimes des dommages qu'elles ont subis.
La responsabilité civile est une responsabilité juridique et se distingue donc de la responsabilité morale : être responsable moralement c'est répondre de sa faute devant sa seule conscience ; par contre être responsable juridiquement, c'est répondre de ses actes et fautes devant les hommes.

§ 1 - Historique et philosophie de la responsabilité

Tous les grands créateurs de systèmes philosophiques, depuis Aristote et en passant par Saint Thomas, Hobbes, Kant, Hegel, Marx, Husserl, ont réservé au droit une place centrale dans leur œuvre, car le droit nourrit tout débat sur les rapports de l'homme et de la société ; le droit ne découle pas seulement d'une exigence pratique, d'un souci pragmatique de mieux réguler la vie de la cité : il naît de la contradiction interne à la nature humaine entre l'impératif moral de justice et les conditions réelles de la vie sociale[7].
D'ailleurs Terré avait exprimé l'importance du regard de la philosophie et son apport au droit : « Le droit a besoin d'une lumière extérieure pour fixer le rôle de la loi par rapport au droit et aux valeurs qui l'inspirent dans la société contemporaine[8] .».

À l'origine, la responsabilité n'a pas eu d'existence distincte. La responsabilité semblait entièrement pénale et religieuse. Les sanctions qui consistaient en des sacrifices paraissaient dépourvues de toute préoccupation indemnitaire et ne cherchaient qu'à punir les atteintes portées à l'être social ou à « DIEU » qui le symbolise. À cette époque, l'individu comptait peu pour que l'idée d'une responsabilité autre que la responsabilité pénale puisse se développer.

---

[7] OPPETIT (B), Philosophie du droit, Paris, DALLOZ, 1ère éd, 1999 ; P 14.
[8] TERRÉ (F), Les juristes et la philosophie du droit, Arch. Phil. Dr., T. 33 (Sirey, 1988), P 7 et P 9

Ce n'est que plus tard et à travers la vengeance privée et familiale, puis ensuite au moyen des compositions pécuniaires et peines privées qu'apparaîtront les premières manifestations de responsabilité civile.

Dans le temps, la Vendetta ; dont la loi du talion[9] atténuera le châtiment par le principe de réciprocité ; était à dominante répressive. Et ce n'est qu'avec l'apparition et l'application des amendes pécuniaires que l'idée de réparation civile connaîtra un net progrès.

La responsabilité civile est donc née de la responsabilité pénale qui l'a longtemps absorbée et elle ne s'en est dégagée que peu à peu tardivement avec le progrès de l'individualisme. Il a fallu attendre longtemps avant qu'un principe général de responsabilité civile ne soit posé : C'est Jurisconsulte Domat au XVIIème siècle qui a le mérite de formuler en termes généraux le principe de la responsabilité civile.

1.1 - Le concept de responsabilité en philosophie

Notons tout d'abord que la philosophie du droit est un instrument primordial sinon essentiel à la connaissance du droit réel et positif. De ce fait, la philosophie du droit se situerait au niveau le plus élevé de la réflexion humaine car elle seule permettrait de saisir le phénomène juridique dans sa globalité d'une part, et dans sa complexité de l'autre. C'est une discipline qui appelle les esprits à la convergence et, constitue de ce fait un facteur d'universalité et de progrès du droit : elle développe une méditation sur l'idée de droit et de société, par-delà les divergences nationales ou historiques[10].

Par ailleurs, en droit, toute nouvelle règle s'inspire de quelques principes plus généraux qu'elle précise et qu'elle structure, toute décision est fondée sur quelque règle qui la justifie : nous assistons à une dialectique constante de la raison et de la volonté, des structures qui fixent les cadres d'une action, et des décisions qui précisent, adaptent, et même modifient ces cadres, s'ils sont incompatibles avec des règles mieux assises[11]. La pratique du droit nous enseigne ainsi à ne pas reconnaître une séparation nette des facultés[12].

---

[9] Punition ou châtiment qui consiste à traiter une personne coupable et fautive de la même manière qu'elle a traité autrui.

[10] OPPETIT (B), Philosophie du droit, Paris, DALLOZ, 1ère éd, 1999, P 1 et 2

[11] PERELMAN (C), Justice et raison, Bruxelles, PRESSES UNIVERSITAIRES, 1963, P 254-255

[12] OPPETIT (B), Philosophie du droit, Paris, DALLOZ, 1ère éd, 1999, P 12

Mais on peut constater avec amertume que le droit est de tous les domaines de la vie sociale celui où la spéculation philosophique s'est le moins exercée jusqu'à nos jours, a-t-on pu écrire à la fin du siècle dernier[13].

Au niveau du concept de responsabilité, ce dernier n'était pas très étudié dans l'histoire de la philosophie tout au moins pas directement. Dans toute la philosophie classique, la responsabilité était considérée comme conséquence immédiate de la liberté. D'ailleurs, on retrouve l'idée liant les deux concepts par la formule : « L'homme est libre et donc il est responsable des conséquences de ses choix. ». La philosophie Cartésienne considère même que la liberté fait partie des évidences qui ne se démontrent pas « La liberté de notre volonté se connait sans preuves, par la seule expérience que nous en avons. »[14].
Jacques Bénigne Bossuet le redira : « Un homme qui n'a pas l'esprit gâté n'a pas besoin qu'on lui prouve son libre arbitre ; car il le sent. »[15], ou encore Henri Bergson qui définit la liberté comme une « donnée immédiate de la conscience » ou encore « Bref, nous sommes libres quand nos actes émanent de notre personnalité entière, quand ils l'expriment, quand ils ont avec elle cette indéfinissable ressemblance qu'on trouve parfois entre l'œuvre et l'artiste »[16]. Bergson ira même plus loin en considérant qu'un acte libre est celui qui engage la personne en entier, sans dissociation particulière car aucune, selon lui, n'existe, s'agissant de pensée abstraite qui ne résiste pas à la réalité.
Si l'homme n'était pas libre, c'est- à- dire pas libre de choisir entre le bien et le mal, il serait impossible de lui reprocher ses choix (ni même de l'en récompenser), et l'idée de sanction n'aurait aucun sens[17].
La responsabilité morale suppose donc que l'homme soit doté d'une volonté libre qui soit la seule cause de ses actes. Le déterminisme ôte en revanche à l'homme toute responsabilité dans ses actes. Le philosophe néerlandais Baruch Spinoza du XVIIème siècle s'est farouchement opposé au concept du libre arbitre. Pour lui, l'homme se croit libre lorsqu'il ignore les causes : « Les hommes, donc, se trompent

---

[13] DE TARDE (G), Les transformations du droit, Paris, 1893, P. 1
[14] DESCARTES, Principia, I, 39
15 BÉNIGNE BOSSUET (J) in « Traité du libre arbitre »
[16] Essai sur les données immédiates de la conscience. Alcan, 1888,chap. III
[17] BACACHE-GIBEILI (M), Droit civil, T5, Les obligations, la responsabilité civile extracontractuelle, Beyrouth, EDITIONS DELTA, 2008, P 18

en ce qu'ils pensent être libres : et cette opinion consiste uniquement pour eux à être conscients de leurs actions, et sont ignorants des causes par lesquelles ils sont déterminés. L'idée de leur liberté c'est donc qu'ils ne connaissent aucune cause à leurs actions. »[18]
On mesure combien, le système actuel de responsabilité civile ; qui a admis la responsabilité des êtres privés de discernement et donc de volonté libre[19] ; s'éloigne de plus en plus de cette conception morale de la responsabilité.

Quant à Kant, il définit la liberté par : « J'entends par liberté, au sens cosmologique la faculté de commencer de soi-même, un état dont la causalité n'est pas subordonnée à son tour, suivant la loi de la nature à une autre cause qui la détermine quant au temps. »[20].
Par ailleurs, Emmanuel Levinas écrivit : « Si je ne réponds pas de moi, qui répondra de moi ? Mais si je ne réponds que de moi, suis-je encore moi ? »
Quant au sociologue Max Weber, il fait une distinction entre l'éthique de conviction et l'éthique de responsabilité. L'éthique de conviction est pour lui une éthique des intentions à laquelle se rattache la morale chrétienne ainsi que la morale kantienne.

1.2 - Le concept de responsabilité en droit comparé : Cas de la Chine et du Japon

En droit civil marocain ; comme son homologue français ; bien que le fondement de la responsabilité civile ait évolué et se soit souvent détaché de la faute[21] ; la formule « être responsable » garde encore une forte connotation morale. Cette situation n'est pas la même dans d'autres cultures notamment asiatiques.
Le droit Chinois n'a pas les mêmes fondements de la responsabilité civile. Il considère que la responsabilité traduit davantage l'idée de fonction, de charge ou encore de mandat ; qui est en rapport avec un pouvoir et une position sociale de l'homme responsable ; plus qu'avec

[18] L'Éthique, 2ème partie, proposition XXXV, scolie
[19] Responsabilité du fait d'autrui : responsabilité des parents du fait de leurs enfants mineurs, ou encore la responsabilité de l'employeur de fait de ses salariés, etc.
[20] KANT, Critique de la raison pure, PUF, Traduction : Tremesaygues et Pacaud, P. 394.
[21] Responsabilité sans faute de l'employeur vis-à-vis de son salarié par exemple.

un acte quelconque du fait de l'homme[22]. En d'autres termes, la responsabilité prend de l'importance en fonction du rang social du présumé responsable. C'est ainsi que celui qui occupe les fonctions ou charges les plus importantes dans un système tel l'État, le village ou encore l'entreprise ; tel l'empereur par exemple ; a une responsabilité à la hauteur de sa fonction et de son rang social. Si l'empereur ne remplit pas correctement sa fonction d'empereur considérée comme mandat céleste, il devra répondre de tous les désordres de son empire ; même de ceux qui résultent d'une force de la nature telles les de catastrophes naturelles (par exemple : les inondations ou invasion acridiennes)[23]. De la même façon, tout fonctionnaire doit rendre compte de tout ce qui se passe dans le territoire qu'il gouverne, et tout chef doit répondre de tout ce qui relève de son pouvoir : C'est le cas notamment d'un chef d'entreprise qui sera obligé d'assumer les conséquences d'un détournement effectué par l'un de ses salariés.
En droit Japonais, on retrouve cette même idée à tous les niveaux : celui qui a accepté une charge doit assumer tous les dysfonctionnements qui s'y rattachent, même ceux qui ne seraient pas de son fait.
En France, c'est le contraire qui sévit et la responsabilité portera plutôt sur le « lampiste ». Le terme désignait à l'origine l'ouvrier qui entretient les lampes ; il en est venu dans un sens figuré à désigner la « personne qui n'assure que des responsabilités réduites et sur qui les supérieurs font retomber le poids de leurs fautes. »[24].

À l'analyse de ces concepts de responsabilité dans les différentes cultures citées ci-dessus, on s'aperçoit rapidement que le fossé culturel est bien large entre législations et les obligations qui en découlent s'en trouvent bien différentes d'une culture à une autre.
D'ailleurs, chez l'anthropologue Ruth BENEDICT dans son ouvrage « Patterns of Culture » écrit en 1934 et traduit en plusieurs langues ou encore dans son livre célèbre « Le Chrysanthème et le sabre », on peut lire les bases d'un relativisme culturel dans la conception notamment de la moralité chez les différentes civilisations. Cette écrivaine, distingue deux grands types de cultures de responsabilité : les modèles basés sur la culpabilité et les modèles basés sur la honte.

---

[22] TSIEN, TCHE-HAO : La notion de responsabilité en droit chinois, Arch. phil. dr.J 977, Sirey, t. 22: La responsabilité, P 161.
[23] Ibid P. 163
[24] Dictionnaire Encyclopédique Larousse

1.3 – Rôle de la faute en responsabilité dans le droit marocain

Le rôle de la faute ; effacé à l'origine ; ne cessera de grandir et la faute fut mise au premier plan de la responsabilité civile qui était considérée comme instrument de moralisation des conduites humaines ainsi que comme institution destinée à indemniser les victimes.
Au départ, la faute apparaîtrait comme une véritable condition d'existence de la responsabilité civile. Dès lors, il était possible de dénoncer le principe selon lequel qu'il n'y a pas de responsabilité sans faute. Mais à partir de la seconde moitié du XIXème siècle, un vaste mouvement d'extension de la responsabilité civile va se déclencher. Ces manifestations de l'évolution objective de la responsabilité, ont fait leur apparition aussi bien sur le plan jurisprudentiel que sur le plan légal.
En fait, c'est la jurisprudence qui a amorcé en droit positif le mouvement d'extension de la responsabilité civile en admettant que la responsabilité ne peut être engagée indépendamment de toute faute de responsabilité.
Le législateur ne sera pas en reste dans cette évolution d'extension de la responsabilité civile : Toute une série de lois viendra créer des régimes spéciaux de responsabilité engagée sans faute du responsable dans des domaines où le risque d'accident est fort élevé, c'est le cas des accidents de travail[25] par exemple, domaine où l'indemnisation est automatique quoique forfaitaire et limitée.

Cette objectivation de la responsabilité n'atteint cependant pas le but escompté, à savoir l'indemnisation. En fait, les patrimoines individuels se montrent bien étroits pour garantir et couvrir effectivement la réparation de tous les dommages dont chacun peut être déclaré responsable indépendamment de sa faute. Il devenait donc nécessaire d'assurer une collectivisation de la responsabilité afin de diluer la charge de l'indemnisation et de la rendre plus supportable.

Toute l'évolution objective de la responsabilité ne fut possible qu'en raison d'un autre phénomène social de grande importance à savoir le

[25] Art 504 du Code de travail dispose : » L'entreprise utilisatrice doit prendre toutes les mesures de prévention et de protection à même d'assurer la santé et la sécurité des salariés temporaires qu'elle emploie.
L'entreprise utilisatrice est responsable de l'assurance de ses salariés contre les accidents du travail et les maladies professionnelles. »
V. aussi Art 749, 750 et 751 du D.O.C

développement de l'assurance. Apparue à la même époque, elle aboutit à décharger le responsable du paiement effectif de l'indemnité en le garantissant contre les incidences pécuniaires de sa responsabilité.

§ 2 - La responsabilité civile et pénale dans le cadre du droit

La responsabilité civile se rapproche par certains aspects de la responsabilité pénale. Les deux formes peuvent se combiner notamment lorsqu'il y a constitution de partie civile.

2.1 - La responsabilité dans le cadre du droit civil en tant que principe de droit

Le concept de la responsabilité est un vieux principe d'après lequel tout dommage causé à autrui oblige celui par la faute duquel il a été causé à réparer lorsqu'un lien de causalité a été démontré comme existant entre le dommage et l'acte commis.
Le fait dommageable engendre une obligation légale à la charge de son auteur qui en est débiteur à l'égard de la victime. La réparation se fait généralement en numéraire au profit de la victime ou de ses ayants droits. La responsabilité civile n'est donc pas fondée que sur des préoccupations juridiques mais elle est également fondée sur des préoccupations morales. Car il est important que le responsable d'un dommage le répare.
Même si la responsabilité civile se rapproche de la responsabilité pénale sur certains aspects, elle demeure néanmoins plus générale et non limitée : on enregistre de plus en plus une évolution grandissante des faits entraînant la réparation sur la base de la responsabilité civile tels les dommages et intérêts, la perte de chance, la perte d'image, etc.
La condition *sine qua non* de la mise en œuvre de la responsabilité civile réside dans le fait de l'existence d'un dommage causé à autrui. L'importance du dommage, le taux et la gravité du préjudice détermineront la réparation nécessaire : « à dommage total, réparation totale ». Par ailleurs, l'existence de plusieurs fautes ; quand elles ont été à l'origine de la réalisation du dommage ; peut entraîner un partage de la dette de réparation : c'est le cas où plusieurs personnes concourent à la réalisation du dommage. Cette situation peut être illustrée par un cas courant où le Bureau d'Études commet une faute de conception au

niveau du dimensionnement d'une structure porteuse et le Bureau de Contrôle Technique ; censé contrôler et valider son travail ; confirme son travail et donc laisse passer la faute. Dans ce cas précis, la responsabilité devrait être partagée entre le BET et le BCT.
Il faut noter que l'ensemble des principes de la responsabilité civile au Maroc est régi par le D.O.C.

En résumé, la responsabilité civile est couramment définie comme étant l'obligation mise à la charge d'un responsable de réparer les dommages causés à autrui.
La responsabilité civile doit être distinguée de la responsabilité pénale. En fait le préjudice causé à autrui dans le cadre de la responsabilité pénale est un préjudice social et une atteinte à l'ordre public. Il est suffisamment grave pour provoquer une forte réprobation sociale et être érigée en infraction tel que :

- L'homicide volontaire ;
- L'émission de chèque sans provision ;
- Le vol ;
- Etc.

Dans le cas de la responsabilité pénale ; contrairement à la responsabilité civile ; la sanction est répressive : emprisonnement, privation de carnet de chèques, etc.

En droit civil, la responsabilité civile est divisée en deux grandes branches : la responsabilité contractuelle et la responsabilité extra contractuelle.
À travers et par la responsabilité civile, le droit cherche à assurer aux membres de la société la réparation des dommages privés qu'ils auraient subis et ce afin de remettre les choses en état de rétablir un équilibre qui avait disparu entre eux. Dans ce cas précis, la sanction infligée au fauteur a un caractère indemnitaire et non répressif.
Par opposition à la responsabilité délictuelle ou quasi délictuelle qui oblige à réparer un préjudice causé à autrui n'ayant aucun lien juridique avec le fauteur, la responsabilité contractuelle dérive d'un contrat établi entre le fauteur et le lésé.
Plus un droit évolue, plus l'indépendance du droit civil par rapport au droit pénal s'accroît. Alors que les finalités du droit pénal sont diverses et évolutives (adaptation de la punition du coupable aux différentes situations, réinsertion de criminels, etc.), le droit civil ne s'intéresse qu'au dédommagement de la victime.

Par ailleurs, on constate une évolution ; du moins inquiétante ; vers une responsabilité préventive[26] des fauteurs. Cependant, une partie de la doctrine contemporaine tente d'attribuer à la responsabilité délictuelle une nouvelle fonction, dite préventive[27].
Elle pourrait être sollicitée non seulement pour réparer un dommage actuel et certain mais également pour prévenir un simple risque de dommage qui ne s'est pas encore réalisé. Tournée vers l'avenir, elle permettrait à la victime potentielle d'échapper au préjudice qui la menaçait. On peut constater que des arrêts prononcés par les cours françaises acceptent d'engager la responsabilité civile sur le simple constat d'un risque ou d'une menace[28] et condamnent de ce fait le créateur du risque à exécuter ou à financer les travaux propres à en éviter la réalisation[29].

Cette évolution de la responsabilité civile préventive est nettement constatée dans les litiges naissants entre voisins et trouvant par exemple leur origine dans le mauvais état d'un mur séparatif. Dans ce cas précis, le tribunal impose au propriétaire la reconstruction de son mur pour éviter qu'il ne s'effondre sur le fond contigu. Dans ce cas, la question d'assurance se pose d'elle-même : La dépense engagée par le propriétaire du mur est-elle garantie par l'assurance de responsabilité civile ?

---

26 - C. Thibierge, : Libres propos sur l'évolution de la responsabilité (vers un élargissement de la fonction de la responsabilité civile ? *RTD Civ* 1999, p. 561 ;
- Avenir de la responsabilité civile, responsabilité de l'avenir «, *D.* 2004, chr. p. 577 ; Ch. Radé « Réflexions sur les fondements de la responsabilité «, D. 1999, chr. p. 313 et s.; «Le principe de précaution, une nouvelle éthique de la responsabilité ? », *RRJ* 2000, p. 75; M. Boutonnet , *le principe de précaution en droit de la responsabilité civile,* thèse Orléans, 2003, LGDJ, 2005, préf. C. Thibierge ; *adde* : C. Grare, *Recherche sur la cohérence* dé, *la responsabilité délictuelle,* Dalloz, 2005, coll. Thèses, préf. y. Lequette: l'auteur propose de scinder la responsabilité en deux actions distinctes, l'une ayant une fonction indemnitaire et l'autre une fonction uniquement normative, pouvant être mise en œuvre en l'absence même de dommage.

27 BACACHE-GIBEILI (M), Droit civil, T5, Les obligations, la responsabilité civile extracontractuelle, Beyrouth, ÉDITIONS DELTA, 2008, p. 3

28 BACACHE-GIBEILI (M), Droit civil, T5, Les obligations, la responsabilité civile extracontractuelle, Beyrouth, EDITIONS DELTA, 2008, p. 4

29 Le code de procédure civile français reconnaît au juge des référés le pouvoir de prescrire « les mesures conservatoires ou de remise en état qui s'imposent pour prévenir un dommage imminent » (articles 809, 849 et 873).

La prise en charge de ce sinistre [30] a été admise par la Cour de Cassation française, Première Chambre Civile le 30 juin 1976[31] ainsi que par la Cour d'Appel de Nîmes (France) le 9 octobre 1978[32].
Ces deux juridictions ont en effet estimé que la reconstruction du mur, ayant été ordonnée principalement dans l'intérêt du voisin pour lui éviter de nouveaux dommages, était la conséquence de la responsabilité de l'assuré et devait donc être couverte par l'assurance de responsabilité[33]. En revanche, lorsque la réparation ne profite qu'à l'assuré, elle ne peut être prise en charge par l'assurance de responsabilité [34]

2.2 - La responsabilité vue par le droit pénal

Le domaine des infractions pénales est limité. En effet, le code pénal comporte une liste d'infractions et les sanctions qui leur correspondent. Les magistrats doivent s'en tenir à l'énumération légale, en vertu du principe de la légalité des peines et de la règle « Pas de peine sans loi ». Mais à l'intérieur de cette liste, tout fait pénalement réprimable est illicite et entraîne la responsabilité pénale alors même qu'il n'existerait aucun dommage : La répression de la tentative en est une bonne illustration. Ce qui compte, c'est l'existence d'une faute pénale personnelle (infraction), d'où la proportionnalité de la peine et de la gravité de la faute. Par ailleurs, la faute de la victime n'allège pas la responsabilité de l'auteur de l'infraction, sous réserve de quelques rares exceptions telles que :

- La légitime défense ;
- L'état de nécessite ;
- La provocation.

Il faut noter aussi que même l'existence de coauteurs ne conduirait pas automatiquement au partage de la responsabilité pénale. Toutefois, le droit pénal se développe de plus en plus vers une responsabilité pénale objective : la répression de l'infraction relative à l'imprudence dépend

---

[30] Cité par VINEY (G), JOURDAIN (P), Traité de droit civil, les effets de la responsabilité, Paris, L.G.D.J - DELTA, 2ème éd, 2002, p. 647.
[31] RGAT, 1976, p. 203, JCP, 1976. IV, p. 279; D., 1976, IR, p. 250; RTD civ., 1977, p. 139, obs. G. DURRY.
[32] RGAT, 1978, p. 539,2e espèce.
[33] V. la critique de M. A. BESSON, RGAT, 1978, p.543 et de M. G. DURRY, RJDA, 1978, p. 372.
[34] Fra Cr Cass Civ. 1er ,7 févr. 1984, Bull. civ., l, n° 49.

en grande partie du résultat du dommage causé à la victime. De plus, l'existence de diverses infractions (contravention, délit ou crime) permettent une répression en fonction d'une échelle de gravité (amende, emprisonnement, réclusion, etc.).
La responsabilité pénale vise à sanctionner une personne qui commet une infraction, par le fait d'enfreindre une règle de droit destinée à protéger la société. Il peut s'agir d'une infraction par commission ou une infraction par omission. La mise en œuvre de la responsabilité pénale suppose l'intervention d'un tribunal correctionnel ou d'assises. Dans le cadre des poursuites pénales, on est rarement en mesure de transiger avec le parquet en tant que défendeur des intérêts moraux de la société. Cela est d'autant plus vrai lorsqu'il s'agit d'un crime tel qu'un homicide volontaire ou une action terroriste du suspect.

§ 3 - Régime contractuel et extra-contractuel de la responsabilité civile

Traditionnellement, on distingue la responsabilité civile contractuelle de la responsabilité civile extra contractuelle. Par contre, lorsque la responsabilité trouve son origine dans une infraction contre l'ordre public, la responsabilité sera qualifiée de responsabilité pénale.
La responsabilité civile peut trouver son origine soit dans un fait juridique soit dans un acte juridique :
- Dans le cas du fait juridique *i.e.* un événement qui pourrait être susceptible de produire des effets de droit (cas d'un sinistre au tiers par exemple) est à l'origine la responsabilité. Deux situations peuvent se produire :

- La responsabilité civile serait délictuelle si le fait désigné est volontaire
- Si, au contraire, ce fait n'est pas volontaire la responsabilité civile serait qualifiée de responsabilité civile quasi-délictuelle.

- Dans le cas d'existence d'un acte juridique se manifestant par une volonté destinée à produire des effets de droit tel un contrat par exemple, la responsabilité civile serait qualifiée de responsabilité civile contractuelle.

La responsabilité civile contractuelle et la responsabilité civile extra-contractuelle se présentent de ce fait comme les deux principaux régimes de la responsabilité civile.

Quant à la responsabilité pénale, elle ne sera engagée que si l'individu a commis une faute expressément prévue par le code pénal (contravention, délit ou crime). La sanction correspondant à la faute est elle aussi prévue par le même code.

3.1 – La responsabilité contractuelle

En matière contractuelle, les engagements des parties sont réciproques, ce qui signifie que si l'une des parties n'exécute pas ses engagements, l'autre partie pourra intenter une action en justice destinée à obtenir

- Soit une exécution forcée des termes du contrat ;
- Soit une exécution forcée en équivalent ce qui se soldera par la condamnation au paiement de dommages et intérêts.

Dans un tel cas, on considère que l'inexécution du contrat met en jeu la responsabilité contractuelle, responsabilité qui se fonde donc sur l'inexécution des obligations nées d'un acte juridique.
Les éléments constitutifs de la responsabilité contractuelle sont semblables à ceux de la responsabilité délictuelle, à savoir :
1 - Une faute qui résulte de l'inexécution du contrat ;
2 - Un dommage subi par le créancier ;
3 - Un lien de causalité entre la faute et le dommage.

Avant de savoir si un débiteur est en faute, il est nécessaire de se poser la question de la portée exacte de l'engagement qu'il a souscrit. Si l'une des deux parties porte l'affaire devant un tribunal pour inexécution totale ou partielle du contrat, le juge se référera très souvent au concept d'obligations de moyens ou à celui d'obligations de résultat en matière contractuelle.
D'une manière générale, rappelons qu'en matière d'obligation de résultat, le juge constatera que le résultat promis par le débiteur n'a pas été atteint, cette constatation laissera supposer que ce dernier est en faute. La preuve reste à la charge du débiteur pour prouver l'absence de faute commise par son intervention.
Inversement ; en matière d'obligations de moyens, ça sera au créancier de l'obligation de moyens de prouver la faute du débiteur.
L'intérêt de la distinction entre obligation de moyens et obligation de résultat réside donc dans la détermination de la charge de la preuve.

* Les causes d'exonération de responsabilité.

On retrouve ici les mêmes causes qu'en matière de responsabilité délictuelle :
1 - La force majeure ;
2 - Le fait de la victime ;
3 - Le fait d'un tiers.

Cette forme de responsabilité est fréquemment mise en œuvre aujourd'hui dans nos sociétés et soulève évidemment le problème plus vaste qu'est celui de l'inadaptation des législations concernant la responsabilité des entreprises vis-à-vis de la société tout entière et de l'environnement. Cette situation a été largement illustrée par de graves accidents industriels ou de construction tels que :

- Incendie de l'usine d'ameublement ROSAMOR à Casablanca - Maroc survenu le 26 Avril 2008 occasionnant la mort de 55 personnes ;
- Écroulement du bâtiment en cours de construction au projet AL MANAL à Kénitra – Maroc le 26 Janvier 2008, engendrant la mort de 18 personnes ;
- Explosion d'un stock de nitrate d'ammonium de l'usine chimique AZF à Toulouse – France le 21 Septembre 2001 occasionnant la mort de 31 personnes ;

3.2 - Différents régimes de responsabilité extra-contractuelle

Au niveau de cette responsabilité délictuelle, on distingue trois cas :
- La responsabilité du fait personnel fondée sur la notion de faute prouvée est régies par les articles 77 et 78 du D.O.C ou encore les articles 1382 et 133 du code civil français ;
- La responsabilité du fait d'autrui régie par l'article 85 du D.O.C [35] et par l'article 1384 du code civil français[36]. Dans ce cas de figure, la responsabilité peut incomber à une personne qui n'est pas l'auteur des

[35] Mar Art 85 (Modifié et complété par Dahir du 19 juillet 1937 - 10 joumada I, 1356) dispose : « On est responsable non seulement du dommage que l'on cause par son propre fait, mais encore de celui qui est causé par le fait des personnes dont on doit répondre. Etc. »
[36] Fra Art 1384 : « On est responsable non seulement du dommage que l'on cause par son propre fait, mais encore de celui qui est causé par le fait des personnes dont on doit répondre, ou des choses que l'on a sous sa garde. »

dommages mais causés par l'un de ses préposés dans le cadre de son service ;
- La responsabilité des faits des choses : Conformément à l'article 88 du D.O.C c'est-à-dire « Toute chose qui par son fait occasionne un dommage à autrui et entraînant par l'occasion la responsabilité du gardien de cette chose ».
Par ailleurs, des responsabilités particulières ont été édictées par la loi telle la responsabilité des animaux et des immeubles : Articles 86, 87, 89 et 90 du D.O.C marocain et les 1385[37] (responsabilité du fait des animaux) et 1386[38] (responsabilité du fait des immeubles) dans le code civil français.
La responsabilité du fait des choses est régie par l'article 1384 dans le code civil français.

La responsabilité délictuelle constitue la responsabilité de droit commun. Elle a été longtemps considérée comme la seule responsabilité civile véritable.
Le D.O.C a consacré à la responsabilité délictuelle et quasi délictuelle les articles 77 à 89. Le principe général étant posé par l'article 77 qui dispose :
« Tout fait quelconque de l'homme qui sans autorisation de la loi cause sciemment et volontairement à autrui un dommage matériel ou moral oblige son auteur à réparer ledit dommage, lorsqu'il est établi que ce fait en est la cause directe. »
La responsabilité délictuelle est née donc à l'occasion d'un fait juridique qui a provoqué un préjudice. Avant la survenance du dommage, aucun lien juridique n'existe entre l'auteur du dommage et la victime lésée. C'est le délit qui fait naître ce lien juridique et cette obligation de réparation.
Le fait juridique à l'origine du dommage peut être volontaire auquel cas on parle de responsabilité délictuelle, dans le cas contraire on parle de responsabilité quasi-délictuelle.
Le dommage peut être causé directement par l'auteur (responsabilité du fait personnel), il peut être causé par une personne dont on doit répondre

---

[37] Fra Art 1385 : « Le propriétaire d'un animal, ou celui qui s'en sert, pendant qu'il est à son usage, est responsable du dommage que l'animal a causé, soit que l'animal fût sous sa garde, soit qu'il fût égaré ou échappé. »
[38] Fra Art 1386 : « Le propriétaire d'un bâtiment est responsable du dommage causé par sa ruine, lorsqu'elle est arrivée par une suite du défaut d'entretien ou par le vice de sa construction. »

civilement (responsabilité du fait d'autrui) ou du fait d'une chose dont on a la garde (responsabilité du fait des choses).

A - La responsabilité du fait personnel

Tout fait quelconque de l'homme qui sans autorité de la loi cause volontairement à autrui un dommage oblige son auteur à réparer ledit dommage lorsqu'il est établi que ce fait en est la cause directe.
C'est dans ce sens que s'exprime l'article 77 du D.O.C. Il s'agit là d'une règle d'ordre public, en ce sens qu'elle ne peut être écartée par un accord des parties. D'ailleurs, ce dernier ne pourrait être que nul et sans effet.
L'examen des articles 77 et 78 fait dégager trois éléments pour déclencher la responsabilité du fait personnel à savoir la faute, le dommage et le lien de causalité. La faute étant déterminante.
La responsabilité du fait personnel repose sur le système de faute prouvée. La victime devra apporter la preuve du dommage, de la faute et du lien de causalité. Alors que pour s'exonérer, l'auteur du dommage devrait rapporter la preuve du contraire :

- Preuve qu'il n'a pas commis de faute ;
- Preuve que la faute est imputable à un tiers, à la victime ou à une cause étrangère.

B - La responsabilité du fait d'autrui

À la différence du régime précédent, la responsabilité du fait d'autrui va mettre la réparation du dommage non pas à la charge de l'auteur du dommage mais à la charge d'une autre personne qui répond de lui. La responsabilité du fait personnel étant fondée sur la faute prouvée. La victime a donc l'obligation d'apporter la preuve de la faute ce qui n'est pas toujours facile. Or c'est de cette preuve que dépend la réparation.
La responsabilité du fait d'autrui est basée sur la théorie de la garde, et donc n'a pas le même fondement que le régime précédent : La place de la faute y est différente. Celle-ci y est parfois présumée.
En fait, selon le régime de garde concerné (père, artisans, commettants, État, etc.) on se trouvera en présence d'une présomption de responsabilité ou une présomption de faute et selon le cas, le principe d'exonération de la responsabilité différera. Afin d'illustrer ces cas, nous traiterons le cas de responsabilité du fait des préposés :
Le régime de la responsabilité du fait des préposés est fondé sur le lien de subordination qui caractérise les rapports entre préposés et commettants. La preuve d'absence de faute du commettant ne lui servira à rien : Il est soumis à la présomption de responsabilité, et pour s'en

dégager, il doit apporter la preuve d'absence de la cause génératrice de cette responsabilité à savoir l'absence du lien de subordination. Autrement dit, qu'il n'avait plus la qualité de commettant ; lien suspendu par licenciement ou rompu par démission ; ou qu'il s'agisse d'un cas d'abus de fonction.

Exemple :
« Un usager circulant sur une Vespa et était victime d'un accident de la circulation dans lequel est impliqué un camion conduit par un préposé. Celui-ci avait terminé son travail et allait faire des achats pour ses besoins personnels. L'utilisation du véhicule était formellement interdite sur une route de ceinture, sauf autorisation de l'entreprise.
L'employeur qui avait invoqué un abus de fonction est déclaré seul responsable des dommages. La cour d'appel note qu'il appartient au commettant de démontrer qu'il s'exonère de la présomption de responsabilité qui pèse sur lui en cette qualité. Les deux seuls éléments sur lesquels il fonde ses allégations sont une déclaration de son préposé et une attestation de quatre employés de son entreprise. Selon la cour d'appel, ils sont trop vagues pour démontrer un abus de fonction du préposé. Le pourvoi de l'employeur était rejeté. Celui-ci ne s'exonérait pas de la présomption de responsabilité pesant sur lui. Il doit réparation du préjudice subi en sa qualité de gardien du véhicule impliqué. La cour d'appel a apprécié souverainement la valeur et la portée des éléments de preuve produits. »

C - La responsabilité du fait des choses

L'article 88 du D.O.C pose le principe de responsabilité du fait des choses en termes suivants :
« Chacun doit répondre du dommage causé par les choses qu'il a sous sa garde, lorsqu'il est justifié que ces choses sont la cause directe du dommage, s'il ne démontre :
1 - Qu'il a fait tout ce qui était nécessaire afin d'empêcher le dommage ;
2 - Et que le dommage dépend, soit d'un cas fortuit, soit d'une force majeure, soit de la faute de celui qui en est victime. »

Le régime de responsabilité prévu pour la garde des choses est assez particulier. Car, pour s'exonérer, le gardien (celui qui a l'usage, la direction et le contrôle de la chose) devra apporter la double preuve : « qu'il a fait tout ce qui était nécessaire afin d'empêcher le dommage, et que le dommage dépend soit d'un cas fortuit, soit d'une force majeure, soit de la faute de celui qui en est victime. ».

Si seulement l'une des deux preuves est apportée ; par exemple la faute de la victime ; elle ne suffira pas à elle seule pour dégager la responsabilité du gardien. De même que l'absence de faute ne saurait l'exonérer, car la garde des choses repose sur un principe de prescription de responsabilité. Ainsi l'automobiliste qui ne commet aucune infraction au code de la route mais occasionne un dommage ne sera pas poursuivi pénalement mais peut faire l'objet d'une action en réparation même de la part d'une victime fautive (dans le cas de priorité de droite par exemple). L'évolution consiste de plus en plus à mesurer l'acte du gardien et la participation active ou passive de la victime.

Exemples :
- Un arbre en tombant, il écrase une voiture en stationnement ;
- Un poteau électrique tombe sur la voie publique et blesse un piéton ;
- Le voisin plante des arbres qui cachent la vue de son mitoyen ;
- Une fuite d'eau dans une salle de bain cause des dommages au voisin du dessous ;
- Explosion d'un chauffe-eau ou d'un téléviseur acheté dans un magasin ;
- Etc.

D — La responsabilité du fait des animaux

L'article 86 du D.O.C marocain dispose « Chacun doit répondre du dommage causé par l'animal qu'il a sous sa garde, même si ce dernier s'est égaré ou échappé, etc. »
L'article 1385 du Code civil français précise que « le propriétaire d'un animal ou celui qui s'en sert, pendant qu'il est à son usage, est responsable du dommage que l'animal a causé, soit que l'animal fut sous sa garde, soit qu'il fut égaré ou échappé ».

Ces articles tant marocains que français, mettent clairement la responsabilité à la charge du propriétaire ; donc du gardien de l'animal tel un chien[39], cheval[40], veau[41], etc. ; lorsque ce dernier a causé un dommage à autrui même s'il s'est échappé et n'est plus sous la surveillance de son maître. L'indemnisation couvre aussi bien les dommages matériels (arrachage de vêtements, casse de meubles, etc.) que corporels (morsures, piétinements, etc.) causés par l'animal.
Le D.O.C marocain ; dans son article 86[42] ; retient bien la responsabilité des propriétaires d'animaux vis-à-vis des tiers. Cette forme de responsabilité pèse, bien entendu sur tous les propriétaires et gardiens d'animaux. D'ailleurs les affaires impliquant les responsables de parcs zoologiques sont très nombreuses. C'est le cas notamment d'un

---

[39] Fra Cr Cass Ch Civ 2 du 20 Novembre 1996 Ar N° 95-13.307
[40] Fra Cr Cass Civ Ch Civ 2 du 17 Ar N° 08-19.323 Septembre 2009 Publié au bulletin
[41] Fra Cr Cass Ch Civ 2 Ar N° 00-10.208 du 27 Septembre 2001 Publié au bulletin
[42] Article 86 : Chacun doit répondre du dommage causé par l'animal qu'il a sous sa garde, même si ce dernier s'est égaré ou échappé, s'il ne prouve : 1° Qu'il a pris les précautions nécessaires pour l'empêcher de nuire ou pour le surveiller ; 2° Ou que l'accident provient d'un cas fortuit ou de force majeure, ou de la faute de celui qui en a été victime.

éléphant qui a blessé un visiteur en lui jetant une pierre sur la vitre de sa voiture[43].

E — La responsabilité du fait des bâtiments

L'article 89 du D.O.C marocain dispose « Le propriétaire d'un édifice ou autre construction est responsable du dommage causé par son écroulement ou par sa ruine partielle, lorsque l'un ou l'autre est arrivé par suite de vétusté, par défaut d'entretien, ou par le vice de la construction. La même règle s'applique au cas de chute ou ruine partielle de ce qui fait partie d'un immeuble tel que les arbres, les machines incorporées à l'édifice et autres accessoires réputés immeubles par destination. Cette responsabilité pèse sur le propriétaire de la superficie, lorsque la propriété de celle-ci est séparée de celle du sol. Etc. ».

L'article 1386 du Code civil français précise que « le propriétaire d'un bâtiment est responsable du dommage causé par sa ruine lorsqu'elle est arrivée par suite du défaut d'entretien ou par le vice de sa construction ».

Aussi bien l'article marocain que son homologue français, la présomption de responsabilité du propriétaire de l'immeuble qui a causé le dommage est retenue et ce dans le sens d'inciter les propriétaires d'immeubles à mieux entretenir leurs édifices et éviter ainsi des accidents causés aux tiers.

D'ailleurs, on peut noter qu'on a observé ces derniers temps l'écroulement de balcons sur les passants à Casablanca et cela par manque d'entretien.

3.3 - La responsabilité extra contractuelle et son exonération

Cette responsabilité rentre dans le cadre de la responsabilité civile extra contractuelle et s'apparente à la responsabilité civile délictuelle à la différence d'absence d'intention du fauteur de nuire au lésé. Elle englobe les fautes d'imprudence et de négligence, se caractérisant par l'absence d'intention de nuire. C'est ce genre de responsabilité que les polices d'assurance couvrent.

Elle est régie par l'article 78 du D.O.C qui dispose :

---

[43] Fra Cr Cass Ch Civ 1 Ar N° 92-12.930 du 30 Mars 1994 Publié au bulletin

« Chacun est responsable du dommage moral ou matériel qu'il a causé, non seulement par son fait, mais par sa faute, lorsqu'il est établi que cette faute en est la cause directe.
Toute stipulation contraire est sans effet.
La faute consiste, soit à omettre ce qu'on était tenu de faire, soit à faire ce dont on était tenu de s'abstenir, sans intention de causer un dommage. »

A - Exonération de responsabilité

Celui qui voit sa responsabilité engagée pourra, bien entendu se défendre afin de s'exonérer de toute responsabilité au regard du fait survenu. On relève principalement trois causes d'exonération de responsabilité qui pourront être invoquées par le défendeur (ces causes d'exonération sont d'ailleurs communes à la responsabilité délictuelle et la responsabilité contractuelle) :

1. Le cas de force majeure

La force majeure évoque l'idée qu'un événement soit insurmontable lorsqu'il se produit, alors qu'un cas fortuit vise un événement survenu de façon inattendue et imprévisible[44].
Elle est habituellement définie par son caractère imprévisible, irrésistible et extérieur. Il y a lieu de noter que la cour de cassation française a parfois retenu que « l'irrésistibilité de l'événement est, à elle seule, constitutive de la force majeure, lorsque sa prévision ne saurait permettre d'en empêcher les effets, sous réserve que le débiteur ait pris toutes les mesures requises pour éviter la réalisation de l'événement »[45]. En d'autres termes, c'est le caractère d'inévitabilité qui reste fondamental pour que la force majeure soit retenue et le débiteur se voit exonéré de sa responsabilité.
Par ailleurs, le caractère d'extériorité de la cause du dommage reste elle aussi essentielle puisque la cour de cassation française a considéré que la grève du personnel ne peut être retenue comme une force majeure vu que ce phénomène est interne et non externe à l'entreprise[46].

---

44 FABRE-MAGNAN (M), Droit des obligations, 2 - Responsabilité civile et quasi-contrats, Paris, PRESSES UNIVERSIATAIRES DE FRANCE, 3ème éd, 2013, P 213
45 Fra Cr Cass Ch Com, 1er Octobre 1997, Ar N° 95-12435, JCP G 1998, I, P 1098, Obs G. Viney
46 Fra Cr Cass Ch Com Ar N° 06-16744 du 9 Octobre 2007 et Fra Cr Cass Ch Com Ar N° 91-11850 du 2 Février 1993

La force majeure se définit juridiquement comme l'événement « imprévisible, irrésistible et externe « qui élimine l'obligation pour le responsable de réparer le dommage. Ainsi, tout événement qui ne répond pas à ces conditions ne pourra être qualifié de cas de force majeure.
Par exemple, en matière de navigation maritime la tempête ne libère pas le transporteur de son obligation de résultat (c'est-à-dire amener le voyageur sain et sauf à destination) car l'événement n'est pas à proprement parler imprévisible puisque les moyens technologiques et techniques permettent de prévoir les tempêtes à temps.
Il en va de même pour la grève qui ne peut être qualifiée ni d'événement « imprévisible » puisque l'entreprise est informée auparavant, et ni d'événement « externe » puisque le personnel gréviste fait partie intégrante de l'entreprise.

En bref, la force majeure peut exonérer totalement la responsabilité d'une personne.
Autre exemple : en 1987, au cours d'une partie de chasse, un chasseur a été blessé par le ricochet d'un gain de plomb tiré par un autre chasseur. Dans un premier temps, la cour d'appel avait admis que le ricochet constituait un fait imprévisible et insurmontable. La Cour de Cassation française a cassé cet arrêt et n'a pas considéré ce fait comme un cas de force majeure. Le chasseur maladroit a donc été reconnu totalement responsable.

2. Le fait de la victime

Relativement au fait de la victime, la jurisprudence est assez sévère et exige que le fait de la victime constitue, ainsi que la force majeure, un événement imprévisible et insurmontable.
Par exemple, en matière d'accidents de la circulation (en vertu de la loi du 5 juillet 1985) la faute de la victime doit, pour pouvoir exonérer le conducteur, être inexcusable et même constituer la cause exclusive du dommage.

3. Le fait d'un tiers

Concernant le fait d'un tiers, il n'exonère la responsabilité d'une personne que s'il est, lui aussi, imprévisible et irrésistible.
S'agissant encore une fois d'accidents de la circulation, le fait d'un tiers n'exonère plus le conducteur de sa responsabilité (loi du 5 juillet 1985).

Il s'agit ici, et surtout, de permettre une indemnisation plus rapide et plus complète des victimes par les assureurs.

B - Absence de dispositions écrites pour les obligations extra-contractuelles

La norme fondamentale dont la méconnaissance est constitutive d'une faute civile peut émaner d'une coutume dans l'acceptation la plus large de ce mot.

Dans l'esprit des rédacteurs du D.O.C marocain et le code civil français, l'apport essentiel des articles 77 et 78 du D.O.C marocain et les articles 1382 et 1383[47] du code civil français a consisté à abolir, en droit civil, la méthode casuistique de définition des délits spéciaux qui a survécu jusqu'à nos jours dans certains pays étrangers, notamment en Angleterre et aux États Unis. Par ces dispositions, tant le D.O.C marocain que le code civil français n'impose plus l'observation de devoirs précis aux délimitations et contours bien définis. Mais ; en sanctionnant les fautes qualifiées ; par le code civil français ; d'imprudence et de négligence ; ou omission de faire ou ne pas faire par le D.O.C marocain, les deux codes se réfèrent à une norme générale de conduite sociale imposant de se comporter, en toutes circonstances, avec prudence et diligence. La faute peut résulter dans l'exercice des droits. C'est le cas de l'abus de droit notamment.

La référence au bon père de famille dans le code civil français citée 9 fois[48] et 2 fois[49] dans le D.O.C marocain permet *à contrario* d'engager la responsabilité civile d'une personne. La faute peut consister ; non seulement dans un fait actif ; mais aussi en une simple abstention « droit de faire » telle qu'elle est définie dans l'article 78 du D.O.C : « omettre ce qu'on était tenu de faire ».

La jurisprudence française ; la marocaine dans une moindre mesure ; a un véritable pouvoir sur la définition des obligations extra-contractuelles. Elle affirme que l'observation de toutes les dispositions légales et réglementaires ne suffit pas à mettre l'auteur d'un dommage à l'abri d'une action en responsabilité civile et reconnaît la possibilité de sanctionner comme fautifs tous les comportements qui ; bien que non

---

[47] Art 1382 : « Tout fait quelconque de l'homme, qui cause à autrui un dommage, oblige celui par la faute duquel il est arrivé à le réparer. »
Art 1383 : « Chacun est responsable du dommage qu'il a causé non seulement par son fait, mais encore par sa négligence ou par son imprudence. »

[48] V Art 601, 1137, 1374, 1728, 1729, 1766, 1806, 1880 et 1962

[49] V Art 713 et 945

incriminés par un texte particulier ; paraissent contraires à ce que certains auteurs ont appelé la « norme fondamentale de comportement » et d'autres la « norme générale de civilité ».

1. Violation d'une règle coutumière

Cette violation se réfère au comportement bon père de famille. En fait, la faute est commise dès lors qu'on ne se comporte pas comme un bon père de famille qui devrait normalement agir avec prudence et habileté. Certes, le législateur ne peut pas légiférer sur tout, et ne peut de ce fait tout prévoir. C'est pour cette raison qu'en droit tant marocain que français, existe la notion de gestion en « bon père de famille ». Une notion de bon sens qui guide l'action de la personne. Il s'agit d'une norme communément admise, susceptible d'évoluer en fonction de la variation des exigences de la société à travers son développement et son évolution.

Mais il faut reconnaitre aussi que cette notion de « bon père de famille » peut s'avérer dans certaines situations abstraites : Il y aura donc responsabilité à chaque fois que la personne ne se serait pas montrée en bon père de famille et ce sur la base de l'appréciation du juge. D'ailleurs, cette situation est très souvent constatée dans le secteur des assurances. C'est le cas de différends qui opposerait un assureur et un assuré quant à la compréhension et l'interprétation de ce concept. En d'autres termes, cette définition de « bon père de famille » n'est pas toujours comprise de la même manière des deux parties en conflit.

Il peut y avoir une faute commise dans l'exercice d'un droit. La responsabilité sera engagée, par exemple, dans la critique. La liberté d'expression et d'opinion est le corollaire de la critique. Cependant cette liberté connaît des limitations selon les pays qui résultent des usages locaux. Des usages qui diffèrent d'un pays à l'autre, d'une culture à l'autre et surtout d'un régime politique à un autre. De plus, l'abus de droit est partie prenante de la responsabilité civile, car user d'un droit contrairement à sa finalité, détourner une fonction ou un pouvoir et agir sans mobile légitime, c'est commettre une faute : un homme avisé, prudent et raisonnable n'agirait pas de la sorte. L'abus de droit est d'inspiration morale. Il marque l'existence « d'un conflit entre un droit positif appartenant à une personne et un devoir moral lui incombant ; en usant de son droit, elle manque à son devoir moral ».

2. Abstentions fautives

Les juges peuvent sanctionner les abstentions. Il peut y avoir abstention dans l'action et abstention sans action.

- Abstention dans l'action
C'est le cas d'une personne qui s'abstient de prendre les mesures pour éviter que le dommage se réalise. Il en est ainsi, non seulement, lorsqu'un texte impose l'acte omis, mais aussi en l'absence de toute disposition impérative. Plus largement, la faute se révèle toutes les fois où une personne manque à une obligation de « prudence », de « vigilance », de « surveillance », voire à un « devoir de conseil ».

- Abstention sans action
D'évidence, lorsqu'une personne est tenue de faire un acte positif par un texte que ce soit un règlement ou une loi, elle est en faute dès qu'elle ne le fait pas. Cependant, il faut qu'il s'agisse d'une obligation légale et réglementaire. Par exemple, au titre de l'article 419 du Code civil, il est prévu d'accomplir les actes conservatoires nécessaires à la gestion d'une personne placée sous la sauvegarde de justice et l'intéressé inactif verra sa responsabilité engagée.
En cas d'abstention pure et simple, dès que quelqu'un a voulu du mal à autrui, cette omission est fautive si un dommage en résulte. Ainsi, « Toute omission est répréhensible si un homme diligent normal, placé dans les mêmes circonstances aurait agi ».

C - Étendue du pouvoir de la jurisprudence pour la définition des obligations extra-contractuelles

Il convient de procéder à l'examen de deux questions pour apprécier l'importance des prérogatives appartenant aux tribunaux dans la détermination de l'illicite extra-contractuel : à savoir les juges peuvent-ils sanctionner les abstentions comme des actes positifs ? De quelle sévérité peuvent-ils faire preuve dans la définition du contenu des devoirs qu'ils imposent aux particuliers ? La jurisprudence peut-elle ; enfin ; définir les devoirs extra- contractuels ?

1. La faute d'abstention

Des dispositions législatives et réglementaires, très nombreuses, imposent aux particuliers, exerçant une activité quelconque, certaines précautions destinées à éviter de porter préjudice aux tiers.
L'omission de l'une de ces mesures établit certainement la faute de la personne qui y était assujettie. De plus, sous la menace de sanctions

pénales, la législation oblige les individus à des devoirs, par exemple de porter secours à un tiers en danger, de dénoncer ou d'empêcher une infraction, de témoigner de l'innocence d'une personne que l'on sait victime d'une erreur judiciaire, etc.
Toutefois, les tribunaux se reconnaissent-ils le pouvoir, en dehors de toute disposition législative ou réglementaire, de sanctionner civilement une abstention ?
Selon l'arrêt rendu par la Cour de cassation française, en date du 28 janvier 1930, les juges ont affirmé que les obligations d'agir ne peuvent être imposées que par « la loi ou par la convention « ce qui exclut l'initiative jurisprudentielle.
Une vingtaine d'années plus tard, une solution plus souple a été adoptée par la Cour de Cassation, le 27 février 1951, dans un arrêt resté célèbre. Il était, en l'espèce, reproché au défendeur d'avoir écrit une histoire de la TSF[50] sans citer le nom d'Édouard Branly. La Cour d'appel avait refusé d'admettre le caractère fautif de cette omission, l'historien ayant d'après elle, exprimé sincèrement son opinion personnelle sans chercher à nuire à la réputation d'Édouard Branly. Cette décision est cassée par un arrêt de principe dont le motif principal mérite d'être cité: « Attendu que la faute prévue dans les articles 1382 et 1383 peut consister aussi bien dans une abstention que dans un acte positif ; que l'intention même non dictée par l'intention de nuire, engage la responsabilité de son auteur lorsque le fait omis devait être accompli soit en vertu d'une obligation légale, réglementaire ou conventionnelle, soit aussi, dans l'ordre professionnel, s'il s'agit notamment d'un historien, en vertu des exigences d'une information objective. ».
Cette formule a été reprise par d'autres arrêts qui sont parfois allés plus loin puisque pour apprécier le caractère fautif d'une abstention, les juges du fond ne se sont référés explicitement ni à la loi, ni au règlement ni à la convention et ni aux règles conventionnelles dont faisait état l'arrêt de principe précédemment cité.
Cette succession d'arrêts, manifeste d'ailleurs la volonté d'admettre, sans réserve, le rôle d'initiative de la jurisprudence dans la définition des obligations d'agir.
Il est cependant difficile de voir quelle raison logique justifierait que l'on dénie aux juges le soin d'apprécier la faute d'abstention alors que ces derniers ont eu ce pouvoir reconnu pour la définition de la faute de commission.

[50] TSF : Télévision Sans Fil

Pour Geneviève Viney, il semble légitime d'abolir toute différence entre ces deux fautes. Quant au pouvoir d'initiative, il appartient aux tribunaux de la définir.

2. La portée des obligations extra-contractuelles créées par la jurisprudence

En matière contractuelle, il est admis que le débiteur d'une obligation dite de résultat est responsable en cas d'inobtention du résultat. Il ne sera pas nécessaire de prouver une imprudence, une négligence, ni une défaillance quelconque de son comportement. Seule la cause étrangère l'exonérera de sa responsabilité.

En matière extra-contractuelle, le législateur ou l'autorité réglementaire peuvent exiger l'obtention d'un résultat. La victime n'établira que le fait matériel qui a causé le dommage. Toute méconnaissance d'une règle explicite impérative est en soi illicite et donc fautive sans qu'il soit nécessaire de relever une négligence, une imprudence, un défaut de soins ou une déficience quelconque du comportement de l'auteur.

La jurisprudence a-t-elle le pouvoir de créer, de sa propre autorité, des devoirs extra- contractuels de résultats ?

Certains auteurs, comme Christophe Radé, ont plaidé en faveur d'une réponse affirmative. D'ailleurs, des décisions imposent des obligations extra-contractuelles dont la portée est très proche des obligations contractuelles de résultats.

En Belgique, le procureur général Leclercq en 1930, a octroyé le pouvoir à la jurisprudence de constater l'exigence d'obligations extra-contractuelles de résultats.

En effet, ce magistrat estime que les tribunaux sont toujours en mesure, dès qu'ils constatent une atteinte au corps humain, de relever une faute à la charge de celui qui l'a provoquée. L'obligation de respecter l'intégrité corporelle d'autrui est, selon lui, un devoir strict. Par conséquent, la victime n'a pas à prouver la négligence ou l'imprudence de celui qui a causé le dommage. Cette théorie rencontra de vives hostilités. Pourtant, certains auteurs comme Louis Josserand adoptèrent des positions assez proches. En effet, ils proposèrent d'admettre que l'illicite se définit comme « l'atteinte à un droit en l'absence d'un droit plus fort « et qu'il existe une « obligation générale de ne pas nuire à autrui « tempérée par certains droits de nuire définis par la loi ou la jurisprudence.

Toutefois, les positions de ces deux auteurs se différencient de la pensée du procureur général Leclercq car ni Louis Josserand ni René

SAVATIER n'ont proposé d'octroyer à ce devoir la portée d'une obligation de résultat.
De même, en 1947, Boris Starck ne reprend pas l'argumentation du procureur général Leclercq. Il n'admet pas que cette responsabilité trouve un fondement dans la « faute », mais dans la nécessité de garantir les droits fondamentaux de la personne.
La jurisprudence française, quant à elle, n'a pas adhéré aux idées du procureur Leclercq. En effet, la cour de cassation ne paraît jamais avoir admis, qu'en présence d'un dommage corporel, la « faute » se trouve de plein droit établie sans que la victime ait à faire la preuve d'une imprudence, d'une négligence ou d'une déficience quelconque du comportement de l'auteur. Néanmoins, un certain laxisme des tribunaux a pu être observé, dans l'appréciation de l'imprudence ou de la négligence, ce qui a conduit à parler de fautes « virtuelles ».
En France, une autre tentative a pourtant été faite en vue de reconnaître à la jurisprudence le pouvoir de créer des obligations extra-contractuelles « de résultat ». Afin de justifier sur le terrain de la faute les solutions admises par la jurisprudence en faveur des victimes, Henri et Léon Mazeaud ont en effet proposé d'expliquer tous les cas de responsabilité extra-contractuelle de plein droit admis par les tribunaux en présupposant l'existence d'« une obligation de résultat ».
Ce raisonnement a été développé à propos de la responsabilité du « gardien « de la chose. Dès que la chose intervient dans la réalisation du dommage, le responsable est désigné parce qu'il est tenu d'« une obligation de garde » Cette dernière est « une obligation de résultat » consistant à éviter que la chose cause un dommage. En cas de préjudice, il y a automatiquement « la faute dans la garde ».
De plus, la jurisprudence a admis l'autonomie de la responsabilité pour fait de la chose ou pour l'auteur d'un trouble anormal de voisinage par rapport à la responsabilité pour faute personnelle. Par conséquent, il serait vain d'y rechercher des éléments de la définition de la faute. La jurisprudence a le pouvoir de créer des obligations extra-contractuelles. Elle a, d'ailleurs reconnue que la faute délictuelle pouvait se déduire d'un manquement à une obligation contractuelle de résultat. En effet, de nombreux arrêts ont admis que la violation d'une obligation contractuelle constituait une faute délictuelle ou quasi délictuelle envers les tiers. Par conséquent, le débiteur se trouve tenu d'un devoir très strict envers les tiers. Cette jurisprudence porte atteinte à la division des fautes délictuelles et contractuelles ainsi qu'à l'effet relatif des contrats.

3. L'exercice par la jurisprudence de son pouvoir de définir les obligations extra-contractuelles

Le juge dispose d'un pouvoir d'appréciation et d'une grande liberté pour déterminer le caractère fautif ou non d'un comportement qui n'est pas décrit par un texte écrit. Pour autant, il ne doit pas faire œuvre d'arbitraire mais doit se référer à la généralité de la règle de droit et aux sources non écrites de l'ordre juridique.

Les sources utilisées par les tribunaux pour définir les devoirs contractuels sont multiples et diverses.

Le juge peut se fonder sur l'inobservation d'« un principe général de droit », d'une coutume impérative ou même d'« un simple usage », d'une réglementation d'origine purement privée (par exemple, le règlement d'une compétition sportive), ou encore des directives imposées par un syndicat, une association ou un ordre professionnel à leurs membres, notamment sur le plan déontologique, etc. Le Tribunal peut également relever, à cet effet, l'inobservation des « normes techniques » tels les DTU ou celles élaborées par l'association française de normalisation (AFNOR), etc.

Le juge ne peut pas imposer ses idéaux personnels. Il ne peut appliquer que les règles morales qu'il estime nécessaires pour satisfaire les besoins de la vie sociale. D'ailleurs cette appréciation est soumise au contrôle de la Cour de cassation. Ainsi, le juge « est amené, par la force des choses à se faire l'interprète des conceptions éthiques et du sens de la justesse qui sont admis par la majorité de la population au moment même où il statue ».

§ 4 - Mise en œuvre de la responsabilité civile extra-contractuelle

La procédure d'indemnisation est déclenchée par la réclamation faite par la victime, ou le cas échéant, ses ayants droits, auprès de la personne (physique ou morale) civilement responsable du dommage. Dans le cas des accidents de circulation, la réclamation est faite directement auprès des compagnies d'assurances.

Du fait qu'elle déclenche cette procédure, la victime devra apporter tous les justificatifs nécessaires pour que sa demande soit opposable à l'auteur du dommage. Par ailleurs, elle devra apporter et fournir la preuve constituée de 3 éléments essentiels :

- Existence du dommage ;
- Existence de la faute qui a engendré le dommage ;

- Existence du lien de causalité entre le dommage et la faute.

Par ailleurs lorsqu'il y a concours de la victime dans la réalisation du dommage, il est nécessaire de dégager la part de responsabilité de l'auteur du dommage afin d'accorder une indemnisation juste et équitable.

Dans le même sens, on peut noter qu'il y a de très nombreuses situations dans lesquelles la responsabilité des producteurs peut être engagée :

- Fabrication de produits dangereux ;
- Fabrication et commercialisation de produits contrefaits traduite par une concurrence déloyale ;
- Responsabilité de l'employeur vis-à-vis de ses salariés au niveau de l'hygiène et de la sécurité.

Par ailleurs, les producteurs peuvent être responsables tant au niveau contractuel qu'extra-contractuel vis à vis de l'ensemble des agents économiques de la société :

- Vis-à-vis des salariés : Les entreprises sont tenues de respecter les conditions fixées dans les contrats de travail ainsi que d'assurer la sécurité relative aux travaux demandés. De ce point de vue, leur responsabilité contractuelle ou délictuelle pourrait être engagée ;
- Vis-à-vis des consommateurs : La responsabilité civile délictuelle ou contractuelle du producteur pourrait être engagée, par exemple en cas de non-respect des contrats ou de commercialisation de produits non conformes aux normes exigées ;
- Vis-à-vis de l'état ou des collectivités territoriales : L'engagement des entreprises se voit au niveau social, fiscal et en matière de respect de l'environnement. Dans ces cas, leur responsabilité se voit engagée entièrement.
- Vis-à-vis des concurrents : La responsabilité des entreprises se juge à l'occasion d'affaires de contrefaçon ou de concurrence déloyale, etc.

Notons aussi qu'actuellement et en raison de l'internationalisation croissante des échanges commerciaux entre états, l'interdépendance des économies mondiales ainsi que du développement des firmes multinationales, la question de responsabilité mériterait d'être davantage posée et étudiée au niveau des instances supranationales. En d'autres termes ; beaucoup de progrès restent encore à faire dans ce domaine qui devient de plus en plus complexe.

La mise en jeu de la responsabilité civile repose sur trois facteurs déterminants : la faute, le dommage et le lien de causalité.

4.1 - La faute

Définir ce qu'est la faute, pierre angulaire du dispositif juridique de la responsabilité mis en place en 1804, devient un enjeu où se mêlent les réflexions philosophiques, morales ou religieuses, ce qui paradoxalement n'a pas aidé le juriste dans l'effort de définition auquel les textes l'ont contraint[51].

Le fait de retenir la responsabilité d'une personne pour un comportement précis suppose l'appréciation de son comportement. Ce qui laisse croire l'existence de deux conceptions différentes de la faute et de la responsabilité :

- La première conception se base sur l'appréciation de l'agissement d'une personne en référence à son propre comportement habituel ainsi qu'à ses capacités. Dans ce cas, la norme ou la règle d'appréciation de son comportement sera nécessairement basée sur sa prudence et sa diligence moyennes habituellement observées dans les mêmes conditions. En d'autres termes, une personne qui fait preuve d'une maladresse ou d'une imprévoyance peu commune chez lui sera déclarée responsable. Cette conception sera dite *in concerto*.
- Quant à la seconde conception, l'appréciation se fait *in abstracto* et qui se base sur le comportement d'une personne normalement prudente et avisée, tel le « bon père de famille ». En d'autres termes, l'appréciation devrait répondre à la question : une personne placée dans situation comparable aurait-elle agi comme celle à qui on tente d'imputer la responsabilité du préjudice ? Si le comportement du présumé responsable lui est identique, les conséquences dommageables de l'acte resteront à la charge de la victime. Par contre, si l'écart de comportement est manifeste, l'auteur de l'acte sera donc déclaré fautif et de ce fait responsable. Notons que le D.O.C marocain fait référence à deux reprises à cette notion de « bon

---

[51] DE MAILLARD (J), DE MAILLARD (C), La responsabilité juridique, Paris, FLAMMARION, 1999, P 20.

père de famille : Articles 713 et 945. Par ailleurs, la plupart des polices d'assurance font référence à cette notion de « bon père de famille ».

Le code civil français ne donne pas de définition précise à la faute. Il ne donne en fait qu'une illustration à la conséquence de la faute dans l'article 1383. En fait, il définit les sources de responsabilité par les fautes non intentionnelles, d'imprudence et de négligence. C'est donc la doctrine qui s'est attelée à cette tâche et force est de constater qu'aucune des définitions proposées n'a fait l'unanimité[52]. La plus célèbre définition de la faute a été donnée par Marcel PLANIOL en 1905 lorsqu'il l'a définie par « le manquement à une obligation préexistante »[53]. D'autres juristes, plus récents, ont contribué à définir la faute tels H. et L. MAZEAUD et A. TUNC[54] qui considèrent que la faute est « une erreur ou une défaillance de conduite ».
Le dictionnaire Littré définit la faute dans son sens général comme « un manquement contre un principe ou une règle ».

Quant au D.O.C marocain, il dispose dans son article 78 du D.O.C : « Chacun est responsable du dommage matériel ou moral qu'il a causé par sa faute ».

Donc tout dommage occasionné par une faute oblige son auteur à le réparer.
La faute est définie par le même article comme étant « La faute consiste, soit à omettre ce qu'on était tenu de faire, soit à faire ce dont on était tenu de s'abstenir, sans intention de causer un dommage. »

L'article 78 du D.O.C fait reposer le principe de responsabilité sur l'idée de la faute prouvée ou présumée, donc pas d'interprétation au-delà des textes.

---

52 BACACHE-GIBEILI (M), Droit civil, T5, Les obligations, la responsabilité civile extracontractuelle, Beyrouth, EDITIONS DELTA, 1ère éd, 2008, P 129

53 PLANIOL (M), Traité élémentaire de droit civil, T II, N° 863 ; Rev. Crit. Lég. Jurisp. 1905, P 283 et Suiv.

54 MAZEAUD (H et L) et TUNC (A), Traité théorique et pratique de la responsabilité civile délictuelle et contractuelle, T1 et T2, Paris, 5ème 2d, 1957 et 1958.

La faute se réduit en effet aujourd'hui à un élément objectif puisque, depuis 1984, un élément subjectif n'est plus nécessaire pour la caractériser[55] :

a) L'élément objectif de la faute est constitué de deux éléments :

- L'élément matériel est défini comme élément constitutif de la faute puisque l'article 1382 du code civil français le précise « fait de l'homme ». En fait cet élément matériel est très large et peut englober plusieurs types de faits tels des actes positifs de toutes sortes allant d'actes proprement dits que des écrits ou même des paroles, ou encore des actes négatifs tels l'abstention ou l'omission[56].

A la lecture des articles 77 et 78 du D.O.C [57] marocain ainsi que les articles 1382 et 1383 du code civil français[58] « Tout fait quelconque de l'homme etc. » non seulement par son fait, mais par sa faute, etc. », on relève que seule l'existence d'une faute ou tout au moins d'une négligence ou une imprudence peut être source de responsabilité. La négligence ou l'imprudence sont de gravité moindre, néanmoins elles ouvrent la voie à la réparation : C'est le cas de défaut de surveillance, défaut d'entretien, etc.

---

[55] FABRE-MAGNAN (M), Droit des obligations, 2 - Responsabilité civile et quasi-contrats, Paris, PRESSES UNIVERSIATAIRES DE FRANCE, 3ème éd, 2013, P 92

[56] Fra Cr Cass Affaire Branly Ch Civ 27 Février 1951 : La cour de cassation française avait approuvé un arrêt de la cour d'appel Condamnant un historien pour avoir volontairement omis, dans un ouvrage sur la TSF (Télévision), d'énoncer le nom de Branly, savant à l'origine de l'invention, à cause d'un différend politique entre les deux hommes.

[57] Art 77 du D.O.C Mar dispose : « Tout fait quelconque de l'homme qui, sans l'autorité de la loi, cause sciemment et volontairement à autrui un dommage matériel ou moral, oblige son auteur à réparer ledit dommage, lorsqu'il est établi que ce fait en est la cause directe. Toute stipulation contraire est sans effet. »

Art 78 du D.O.C Mar dispose : « Chacun est responsable du dommage moral ou matériel qu'il a causé, non seulement par son fait, mais par sa faute, lorsqu'il est établi que cette faute en est la cause directe. Toute stipulation contraire est sans effet.

La faute consiste, soit à omettre ce qu'on était tenu de faire, soit à faire ce dont on était tenu de s'abstenir, sans intention de causer un dommage. »

[58] Art 1382 du Cd Civ. Fra dispose : « Tout fait quelconque de l'homme, qui cause à autrui un dommage, oblige celui par la faute duquel il est arrivé à le réparer. »

Art 1383 du Cd Civ. Fra dispose : « Chacun est responsable du dommage qu'il a causé non seulement par son fait, mais encore par sa négligence ou par son imprudence. »

Pour caractériser une faute, il est toujours nécessaire d'établir la méconnaissance d'un devoir ou d'une obligation imposée par l'ordre juridique[59].

En matière de responsabilité civile, la gravité de la faute ou du fait ne détermine pas toujours l'étendue de l'obligation de réparation. Ainsi, même une faute légère, peut entraîner des conséquences graves. L'exemple suivant pourrait illustrer cette distinction :

« Le 29 Juillet 1983, l'acquéreur d'un véhicule est victime d'un accident mortel de la route. Les ayants droit de la victime ont demandé la réparation de leurs préjudices.

La cour d'appel condamne *in solidum* le concessionnaire de la marque automobile et le constructeur automobile à indemniser les ayants droit de la victime.

L'arrêt retient que l'accident trouve son origine et sa cause exclusive dans la défaillance d'une pièce mécanique qui était atteinte d'un vice caché de fabrication. »

En matière d'obligation, la jurisprudence marocaine ne reconnaissait que l'obligation de moyens. L'évolution législative a fait apparaître ces derniers temps le concept d'obligation de résultats. En effet, les tribunaux marocains se montrent de plus en plus sévères et difficiles à accepter la preuve « de ce que le gardien a fait tout ce qui était nécessaire afin d'empêcher le dommage ».

D'ailleurs, de nombreuses décisions de jurisprudence ont affirmé ce principe notamment pour des accidents causés à des clients d'hôtels ou à des utilisateurs de piscines.

1 - Faute et gravité

Toutes les fautes ne sont pas d'égale gravité. Il y a lieu de faire la distinction ; tout d'abord ; entre les fautes volontaires et les fautes non intentionnelles. Cette distinction trouve toute son importance en termes de couvertures d'assurance tant dans l'article 17 du code marocain des assurances[60], que dans l'article L113-1 du code français des

---

[59] VINEY (G), JOURDAIN (P), Traité de droit civil, les conditions de la responsabilité, Paris, L.G.D.J - DELTA, 2ème éd, 1998, P 326

[60] Maroc – Art 17 : « Les pertes et les dommages occasionnés par des cas fortuits ou causés par la faute de l'assuré sont à la charge de l'assureur, sauf exclusion formelle et limitée contenue dans le contrat.

Toutefois, l'assureur ne répond pas, nonobstant toute convention contraire, des pertes et dommages provenant d'une faute intentionnelle ou dolosive de l'assuré.

assurances[61]. Les mêmes dispositions sont exprimées de la même manière dans l'article 102 de l'ordonnance 95-07 formant code algérien des assurances[62], dans l'article 9 du code de commerce Belge (partie X relative aux assurances)[63], ainsi que dans l'article 8 du code tunisien des assurances[64].
Cette qualification est en conséquence extrêmement importante pour la prise en charge ou le rejet du sinistre par l'assureur.
Ensuite, au sein des fautes non intentionnelles, on distingue encore divers niveaux de gravité, de la faute inexcusable ou grave à la faute simple. La faute grave peut s'apparenter à une attitude dolosive. Quant à la faute simple, c'est la faute classique à la base du droit commun.
Par contre, la faute intentionnelle des préposés ou toute personne dont l'assuré répond civilement demeure assurable[65] ainsi qu'il résulte des termes de l'article L. 121 - 2 du Code des assurances français qui dispose que « L'assureur est garant des pertes et dommages causés par les personnes dont l'assuré est civilement responsable en vertu de l'article 1384 du Code civil, quelles que soient la nature et la gravité de la faute de ces personnes ».
En effet, toute responsabilité ne peut faire l'objet d'une assurance. La loi française pose en effet certaines limites à l'assurabilité du risque de responsabilité. Il est impossible notamment d'assurer les conséquences ; même pécuniaires ; de la responsabilité pénale de l'assuré.

2 - Fait d'autrui

Comme nous l'avons déjà explicité, la faute peut également être qualifiée du « fait d'autrui », et ce dans plusieurs cas de figures :

---

[61] France - Art L113-1 : « Les pertes et les dommages occasionnés par des cas fortuits ou causés par la faute de l'assuré sont à la charge de l'assureur, sauf exclusion formelle et limitée contenue dans la police.
Toutefois, l'assureur ne répond pas des pertes et dommages provenant d'une faute intentionnelle ou dolosive de l'assuré. ».

[62] Algérie - Art 102. « L'assureur ne couvre pas les risques suivants et leurs conséquences :
1) les fautes intentionnelles ou lourdes de l'assuré ; etc. »

[63] Bel - Art 9 : « Toute réticence, toute fausse déclaration de la part de l'assuré, même sans mauvaise foi, rendent l'assurance nulle lorsqu'elles diminuent l'opinion du risque ou en changent le sujet, de telle sorte que l'assureur, s'il en avait eu connaissance, n'aurait pas contracté aux mêmes conditions. »

[64] Tunisie - Article 4 : « …L'assureur ne répond pas des dommages résultant de la faute intentionnelle ou dolosive.

[65] VINEY (G), JOURDAIN (P), Traité de droit civil, les effets de la responsabilité, Paris, L.G.D.J - DELTA, 2ème Ed, 2002, P 649

a) Préposé du débiteur :
Les personnes dont on doit répondre peuvent par exemple être les préposés du débiteur. Si ce préposé commet une faute, la responsabilité contractuelle du fait d'autrui de son employeur peut être recherchée.
Par exemple, après un bornage, une clôture a été implantée en alignement des bornes, sur indication de l'employé du géomètre-expert, alors que la limite se trouvait en fait en retrait. La Cour a considéré que le géomètre-expert avait manqué à son obligation de résultat de par la faute de son préposé[66].

b) Auxiliaire librement choisi par le débiteur :
De la même manière, les manquements commis par tous les intervenants choisis par le débiteur (sous-traitant, etc.) engagent la responsabilité du débiteur. Mais un recours est alors possible contre ces derniers.
En ce qui concerne le sous-traitant, l'engagement de sa responsabilité suppose la réalisation de plusieurs conditions. Premièrement, l'existence d'un rapport de préposition entre commettant et sous-traitant, par le biais d'un contrat de préférence écrit. Si aucun contrat n'existe, la jurisprudence interprète le rapport de préposition à partir des ordres donnés[67]. Ensuite, un fait fautif doit classiquement exister. Enfin, il faut que ce fait soit commis dans le cadre des fonctions du sous-traitant : si ce dernier commet un abus de fonction, la responsabilité du commettant est exonérée[68].
À l'égard des tiers, la Cour de Cassation française a conclu que le sous-traitant n'engage pas sa responsabilité s'il « n'excède pas les limites de la mission impartie par le commettant »[69]. En revanche, si la faute est intentionnelle, ce principe n'est plus valable[70].

c) Auxiliaire imposé par le créancier : Par contre, la responsabilité du débiteur ne peut être recherchée si l'auxiliaire est imposé par le créancier, même sur conseil du débiteur.

---

[66] Ap Angers, 2 Février 2004, N°03/00098
[67] Ap Nancy, 2 Février 2005, 4ème Chambre, JCP 2006, IV, p1260.
[68] Fra Cr Cass . Ass. Plén., 19 Mai 1988, N° 87-82654.
[69] Fra Cr Cass . Ass. Plén., 25 Février 2000, N°97-17378, Resp. Civ. et assur., chr. N°11, note H. Groutel.
[70] Fra Cr Cass Ass Plén. 14 décembre 2001, N°00-82066, Bull. Crim. N°269, D. 2002, P 621.

4.2 - Le dommage

Le dommage est un élément essentiel dans le processus d'indemnisation en responsabilité civile. Mais l'acceptation de réparation du dommage par le droit est assujettie à certaines conditions. Par ailleurs, il arrive très souvent qu'on utilise tantôt le terme de dommage, tantôt le terme de préjudice pour désigner la conséquence d'un fait générateur engageant la responsabilité civile du présumé fauteur.

1 - Notions de dommage et de préjudice

Tout d'abord, il faut distinguer entre la notion de dommage de celle du préjudice :

- Le dommage est une notion purement matérielle. Elle représente en fait l'atteinte à une personne ou à un bien ;
- Le préjudice, quant à lui ; est une notion purement juridique. Il représente la conséquence directe patrimoniale ou extrapatrimoniale d'un dommage que le droit permet et accepte de réparer.

Cette distinction permet de faire le tri entre les dommages ignorés par le droit et les préjudices juridiquement réparables[71].

Malgré cette distinction avancée et défendue par la doctrine, les deux termes sont souvent utilisés pour synonymes.

2 - Conditions de réparation du dommage

Tous les dommages ne sont pas réparables. Deux cas se présentent dans cette catégorie de non possibilité de réparation du dommage :

- Cas d'activité illicite : Les dommages survenus à une personne pratiquant une activité illicite n'est pas réparable. L'exemple pouvant illustrer cette situation est celle du cas d'un incendie criminel détruisant une salle de jeux illégale. Le propriétaire de la salle de jeux ne pourra pas être indemnisé ;
- Cas d'activité licite : Certains dommages licites ne sont pas réparables. C'est notamment le cas d'un commerçant qui souffrirait de la concurrence loyale d'un autre commerçant. Il

---

[71] BACACHE-GIBEILI (M), Droit civil, T5, Les obligations, la responsabilité civile extracontractuelle, Beyrouth, EDITIONS DELTA, 2008, P 336.

existe donc certaines conditions générales pour déclarer un dommage réparable mais ces conditions ne sont pas sans poser des problèmes d'application.

On retrouve ici la théorie du risque prônée et défendue par la doctrine et selon laquelle celui qui exerce une activité faisant courir un risque à autrui est tenu de réparer les dommages qu'il cause, même en l'absence de comportement moralement répréhensible.

3 - Différents types de préjudices

Le préjudice subi par le tiers lésé peut se manifester de différentes manières :

- Préjudice matériel : Dommage affectant les biens ou le patrimoine de la victime ;
- Préjudice moral : Droit extrapatrimonial c'est le cas par exemple d'un préjudice subi suite au décès d'un parent cher, atteinte à l'honneur, atteinte à l'image de marque, etc. ;
- Préjudice corporel : C'est le cas d'atteinte à l'intégrité physique d'un individu. L'indemnisation de ce genre de préjudice ; lorsqu'elle est octroyée ; doit régler non seulement le dommage principal mais également ses conséquences et séquelles naissantes du dommage corporel : frais engagés du fait du préjudice subi, tel que frais médicaux, d'hospitalisation ou de rééducation, ainsi que les pertes de gain ou de revenu qui s'en suivent.

Actuellement, la tendance jurisprudentielle se dirigerait vers une extension de l'indemnisation à d'autres types de dommages :

- Préjudice esthétique ;
- Pretium doloris[72] ;

---

[72] « Pretium doloris » est une expression d'allure latine désignant la réparation, sous la forme d'une compensation financière, à laquelle la victime peut prétendre pour les souffrances permanentes ou non permanentes qu'elle a ou qu'elle va continuer à supporter ensuite de blessures qui lui ont été occasionnées. Il en est ainsi, que ces souffrances aient été ou non la conséquence directe ou indirecte (interventions chirurgicales) d'un fait accidentel ou à de mauvais traitements dont l'auteur des dommages doit répondre. Cette réparation se cumule avec l'indemnisation des autres chefs de préjudice tels que le préjudice physique, le préjudice moral, ou le préjudice esthétique.

V Fra Cd Civ, Art 1382 et suivants

V Code de la sécurité sociale français, Art L376-1, L454-1, L461-2, R524-3, R351-23, R815-22, L176-1, L461-5, L241-5-1, L371-5, L412-1, L413-1, L413-3, L413-6, L413-13, L434-17, L437-1, L443-1, L451-1

- Dommages immatériels.

Les assureurs définissent les dommages immatériels comme « Tout préjudice pécuniaire résultant de la privation de jouissance d'un droit, de l'interruption d'un service rendu par une personne ou par un bien meuble ou immeuble ou de la perte d'un bénéfice et qui entraîne directement la survenance de dommages corporels ou matériels garantis ». Certaines doctrines préfèrent le terme « dommages pécuniaires » au terme « dommages immatériels » pour deux raisons :

- Le terme de « immatériels » est obscur pour les assurés ;
- Ce mot n'a aucune définition juridique dans plusieurs pays.

Après analyse, nous constatons que, ni le code des assurances ni le D.O.C marocains ne renferment le mot immatériel. Par contre le mot « pécuniaire » est rencontré dans l'article 1100[73] du D.O.C mais n'a pas la même signification que le mot « immatériel » utilisé par les assureurs. En fait l'expression « intérêt pécuniaire » dans l'article 1100 ; cité ci-dessus ; signifie le dédommagement financier ou encore « le dédommagement en nature ». Par ailleurs, une seule fois le mot « pécuniaire » est utilisé dans l'article 62[74] du code des assurances.

Quant au code des assurances français, il ne fait référence au mot « immatériel » qu'une seule fois dans son article L 126-2[75] de sa partie législative.

Aux termes de cette analyse, contrairement à ce qui a été avancé par certaines doctrines sur la préférence du mot « pécuniaire » au mot

---

[73] Art 1100 du D.O.C Mar dispose : « On ne peut transiger sur une question d'état ou d'ordre public, ou sur les autres droits personnels qui ne font pas objet de commerce ; mais on peut transiger sur l'intérêt pécuniaire qui résulte d'une question d'état ou d'un délit. »

[74] Art 62 Cd As Mar Mr dispose : « L'assureur ne peut payer à un autre que le tiers lésé ou ses ayants droits tout ou partie de la somme due par lui, dans les limites de la garantie prévue au contrat, tant que ce tiers n'a pas été désintéressé, jusqu'à concurrence de ladite somme, des conséquences pécuniaires du fait dommageable ayant entraîné la responsabilité de l'assuré. »

[75] L126-2 Cd As Fra dispose : « Les contrats d'assurance garantissant les dommages d'incendie à des biens situés sur le territoire national ainsi que les dommages aux corps de véhicules terrestres à moteur ouvrent droit à la garantie de l'assuré pour les dommages matériels directs causés aux biens assurés par un attentat ou un acte de terrorisme tel que défini par les articles 421-1 et 421-2 du code pénal subis sur le territoire national. La réparation des dommages matériels, y compris les frais de décontamination, et la réparation des dommages immatériels consécutifs à ces dommages sont couvertes dans les limites de franchise et de plafond fixées au contrat au titre de la garantie incendie. [ ] ».

« immatériel », nous considérons que le mot « immatériel » est mieux adapté et le retiendrons dans ce qui suit.
En effet, la jurisprudence semble être de plus en plus favorable aux demandes en réparation des dommages immatériels telle la perte de jouissance, la perte de chance, la perte de marché ou encore la perte d'exploitation[76]. Le dommage immatériel ne correspond pourtant pas aux critères classiques exigés pour qu'un dommage soit indemnisable, à savoir certain, présent et réel (ces trois critères réunis présentent la condition *sine quoi non* pour qu'un dommage soit susceptible de réparation). Afin d'illustrer ces propos, nous donnons les exemples suivants :

- « Une poutre maîtresse d'un immeuble s'effondre et occasionne des dégâts dans un appartement. La cour d'appel condamne le syndicat des copropriétaires à payer ; à titre de dommage et intérêts ; en raison de sa faute pour ne pas avoir souscrit d'assurances garantissant les dommages immatériels (trouble de jouissance en l'occurrence). »[77]

Le dommage immatériel peut être défini de la manière suivante :
« Tout préjudice pécuniaire résultant de la privation de jouissance d'un droit, de l'interruption dans le service rendu à une personne ou par un bien meuble ou immeuble, ou la perte d'un bénéfice, etc. » France Cour d'Appel 1996.

- « L'assuré a livré des tuyaux en béton armé non conformes aux normes et a dû les reprendre. Le client lui a demandé réparation des sanctions et frais consécutifs, du retard de chantier. L'assureur de responsabilité civile a été condamné à les reprendre en charge au titre des dommages immatériels » (9 Mai 1996).

Qu'il soit matériel, corporel ou moral, le dommage doit être réparé dans son intégralité : tout le dommage et seulement le dommage. Pas de possibilité de réaliser un enrichissement sans cause. La responsabilité civile étant dominée par le principe indemnitaire.
Longtemps, la responsabilité pour faute fut considérée comme la responsabilité de principe, les autres régimes ne jouaient qu'un rôle

---

[76] La perte d'exploitation est définie à partir de la marge brute constituée des charges fixes et du résultat de l'entreprise.
[77] Fra Cr Cass Ch Civ 1 du 6 Mars 1996 Ar N° 94-14.403 Inédit

secondaire, ils s'appliquaient comme pis-aller, à défaut de prouver la faute.
Certains arrêts de la cour de cassation française confirment cette règle :

- « Selon un acte sous seing privé rédigé par un conseiller juridique, un infirmier cède sa clientèle à titre onéreux. La cession est annulée par décision judiciaire et le vendeur est tenu de rembourser le prix de vente outre les intérêts légaux. Il engage une action en responsabilité à l'encontre du conseiller juridique. La cour retient la faute du conseiller juridique pour avoir rédigé un acte nul »[78].

- « Une société de transport a été chargée d'un transport routier à l'intérieur et a utilisé un camion pris en location avec son chauffeur. En cours du trajet, celui-ci descend de son véhicule à la vue d'un autre chauffeur en difficulté. Ils sont enlevés par des hommes armés. Le camion est retrouvé plusieurs heures après le vol, vidé de son contenu. Le client (Banque de France) a été indemnisé par ses assureurs qui assignent en paiement la société de transport et le loueur du camion.
La cour : « Le chauffeur a répondu à l'appel de détresse de son collègue en réalité complice des voleurs. Au moment où, après s'être arrêté et être descendu de son véhicule, il s'est trouvé sous la menace de trois individus armés. Le seul fait de descendre de la cabine de son camion, moteur tournant, pour répondre en toute confiance à l'appel lancé par un autre chauffeur, s'il peut être constitutif d'une faute, ne répond cependant pas aux critères de la faute lourde dans le contexte de banalisation du transport »[79].
En fait, la faute ou le fait sont perçus différemment selon les parties en cause, les juges seront plus sévères quand la faute, l'imprudence ou la négligence est l'œuvre d'un professionnel, d'un expert, d'un ingénieur ou d'un architecte.
L'évolution de la jurisprudence a joué un très grand rôle notamment avec l'apparition des assurances de responsabilité civile. Les juges avaient tendance à désigner le tiers solvable comme responsable. Car d'un côté, on avait une victime qui a subi un dommage, et de l'autre une compagnie d'assurances solvable : c'est un vrai dilemme qui a conduit généralement à une réparation en dehors du bon sens et de l'équité.

---

[78] Fra Cr Cass Ch Civ 1 du 4 Juin 1996 Ar N° 94-15.938 Inédit
[79] Fra Cr Cass Ch Com du 19 Mars 1996 Ar N° 94-11.656 Inédit

- « Un centre de transfusion est déclaré responsable du décès d'une patiente des suites d'un syndrome d'immunodéficience acquis après avoir subi une intervention chirurgicale au cours de laquelle plusieurs concentrés globulaires provenant de ce centre lui ont été transfusés. Son assureur prétend que la responsabilité de ce centre ne peut être engagée que sur faute prouvée et au titre d'une simple obligation de moyen. Le pourvoi a été rejeté et la cour d'appel a retenu à bon droit que le contrat de fourniture de sang ou de ses dérivés par un centre de transfusion met à sa charge une obligation de livrer les produits exempts de vices sans faculté d'exonération autre que la cause étrangère. Le vice interne du produit même indécelable ne constitue pas pour l'organisme fournisseur une cause étrangère. »[80].

- « Un artisan chaudronnier effectue des travaux sur une machine installée dans une papeterie. Quelques heures après son intervention, un incendie se déclare dans les locaux. La société propriétaire de l'établissement assigne en réparation de son dommage l'artisan et son assureur. Ceux-ci sont condamnés et reprochent à la cour d'appel d'avoir exonéré l'entreprise dont le responsable a signé un permis de feu[81] sans chercher si celui-ci avait satisfait aux obligations lui incombant en sa qualité d'agent de sécurité générale de l'opération commandée à l'artisan. Le pourvoi est rejeté. L'artisan travaillait en permanence à l'usine où a eu lieu le sinistre et ce depuis vingt-sept ans dans les papeteries. Il a toujours pris les précautions nécessaires pour éviter un incendie. Étant un professionnel expérimenté, il ne pouvait ignorer ; compte tenu des lieux ; les risques inhérents à l'emploi du matériel de son choix. Il avait le devoir de prendre toutes les mesures de protection et de surveillance appropriées, le permis de feu ne pouvant en aucune façon le dispenser de telles mesures et ainsi transférer à l'entreprise les obligations de sécurité pesant sur lui. La décision de la cour d'appel est légalement justifiée. »[82]

---

[80] Fra Cr Cass Ch Civ 1 Ar N° 93-19.160 93-20.412 du 9 Juillet 1996 Publié au bulletin

[81] C'est un permis délivré par le chef de sécurité à la personne (interne ou externe à l'usine) qui va réaliser des travaux de soudure. La réglementation de sécurité incendie exige des entreprises d'instaurer un tel procédé de gestion du risque incendie

[82] Fra Cr Cass Ch Civ 1 Ar N° 94-15.720 du 29 Mai 1996 Publié au bulletin

4.3 - Le lien de causalité

Avant la survenance du dommage, aucun lien juridique n'existe entre la victime et l'auteur du dommage. C'est le délit qui fait naître ce droit à la réparation, ou cette obligation d'indemniser la victime. Pour ce faire, la victime doit prouver un lien de cause à effet entre le fait ou la faute et le dommage. Elle devra donc prouver que le préjudice résulte directement du fait, des agissements ou de l'imprudence du présumé responsable.

La charge de la preuve étant généralement à la charge de la victime. L'auteur du dommage, le responsable désigné, devra pour s'exonérer apporter la preuve du contraire ; le dommage résultant d'un fait qui ne lui est pas imputable, d'un cas de force majeure, de l'absence de lien entre le fait qui lui est reproché et le dommage subi.

Nous illustrons ces propos par les exemples suivants :

- « Une victime de la circulation subit plusieurs interventions chirurgicales au cours desquelles des quantités importantes de concentrés globulaires et de plasma frais congelés lui sont transfusés. Un test ayant révélé qu'elle était atteinte du virus de l'hépatite C, elle demande réparation de ce préjudice à l'auteur de l'accident et à son assureur.

Statuant au vu d'un rapport d'expertise, la cour d'appel accueille la demande de la victime. L'expert ayant constaté que le blessé a reçu un apport très élevé de concentrés globulaires et de plasma, le risque augmentant avec le nombre d'unités transfusées.

La victime n'a pas été transfusée auparavant et ne présentait ni d'antécédent d'affection ni aucun autre facteur de risque. La cour d'appel a pu en déduire par appréciation souveraine du rapport d'expertise que la contamination trouvait sa cause directe dans les transfusions nécessitées par l'accident, et donc retient la responsabilité de l'auteur de l'accident et de son assureur. »

- « Ayant demandé deux permis de construire successivement annulés, le propriétaire d'un lot de terrain a édifié néanmoins un ouvrage. Ses voisins demandent et obtiennent la démolition de l'édifice, ainsi que le paiement des dommages et intérêts.

La cour d'appel retient l'existence du préjudice du fait que la construction sans permis pouvait causer un dommage direct et personnel, d'autant plus que l'utilisation du nouvel édifice entraînera du fait des fumées et odeurs, une moins-value pour leurs propriétés. »

Cassation : « La cour d'appel n'a pas donné de base légale à sa décision sans rechercher s'il existait une relation directe de cause à effet entre le préjudice personnel et l'infraction à une règle d'urbanisme. »

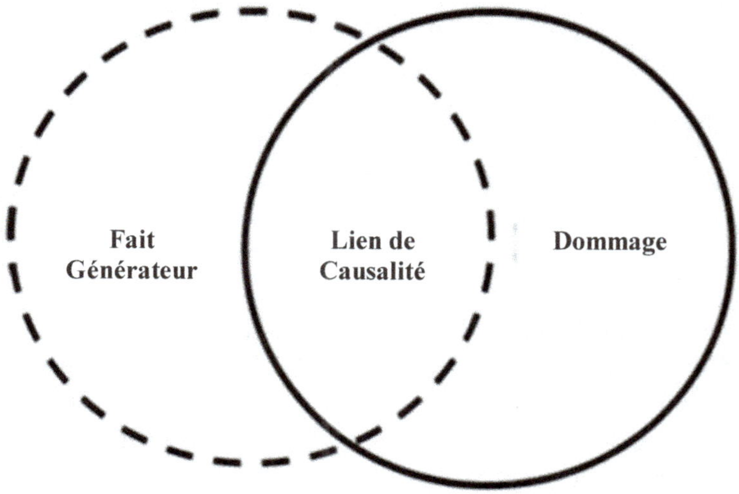

Figure 2 : Lien de causalité entre dommage et fait générateur

Le domaine de la responsabilité civile englobe la responsabilité contractuelle et la responsabilité délictuelle. Il n'existe pas de différences fondamentales entre les deux ordres de responsabilité, néanmoins certaines différences accessoires donnent souvent un intérêt pratique à la délimitation de leurs domaines.

Section 2 - La responsabilité civile des architectes

Le rôle de l'architecte dans la gestion et le suivi de chantier est d'une importance capitale. Il représente le maître d'ouvrage auprès de tous les intervenants responsables de la réalisation du projet et veille au respect de la réglementation. Sa responsabilité est très grande en cas de pathologie ou d'effondrement de l'ouvrage.[83]

§ 1 - La fonction de l'architecte selon la loi 016-89

La profession de l'architecte est définie et précisée par l'article 1 de la loi N° 016-89 relative à l'exercice de la profession d'architecte et à l'institution de l'ordre national des architectes promulguée par Dahir n°1-92-122 du 10 septembre 1993[84].

L'architecte est la personne qui conçoit l'ouvrage et détermine son programme selon sa destination. Il a un rôle primordial dans la conception, la fonctionnalité et l'intégration de l'ouvrage dans son environnement. Il fait partie des premières personnes contactées par le maître d'ouvrage en vue d'arrêter les premières esquisses et le choix de l'option définitive de l'architecture de l'ouvrage. L'architecte est généralement maître d'œuvre pour les ouvrages qui ne posent pas de difficultés techniques majeures. Dans le cas contraire, deux possibilités peuvent être envisagées :

- Soit que la maîtrise d'œuvre est déléguée conjointement à l'architecte et au Bureau d'Études Techniques (BET) ;
- Soit que l'ouvrage pose des difficultés techniques pouvant dépasser les compétences techniques de l'architecte ainsi que celles du Bureau d'Études Techniques, auquel cas le maître d'ouvrage fait appel dans ce cas à un groupement d'ingénieurs

---

[83] Dans les deux affaires d'écroulement qui se sont soldées par la mort de personnes (Kénitra en 2008 et Marrakech en 1989), la première personne qui a été inculpée et mise en examen par la justice était l'architecte avant de rechercher la responsabilité éventuelle des autres intervenants.

[84] Art 1 de la loi N° 016-89 : « L'architecte est chargé de la conception architecturale des bâtiments et des lotissements, de l'établissement des plans y afférents et de la direction de leur exécution.

Il peut être également chargé du contrôle de la sincérité des mémoires comptables des entrepreneurs qui concourent à la réalisation des travaux afférents aux actes précités.

Sous réserve des cas où la loi impose le recours à un architecte pour l'accomplissement d'actes déterminés, l'architecte assure tout ou partie des actes prévus au présent article suivant le mandat qu'il reçoit de son client. »

appelés en général Ingénieurs Conseils et qui possèdent les moyens humains et techniques pour suivre de tels chantiers.

On tient à rappeler que la loi marocaine N° 016-89 relative à l'exercice de la profession d'architecte et à l'institution de l'ordre national des architectes promulguée par Dahir N° 1-92-122 du 10 septembre 1993 exige de l'architecte un engagement vis-à-vis du maître d'ouvrage pour suivre les travaux de construction. D'ailleurs le permis de construire n'est délivré au maître d'ouvrage que si les plans réalisés par l'architecte comportent tous cet engagement écrit et signé.

L'article 18[85] de la loi N° 016-89 précise l'incompatibilité de conception des projets et exécution des travaux et interdit de ce fait à l'architecte de se substituer à l'entreprise.

Il parait d'une façon claire que l'architecte est un prestataire de service et ne participe pas à l'exécution des travaux.

L'exercice de la profession d'architecte est réglementé et la contrevenance à cette réglementation est punie pénalement comme le précise l'article 28[86] de la même loi.

Par ailleurs, les architectes doivent contracter obligatoirement une police d'assurance couvrant leur responsabilité professionnelle tel le précise l'article 26 « …une assurance couvrant tous les risques dont il peut être tenu pour responsable etc. »

La loi 12.90 relative à l'urbanisme et promulguée par Dahir N° 1-92-31 du 15 Hijja 1412 (17 Juin 1992) a consacré 5 articles (Art 50 54) à l'intervention de l'architecte et de sa mission.

L'article 54 de la même loi a bien défini les obligations de l'architecte vis-à-vis du maître d'ouvrage et a responsabilisé les architectes du suivi obligatoire des travaux et du contrôle de leur conformité avec les plans architecturaux autorisés conformément au permis de construire délivré par l'administration.

---

[85] « L'exercice, à titre privé, de la profession d'architecte est incompatible avec toute fonction publique non élective dans les services de l'État, des collectivités locales ou des établissements publics. Il est également incompatible avec l'exercice de la profession d'entrepreneur ou industriel, fournisseur de matières ou objets employés dans la construction ».

[86] « Est considéré comme exerçant illégalement la profession d'architecte et est puni d'une peine d'emprisonnement de 2 mois à 2 ans et d'une amende de 1.000 à 40.000 dirhams ou de l'une de ces deux peines seulement etc… »

Cette remarque est d'une importance capitale vu que plusieurs chantiers au Maroc ne bénéficient pas de ce suivi des travaux par les architectes malgré la lourde responsabilité qu'ils encourent.
Cet article met en avant l'obligation de résultat de l'architecte dans le cadre de sa mission. Mais cette obligation ne peut concerner que la partie relative aux études techniques et non les démarches administratives entreprises par l'architecte en vue d'obtenir l'autorisation de construire[87], l'accord de modification des plans ou encore le permis d'habiter.
Par contre, la jurisprudence française soutient la thèse selon laquelle l'entrepreneur est tenu, sur le fondement de l'article 1147 du Code civil, d'une obligation de résultat, alors que l'architecte ne répond ; pour sa part ; que d'une obligation de moyens[88].

§ 2 - Le contrat liant l'architecte au maitre d'ouvrage et ses obligations

La contrat liant le maître d'ouvrage à l'architecte est considéré tant par les juristes que par les professionnels comme le contrat principal dans l'acte de construire vu que l'architecte est considéré comme le chef d'orchestre dans le chantier et le représentant du maître d'ouvrage devant tous les intervenants en tant que maître d'œuvre. Par ailleurs, le contrat homologué d'architecte a responsabilisé l'architecte au respect strict des règlements d'urbanisme et à la conformité des plans avec le permis de construire[89]. Le contrat liant l'architecte au maître d'ouvrage est de nature contrat d'entreprise

[87] Mar Sup Ar N° 1973 du 16/5/2004 Dos N° 95/1/2169
[88] Fra Cr Cass Ch Civ 3 Ar N° 10-21273 du 30 novembre 2011
[89] Art 7 Al 1 : « Missions obligatoires : …Suivre les travaux de construction, et en contrôler la conformité avec les plans architecturaux et les indications de l'autorisation de construire etc. »

§ 3 - Sinistralité des architectes et portée de l'article 769 du D.O.C sur la responsabilité civile des architectes

Le Code d'Hammourabi roi de Babylone, écrit vers 1730 avant Jésus Christ, avait ; en son temps ; responsabilisé l'architecte au point de lui infliger une peine pouvant aller jusqu'à la mort en cas d'écroulement de son œuvre et la mort de son propriétaire[90]. Mais en ce moment, l'architecte, faisait fonction de concepteur et de constructeur exécutant les travaux.

De nos jours, la construction est devenue tellement complexe ; et de ce fait compliquée ; que la réalisation d'un ouvrage exige l'intervention de dizaines voire de centaines de professionnels directs et indirects[91].

À travers l'article 769 du Dahir des Obligations et Contrats, le législateur marocain a responsabilisé l'architecte au même titre que l'ingénieur et l'entrepreneur de la solidité de l'ouvrage dix ans après sa réception. Mais il y a lieu de noter que cette responsabilité ; malgré qu'elle soit d'ordre public ; elle n'intervient qu'en cas d'écroulement ou de menace d'écroulement. En d'autres termes, elle n'intervient qu'en cas de catastrophe. Or, la sinistralité des architectes n'est nullement associée aux écroulements ou menaces d'écroulements des constructions puisque les études tant de structures que de sols sont faites par les ingénieurs d'études. Elle est plutôt associée à la maitrise d'œuvre du chantier ; donc à son aménagement ; et aux pathologies liées au fonctionnement de l'ouvrage telles que la conception d'escaliers non confortables présentant des contremarches très hautes ou/et des marches pas assez larges, la conception de rampe d'accès au parking en sous-sol de l'immeuble raide, la conception de parking impraticable à cause de la multiplicité de barrières tels les poteaux, etc.

---

[90] Le code de Hammourabi dispose : « Si un architecte a construit pour un autre une maison, et n'a pas rendu solide son œuvre, si la maison construite s'est écroulée, et a tué le maître de la maison, cet architecte est passible de mort.

Si c'est l'enfant du maître de la maison qu'il a tué, on tuera l'enfant de cet architecte.

Si c'est l'esclave du maître de la maison qu'il a tué, il donnera esclave pour esclave au maître de la maison.

Si c'est la fortune mobilière qu'il a détruite, il restituera tout ce qu'il a détruit, et parce qu'il n'a rendu solide la construction, et qu'elle s'est effondrée, il restaurera la maison ruinée, à ses propres frais.

Si un architecte a construit une maison pour quelqu'un, et n'a pas solidement basé son œuvre, si un mur tombe, cet architecte affermira ce mur, à ses propres frais. »

[91] Le ministère de l'Habitat, de l'Urbanisme et de la Politique de la Ville a recensé plus de 240 intervenants professionnels directs et indirects dans l'acte de construire.

Contrairement à d'autres législations arabes[92], cet article reste muet sur la solidarité entre les intervenants. Mais la jurisprudence a expliqué dans certains jugements ce mutisme comme une acceptation implicite de la responsabilité *in solidum*[93] entre intervenants[94]. Dans d'autres cas, elle a estimé que ce concept de solidarité n'est pas applicable[95] et va à l'encontre de l'article 164 du D.O.C[96]. En d'autres termes, même si l'architecte n'est pas directement responsable de la solidité de l'ouvrage, le législateur a voulu mettre implicitement un système de solidarité entre les trois principaux intervenants ; à savoir l'architecte, l'ingénieur et l'entrepreneur ; en cas d'écroulement ou de menace d'écroulement de l'ouvrage après la réception. Mais, cette hésitation de la jurisprudence marocaine ne résout nullement la problématique de la solidarité des intervenants en cas de dommages touchant l'ouvrage en cours de construction ou après réception des travaux.

Il y a lieu de noter que le D.O.C a prévu le cas de solidarité entre plusieurs personnes agissant en concert[97] ou encore le cas où la responsabilité est impossible à déterminer entre plusieurs commettants[98].

Cette situation serait certainement plus confortable pour les tribunaux si l'assurance était systématiquement obligatoire pour tous les intervenants dans l'acte de construire.

---

[92] Cd Civ Alg Art 554 et Cd Civ Egy Art 651

[93] Mar Ap de Rabat Ar du 28 Décembre 1938 : Responsabilité *in solidum* de l'architecte avec l'entrepreneur pour des dommages à la villa du maître d'ouvrage conséquents à l'utilisation d'un sable argileux.

[94] EL ARARI (A),المسئولية العقدية للمقاول والمهندس المعماري بالمغرب, Traduction Libre : La responsabilité contractuelle de l'entrepreneur et de l'architecte au Maroc, Rabat, DAR AL AMANE, 2010, p 162

[95] Sup Ar du 9/6/1971 *in* Revue des arrêts de la cour suprême N° du 23 Octobre 1971

[96] Art 164 du D.O.C Mar dispose : « La solidarité entre les débiteurs ne se présume point ; elle doit résulter expressément du titre constitutif de l'obligation, de la loi, ou être la conséquence nécessaire de la nature de l'affaire. »

[97] V Art 99 du D.O.C Mar

[98] V Art 100 du D.O.C Mar

Section 3 - La responsabilité des ingénieurs spécialisés

Afin de réaliser un projet de construction, le maître d'ouvrage fait appel à des ingénieurs de différentes spécialités et dont les responsabilités ne sont délimitées que par le contrat ou par les *us* et coutumes du secteur : l'ingénieur de Béton Armé, l'ingénieur Géotechnicien, l'ingénieur Géomètre Topographe, l'ingénieur de fluides, l'ingénieur électricien et l'ingénieur Contrôleur. Certes, lorsque le projet de construction dépasse une certaine importance ou complexité, le maître d'ouvrage peut faire appel à d'autres spécialités d'ingénierie tels les ingénieurs thermiciens, hydrauliciens, acousticiens, etc.

§ 1 - L'ingénieur face au développement de la contestation

Les métiers des concepteurs, qu'ils soient architectes ou ingénieurs, peuvent être ; à toute phase du *process* de construction ; des producteurs de risques et de ce fait être responsables de sinistres touchant l'ouvrage qu'ils réalisent ou encore les biens d'autrui tels les bâtiments mitoyens par la faute de leurs études. Ces risques peuvent être gérés et amoindris dans la mesure du possible par l'utilisation de méthodes scientifiques de *Risk Management*. Mais ces méthodes ne peuvent suffire à elles seules si la législation n'est pas au niveau de répondre à des situations de responsabilité des différents métiers d'ingénierie participant à la réalisation du projet. Il parait nécessaire de définir les métiers d'ingénieurs et de délimiter leur responsabilité selon leur métier et leur intervention sur chantier. Cette situation de conflits naissant entre maitres d'ouvrage et concepteurs ne trouvera aucune issue tant que la législation actuelle est maintenue en l'état et n'est pas revue rapidement.

La responsabilité juridique de l'ingénieur, que celui-ci œuvre dans le secteur public ou privé, s'est considérablement développée voire accrue durant ces dernières années : mises en cause pénale, civile ou administrative, et ce à l'initiative d'une ou de plusieurs victimes, d'une entreprise concurrente, ou exceptionnellement de l'employeur. En d'autres termes, l'exercice de la profession d'ingénieur ne se conçoit plus sans une analyse préalable du risque juridique.

Cette évolution est due à plusieurs facteurs :

- Le phénomène de victimisation ressentie au sein de la société civile à l'égard des ingénieurs. En effet, l'ingénieur se voit très exposé à des sanctions (pénales parfois) lors de la survenance d'un sinistre matériel ou suite à un accident d'effondrement se soldant par la mort ou la blessure de personnes. Cette situation s'explique par une évolution de la société vers une forte victimisation ressentie de plus en plus chez le citoyen marocain à l'égard de l'ingénieur ou de l'architecte. À titre d'exemple, nous relatons la mise à l'examen systématique de l'ingénieur BET puis relaxé lors d'un effondrement d'immeuble en cours de réalisation des travaux[99], ou encore l'incarcération d'un ingénieur BET suite à l'effondrement d'un immeuble en cours de surélévation pour lequel l'ingénieur n'a émis qu'un simple avis assujetti de conditions techniques à réaliser (d'ailleurs ces conditions n'étaient ni respectées, ni réalisées par le maitre d'ouvrage)[100].

- Le législateur français ; plus que son homologue marocain a mis en place des lois qui renforcent ce sentiment de victimisation. Cette situation s'explique par le fait qu'on considère qu'un chantier est dénudé de tout risque. D'ailleurs, nous relatons à cet effet la dernière loi 66.12 qui complète la loi d'urbanisme 12.90 publiée au Bulletin Officiel N° 6501. Cette loi a été faite en réponse à la pression de l'opinion publique suite aux différents effondrements d'immeubles au Maroc ces trois dernières années mais sans concertation des professionnels du secteur de la construction. Elle incrimine tous les professionnels du BTP au point qu'un professionnel qui n'a pas dénoncé une infraction commise par un autre professionnel serait considéré comme participant à l'infraction et inculpé lui aussi (Article 78). Cette loi à notre sens ; dont la finalité est de mettre de l'ordre dans le secteur du BTP ; ouvrira la porte aux abus des autorités locales puisqu'un chantier peut être arrêté sur simple constat d'un agent d'autorité. D'ailleurs, la loi ne donne aucune définition au mot « infraction » et fait référence à des lois qui n'existent pas encore. C'est une loi qui a été rejetée par tous les corps des professionnels du secteur de la construction à commencer par les architectes, les ingénieurs toutes catégories confondues, les entreprises de construction, les promoteurs immobiliers, etc.

---

[99] Effondrement d'un immeuble en cours de construction au quartier de Californie à Casablanca le 29 Février 2016 (4 Morts).

[100] Effondrement d'un Immeuble en cours de travaux de surélévation au quartier de Sbata à Casablanca le 5 Août 2016 (3 Morts et 3 Blessés)

- Par ailleurs, le métier de l'ingénieur s'est beaucoup sophistiqué du fait de la complexité ainsi que la sophistication de la technologie des constructions ce qui a aidé aussi à l'augmentation du risque juridique lié à ce métier. Il faut reconnaitre que les missions deviennent de plus en plus étendues sur plusieurs domaines tel la conception, l'expertise, la maitrise d'œuvre, etc. et les honoraires qui ne suivent pas cette exigence des maîtres d'ouvrage.

Notons aussi que l'ingénieur subit parfois des pressions de son client, d'ordre hiérarchique dans un cabinet ou une entreprise, politique, culturel ou encore d'ordre social et pour lesquels il n'a aucun contrôle et qui lui font perdre toute prise de décision ou arbitrage émanant de sa personne. Mais malgré ces pressions, l'ingénieur n'est nullement exonéré de sa responsabilité en cas d'accident causé par son intervention.

Mais malgré ces différentes contraintes et entraves se soldant par une augmentation du risque juridique, l'intervention de l'ingénieur ne doit pas se voir diminuée et son initiative scientifique stoppée, arrêtée ou même diminuée. Au contraire, il doit améliorer le niveau technique et scientifique de ses interventions et se protéger contre les risques juridiques par une connaissance des lois, le respect des règles de l'art et refuser de réaliser un travail illicite. Il devrait informer le maitre d'ouvrage des difficultés rencontrées lors de la réalisation de son travail et l'avertir en cas de pressentiment ou présage d'un risque sur chantier. Par ailleurs, il est du plus grand intérêt des ingénieurs de veiller à la bonne rédaction de leurs contrats et conventions et ce par l'inclusion de clauses préventives pouvant mieux les protéger contre d'éventuels litiges.

§ 2 - Les missions de l'ingénieur et ses responsabilités dans le cadre du D.O.C

Les obligations de tout intervenant ; prestataire de service ; envers le maître d'ouvrage sont définies par la mission contractuelle. Or dans le domaine de la construction ; en constante innovation et développement ; on peut se demander si un document officiel périmé est toujours applicable ou si l'ingénieur, homme de l'art, doit être au courant de ce qui se dit et se décide dans les instances qui préparent un nouveau règlement ou une nouvelle loi.

Afin d'illustrer cette difficulté de l'ingénieur, on citera une enquête[101] menée en 2000 auprès des ingénieurs de structures de Californie aux USA pour qu'ils expriment quel devait être, selon eux, le rôle (et donc la responsabilité en cas de défaillance) de l'ingénieur. Le tableau ci-dessous rassemble les appréciations moyennes issues de l'enquête, définies sur une échelle allant de 1 à 7 :

1 : Pas du tout d'accord

7 : Tout à fait d'accord.

Les résultats de cette enquête sont donnés ci-dessous :

Pour pratiquer conformément aux règles de l'art, un ingénieur des structures doit…	**Appréciation moyenne (1 à 7)**
Produire des calculs et des dessins clairs et conformes aux besoins identifiés	6,5
Demeurer informé de l'état de la discipline	5,7
Satisfaire un niveau minimum de compétences	4,7
Faire ce que fait la majorité des ingénieurs	4,7
Faire ce que fait l'ingénieur moyen	3,7
Ne pas faire d'erreur	2,0

Tableau 3 : Les compétences attendues d'un ingénieur : Enquête réalisée aux USA en 2000

À travers les résultats de cette enquête, les ingénieurs admettent ainsi ne pas être infaillibles. Par ailleurs, à une autre question posée aux mêmes ingénieurs « à qui incomberait normalement la responsabilité de définition des règles de l'art ?» :

- Ils désapprouvent fortement l'argument selon lequel les Règles de l'Art seraient définies par les juristes (note = 1,3) ;
- Ou par les Règlements de Calcul (note = 2,8).

101 http://www.unit.eu/cours/cyberrisques/etage_1/co/Module_Etage_1_40.html, consulté le 26 Novembre 2013.

Ils reconnaissent que l'expertise de l'ingénieur ; non réductible à des textes techniques ; fait ainsi preuve de sa richesse. Elle rend dès lors complexe la définition des responsabilités en cas de défaillance.

L'ingénieur d'études se situe en position intermédiaire entre les décideurs ; qui sont quelquefois des ingénieurs de formation, mais plus souvent des financiers ; et les utilisateurs (professionnels ou non professionnels). Il peut ainsi être conduit à choisir une solution technique non pleinement satisfaisante du fait des contraintes économiques ou financières.

En France, le CNISF[102] a édicté en mai 2001 une Charte d'Éthique de l'Ingénieur, qui définit la place de l'ingénieur dans la société, ses compétences, son métier et ses missions. Face aux risques, la mission de l'ingénieur est celle d'une attitude rationnelle et ouverte : « l'ingénieur intègre dans ses analyses et ses décisions l'ensemble des intérêts légitimes dont il a la charge, ainsi que les conséquences de toute nature sur les personnes et sur les biens. Il anticipe les risques et les aléas ; il s'efforce d'en tirer parti et d'en éliminer les effets négatifs ».

Cette définition, montre bien le souci du CNISF de voir l'ingénieur anticiper les risques afin d'éliminer leurs conséquences néfastes tant juridiques que financières.

Contrairement à l'unicité de spécialisation du métier d'architecte, celui de l'ingénieur renferme plusieurs spécialités. Il serait difficile d'étudier la responsabilité de chaque métier mais on se contentera des principales d'entre elles à savoir l'ingénieur BET, l'ingénieur géotechnicien et l'ingénieur contrôleur.

La première spécialité rencontrée sur un chantier est celle de l'ingénieur de Béton Armé appelé communément Bureau d'Études Techniques (BET) ou encore ingénieur de structures.

Sa responsabilité peut être mise en cause en cas de pathologie de l'ouvrage trouvant son origine dans une faute de calcul ou de conception d'une structure porteuse ; et qui n'est autre que la personne physique ou organisme clé pour la solidité et la stabilité de l'ouvrage. Le BET comprend un ou plusieurs ingénieurs qui seront chargés par le

[102] Conseil National des Ingénieurs et Scientifiques de France.

maître d'ouvrage d'étudier les structures de l'ouvrage et de dresser les plans d'exécution tels les plans de coffrages et les plans de ferraillages. Les plans réalisés par le Bureau d'Études sont faits et conçus sur la base des plans de l'architecte. Le Bureau d'Études essaie de respecter l'idée architecturale avancée par l'architecte tout en veillant à la solidité et la stabilité de l'ouvrage.
Comme l'architecte, le Bureau d'Études est un prestataire de service et ne participe pas à l'exécution des travaux.

Il est actuellement impensable de réaliser un ouvrage ; même d'une importance moyenne ; sans faire appel à un ingénieur géotechnicien ou désigné aussi par l'appellation « laboratoire géotechnique ». Son rôle est d'étudier le sol et de déterminer ses principales caractéristiques afin de dégager, cerner et contrecarrer les difficultés de construction liées à la nature et la morphologie du sol et proposer par-delà un système de fondations adéquat. Certes, l'appel à ce genre d'organisme n'est ni automatique, ni obligatoire dans toutes les constructions mais néanmoins son association aux grands projets n'est plus discutable. Le laboratoire géotechnique est aussi un prestataire de service et ne participe donc pas à l'exécution des travaux. Sa responsabilité pourrait être retenue au cas où l'origine des dommages émane d'un vice de sol.
L'ingénieur Contrôleur appelé aussi Bureau de Contrôle Technique (B.C.T) : a pour mission de contribuer à la prévention des différents aléas techniques susceptibles d'être rencontrés dans la réalisation des ouvrages.

Il intervient à la demande du maître de l'ouvrage et donne son avis à ce dernier sur les problèmes d'ordre technique. Cet avis porte notamment sur les problèmes qui concernent la solidité de l'ouvrage et la sécurité des personnes. D'ailleurs, en assurance décennale, son intervention est obligatoire.
À travers son intervention, le rôle du Bureau de Contrôle s'inscrit dans une politique de prévention des risques et aléas tout en permettant leur survenance ainsi que la minimisation de leur impact pouvant mettre les personnes en danger et l'ouvrage en péril. Son intervention s'inscrit donc, dans le but de diminuer la fréquence des accidents sur chantier tant en cours de réalisation de l'ouvrage qu'après la réception des travaux.
Le Bureau de Contrôle est considéré aussi ; par la nature de son intervention ; comme un prestataire de service et ne participe donc pas

à l'exécution des travaux vu le rôle important joué par le BET dans la réalisation de l'ouvrage, sa responsabilité pouvant être retenue pour des dommages constatés en période décennale.
Les sociétés de coordination : Leur rôle est de veiller à la coordination entre les différents corps d'état dans un chantier. Le déroulement des différentes tâches dans le temps est d'une importance capitale afin de respecter le planning arrêté lors de l'ouverture du chantier. Les sociétés de coordination sont généralement gérées par des ingénieurs qui ont une grande et longue expérience dans le domaine de la construction. Mais on peut noter que les maîtres d'ouvrages ne font appel à ces sociétés que dans le cas d'ouvrages assez importants.
Ces sociétés sont aussi des prestataires de service et ne participent donc pas à l'exécution des travaux.

Le métier d'ingénieur dans son contexte général est un métier technique utilisant des règles de calcul dont les hypothèses sont basées sur la connaissance d'une part de la réaction des matériaux face à des situations de travail et de contraintes spécifiques, et d'autre part par la connaissance des méthodes d'exécution des travaux utilisées par les entreprises responsables de la réalisation des projets.
Le Dahir des Obligations et Contrats a consacré au louage de service et de travail une série d'articles allant de l'article 746 à l'article 758 bis. Mais, il y a lieu de préciser que ces articles semblent ne pas s'adapter aux contrats d'ingénierie mais s'adaptent plutôt aux contrats de travail liant des employeurs à leurs employés. Ils relatent plus une relation de subordination alors que la relation qui lie ces différents ingénieurs au maître d'ouvrage n'est nullement un contrat de travail mais un contrat à caractère commercial, donc un contrat d'entreprise.
La responsabilité contractuelle est plus explicite dans la partie réservée au louage d'ouvrage. Par ailleurs, c'est l'article 769 qui a défini la responsabilité de l'ingénieur quant à la solidité de l'ouvrage pendant dix ans et ce à compter de l'achèvement des travaux. Cet article retient clairement la responsabilité de résultat et écarte le soupçon de responsabilité de moyens. L'article 769 retient la responsabilité de l'ingénieur en cas d'écroulement ou de menace d'écroulement dus à un vice de construction qui se comprend comme une faute d'exécution de travaux, aux vices des matériaux ou au vice de sol.
Même si les investigations de l'ingénieur géotechnicien responsable de l'étude géotechnique du sol se basent sur des sondages ; en l'occurrence sur des probabilités ; l'article 769 retient sa responsabilité dans le sens

d'obligation de résultat. En d'autres termes, si un sinistre trouve son origine dans le sol soit par un tassement différentiel par exemple ou une circulation d'eau souterraine entrainant des pathologies de l'ouvrage et se traduisant par un écroulement ou une menace d'écroulement ; même partiel soit-il ; la responsabilité de l'ingénieur géotechnicien peut être retenue et il sera de ce fait débiteur de réparation à l'égard du maître d'ouvrage. Particulièrement, cette situation des ingénieurs géotechniciens est délicate vu que ces derniers défendent toujours le concept de responsabilité de moyens puisque leur travail scientifique se base sur des sondages et des calculs de probabilité et de statistiques.
Le même raisonnement peut être appliqué aux ingénieurs des Bureaux de Contrôles puisque ces derniers exercent leur contrôle non pas sur la totalité de l'ouvrage mais seulement sur les éléments de la structure porteuse les plus vulnérables donc les plus chargés en général. Comme les géotechniciens, les contrôleurs travaillent par sondage.
Actuellement, une grande discussion sur la nature d'obligation des ingénieurs si elle peut être considérée comme une obligation de moyens ou au contraire une obligation de résultats ? Cette question nous renvoie aux méthodes utilisées : Sont-elles des méthodes techniques approuvées dans le temps et de ce fait peuvent produire des résultats certains ou par contre sont-elles des méthodes probabilistiques et ne sont donc fiables que dans une certaine proportion ?
L'article 769 du D.O.C retient la responsabilité des trois intervenants ; l'architecte, ingénieur et entrepreneur ; en cas de pathologie liées au vice du sol. Explicitement, le vice de sol est considéré comme une obligation de résultat et non de moyen alors que la géotechnique en tant que science étudiant la géologie du sol à un niveau micro et non macro et de sa constitution ne se base que sur des sondages éparpillés sur le terrain qui recevra l'ouvrage. Ces résultats d'études géotechniques peuvent être faussés par la non détection d'un karst[103] par exemple, ou encore une couche d'argile compressible non détectée entre deux sondages. Cette situation des ingénieurs géotechniciens pourrait être comparable à celle des médecins : L'obligation du médecin est-elle une obligation de résultats ou de moyens ? Est-ce que le médecin, qui prescrit un traitement à son patient, est responsable de la guérison de ce dernier ?

---

[103] Karst est un vide naturel dans le sol

En d'autres termes, l'intervention des ingénieurs diffèrerait d'une spécialité à une autre et de ce fait leur responsabilité serait différente selon leur intervention et leur spécialité.

§ 3 - Délimitation des responsabilités des concepteurs du projet par rapport aux exécutants des travaux et leur sinistralité

La conception intellectuelle d'un ouvrage ainsi que sa réalisation font appel à plusieurs intervenants. Leurs responsabilités diffèrent selon les missions contractuelles qu'ils ont souscrites avec le maître d'ouvrage en tant que client et futur propriétaire de l'ouvrage réalisé. Ces responsabilités se divisent en deux grandes parties : les responsabilités de conception de l'ouvrage incombant aux concepteurs (architectes, ingénieurs, etc.) et qui se limitent à un travail intellectuel et les responsabilités d'exécution de l'ouvrage (Entreprises d'exécution des travaux) se limitant à l'exécution des travaux sur la base des études techniques réalisées par les concepteurs.

Le vrai problème qui se pose pour les concepteurs réside dans la délimitation de leur responsabilité en cas de sinistre est celui de savoir si leur obligation est une obligation de moyens ou une obligation de résultats. On a essayé de montrer que la réponse à cette question ne peut pas être automatique mais dépend de deux paramètres (le métier analysé et la nature de la mission confiée à l'ingénieur) :

- Le métier analysé : Le métier d'ingénieur diffère beaucoup de celui de l'architecte. Leurs métiers ; quoi qu'ils soient complémentaires ; génèrent des responsabilités différentes dont les conséquences peuvent être aussi différentes. Le cas de faute de l'architecte sur une estimation des travaux se traduira par une perte financière, alors que l'ingénieur qui commettra une erreur de calcul, peut entrainer une pathologie du bâtiment. La nature du métier générera des fautes et des conséquences différentes.
- La nature de la mission confiée au professionnel : Cette nature a une importance capitale dans la définition de l'obligation envers le maître d'ouvrage. La mission confiée à un BET consistant en l'étude des structures d'un bâtiment simple et pour lequel la connaissance technique est suffisante pour offrir un résultat sûr ne sera certainement pas la même que celle d'un

BET auquel on confie l'étude d'une digue et pour laquelle les professionnels n'ont pas suffisamment de reculs pour les résultats conçus et testés dans un laboratoire.

À notre humble avis, la nature de l'obligation devrait être analysée dans le cadre de la nature et de la profession et de la mission confiée au concepteur.

Les ingénieurs ; contrairement aux architectes ; ne se focalisent que sur l'aspect technique de l'ouvrage. Leur rôle s'inscrit principalement dans la solidité et la pérennité de l'ouvrage. Certes, une catégorie d'ingénieurs a un autre rôle d'étude du confort et de l'économie d'énergie dans les bâtiments tels les ingénieurs thermiciens mais qui s'inscrit toujours dans le cadre technique de réalisation de l'ouvrage.

La sinistralité des ingénieurs est très vaste et dépend de la fonction de l'ingénieur et de son rôle dans la conception de l'ouvrage. En d'autres termes, leur sinistralité ne peut être exhaustive d'autant plus qu'elle évolue dans le temps en adéquation avec l'évolution des techniques et matériaux nouvellement utilisés dans le secteur du BTP. L'étude de sinistralité des ingénieurs permet notamment d'étudier et d'analyser les cas de mise en cause de leur responsabilité quasi délictuelle et de mettre en place des moyens de prévention tant techniques que juridiques pour enrayer ou minimiser l'impact de cette responsabilité.

3.1 - Les ingénieurs de structures (BET)

Le rôle de ces ingénieurs est primordial dans la conception de l'ouvrage. Ils interviennent pour mettre en place la conception technique de l'ouvrage et définir les structures porteuses permettant à l'ouvrage de résister aux différentes charges et surcharges qu'il va subir tout le long de sa vie. La responsabilité quasi délictuelle de ces ingénieurs peut être retenue dans certains cas.

Les fautes professionnelles couramment constatées chez ce corps de métier se résument ainsi :

- Manque d'acier dans une structure porteuse ;
- Descente de charges sous-estimée : Oubli d'un type de surcharge telle la neige ou le vent ;
- Sous-dimensionnement des structures par souci d'économie ;
- Coefficients de sécurité utilisés insuffisants ;
- Utilisation d'armatures au lieu de tirants ou d'armatures précontraintes.

3.2 - Les ingénieurs géotechniciens (Communément appelés laboratoires)

Les ouvrages qu'ils soient des bâtiments, ou de génie civil tels les barrages, routes, silos, etc. reposent sur le sol. Leur assise doit être étudiée avant leur réalisation, d'autant plus que les charges permanentes (poids propre de l'ouvrage) ainsi que les surcharges d'exploitation (qu'elles doivent supporter en plus de leur propre poids) seront transmises directement au sol formant l'assise de l'ouvrage et devant normalement les supporter. Afin de mettre en place les fondations adéquates, il sera nécessaire tout d'abord de connaitre les différentes caractéristiques du sol. Pour cette raison technique, les maîtres d'ouvrage font appel à des géotechniciens qui vont faire des prélèvements d'échantillons appelées carottes afin d'analyser d'une part les constituants du sol et d'en déduire ensuite les caractéristiques physico-chimiques et mécaniques du sol. Ces études permettent de définir notamment les types de fondation à utiliser pour l'ouvrage (Semelles isolées, semelles filantes, pieux, radiers, etc.). Leur intervention peut engendrer des dommages à l'ouvrage tant durant la réalisation des travaux de construction, qu'en période décennale. La responsabilité quasi délictuelle de ces ingénieurs peut être retenue dans certains cas.

Le métier d'ingénieur géotechnicien, n'est pas à l'abri de fautes professionnelles et l'instruction de dossiers de sinistres a montré les fautes couramment observées :

- Mise en place de systèmes de fondation inadaptés au type de sol rencontré ou au type d'ouvrage à construire ;
- Non-prise en compte ou Négligence de l'étude de circulation des eaux souterraines se traduisant par des affouillements de remblais ou par des remontées capillaires rendant le bâtiment inutilisable ;
- Étude de sol incomplète au niveau du nombre ou des profondeurs de sondages exécutés ;
- Non détection d'un karst ou d'un vide naturel se traduisant par la remontée de fontis et fissuration des dallages ;
- Sous-estimation des effets de groupe de pieux.

3.3 - Les ingénieurs géomètres topographes

Les ingénieurs topographes encourent de lourdes responsabilités se traduisant parfois par des dommages financiers très importants. Leur intervention est d'une importance capitale pour la réussite du projet de construction.

L'ingénieur géomètre topographe est généralement missionné pour réaliser les travaux tels que :

- Cadastre ;
- Cartographie ;
- Géodésie ;
- Photogrammétrie.

En France, il ressort clairement des chiffres édités par l'Ordre des Géomètres Experts que la sinistralité des géomètres experts ne cesse d'augmenter, aussi bien en nombre qu'en coût (200 sinistres pour un coût moyen de 14 358 € en 2001 contre 238 sinistres pour un coût moyen de 19 057 € en 2005).

Ce constat pose un certain nombre de questions. Que traduit une telle évolution ? Quels sont les facteurs qui influent sur la sinistralité ? Et surtout comment enrayer cette hausse ?

Par ailleurs, les fautes généralement constatées dans ce métier pourraient être résumées comme suit :

- Erreur de bornage et de délimitation des propriétés ;
- Erreur d'implantation de terrain se traduisant par le piétinement sur des terrains mitoyens de tiers ;
- Mauvaise estimation de superficies rendant l'exécution des travaux impossible ;
- Erreurs de relevés de niveaux rendant l'exécution des travaux impossible ;
- Erreur de rétablissement des bornes cadastrales des titres fonciers ;
- Erreur d'implantation des coins de blocs des bâtiments ;
- Erreur de calcul des coordonnées des bornes des propriétés ;
- Erreur de calcul de superficie des parcelles ;
- Erreur de calcul de volume des remblais et déblais ;
- Non-conformité du levé de terrain à la réalité ;

- Erreur de recueil des informations liées à la propriété (consistance, description, etc.) ;
- Erreur d'établissement de plans topographiques (distances, angles, coordonnées de points, report d'informations, échelle, etc.).

Mais il y a lieu de noter que les fautes constamment observées dans ce métier sont les erreurs d'implantation de bâtiments nouveaux se soldant par des empiétements sur des terrains mitoyens généralement non encore bâtis. Même si la jurisprudence va dans le sens de ne pas ordonner la destruction du bâtiment ou du moins la partie qui empiète sur la propriété d'autrui, les tribunaux ordonnent le dédommagement de la victime.
Cette situation corrobore et explique la volonté du législateur à imposer l'obligation d'assurance couvrant la responsabilité professionnelle des ingénieurs géomètres topographes au Maroc.

3.4 - Les Coordinateurs (Sociétés de coordination)

Les projets de construction deviennent de plus en plus compliqués et complexes et le nombre parfois impressionnant du nombre de professionnels de la construction sur un même chantier amène les maîtres d'ouvrage à engager des sociétés professionnelles de coordination qui se chargent notamment de la coordination des différentes tâches sur chantier. Le rôle de ces sociétés est primordial pour la bonne marche des travaux et leur responsabilité est entièrement engagée vis-à-vis du maître d'ouvrage en cas d'accidents, de retards ou de chevauchements des travaux produisant des dommages à l'ouvrage.
Les fautes pouvant incomber aux sociétés de coordination et pouvant par-delà voir leur responsabilité engagée sont diverses dont les principales sont les suivantes :

- Chevauchement de tâches qui doivent se suivre normalement ;
- Absence de communication avec les intervenants engendrant des conflits entre les entreprises ;
- Absence d'anticipation sur les problèmes pouvant entraver les travaux sur chantier ;
- Communication d'informations erronées, incomplètes ou en retard aux professionnels sur chantier.

Chapitre II - La responsabilité civile des entreprises d'exécution des travaux : Difficultés liées à la sous-traitance et à la réception des travaux

Les entreprises de construction ; au cours de leurs interventions ; peuvent commettre des fautes qui peuvent s'avérer fatales pour la pérennité de l'ouvrage. Ces fautes peuvent apparaitre durant la période des travaux ou encore après leur réception, provenir d'un manquement contractuel ou tout simplement d'une faute quasi-délictuelle. Les sections qui suivront essaieront de traiter la responsabilité des entreprises de construction ; tant celles des gros œuvres que celles du second œuvre ; tout en mettant en relief les difficultés de traitement de responsabilité des sous-traitants en l'absence de textes législatifs qui gèrent cette catégorie d'intervenants sur chantier.

Section 1 - La responsabilité civile des entreprises de Gros œuvre et second œuvre dans le cadre du D.O.C

En construction, il existe deux grandes classes d'entreprise à savoir les entreprises de gros œuvre et les entreprises de second œuvre.

L'entreprise de gros œuvre est l'entreprise de construction proprement dite. C'est elle qui va réaliser l'ouvrage sur la base des différents plans et coupes de l'architecte et du Bureau d'Études. Elle doit suivre les recommandations du maître d'œuvre en cas de difficulté d'exécution d'une tâche. Elle doit aussi respecter les clauses du marché conclu avec le maître d'ouvrage et se conformer aux spécifications techniques de réalisation portées sur le cahier de prescriptions spéciales (CPS). Son expérience et son savoir-faire sont primordiaux pour la réalisation de l'ouvrage. Elle détient en général la plus grosse part du marché. Théoriquement, elle devrait donc être la première à être intéressée par la souscription d'une police TRC plus que tout autre intervenant.

Il existe des chantiers où l'entreprise réalise tous les travaux et délivre un ouvrage clef en main. Dans ce cas, on parlera d'entreprise générale.

Les entreprises de second œuvre sont multiples et ont pour tâche d'exécuter des travaux autres que la construction. Leur liste n'est pas exhaustive et leur intervention dépend de la nature de l'ouvrage. Ces sociétés peuvent avoir le statut de sous-traitant de l'entreprise générale ou travailler pour leur propre compte et avoir dans ce cas un contrat direct avec le maître d'ouvrage. Ces entreprises peuvent réaliser les travaux tels que la plomberie, l'électricité, le montage d'ascenseur, les travaux d'étanchéité, la pose de carrelage, etc.

Le travail de ces entreprises qu'elles soient entreprise générale ou de second œuvre produit des situations de chevauchement. Le travail sur un même lieu et pendant la même période génère des sinistres qui peuvent incomber à une entreprise ou à plusieurs entreprises en même temps. La délimitation du champ d'action de ces entreprises pose le problème de délimitation de responsabilité en cas de sinistre. Le départage de ces entreprises et la désignation de la part de responsabilité de chacune ne sont pas toujours aisés sur chantier. Le problème se pose avec acuité lorsque le sinistre est exclu de la police d'assurance qui les couvre ou que l'un des intervenants n'est pas assuré. Il y a lieu de rappeler ; qu'à ce jour ; l'assurance tant en période de travaux, qu'en

période décennale n'est pas obligatoire au Maroc[104]. Mais une loi rendant l'assurance construction obligatoire ; initiée par le gouvernement dans le cadre du « programme cadre » signé entre le secteur d'assurance et le gouvernement ; a été finalement votée par le parlement en 2016.
Par ailleurs, nous notons aussi que deux projets de loi sont en cours de discussion entre le gouvernement et le secteur de la construction : le code de la construction et le code de labellisation des logements.

§ 1 - Les fautes d'exécution des travaux et vices cachés en cours de travaux et en période décennale

Les entreprises marocaines se trouvent parfois dans des situations inconfortables face à l'engagement de leur responsabilité pour des sinistres survenant en cours d'exécution des travaux. Leur intervention n'est pas dénudée de risques qui peuvent s'avérer graves et produire des accidents corporels. Leur responsabilité n'est certainement pas à l'abri en cas de survenance de sinistre sur chantier ou après réception des travaux. Néanmoins, cette situation pourrait être atténuée si le système législatif et d'assurance étaient au niveau de répondre à cette situation. À cela s'ajoute les problèmes juridiques produits par l'effet de la réception. L'existence de ces deux réceptions ; l'une provisoire et l'autre définitive fait naitre des litiges entre maitres d'ouvrages et entreprises et mobilise les entreprises dans les chantiers des mois voire des années après l'achèvement des travaux. La proposition de créer un système de réception unique pourrait résoudre ces problèmes et permettrait aux maitres d'ouvrages d'exploiter leurs édifices et l'entreprise de se libérer de son obligation de garder indéfiniment la construction.

La responsabilité tant de l'entreprise de gros œuvre que celles du second œuvre peut être retenue en période de travaux. Cette responsabilité s'inscrit dans le cadre contractuel liant ces entreprises au maître d'ouvrage ou dans le cadre délictuel vis-à-vis des tiers (cas de dommage causé par une entreprise à une autre entreprise au niveau de son matériel

---

[104] L'assurance construction « appelée dommage à l'ouvrage c'est-à-dire en période des travaux » n'est obligatoire que pour les marchés de l'État. À ce propos, voir Art 24 du CCAGT approuvé par le décret N° 2-99-1087 du 29 Moharrem 1421 – 4 mai 2000

ou ses fournitures dans le même chantier). Mais l'exécution des travaux génère des sinistres engageant ainsi la responsabilité des constructeurs. Ces situations ne sont pas toujours aisées et peuvent générer des conflits entre entreprises et maître d'ouvrage ou encore entre entreprises en tant qu'assurées et assureurs. La difficulté d'interprétation des responsabilités des intervenants peut être illustrée par le cas réel suivant :
Dans le cadre de son contrat qui la lie avec le maître d'ouvrage, l'entreprise a réalisé des poutres dédiées à un pont. Lors de la pose de ces poutres, le maître d'ouvrage a constaté que la résistance contractuelle du béton n'était pas atteinte. Le maître d'ouvrage a refusé de les réceptionner vu que la résistance du béton n'atteint pas la résistance contractuelle.

Après maintes investigations et tests non destructifs sur les poutres, l'expertise n'a pas pu déterminer l'origine de la chute de résistance de béton.
Dans ce cas précis, l'entreprise s'est trouvée dans une situation des plus fâcheuses puisque d'un côté le maître d'ouvrage a refusé de réceptionner les poutres confectionnées et de l'autre côté l'assureur a rejeté le sinistre en avançant l'argument d'absence de dommage et que la résistance est d'ordre contractuel et ne peut en aucune manière être couverte par la police Tous Risques Chantiers qui couvre les travaux de l'entreprise assurée. Rappelons néanmoins que la police TRC ne couvre pas les travaux contractuels manquants.
Il y a lieu de noter que les *us* et coutumes du secteur du BTP hérités du système français divisent la période de responsabilité contractuelle des entreprises de construction en deux phases : la période de travaux proprement dite allant de la date de début des travaux concrétisée en général par un ordre de service émanant du maître d'ouvrage et une période appelée période de parfait achèvement ou encore période de maintenance s'étalant de la réception provisoire (fin des travaux) à la réception définitive. La responsabilité contractuelle des entreprises vis-à-vis du maître d'ouvrage continue et s'étend à la période dite de maintenance comprise entre la réception provisoire et la réception définitive. En d'autres termes, le transfert de propriété ne se fait qu'au moment de la réception définitive.

Quant à la période décennale commençant à compter de l'achèvement des travaux, elle pose un grand problème juridique. En fait, l'article 769

du D.O.C utilise deux termes pour désigner la fin de travaux et le commencement de la période décennale : « achèvement des travaux » et « la réception ». Or, le secteur du BTP utilise et pratique deux réceptions comme on vient de le préciser. La question posée est de taille : la responsabilité civile décennale telle qu'elle est définie dans le D.O.C commence à courir à partir de la réception provisoire ou bien à partir de la réception définitive ?
Cette situation est très visible et ressentie lors de la souscription des polices décennales et la discussion engagée entre assureurs et assurés relative à la date d'effet de la police. Les assureurs marocains proposent la réception provisoire comme point de départ de la RCD vu que la plupart des maîtres d'ouvrage commencent à exploiter leurs ouvrages à partir de la réception provisoire. Quant aux assurés, ils préfèrent en général la réception définitive et ce afin de gagner une année d'assurance.
Il y a lieu de noter que le CCAG-T a résolu ce problème pour les marchés publics et a décrété dans son article 24 que la responsabilité civile décennale commence à courir à compter de la réception définitive.
Il faut remarquer que cette situation n'est pas aisée et est source de beaucoup de malentendus et de litiges entre les intervenants dans l'acte de construire. L'existence de ces deux réceptions pose beaucoup de problèmes d'ordre juridique et judiciaire puisque l'acte de réception a des effets juridiques de garantie. Contrairement au législateur marocain, le législateur français a résolu ce problème en instituant une seule réception « Les marchés de travaux prévoyaient généralement une réception en deux temps, l'une provisoire, l'autre définitive : désormais la réception est unique » [105].

En l'absence d'un code propre à la construction, les problèmes liés aux vices apparents ou cachés de construction en période de travaux sont réglementés dans un cadre contractuel général du D.O.C et c'est l'article 89 qui pose les règles générales des vices cachés[106].

---

105 Lambert-Faivre (Y), Risques et assurances des entreprises, Paris, Éditions DALLOZ, 1991, P 709

106 Art 89 « Le propriétaire d'un édifice ou autre construction est responsable du dommage causé par son écroulement ou par sa ruine partielle, lorsque l'un ou l'autre est arrivé par suite de vétusté, par défaut d'entretien, ou par le vice de la construction. Lorsqu'un autre que le propriétaire est tenu de pourvoir à l'entretien de l'édifice, soit

Quant aux marchés publics, les vices de construction en période de travaux sont réglementés par l'article 41 du CCAGT-T[107]

La période de maintenance comprise entre la réception provisoire et la réception définitive n'est pas régie par une loi. Elle ne l'est que pour les marchés publics dans le cadre du CCAGT-T qui définit et impose une garantie de parfait achèvement et qui s'étend entre la réception provisoire et la réception définitive[108]. En d'autres termes, les marchés de travaux privés ne sont régis que par le contrat liant le maitre d'ouvrage aux constructeurs ou dans certains cas par les coutumes et pratiques courantes et habituelles du secteur.

§ 2 - La responsabilité « *in solidum* « des constructeurs

Aussi bien le D.O.C marocain que le code civil français, ils ont tous les deux consacré le principe de solidarité entre débiteurs ou entre créanciers. On distingue d'ailleurs plusieurs situations :

2.1 - La solidarité active entre créanciers

En présence de plusieurs créanciers, n'importe lequel des créanciers d'un même débiteur peut exiger du débiteur commun le paiement de la totalité de la dette, sans avoir été mandaté par les autres créanciers. Mais le bénéfice de l'obligation est partageable et divisible entre les créanciers.[109]

Quant au D.O.C marocain, il a précisé que l'obligation est solidaire entre les créanciers, lorsque chacun d'eux a le droit de toucher le total

---

en vertu d'un contrat, soit en vertu de l'usufruit ou autre droit réel, c'est cette personne qui est responsable. »

[107] Art 41 « Lorsque le maître d'ouvrage présume qu'il existe un vice de construction dans un ouvrage, il peut, jusqu'à l'expiration du délai de garantie, prescrire par ordre de service motivé les mesures de nature à permettre de déceler ce vice. Ces mesures peuvent comprendre, le cas échéant, la démolition partielle ou totale de l'ouvrage présumé vicieux. »

[108] Art 67 « Le délai de garantie est, sauf stipulation contraire du cahier des prescriptions spéciales ou du cahier des prescriptions communes, égal à la durée comprise entre la réception provisoire et la réception définitive. Pendant le délai de garantie, indépendamment des obligations qui peuvent résulter pour lui de l'application de l'article 68 ci-après, l'entrepreneur est tenu à une obligation dite « obligation de parfait achèvement » au titre de laquelle il doit, à ses frais : … »

[109] Fra Art 1197 du Cd Civ

de la créance, et le débiteur n'est tenu de payer qu'une seule fois à l'un d'eux[110]. Par ailleurs, il a bien précisé que la solidarité des créanciers ne se présume pas mais doit résulter de l'acte constitutif de la loi, ou être la conséquence nécessaire de la nature de l'affaire[111].

2.2 - La solidarité passive entre débiteurs

Le créancier peut exiger de n'importe lequel de ses débiteurs le paiement de la totalité de sa créance. Le débiteur a alors un recours à l'encontre des autres débiteurs pour leur part respective dans la dette[112]. Le mécanisme de la solidarité passive est très pratique car il donne au créancier plusieurs débiteurs au lieu d'un, ce qui multiplie les chances de ce dernier à être payé.
Cela étant, la solidarité ne se présume pas. Elle doit être prévue par écrit. L'article 1202 alinéa 2 du Code Civil dispose en effet qu'il ne peut pas avoir de solidarité sans texte. Par conséquent, dans le cas d'un sinistre, si plusieurs personnes sont intervenues, il n'existe pas de groupement de fait.

2.3 - Conditions de responsabilité *in solidum*

La responsabilité *in solidum* a été créée par la jurisprudence en s'appuyant sur l'idée de l'indivisibilité de la faute et ce afin de permettre à un créancier d'obtenir réparation de son préjudice rien qu'en s'adressant à l'un des débiteurs, en l'obligeant à prendre en charge le dommage à lui tout seul comme s'il avait commis ce dommage en totalité[113]. Cette procédure est justifiée par le fait qu'il serait difficile ; voire impossible ; à la victime du dommage de connaitre le degré d'intervention ou de responsabilité de chacun des

---

[110] Mar Art 154 du D.O.C
[111] Mar Art 153 du D.O.C
[112] Fra Art 1200 à 1216 du Cd Civ
[113] Fra Cr Cass Ch Civ 2 Ar N° 62-13854 du 5 Avril 1965 Publié au bulletin : « Mais attendu que les parties lésées qui, pour la réparation du dommage personnel qu'elles avaient subi, disposaient d'une action contre les deux co-auteurs de l'accident, n'avaient introduit leur demande qu'à l'encontre de X etc. ;
Que celui-ci étant tenu in solidum avec Y... à l'intégralité de la réparation envers les tiers, la cour d'appel l'a à bon droit condamné à réparer la totalité du préjudice subi par dame et demoiselle Y..., sous réserve du recours contre le co-auteur, également fautif ; »

débiteurs. À cet égard, la justice condamne parfois les responsables à hauteur de leur intervention dans l'affaire[114].
D'ailleurs, la jurisprudence Belge[115] confirme ce point de vue en considérant que l'intervention de chaque débiteur est la cause du dommage dans sa globalité.
Pour que la responsabilité des professionnels soit qualifiée de responsabilité *in solidum*, il faut que le dommage soit unique et les participations des professionnels provoquent des dommages individualisés.

§ 3 – Moyens de défense du constructeur en cas de condamnation

En cas de condamnation du constructeur, ce dernier peut se défendre en invoquant certains arguments vérifiables et qui ont une relation avec le projet qu'il réalise.

3.1 - La force majeure

La force majeure peut être invoquée comme facteur d'exonération de responsabilité du constructeur. Dans la plupart du temps, elle est invoquée en cas de survenance d'un événement naturel tel le séisme, l'inondation, la tempête, etc.[116].

---

[114] Fra Cr Cass Civ Ch Civ 3 Ar N° 14-17.828 du 5 Novembre 2015 : « Attendu que, pour condamner in solidum l'association l'École du chat et le syndicat à payer une certaine somme à l'association Bourdon au titre du coût de réfection des locaux, l'arrêt retient que celui-ci doit être supporté à hauteur de 30 % par le syndicat et 70 % par l'association l'École du chat, les parties étant condamnées in solidum à l'égard de l'association Bourdon et au prorata de leurs parts de responsabilité dans leurs rapports respectifs ; »

[115] Bel Ap Bruxelles Ar N° 94/AR/1382 du 23/06/1999 :
« La circonstance que le propriétaire bâtisseur est tenu à indemnités compensatoires à l'égard du propriétaire voisin, par application de l'article 544 du Code civil, n'exclut pas qu'un tiers - tel qu'un entrepreneur ou un architecte, - soit tenu au profit du propriétaire bâtisseur à indemniser le dommage à lui causé par sa faute personnelle, faute qui ou bien donne naissance à l'indemnité compensatoire due par application de l'article 544 ou bien contribue à rendre cette indemnité plus lourde, ce tiers est alors responsable envers le propriétaire bâtisseur, en vertu des articles 1382 et suivants du Code civil, du dommage qu'il lui cause en le rendant débiteur d'indemnités compensatoires envers le propriétaire voisin. »

[116] Fra Cr Cass Ch Civ 3 du 7 Mars 1979 Ar N° 77-15.153 Publié au Bulletin.

Mais ne peut être retenue en cas de litige que si elle obéit à trois critères à savoir :

- La cause du préjudice doit être imprévisible par le défendeur. En d'autres termes, le phénomène producteur du dommage ne devrait être ni connu auparavant, ni pouvant être connu ou prédit à l'avance avant la survenance du dommage ;
- La cause du dommage doit être irrésistible à l'intervention du défendeur et de ce fait dépasse ses capacités d'empêcher ou arrêter son action.
- La cause du préjudice doit être externe au défendeur ou à son organisme. En d'autres termes, elle doit être conséquente d'un facteur étranger au défendeur en ce sens qu'il ne fait pas partie de son entreprise.

En ce qui concerne la période de retour ; appelée encore la fréquence ; retenue en général à 100 ans correspondant à la mémoire d'homme[117], en l'occurrence 100 ans[118]. Mais, notons à ce sujet qu'il y a une discordance entre la vision juridique et la vision scientifique. En ingénierie, la notion de période de retour d'un phénomène naturel est beaucoup plus complexe. Elle dépend de plusieurs facteurs :

- La nature du phénomène naturel : la période de retour n'est pas la même pour tous les événements naturels ;
- L'intensité du phénomène : Le seuil d'intensité prédéfini à l'avance indique le degré limite souhaité dans la conception d'un ouvrage de sécurité. Une vitesse de vent de 120 Km/h prédéfinie dans une police d'assurance ou encore dans un contrat de construction sera interprétée comme seuil de la force majeure pour les parties contractantes : Les dommages produits par une vitesse de vent inférieure ou égale à 120 Km/h sera à la charge de l'entreprise de construction et une vitesse dépassant la vitesse 120 Km/h exonérera l'entreprise de sa responsabilité de réparation. De ce fait, la force majeure peut être contractuelle ;

---

[117] PERRINET-MARQUET (H), La Responsabilité des constructeurs, Paris, DALLOZ, 1997, P 16.

[118] PERRINET-MARQUET (H), La Responsabilité des constructeurs, Paris, DALLOZ, 1997, p16.

- Le lieu où se produit le phénomène : La fréquence des inondations, des séismes ou encore l'irruption volcanique n'est pas la même dans tous les pays du monde.

D'ailleurs le dimensionnement des ouvrages d'art telles que les digues est réalisé sur la base d'une période de retour fixée à l'avance et la hauteur significative de la houle (intensité) et le lieu de construction de la digue (les courbes batimétriques et les apports d'alluvions ne sont pas les mêmes en tout lieu de la mer).

3.2 - Fait du maître d'ouvrage

Cette situation correspond à la faute productrice d'un dommage imputable à la victime. On peut citer trois situations de prise en compte du fait du maître d'ouvrage :

1 - L'immixtion fautive du maître d'ouvrage

L'immixtion fautive du maître d'ouvrage peut être un facteur important pour exonérer la responsabilité des entreprises de construction ou encore celle des ingénieurs et architectes. Mais l'exonération par la voie de l'immixtion du maitre d'ouvrage est difficile à prouver[119].

Il arrive que le maitre d'ouvrage s'immisce dans la réalisation des travaux soit au niveau de la conception de l'ouvrage et ce par la promulgation d'un conseil ou même un ordre de changement d'une conception, soit dans la phase d'exécution des travaux par le fait d'ordonner à l'entreprise d'utiliser un procédé de construction ou un matériau à la place d'un autre initialement prévu dans le CPS. Mais certaines entreprises ou encore des ingénieurs ou architectes ne se prémunissent pas contre cette situation par des écrits afin de dégager leur responsabilité face à cette situation et se retrouvent dans la difficulté de prouver l'immixtion fautive du maitre d'ouvrage en cas de désordres ou pathologies trouvant leur origine dans le changement ordonné par le maitre d'ouvrage. D'ailleurs, la justice française, à travers la cour de cassation, a précisé que les constructeurs ne peuvent prouver cette immixtion du maitre d'ouvrage qu'en apportant la preuve

[119] Le Moniteur, INFOS PRATIQUES MARCHÉS N° 5261 du 24/09/2004 - page 188.

à travers deux caractéristiques : l'immixtion fautive du maitre d'ouvrage ainsi que sa compétence notoire[120].
À cet effet, le fait d'avancer que le maître d'ouvrage, en qualité de promoteur et de ce fait un professionnel de l'immobilier lui confère la qualité de professionnel et retenir dans ce cas sa compétence notoire n'est pas une preuve suffisante aux yeux de la jurisprudence française[121].
D'ailleurs, dans le même sens, la cour de cassation a retenu le principe que même si le maitre d'ouvrage aurait dirigé les opérations de réception des travaux, la responsabilité de ce dernier ne peut être retenue dans le sens d'immixtion fautive[122]. Par ailleurs, la cour de cassation n'a pas retenue l'immixtion d'un maitre d'ouvrage par simple référence à sa profession en tant que promoteur immobilier[123].
L'immixtion du maitre d'ouvrage pourrait être retenue dans le cas où l'intervention du maitre d'ouvrage serait considérée par la justice comme acte positif.[124]. Globalement, la responsabilité des constructeurs n'est exonérée en cas d'immixtion du maitre d'ouvrage que si ce dernier accepte le risque de son immixtion en connaissance de cause[125].

---

[120] Fra Cr Cass Ch Civ 3 Ar N° 00-10358 du 06 Mars 2002

[121] Fra Cr Cass Ch Civ 3 Ar N° 82-15-337 du 21 février 1984 Publié au bulletin : « Mais attendu que l'arrêt retient que ni les architectes, ni le bureau d'études LAFARGUE, ni l'entrepreneur, n'ont émis de réserves au choix des chaudières par le maitre de z... Et qu'on ne saurait, en conséquence, reprocher à celui-ci, bien qu'il soit un promoteur compétent et avisé, son immixtion dans ce choix ; »

[122] Fra Cr Cass Ch Civ 3 Ar N° 02-19-739 du 8 juin 2004 : « Attendu que pour laisser au maître de l'ouvrage, une part de responsabilité dans les désordres, l'arrêt, qui relève que la SCPA GIMBERT et VERGELY avait été nécessairement informée de la qualité du programme immobilier et des exigences requises pour l'isolation phonique, retient que la SCI s'était réservée la direction de l'exécution des travaux et l'assistance aux opérations de réception ;
Qu'en statuant ainsi, par de tels motifs qui ne suffisent pas à caractériser l'immixtion fautive du maître de l'ouvrage ou son acceptation délibérée des risques, la cour d'appel a violé le texte susvisé... »

[123] Fra Cr Cass Ch Civ 3 Ar N° 80-14-329 du 13 Janvier 1982 Publié au bulletin : « La responsabilité d'un maître d'ouvrage ne peut résulter de la simple référence à sa profession de promoteur et ne peut être engagée que si sa compétence technique est démontrée et s'il s'est immiscé dans la conception ou la réalisation des travaux. »

[124] Fra Cr Cass Ch Civ 3 Ar N° 87-17-979 du 1 Février 1989 : « Qu'en statuant ainsi, sans préciser par quel acte positif la SCICO s'était immiscée dans les travaux, la cour d'appel n'a pas donné de base légale à sa décision... »

[125] Fra Cr Cass Ch Civ 3 Ar N° 02-16.581 02-16.910 02.17-893 du 15 Décembre 2004 Publié au bulletin : « Ayant relevé que les désordres affectant les immeubles avaient pour cause la décision délibérée et réitérée du maître de l'ouvrage, de supprimer

Il faut noter que la jurisprudence n'exonère pas facilement ; voire automatiquement ; les constructeurs de leur responsabilité en cas de désordres en faveur d'une éventuelle immixtion fautive du maitre d'ouvrage dans les travaux. Retenir l'immixtion du maitre d'ouvrage requiert certaines hypothèses et remplit certaines conditions importantes :

- Il est primordial que cette immixtion du maître d'ouvrage dans les travaux soit vraiment fautive, claire et caractérisée par un fait technique tel une imposition d'un plan à la place d'un autre initialement conçu par les architectes ou les ingénieurs ;
- Le lien de causalité entre le dommage ou désordre de la construction constaté et l'immixtion du maitre d'ouvrage devrait être clairement établi ;
- Le plaignant devrait démontrer la compétence notoire du maître d'ouvrage dans le domaine de la construction.

En dehors de ces conditions précitées, la responsabilité des constructeurs serait retenue et de ce fait ces derniers seraient appelés en réparation des dommages constatés dans l'ouvrage qu'ils ont réalisé.

2 - Acceptation volontaire du risque par le maître d'ouvrage

Dans plusieurs projets de construction, on peut noter des contradictions entre les attentes et exigences du maître d'ouvrage et les règlements urbanistiques ou encore les normes techniques. Dans ce cas de figure, il est du devoir des professionnels de la construction ; et en l'occurrence les constructeurs intervenants dans la réalisation de l'ouvrage d'attirer ou encore d'avertir par écrit le maître d'ouvrage des conséquences de cet agissement du maître d'ouvrage. Mais signalons tout de même que la frontière entre l'immixtion du maître d'ouvrage dans les travaux et son acceptation volontaire et délibérée du risque n'est pas très claire. Mais malgré cette difficulté, la jurisprudence a pu rendre des jugements en faveur des constructeurs et ce en retenant la responsabilité du maitre d'ouvrage suite à son immixtion dans les travaux et son acceptation du risque qui s'en suit comme on peut le lire dans un arrêt rendu par la

---

certains ouvrages en vue de réaliser une économie substantielle, formulée malgré l'avis ou l'information contraire donnée par des architectes, professionnels de la construction ayant eu connaissance du problème technique et compétence pour le résoudre, la cour d'appel a pu retenir que celui-ci avait délibérément accepté les risques de survenance des désordres dont il devait être déclaré seul responsable. ».

chambre commerciale de la cour de cassation française en date du 28 Novembre 2000[126] :

« Mais attendu qu'en relevant, en premier lieu, que compte tenu de la compétence technique de la société RENO qui a fourni un plan détaillé et a discuté point par point les modalités de la réparation, de l'identification du problème de retournement de la roue dentée au cours des pourparlers, de la recherche constante par la société RENO d'une diminution du coût avec prise en compte des incidences techniques, l'arrêt, en faisant ainsi ressortir l'immixtion de la société RÉNO dans le choix des modalités d'intervention par la société MAGUIN, en dépit d'impératifs techniques, a pu en déduire que cette dernière n'était tenue, au titre du conseil, qu'à une obligation de moyen. »

3 - Utilisation non conforme à la destination initiale ou défaut d'entretien de l'ouvrage

Il est admis actuellement par la jurisprudence que l'entretien des ouvrages n'est nullement du ressort des constructeurs mais reste à la charge de ses exploitants, en l'occurrence le maître d'ouvrage. De ce fait, les tribunaux exonèrent les constructeurs en cas de désordres dus à un mauvais entretien de l'ouvrage par son exploitant[127]. D'ailleurs, un arrêt rendu par la cour de cassation française l'a clairement exprimé en exonérant la responsabilité des constructeurs de l'utilisation non conforme à sa destination d'un parking et en retenant la responsabilité de l'exploitant[128] :

« Mais attendu qu'ayant constaté que le dépassement de limite de charge de la dalle des garages était la seule cause pouvant expliquer la survenance du désordre, que le syndicat des copropriétaires avait été avisé de cette situation, avait accepté sans protestation les contraintes qui en résultaient, en installant des panneaux interdisant l'accès aux véhicules excédant la charge autorisée, et retenu que la simple interdiction par panneau n'était pas suffisante pour faire obstacle à un stationnement irrégulier des camions, lequel était parfaitement prévisible, ne serait-ce que pour les nécessités des déménagements, et que la mauvaise utilisation dûment établie et imputable au syndicat des copropriétaires constituait une cause étrangère exonérant la SCI, l'architecte et l'entreprise de gros œuvre de la responsabilité qu'ils

---

[126] Fra Cr Cass Ch Com Ar N° 98-14.748 du 28 Novembre 2000.

[127] PERRINET-MARQUET (H), La Responsabilité des constructeurs, Paris, DALLOZ, 1997, P 17.

[128] Fra Cr Cass Ch Civ 3 Ar N° 96-14.520 du 8 Juillet 1998

encourent sur le fondement de l'article 1792 du Code civil, la cour d'appel a, par ces seuls motifs, légalement justifié sa décision. »

C - La faute d'un tiers ou d'un autre intervenant

Si le dommage constaté n'est pas du fait du constructeur mais du fait d'un autre professionnel, sa responsabilité ne peut être nullement retenue sauf s'ils sont liés par un contrat rendant ainsi leur engagement solidaire. Ce cas est rencontré notamment dans les cas de regroupement d'architectes, d'ingénieurs ou de joint-venture d'entreprise de construction pour la réalisation en commun d'un même projet.

3.4 - Le dommage ne ressort pas de l'activité du constructeur

À ce sujet, nous nous posons réellement les questions suivantes :

- Comment pourrait-on considérer qu'on puisse retenir la responsabilité d'un ingénieur pour un décoffrage prématuré d'une dalle réalisée par l'entreprise de construction ?
- Ou encore, retenir la responsabilité d'un architecte pour un vice de sol dû à une étude de sol erronée ou incomplète réalisée par un laboratoire géotechnique ?

Il serait nécessaire de rechercher le lien de causalité entre l'activité du constructeur et son imputabilité sur le dommage déclaré subi par le maître d'ouvrage.

D'ailleurs, les articles 740 et 741 du D.O.C ; même pouvant être considérés comme obsolètes eu égard de l'évolution du droit marocain depuis 1913 (date de leur établissement) ; restent applicables dans ce genre de situation[129].

---

[129] Mar Art 740 du D.O.C dispose : « Le locateur de services et le locateur d'ouvrage qui ne fournit que son travail sont tenus de veiller à la conservation des choses qui leur ont été remises pour l'accomplissement des services ou de l'ouvrage dont ils sont chargés ; ils doivent les restituer après l'accomplissement de leur travail, et ils répondent de la perte ou de la détérioration imputable à leur faute.

Cependant, lorsque les choses qu'ils ont reçues n'étaient pas nécessaires à l'accomplissement de leur travail, ils n'en répondent que comme simples dépositaires. »

Article 741 dispose : « Ils ne répondent pas de la détérioration et de la perte provenant d'un cas fortuit ou de force majeure, qui n'a pas été occasionné par leur fait ou par leur faute, et sauf le cas où ils seraient en demeure de restituer les choses qui leur ont été confiées []. »

Section 2 - La responsabilité contractuelle des sous-traitants

Le recours à la sous-traitance est une pratique largement utilisée par les moyennes et grandes entreprises dans le monde entier. Mais, sous-traiter une partie de ses activités pour se concentrer sur son cœur de métier est une opération délicate pour l'entreprise. C'est en vue d'atteindre un niveau respectable de productivité dans la production ainsi qu'un bon niveau de qualité dans la réalisation des travaux, de minimiser les coûts et délais que l'entreprise se voit contrainte d'avoir recours à la sous-traitance. La stratégie de production et de construction exige de l'entreprise de recourir à l'engagement d'autres entreprises pour la réalisation de tâches ponctuelles ou une partie des travaux. Cette pratique de sous-traitance est devenue courante tant dans l'exécution des travaux que dans le domaine de prestation de service (principalement dans le secteur de l'ingénierie).

Les entreprises en ont bien conscience, dès lors qu'un processus de production peut se décomposer en plusieurs étapes distinctes, une ou plusieurs de ces phases sont théoriquement externalisables. De ce fait, la sous-traitance industrielle est présente dans les secteurs les plus variés : construction, montage, chaudronnerie, fonderie, décolletage, plasturgie, automobile, etc. L'externalisation industrielle permet à l'entreprise d'alléger ses coûts fixes (investissements sur matériels, salaires, matières premières, etc.) au profit des coûts variables plus proches de ses besoins réels. Elle permet également de reporter sur le sous-traitant les risques industriels et financiers. Les techniques de fabrication étant de plus en plus pointues, les sous-traitants industriels spécialisés deviennent donc incontournables. La décision de choisir entre les deux options « Faire » ou « Faire Faire » est d'une importance capitale et une stratégie pour l'entreprise principale.

La sous-traitance se conçoit comme un partenariat qui engendre nécessairement des dépendances. L'arrivée d'un nouveau partenaire peut être déclencheur de nombreuses réactions aux conséquences difficilement mesurables. Le donneur d'ordre peut perdre totalement ou partiellement le contrôle sur sa production et peut ainsi se trouver en situation de dépendance, une position qui peut s'avérer inconfortable lors du renouvellement du contrat de sous-traitance. En outre, des problèmes à l'intérieur de l'entreprise donneuse d'ordre peuvent surgir en se manifestant par une démotivation du personnel qui peut croire ; à juste titre ; que la sous-traitance (l'externalisation des tâches) est le prélude à une restructuration plus profonde de l'entreprise telle la réévaluation des postes et des plans de carrière, la baisse des coûts, la réduction des formations ou encore des licenciements éventuels.

La mondialisation impose de plus en plus la division de travail et « la spécialisation dans la spécialisation ». Les entreprises sont devenues contraintes de pratiquer la sous-traitance et déléguer une part des travaux à une ou plusieurs entreprises. Mais en même temps, il est fort regrettable de voir parfois la sous-traitance utilisée à 100% réduisant ainsi l'entreprise principale à un simple intermédiaire entre le maître d'ouvrage et la société sous-traitant e. De ce fait, le sous-traitant réalise les travaux du projet entièrement en place et lieu de l'entreprise principale dont le rôle se réduit à la collecte d'une commission. D'ailleurs, c'est pour cette raison que les marchés publics marocains ne permettent la sous-traitance qu'à hauteur de 50 % du montant des travaux de l'entreprise principale (ou même l'interdit pour certains travaux)[130]. Par ailleurs, la sous-traitance ne peut porter en aucun cas sur le lot ou le corps d'état principal du marché. Ces restrictions tendent à faire obstacle à l'intermédiation dans le secteur de la construction.

§ 1 - Cadre juridique de la sous-traitance au Maroc et en France

La sous-traitance ; définie par la loi ; implique donc l'intervention de trois personnes et la conclusion consécutive d'au moins deux contrats d'entreprise : le marché principal conclu entre le maître d'ouvrage et l'entrepreneur principal, et le contrat de sous-traitance conclu entre l'entrepreneur principal et le sous-traitant chargé d'exécuter tout ou partie du marché principal[131].

---

[130] Mar Article 84 du décret N° 2-06-388 du 5 Février 2007 limite le pourcentage de la sous-traitance comme suit :

« En aucun cas, la sous-traitance ne peut dépasser cinquante pour cent (50 %) du montant du marché ni porter sur le lot ou le corps d'état principal du marché. Toutefois, le maître d'ouvrage peut fixer dans le règlement de consultation ou dans le cahier des prescriptions spéciales les prestations qui ne peuvent faire l'objet de sous-traitance. »

[131] GRELIER WYCKOFF (P), Pratique du droit de la construction, ÉDITIONS EYROLLES, 5ème éd, 2007, P 99

Le sous-traitant chargé de l'exécution d'une partie des travaux ne contracte qu'avec l'entrepreneur principal et non pas avec le maître d'ouvrage, ce qui distingue d'ailleurs la sous-traitance de la cotraitance. Il est à noter que dès son article 2, la loi a prévu la sous-traitance en chaîne : le sous-traitant qui sous-traite a alors la qualité d'entrepreneur principal et assume toutes les obligations qui en découlent.

Au Maroc, seul le décret N° 2-06-388 du 5 Février 2007 relatif à la passation et contrôle des marchés publics a consacré un seul et unique article[132] à la sous-traitance. Par ailleurs, le Dahir N° 1-03-194 du 14 Rejeb (11 septembre 2003) portant promulgation de la loi N° 65-99 relative au Code du Travail a consacré les articles 86 à 91 à la relation de travail des salariés du sous-traitant vis-à-vis de l'entrepreneur principal en cas de défaillance du sous-traitant et ce en payant leurs salaires, le versement des indemnités de congé annuel ; les indemnités de licenciement, les cotisations à la Caisse Nationale de la Sécurité Sociale, ainsi que le versement de la taxe relative à la formation professionnelle[133]. Mais cette obligation ne pèse sur l'entrepreneur principal que si le sous-traitant n'est pas inscrit au registre de commerce.
En d'autres termes, le code de travail marocain exprime un souci de protection des salariés du sous-traitant en cas de défaillance de ce dernier.
Malgré ces articles du code de travail, la législation marocaine d'une façon sommaire et générale est restée muette sur un sujet aussi important que celui de la sous-traitance.
Selon la législation française et notamment la loi N° 75-1334 du 31 décembre 1975 relative à la sous-traitance[134], cette dernière est définie [135] par un contrat par lequel une entreprise demande à une autre

[132] Mar Article 84 du décret N° 2-06-388 du 5 Février 2007 définit la sous-traitance comme suit :
« La sous-traitance est un contrat écrit par lequel le titulaire confie l'exécution d'une partie de son marché à un tiers. Le titulaire choisit librement ses sous-traitants sous réserve qu'il notifie au maître d'ouvrage la nature des prestations qu'il envisage de sous-traiter, ainsi que l'identité, la raison ou la dénomination sociale et l'adresse des sous-traitants et une copie certifiée conforme du contrat précité…etc. »
[133] V Art 89 du Code du Travail
[134] Modifiée par la Loi 2001-1168 2001-12-11 Art 6 1° JORF 12 décembre 2001 et la loi n° 2005-845 du 26 juillet 2005 de sauvegarde des entreprises
[135] Art 1 « Au sens de la présente loi, la sous-traitance est l'opération par laquelle un entrepreneur confie par un sous-traité, et sous sa responsabilité, à une autre personne

entreprise de réaliser une partie de sa production ou des composants nécessaires à sa production. Mais la jurisprudence donne une acception plus large au terme de sous-traitance[136] :
« A violé l'article 1er de la loi du 31 Décembre 1975 l'arrêt qui a dénié la qualité de sous-traitant à l'ingénieur -conseil auquel l'entrepreneur chargé de l'exécution des travaux de charpente d'un bâtiment avait confié l'ouvrage et les calculs de cet ouvrage, alors que les travaux d'ordre intellectuel ne sont pas exclus de la définition du contrat d'entreprise et qu'en effectuant l'étude et les calculs de la charpente, qui incombaient à l'entrepreneur chargé de construire cet ouvrage, l'ingénieur-conseil avait participé, en engageant sa responsabilité personnelle vis-à-vis de l'entrepreneur à l'exécution du contrat d'entreprise conclu entre le maître de l'ouvrage pour la construction de la charpente. »[137].
Un autre arrêt donne une définition du sous-traitant en le distinguant d'un simple fournisseur de l'entrepreneur :
« Est un sous-traitant et non un simple fournisseur de l'entrepreneur qui, pour satisfaire une commande, livre sous forme d'assemblage des armatures métalliques qu'il est impossible, en raison de leurs dimensions spécifiques, de détenir en stock, effectuant un travail spécial que l'entrepreneur principal destinait à un chantier déterminé, en vue d'indications particulières rendant impossible la substitution au produit commandé d'un autre équivalent. »[138].

Le sous-traitant est différent du fournisseur car il fabrique un produit conçu par le donneur d'ordres ou souvent, en commun avec lui. Le produit est fabriqué par le sous-traitant pour le compte exclusif du donneur d'ordre et ne porte pas son nom. Le sous-traitant s'engage exclusivement sur la conformité de son exécution par rapport aux directives du donneur d'ordre. Le sous-traitant ne peut être engagé que par l'acceptation du maître d'ouvrage.

Dans la pratique, il existe trois types de sous-traitance[139] :

---

appelée sous-traitant l'exécution de tout ou partie de l'exécution du contrat d'entreprise ou d'une partie du marché public conclu avec le maître de l'ouvrage. »

[136] ZAVARO (M), Assurance construction, recueil de textes commentés, PUBLICATIONS PROFESSIONNELLES VALMY, 1997, P 51

[137] Fra Cr Cass Civ 3 Ar N° 82-15550 du 28 Février 1984, Bul Civ N° 51

[138] Fra Cr Cass Civ 3 Ar N° 83-16675 du 5 février 1985, Bul Civ N° 23, P 16

[139] Source : http://www.fbls.net/soustraitant2P.htm

- Sous-traitance totale appelée encore sous-traitance de marché : C'est le cas où une entreprise souscrit pour la réalisation d'un marché conclu avec un maitre d'ouvrage mais le confie en totalité à une autre entreprise sous-traitante. De ce fait, le contrat est de nature tripartite et va mettre les trois parties en relation : Maitre d'ouvrage, l'entreprise et l'entreprise sous-traitante. Ce cas n'est pas fréquent tout de même vu que les maitres d'ouvrage acceptent rarement que l'entreprise sous traite la totalité du marché à une autre entreprise. D'ailleurs, au Maroc le décret 2-12-349 du 20 Mars 2013 relatif aux marchés publics précise dans son article 158 que l'entreprise ne peut ni sous-traiter plus de 50 % du montant du marché, ni sous-traiter le lot ou le corps d'état principal du marché ;
- Sous-traitance pour incapacité financière : Cette forme de sous-traitance est utilisée lorsque l'entreprise adjudicatrice du marché n'a pas la capacité financière de réaliser toute seule les travaux qui lui sont confiés par le maitre d'ouvrage. Il ne faudrait pas confondre cette forme de sous-traitance avec la *joint-venture* dans laquelle deux entreprises se mettent ensemble pour réaliser un projet et qui ont donc une relation contractuelle directe avec le maitre d'ouvrage ;
- Sous-traitance pour manque de savoir-faire ou de spécialité : Dans ce cas de figure ; par manque d'un savoir-faire particulier à la réalisation d'une tâche ; l'entreprise va faire appel à une entreprise sous-traitante pour réaliser cette tâche et de ce fait elle comble son manque de spécialité.

§ 2 - Nature juridique de la relation du sous-traitant vis-à-vis de l'entreprise principale et du maitre d'ouvrage

Certains secteurs sont particulièrement utilisateurs de la sous-traitance, notamment l'industrie automobile, le bâtiment et le transport. Il arrive même que les sous-traitants externalisent à leur tour certains travaux.

2.1 - Nature juridique de la relation du sous-traitant vis-à-vis de l'entreprise principale et l'exonération de sa responsabilité

Les pratiques de la sous-traitance ne sont que le résultat du progrès technique accompagné de l'augmentation croissante du nombre d'intervenants pour la réalisation de tâches de production et créant par-delà une multitude de spécialisations. Mais en même temps, ce développement rapide de la science et de la technologie s'accompagne de risques tant technologiques que juridiques. En effet, les relations commerciales traduites par des conventions ou contrats deviennent complexes et génèrent parfois des conflits et litiges pouvant arriver jusqu'aux tribunaux. La sous-traitance n'échappe pas à cette règle ; surtout ; lorsque la législation n'encadre, ni ne cadre son environnement et ses relations avec les donneurs d'ordre. En l'absence de lois qui gèrent ces relations contractuelles des sous-traitants, les contrats établis entre parties font foie de loi et laissent de ce fait la porte ouverte à l'interprétation des juges des clauses qui les composent.

A - La relation du sous-traitant vis à vis de l'entreprise principale est-elle une relation de subordination ?

Tout d'abord, il y a lieu de définir la nature juridique du sous-traitant telle qu'elle ressort de la jurisprudence. En effet le tribunal de Montpellier a déclaré que celui qui a la qualité de sous-traitant doit avoir réalisé personnellement le montage du produit qu'il a livré même si ce produit a été réalisé sur la base des spécifications de l'entreprise principale[140] et qu'il était apte à être incorporé dans l'ouvrage. En d'autres termes, le sous-traitant est contraint de réaliser lui-même et personnellement le travail qui lui a été confié par l'entreprise principale.

La relation liant le sous-traitant à l'entreprise principale est une relation contractuelle[141] dans le cadre d'un contrat d'entreprise et ne peut être considérée comme une relation de subordination telle qu'elle ressort entre employeur et salarié. Cette position a été exprimée par la cour suprême marocaine « L'élément qui caractérise le contrat de travail réside dans la dépendance, la supervision, l'orientation et le contrôle de

---

[140] Fra Cr Cass., Com 13 Mai 1981 Gazette du Palais Tri-hebdomadaire N° 2 Panorama de la Cour de Cassation P 360

[141] SAMII (A),المقاولة من الباطن للصفقة, Traduction Libre : La société sous-traitante du contrat, Casablanca, SOMADIL, 2008 P 32.

l'employeur envers le salarié. Éléments qui ne se trouvent pas dans le contrat d'entreprise »[142].

Dans le même sens, la cour d'appel de Settat a déclaré dans un arrêt « la subordination juridique est l'élément essentiel qui différencie le contrat de travail des autres situations juridiques »[143].

Quant à la nature de la responsabilité contractuelle du sous-traitant envers l'entreprise principale, elle a été considérée comme une responsabilité de résultat par plusieurs arrêts de la cour de cassation. Un pourvoi de la cour de cassation française[144] est venu corroborer la responsabilité de résultat du sous-traitant envers l'entreprise principale « le sous-traitant est tenu d'une obligation de résultat à l'égard de son donneur d'ordres, qui a la qualité d'entrepreneur principal ». En d'autres termes, le sous-traitant est tenu d'un résultat attendu de l'entreprise principale qui l'a engagé. Il ne peut se dérober derrière une quelconque mauvaise connaissance du marché ou encore l'ignorance d'une quelconque disposition l'empêchant de réaliser le travail pour lequel il a été engagé.

Par ailleurs, cette responsabilité ne peut être exonérée même en cas de non-paiement des prestations réalisées par le sous-traitant. À cet effet, la cour de cassation française 3ème chambre civile dans son arrêt du 14 décembre 201 Pourvoi N° 10-28149[145] n'a pas exonéré le sous-traitant de sa responsabilité contractuelle envers l'entreprise principale malgré son non-paiement pour les travaux qu'il a réalisés.

La responsabilité contractuelle du sous-traitant envers l'entreprise principale apparait très prononcée et ne peut être exonérée qu'en cas de force majeure indépendante de sa volonté et dépassant sa capacité de réagir.

---

[142] Mar Sup Ar N° 496 du 17 Mai 1994 dossier N° 889637 publié dans la revue Arrêts de la Cour Suprême N° 53-54/1999 P 345

[143] Mar Ap Settat Ar N° 744 du 25 Septembre 1984 Dos Civ N° 3.84.1 Publié dans la revue « Justice et Droit » du Ministère de la Justice N° 135-136 1985 – 1986 P 148 et Suivantes.

[144] Fra Cr Cass Civ 3 16 Ar N° 91-17212 du Juin 1993.

[145] « Mais attendu que le sous-traitant ne peut se prévaloir du contrat de sous-traitance pour obtenir le paiement de ses travaux et le rejeter pour échapper à ses obligations contractuelles ; que le non-respect par l'entrepreneur principal des dispositions relatives aux garanties de paiement dues à son sous-traitant ne le privant pas du droit d'agir à son encontre en réparation des malfaçons affectant les travaux qu'il a réalisés, c'est à bon droit que la cour d'appel, qui a relevé l'existence de malfaçons imputables à la société EPC, a déduit le coût de leur reprise du solde restant dû »

B - Le régime de responsabilité du sous-traitant envers l'entreprise principale et conditions de son exonération

Le sous-traitant est un contractant de l'entrepreneur alors que ce dernier l'est vis-à-vis du maître d'ouvrage. D'ailleurs, l'article 1792 et suivants du code civil français ne retiennent pas l'entrepreneur comme bénéficiaire de la garantie décennale et de ce fait, la responsabilité civile décennale ne peut pas être invoquée par l'entrepreneur principal à l'encontre de son sous-traitant. Le sous-traitant est donc responsable sur le terrain de la responsabilité civile contractuelle à raison du contrat d'entreprise liant les deux parties[146]. Par conséquent, l'entrepreneur principal ne peut mener une action contre le sous-traitant que sur le fondement de l'article 1147[147] du Code civil français qui prévoit d'ailleurs une obligation de résultat. D'ailleurs cette obligation de résultat du sous-traitant est confirmée par un arrêt de la cour de cassation française :

« Attendu qu'en se déterminant par de tels motifs, sans caractériser la faute de l'entrepreneur principal ou un cas de force majeure susceptible d'exonérer le sous-traitant de son obligation de résultat à l'égard de l'entrepreneur principal, la cour d'appel n'a pas donné de base légale à sa décision. »[148].

Par ailleurs, la responsabilité contractuelle du sous-traitant envers l'entrepreneur principal peut être retenue dans le cas de défaut de conseil (cas d'un sous-traitant reconnu comme spécialiste dans son domaine d'intervention présentant une particularité demandant des compétences de haut niveau) ou pour manque ou absence de s'être renseigné et informé auprès de l'entreprise principale pour l'accomplissement d'une tâche ou partie de sa mission.

---

[146] PONCE (C), Droit de l'assurance construction, Paris, GUALINO LEXTENSO EDITIONS, 2ème éd, 2011, P 104

[147] Fra Cd Civ Art 1147 : « Le débiteur est condamné, s'il y a lieu, au paiement de dommages et intérêts soit à raison de l'inexécution de l'obligation, soit à raison du retard dans l'exécution, toutes les fois qu'il ne justifie pas que l'inexécution provient d'une cause étrangère qui ne peut lui être imputée, encore qu'il n'y ait aucune mauvaise foi de sa part. »

[148] Fra Cr Cass Civ 3 Ar N° 79-13219 du 3 décembre 1980, Bul Civ N° 188, P 142

À ce niveau, la cour de cassation a confirmé l'obligation de conseil du sous-traitant par son arrêt du 25 Mars 1987[149].

Quant à la prescription de l'action en responsabilité contre un sous-traitant, elle a été alignée sur la prescription abrégée de dix ans de l'article 2270 du Code civil. Tel qu'il est précisé par l'article 1792-4-2[150], le délai de dix ans prend effet à compter de la date de réception des travaux et non à partir de la manifestation des dommages comme il était le cas avant l'ordonnance du 8 Juin 2005. En fait, avant cette ordonnance, le droit commun de la prescription s'applique par le biais de l'ancien article 2270-1 et qui indiquait une prescription de dix ans à compter de la manifestation du dommage. En d'autres termes, l'entrepreneur principal voyait sa responsabilité engagée pour dix ans à compter de la réception tandis que le sous-traitant supportait une responsabilité à compter de la survenance du dommage. Cette situation a fait naitre un décalage pouvant exposer le sous-traitant à un recours du maitre d'ouvrage au-delà de la période de garantie décennale due par l'entrepreneur principal puisque cette durée de prescription peut arriver au double (20 ans) si le dommage apparait pendant la dernière année de la période décennale.
Ces nouvelles dispositions sont intervenues depuis l'avènement de l'ordonnance du 8 juin 2005 et qui entre autres était à la base de la redéfinition du champ d'application de l'assurance construction autour du concept « travaux de construction » ainsi qu'à la base de précision des plafonds de garantie décennale.

Avant d'analyser les situations d'exonération de responsabilité du sous-traitant, il serait nécessaire de définir tout d'abord deux situations de vices. Le vice apparent avant la réception des travaux et le vice caché qui peut ne pas apparaitre avant la réception mais se manifeste bien après la réception des travaux. D'ailleurs, cette manifestation de vices cachés peut prendre des mois voire des années après l'acte de la réception des travaux. Contrairement à l'entreprise principale, le sous-traitant n'est tenu pour responsable ; enfin de compte ; que pour les

---

[149] Fra Cr Cass Civ 3 Ar N° 85-17316 du 25 mars 1987

[150] Fra Cd Civ Art 1792-4-2 : « Les actions en responsabilité dirigées contre un sous-traitant en raison de dommages affectant un ouvrage ou des éléments d'équipement d'un ouvrage mentionnés aux articles 1792 et 1792-2 se prescrivent par dix ans à compter de la réception des travaux et, pour les dommages affectants ceux des éléments d'équipement de l'ouvrage mentionnés à l'article 1792-3, par deux ans à compter de cette même réception ».

vices apparents et détectables avant la réception des travaux[151]. Par contre, l'entreprise principale peut voir sa responsabilité engagée envers le maître d'ouvrage et retenue pour réparation des dommages ; telle qu'elle est définie dans l'article 769 du D.O.C ; pour des vices cachés pouvant apparaitre et se manifester en période décennale.

2.2 - La responsabilité du sous-traitant vis-à-vis du maître d'ouvrage et création du lien de droit

À l'analyse de l'article 1792-1 du Code civil français, on peut constater qu'il ne mentionne nullement le sous-traitant dans la liste des personnes assujetties à la responsabilité décennale ce qui explique que la responsabilité du sous-traitant face au maître d'ouvrage ne peut être retenue dans le cadre de la garantie décennale. En d'autres termes, le maître d'ouvrage n'a aucun moyen de mener une action contre le sous-traitant dans le cadre de cette responsabilité décennale et se voit de ce fait contraint de s'en remettre au droit commun. Cette situation n'est pas sans difficulté pour le maître d'ouvrage qui se voit contraint de mener son action contre le sous-traitant ; sur la base du principe de l'« effet relatif des contrats » ; en tant que tiers dans le cadre de la responsabilité quasi délictuelle ; et de ce fait devrait apporter la preuve de la faute commise par le sous-traitant. Cette action du maitre d'ouvrage serait basée sur l'article 1382[152] du code civil français. Ce qui impliquerait l'apport nécessaire de la preuve de l'existence matérielle de la faute commise par le sous-traitant telle l'inexécution des travaux qui lui sont confiés, dérogation aux règles d'urbanisme, non-respect des normes ou règlements de la construction, etc.

Par ailleurs, on peut noter aussi que le code civil français a prévu dans son article 1386-1[153] la responsabilité du sous-traitant pour utilisation de produits défectueux. Cette disposition montre à quel point le législateur français se soucie de la sécurité du maître d'ouvrage. En

[151] MALLIVAUD (P) et JESTAZ (P), Droit immobilier 1980, P 111 N° 89.

[152] Fra Cd Civ Art 1382 : « Tout fait quelconque de l'homme, qui cause à autrui un dommage, oblige celui par la faute duquel il est arrivé à le réparer »

[153] Fra Cd Civ Art Art 1386-1 : « Le producteur est responsable du dommage causé par un défaut de son produit, qu'il soit ou non lié par un contrat avec la victime. »

outre, il ne s'agit pas de prendre en considération une atteinte à la destination du bien en cause mais le défaut de sécurité[154].

Vu que la loi ne retient pas la responsabilité contractuelle du sous-traitant envers le maitre d'ouvrage et que ce dernier ne peut appeler en cause le sous-traitant que dans le cadre de la responsabilité quasi délictuelle, le contrat liant l'entreprise principale au sous-traitant peut palier à ce problème.
En effet, la responsabilité du sous-traitant vis-à-vis du maitre d'ouvrage peut naitre du contrat liant l'entreprise principale au sous-traitant. Afin de créer un lien de droit entre le sous-traitant et le maitre d'ouvrage, le contrat liant l'entreprise principale et le sous-traitant devrait renfermer une clause du type :
« La responsabilité du sous-traitant reste entière à l'égard du maitre d'ouvrage. Il reste garant vis-à-vis du maitre d'ouvrage pour tous les travaux qu'il a contractés et réalisés pour le compte de l'entreprise principale. Sa responsabilité est engagée notamment vis-à-vis du maitre d'ouvrage pour toutes les garanties légales : garantie décennale, garantie de parfait achèvement, garantie de bon fonctionnement et toute garantie de vices rédhibitoires édictée par la loi. »
Cette situation a été confirmée par des arrêts de la cour de cassation en France dont celui-ci[155] :
« Attendu, selon l'arrêt attaqué (Rennes, 17 mars 1978) que les établissements MINANGOY-POYET ont réalisé le lot couverture-étanchéité d'un ensemble de bâtiments construits pour le compte de la société DELHOMMEAU et CIE (société DELHOMMEAU), maitre de l'ouvrage, sur les plans et sous la surveillance de la société d'études techniques (SOCOTEC) ; qu'à la suite de malfaçons apparues dans la couverture de ces bâtiments, la société DELHOMMEAU a assigné la SOCOTEC et les établissements MINANGOY-POYET ; etc.
Mais attendu, d'une part, que la cour d'appel, qui s'est expressément référée à « l'offre de la SOCOTEC du 5 juillet 1962, page 3, 4e paragraphe », selon laquelle cette entreprise précisait qu'elle établirait, au nom de la société DELHOMMEAU et en conformité avec les clauses générales de cette dernière, toutes les commandes et tous les cahiers des charges pour les fournitures, en spécifiant notamment que la

[154] PONCE (C), Droit de l'assurance construction, Paris, GUALINO LEXTENSO ÉDITIONS, 2ème éd, 2011, P 106
[155] Fra Cr Cass Civ 3Ar N° 78-15890 du 22 Avril 1980, Bul Civ N° 78

responsabilité des constructeurs et entrepreneurs resterait entière à l'égard du maitre de l'ouvrage, a pu en déduire l'existence d'un lien de droit entre les établissements MINANGOY-POYET et la société DELHOMMEAU »

Par ailleurs, le sous-traitant ne peut se retourner contre le maitre d'ouvrage pour non-paiement que dans des conditions précises. En effet, lorsque le sous-traité n'est pas occulte, le maître d'ouvrage n'est tenu de payer le sous-traitant sur l'action directe exercée contre lui que s'il n'a pas encore payé l'entrepreneur principal lorsqu'il reçoit la mise en demeure ou si, l'ayant reçue, il a continué à payer ce dernier[156]. C'est donc au maitre d'ouvrage de justifier les sommes versées et la date de leur versement à l'entrepreneur principal afin d'établir que l'action directe ne pourrait être accueillie. En définitive, Il appartient au maître d'ouvrage de justifier qu'il a effectivement payé l'entrepreneur principal des travaux exécutés et ce en produisant les preuves de la date et du montant payé.[157]

§ 3 - Prévention juridique dans les contrats de sous-traitance

La conclusion de contrats de sous-traitance au Maroc est vraiment prise à la légère par les entreprises et maitres d'ouvrage au vu des litiges présentés devant les tribunaux marocains. Par ailleurs, la législation marocaine est pauvre au point de confirmer qu'elle est inexistante. Cette situation est néfaste bien sûr pour le secteur BTP et il est peut-être temps aujourd'hui ; au législateur, de mettre en place un système législatif pouvant garantir les droits du sous-traitant, de l'entreprise principale, ainsi que celle du maître d'ouvrage.

Afin d'éviter les litiges et clarifier les obligations des deux parties contractantes, il nous parait nécessaire d'intégrer dans le contrat de sous-traitance des clauses pouvant prévoir certaines situations et prévenir de ce fait les différends naissants entre les deux parties contractantes. Les clauses à insérer dans un contrat de sous-traitance

---

[156] GRELIER WYCKOFF (P), Pratique du droit de la construction - Marchés publics et privés, Paris, ÉDITIONS EYROLLES, 5ème éd, 2007, P 127

[157] Fra Cass. Ch Civ. 3, 8 novembre 2006, Société Cinéma Le Palace c/ Banque Rhône-Alpes

pourraient être classées en trois grandes catégories : les clauses financières, les clauses de droit et d'arbitrage ainsi que celles de prévisions sécuritaires.

3.1 - Clauses Financières

Le contrat de sous-traitance devrait être bien rédigé et prévoir des clauses préventives réduisant les conflits et litiges entre l'entreprise. Les principales clauses financières pouvant être insérées dans un contrat BTP s'énoncent comme suit :

A - Risque de change

Les parties peuvent se heurter à une difficulté particulière qui impacte le paiement du prix du contrat, à savoir la fluctuation de la monnaie.
Les marchés monétaires connaissent des variations constantes qui influencent inéluctablement la valeur de la monnaie, et de la sorte posent des problèmes relatifs aux opérations et risques de change.
Les parties doivent déterminer au préalable quelle monnaie doit être utilisée. Il faut faire attention à ne pas omettre le type précis de monnaie choisie, par exemple si le contrat fait référence au dollar, alors il conviendra d'indiquer s'il s'agit de dollars US, canadien ou autre.
Différentes méthodes, plus ou moins coûteuses, existent pour encadrer au mieux le risque de change. La méthode la moins coûteuse consiste à intégrer dans le contrat une clause d'indexation.

B - Clause de *Hardship*

Cette clause fait partie des clauses financières des plus importantes en matière de révision des conditions financières d'exécution du contrat. Elle permet à l'une comme à l'autre des parties signataires d'exiger que s'ouvre une nouvelle négociation lorsque la survenance d'un événement de nature économique ou technologique, bouleverse gravement l'équilibre des prestations prévues au contrat. C'est en quelque sorte une clause de force majeure de nature économique.
Par suite de bouleversements économiques, (crise économique, guerre, forte inflation, fluctuations imprévisibles du marché, etc.), l'équilibre du contrat peut se retrouver gravement compromis. Cette question se pose surtout pour les contrats dont l'exécution s'échelonne dans le temps (par exemple pour les contrats portant sur la réalisation de grands ouvrages).

3.2 - Clauses d'arbitrage et d'arrangement à l'amiable

A - Clause d'arbitrage

L'arbitrage au Maroc

Le Maroc a réalisé un grand pas en apportant de grands changements à la loi relative à l'arbitrage. En effet, par le Dahir n° 1-07-169 du 19 kaada 1428 (30 novembre 2007) portant promulgation de la loi n° 08-05 abrogeant et remplaçant le chapitre VIII du titre V du code de procédure civile, le Maroc a inauguré une nouvelle aire à la résolution des litiges par l'intermédiaire d'autres voies non classiques telles la médiation et l'arbitrage.

La loi a apporté des changements importants et a introduit entre autres l'arbitrage international et la médiation.

Même si cette loi comporte certaines lacunes, elle a néanmoins le mérite d'apporter des nouveautés de taille permettant aux sociétés de faire valoir leurs droits à travers des voies alternatives de résolution des conflits et évitant ainsi la lenteur ainsi que d'autres inconvénients de la justice classique.

On rappelle que le Maroc a ratifié plusieurs conventions internationales en matière d'arbitrage dont :

- La Convention de la Haye du 1er mars 1954 ;
- La Convention de New York du 9 juin 1958 relative à la reconnaissance et l'exécution des sentences arbitrales étrangères.

Par ailleurs, le Maroc a ratifié aussi des conventions avec des pays arabes :

- Les conventions collectives :
- La convention du Koweït relative à la création de l'Institut arabe pour la garantie de l'investissement en date du 27 mai 1971 dont le 1er protocole prévoit la procédure de médiation et d'arbitrage
- La convention d'Amman relative à l'arbitrage commercial international du 14 avril 1987.
- Les conventions bilatérales avec plusieurs pays arabes avec l'Égypte le 22/03/1989, le Liban le 03/07/1997, le Koweït le 16/02/1999, le Bahreïn le 07/04/2000.

Rôle de l'arbitrage

Contrairement à la justice classique, l'arbitrage est une procédure volontaire et consensuelle permettant le traitement du litige dans un délai très court ne dépassant guère les 6 mois. Il permet aussi aux parties de choisir leurs juges arbitres, la langue de traitement du litige ainsi que le droit qui sera appliqué. D'ailleurs cette clause est d'une importance capitale lorsque les deux parties ; sous-traitant et sous traités ; sont de nationalités différentes et de ce fait de droits différents. Elle a donc un rôle de prévision du choix de certains paramètres tel le droit à appliquer, la chambre arbitrale, le règlement d'arbitrage, la langue de l'arbitrage, etc. Elle est d'ailleurs très pratiquée dans les contrats internationaux.

Texte de la clause d'arbitrage

Le texte de cette clause telle qu'elle est utilisée au Maroc est le suivant :

« Toutes contestations, différends ou litiges relatifs à ce contrat, portant sur son interprétation, son exécution ou son inexécution, à quelque moment qu'il survienne, et qui ne pourra pas être résolu à l'amiable entre les parties, sera définitivement tranché par voie d'arbitrage tant que cela n'est pas contraire à l'article 306 du code de procédure civile dahir portant loi N° 1-74-477 du 11 Ramadan 1394 (28 Septembre 1974) et selon la procédure suivante :

Chacune des parties sera tenue de désigner un arbitre.

Cette désignation s'effectue par lettre recommandée contenant sommation à l'autre partie de designer le sien.

Faute de désignation de son arbitre par une partie dans les huit jours de la sommation ainsi faite, l'arbitre non désigné sera nommé par le tribunal de commerce de Casablanca à la requête de la partie la plus diligente.

En cas de décès ou de démission ou d'empêchement d'un arbitre, la partie qui l'aura désigné devra procéder aussitôt à son remplacement, au plus tard dans les huit jours de la sommation qui lui en aura été faite par l'autre partie à défaut de quoi l'arbitre remplaçant sera également désigné par ordonnance de référé rendue dans les mêmes conditions sus indiquées.

Si les deux arbitres ne peuvent se mettre d'accord sur la désignation d'un 3ème arbitre, il leur sera adjoint un troisième arbitre choisi sur une liste de trois noms préalablement agrées, par tirage au sort en présence des deux parties, par l'arbitre le plus âgé. La liste des trois arbitres sera arrêtée lors de la première réunion d'arbitrage.

Si la procédure de désignation du 3ème arbitre échoue, les parties saisiront le président du tribunal de commerce de Rabat afin de désigner le 3ème arbitre.

Le collège arbitral devra rendre sa sentence à la majorité au plus tard dans les trois mois à partir du jour de la nomination du 3ème arbitre.

Les arbitres appliqueront au fond la loi marocaine.

Le collège arbitral appliquera le règlement du centre de médiation et d'arbitrage de Casablanca CMAC.

L'arbitrage aura lieu à Casablanca au siège choisi par le collège arbitral.

La langue de travail utilisée sera la langue française. »

B - Clause d'arrangement amiable

Cette clause permet aux parties contractantes de ne recourir ni à un arbitrage, ni à un procès et ce afin de se donner les moyens de trouver un terrain d'entente et conclure un accord à l'amiable mettant fin ainsi à une prémisse de litige.[158].

Au cours de la mise en œuvre de cette clause, aucune action en justice ne sera entreprise par les parties et le cours des prescriptions est interrompu jusqu'à la rédaction du procès-verbal de conciliation ou de non conciliation. Le processus de mise en œuvre de cette clause est régi par des délais.

3.3 - Clauses de prévisions sécuritaires

A - Clause de force majeure

Chaque pays a sa propre définition de la force majeure, par exemple certains incluent la grève comme force majeure. Il est donc utile de l'expliciter le plus clairement possible, soit par exemple en listant des cas précis ou en renvoyant au droit de tel pays.

B - Clause de non sollicitation

---

158 http://www.village-justice.com/articles/clauses-favorisant-rapprochement,2923.html

Cette clause a pour objectif de dissuader le sous-traitant d'embaucher un collaborateur affecté au contrat liant l'entreprise à son sous-traitant. En effet, le sous-traitant pourrait être tenté ainsi de récupérer le savoir-faire de l'entreprise. Elle a enfin de compte le même effet que la clause de non concurrence.
Notons que le salarié ; en dépit de cette clause ; reste cependant parfaitement libre de postuler auprès du sous-traitant si ce dernier décide de passer outre l'interdiction contractuelle de l'embaucher et devra cependant s'acquitter de l'indemnité stipulée dans la clause ou prendre ses risques juridiques compte tenu d'un procès en concurrence déloyale que pourra lui intenter son prestataire. En d'autres termes, cette clause crée une obligation de ne pas faire pour le nouvel employeur mais ne crée aucune obligation de faire ou ne pas faire au salarié[159]. Donc, la clause oblige le sous-traitant (ou client) et non le salarié de l'entreprise.

C - Clause pénale
La clause pénale a pour finalité d'indemniser le créancier en cas de retard de paiement par le débiteur. Cette pénalité est généralement prédéfinie dans le contrat par un taux rémunérateur journalier, mensuel ou annuel devant être payé au créancier en cas de retard d'exécution de l'obligation par le débiteur. D'ailleurs ces dispositions sont prévues dans l'article 263 du D.O.C :
« Les dommages-intérêts sont dus, soit à raison de l'inexécution de l'obligation, soit à raison du retard dans l'exécution, et encore qu'il n'y ait aucune mauvaise foi de la part du débiteur. ».
Quant au législateur français, il a défini ces dommages et intérêts dans l'article 1266 du Code civil.

Cette clause pénale apparait donc comme une incitation envers le débiteur à exécuter son obligation dans les délais contractuels et permet aussi une protection des créanciers contre les retards de paiement.
D'ailleurs le CCAG-T des marchés publics a prévu ces dispositions dans son article 61 en permettant ainsi aux entreprises de réclamer le paiement des intérêts moratoires en cas de retard de paiement des décomptes (60 jours actuellement contre 90 auparavant) ou encore en cas de non libération des cautions dans les délais réglementaires :

[159] http://www.avocat-rainio.com/clausedenonsollicitationdepersonnel.html

« L'entrepreneur peut demander l'application du dahir du 22 rejab 1367 (1 juin 1948) autorisant le paiement d'intérêts moratoires aux titulaires des marchés de l'État en cas de retard dans le paiement des sommes dues au titre de ces marchés. »

Il faut distinguer la clause pénale de la « clause dédit » qui prévoit un droit au débiteur à ne pas exécuter son obligation moyennant un dédommagement du créancier.
Quant à la mise en œuvre de cette clause, il est nécessaire que le créancier prouve la non-exécution de l'obligation contractuelle du débiteur et mettre en demeure le débiteur de ce constat. La clause pénale est mise en jeu sans pour autant prouver l'existence d'un préjudice subi par le créancier.

Révision judiciaire
Le législateur marocain n'a pas prévu de révision de la clause pénale introduite dans un contrat mais a limité sa teneur dans certains cas :
- La vente d'immeuble en l'état futur d'achèvement réglementée par dahir N° 1-02-309 du 3 octobre 2002 - portant promulgation de la loi N° 44-00 (B.O du 7 novembre 2002 entrée en vigueur le 7 novembre 2003 a prévu une limitation des pénalités dans son article 618-12 « En cas de retard dans les paiements tels que prévus pour chaque phase à l'article 618-6 ci-dessus, l'acquéreur est passible d'une indemnité qui ne peut excéder 1% par mois de la somme exigible, sans toutefois dépasser 10% par an.
- En cas de retard dans la réalisation des travaux de construction dans les délais impartis, le vendeur est passible d'une indemnité de 1% par mois de la somme due, sans toutefois dépasser 10 % par an.
-Toutefois, l'indemnité de retard ne sera appliquée qu'un mois après la date de la réception de la partie défaillante d'une mise en demeure adressée par l'autre partie, par l'une des voies prévues à l'article 37 et suivants du code de procédure civile.

Par contre, le législateur français ; et afin d'éviter d'éventuels abus d'utilisation de cette clause ; a donné la possibilité au juge de réviser la clause pénale soit à la hausse ou à la baisse selon le niveau du préjudice subi par le créancier[160]. D'ailleurs, il arrive souvent que le demandeur ;

[160] http://www.net-iris.fr/pratique/6-la-clause-penale.php

en sa qualité de créancier ; n'ait subi aucun préjudice alors qu'il demande la mise en jeu de la clause pénale.

Clauses pénales interdites

Le code de consommation marocain ne prohibe pas catégoriquement et expressément les clauses pénales mais limite tout simplement leurs portées. D'ailleurs l'Article 18 dispose ce qui suit :

« Sous réserve de l'application de législations spéciales et ou de l'appréciation des tribunaux, et de façon indicative et non exhaustive, peuvent être regardées comme abusives, si elles satisfont aux conditions prévues à l'article 15 ci-dessus, les clauses ayant pour objet ou pour effet : []

6) D'imposer au consommateur qui n'exécute pas ses obligations une indemnité d'un montant disproportionnellement élevé ou le cumul de plusieurs indemnités ; »

Contrairement à son homologue marocain, le législateur français a clairement interdit les clauses pénales aussi bien dans le code de travail que dans le code de la consommation :

- L'article L 122-42 du code de travail français a interdit les clauses pénales imposées par les employeurs aux salariés dans les contrats de travail qui les lient ;
- Par ailleurs, le code de la consommation en France interdit aux professionnels l'imposition de clauses aux consommateurs dont l'effet est « d'imposer au consommateur qui n'exécute pas ses obligations une indemnité d'un montant disproportionnellement élevé. ». De ce fait, il considère ces clauses comme nulles et non avenues.

D - Clause de confidentialité

Il est important que le prestataire soit tenu de ne pas divulguer les informations auxquelles il aura pu avoir accès, dans le cadre de l'exécution de sa mission. L'attention du prestataire peut être attirée par la confidentialité des documents en cause, lorsque, notamment, ces derniers sont revêtus de la mention « confidentiel ».

Le prestataire considèrera comme strictement confidentiel, et s'interdit de divulguer, toute information, document, donnée ou concept, dont il pourra avoir connaissance à l'occasion du présent contrat. Pour l'application de la présente clause, le prestataire répond de ses salariés comme de lui-même. Le prestataire, toutefois, ne saurait être tenu pour responsable d'aucune divulgation si les éléments divulgués étaient dans le domaine public à la date de la divulgation, ou s'il en avait connaissance, ou les obtenait de tiers par des moyens légitimes.

E - Clause de non concurrence

Cette clause a pour objet d'interdire au sous-traitant d'exercer une activité susceptible de faire concurrence à l'entreprise principale. L'interdiction peut valoir pendant la durée du contrat qui lie les parties et ce jusqu'à l'extinction de ce dernier. La clause de non concurrence ne doit pas être démesurée au point d'empêcher le sous-traitant d'exercer son activité professionnelle et de ne pas pouvoir travailler pour d'autres clients[161]. Son utilisation doit être équitable et proportionnelle aux intérêts à défendre par l'entreprise principale.
Il faut souligner que cette clause est rarement utilisée par les entreprises marocaines. On constate plutôt son utilisation dans les pactes d'associés.

[161] Source : http://www.le-droit-des-affaires.com/pacte-d-associes-et-clause-de-non-concurrence-article36.html

Section 3 - La réception des travaux et ses effets juridiques

En comparaison à la livraison[162], considérée comme un acte de transfert de la garde du bien acheté ou de la marchandise livrée, la réception[163] est plutôt un acte qui met fin à la relation contractuelle entre le maitre d'ouvrage et l'entreprise et exonère cette dernière de sa responsabilité contractuelle à compter de la date de réception.

§ 1 - L'acte de réception et sa signification dans différentes législations

La réception marque en principe la fin des travaux et de ce fait l'achèvement des travaux exécutés par les constructeurs et le transfert de propriété de l'ouvrage au maitre d'ouvrage. L'ouvrage construit et achevé, se voit donc remis sous la garde du maitre d'ouvrage.
Dans son article 17.1.1, la norme française P.03-001 définit la réception en ces termes :

---

[162] La livraison d'un ouvrage est un acte différent de celui de la réception des travaux. En fait, l'acte de livraison d'un ouvrage signifie que l'ouvrage livré est prêt à être exploité et intervient donc après l'achèvement des travaux et leur réception. La livraison est généralement marquée par la livraison des clefs de l'ouvrage au nouvel acquéreur.
Quant à la réception des travaux, elle signifie la fin de gardiennage et surveillance de l'ouvrage par l'entreprise de construction et le commencement de l'exploitation de cet ouvrage par son propriétaire.
En outre, la livraison n'est pas à confondre avec l'obligation de délivrance visée par les articles 498 à 531 du D.O.C et qui consiste en la mise en possession d'un bien par le vendeur. Mais, il faut noter cependant que ces deux notions sont très proches. Contrairement à la délivrance qui suppose la mise en possession du bien acheté par le nouvel acquéreur, la livraison quant à elle ne suppose pas automatiquement cette prise en possession et peut être marquée par une simple remise des clefs du vendeur à l'acheteur par exemple.
[163] La réception est un acte unilatéral du maître d'ouvrage, mais conçu comme une opération contradictoire. Elle traduit l'intention du maître d'ouvrage d'accepter avec ou sans réserves les travaux réalisés. La réception ouvre le délai de garantie décennale prévue par l'article 769 du D.O.C. De surcroît, la réception met fin à la surveillance générale de l'entrepreneur sur le chantier, en transmettant la garde de l'ouvrage au maître d'ouvrage. Si elle est acceptée sans réserve, la réception met, donc, fin à la responsabilité contractuelle de l'entrepreneur.
V. BEL AYACHI Mostafa, Contrôle des Bâtiments administratifs, Colloque de Meknès, le 25-26 et 27 février 1988, p. 46.

« Article 17.1.1 : La réception est l'acte par lequel le maître de l'ouvrage déclare accepter l'ouvrage avec ou sans réserve. Elle ne comporte pas de phase provisoire et est définitive en une seule fois. »
La réception des travaux ne peut avoir lieu que si elle respecte trois critères :

- Les travaux devraient être achevés ;
- Le maître d'ouvrage manifeste clairement son intention de réceptionner l'ouvrage ;
- La réception devrait être contradictoire.

D'ailleurs, ces facteurs seront analysés, étayés et argumentés dans les paragraphes suivants par des jugements et arrêts prononcés par de multiples juridictions.

Au Maroc, dans aucun de ses 1250 articles, le D.O.C ne parle de l'acte de réception des travaux que dans l'article 769 pour définir le début de la garantie décennale restant à la charge de l'entrepreneur, de l'architecte et de l'ingénieur.
Par ailleurs, le CCAG-T applicables aux marchés de travaux exécutés pour le compte de l'État et approuvé par le Décret N° 2-99-1087 du 4 Mai 2000, ne donne pas non plus une définition à l'acte de réception. Il se contente de dresser les modalités et procédures auxquelles ; tant le maître d'ouvrage que l'entrepreneur ; les parties devraient respecter pour prononcer la réception provisoire (Article 65) et la réception définitive (Article 68).
Néanmoins, l'article 65 relatif à la réception ; sans donner de définition ; précise les conséquences de cette réception et qui dispose dans son paragraphe 8 « La réception provisoire entraine le transfert de la propriété et des risques au profit du maitre d'ouvrage et constitue le point de départ de l'obligation de garantie contractuelle selon les dispositions de l'article 67 ci-après. »
D'ailleurs l'article 67 ; dont il est fait référence ; définit la durée de garantie dite « garantie de parfait achèvement » par la durée comprise entre la réception provisoire et la réception définitive. Généralement, cette durée est de 12 mois sauf pour des chantiers très importants où elle peut s'avérer plus longue.
Par contre, même si le CCAG-T relatif aux marchés publics ne donne pas entièrement satisfaction aux constructeurs et laisse plusieurs portes ouvertes au profit des maitres d'ouvrages (État, Collectivités, Ministères, etc.) pour retarder la réception des travaux ou parfois ne pas

la prononcer du tout, il a au moins le mérite d'exister et de dresser un minimum de paramètres pour accomplir les actes des deux réceptions. Le grand problème se pose plutôt pour les marchés privés où le cadre législatif cernant et encadrant l'acte de la réception des travaux est totalement absent. Certains professionnels privés font référence au CCAG-T dans leur contrat malgré que les travaux ne soient pas réalisés pour le compte de l'État. Cette procédure leur permet au moins d'avoir une référence réglementaire en cas de litige. Par contre, beaucoup de contrats privés, se voient incomplets ; voir biaisés par l'absence de cette référence et en cas de litige, l'interprétation du contrat reviendrait au tribunal.
Ce manque de cadre législatif de la définition de la réception laisse bien entendu la porte grande ouverte aux juges à l'interprétation des termes du contrat liant le maitre d'ouvrage aux constructeurs.

L'Algérie, comme le Maroc, n'a pas donné non plus de définition exacte à l'acte de réception des travaux dans son code civil. D'ailleurs, on peut lire dans l'article 558 :
« Dès que l'entrepreneur a terminé l'ouvrage et l'a mis à la disposition du maître de l'ouvrage, celui-ci doit procéder, aussitôt qu'il le peut, à sa réception, selon la pratique suivie dans les affaires. Si, malgré la sommation qui lui en est faite par les voies légales il s'abstient sans juste motif de prendre livraison, l'ouvrage est considéré comme reçu, et il en assumera toutes les conséquences qui en découlent »

Aux termes de la phrase utilisée « selon la pratique suivie dans les affaires », la législation algérienne renvoie tout simplement aux usages et us du secteur du BTP. Elle ne définit pas non plus de régime juridique dans lequel devrait s'inscrire l'acte de la réception des travaux.
Par ailleurs cet article ne précise pas le délai du prononcé de la réception et laisse un vide par l'utilisation de l'expression « aussitôt qu'il le peut etc. ». Mieux encore, le législateur algérien met la charrette devant les bœufs en mettant le transfert de propriété de l'ouvrage avant l'acte de la réception « Dès que l'entrepreneur a terminé l'ouvrage et l'a mis à la disposition du maître de l'ouvrage, celui-ci doit procéder etc. ». Il aurait été plus logique que le transfert de propriété de l'entreprise vers le maitre d'ouvrage n'intervienne qu'après avoir prononcé la réception des travaux. Le transfert de propriété est une conséquence de l'acte de réception et non le contraire.

La législation tunisienne ne s'attarde pas non plus sur la définition de l'acte de la réception mais instaure la réception comme réception expresse. En d'autres termes, elle est sanctionnée par un procès-verbal écrit. Elle ne laisse donc aucune possibilité à la pratique de la réception tacite. À ce niveau, il faut reconnaitre que la législation tunisienne a le mérite de légiférer sur la nature de la réception et exige que l'acte de la réception soit écrit et de ce fait pourra résoudre le grand problème posé généralement par la réception tacite qu'est celui de la date de l'acte en lui-même. Car la date de la réception est le point de départ de plusieurs garanties qui vont rester à la charge des constructeurs pendant une durée déterminée par la loi Cette précision est donnée par l'article 4 de la loi relative à la construction[164] et qui dispose :
« La réception intervient à l'amiable, à la demande de la partie la plus diligente, par un écrit, avec ou sans réserves. À défaut d'accord, la réception intervient par voie d'arbitrage ou judiciairement. »

Quant au Sénégal, la loi N° 2009-23 du 8 juillet 2009 portant code de la construction (partie législative), donne une définition à la réception provisoire dans son article L-19[165] comme un acte par lequel le maitre d'ouvrage déclare accepter l'ouvrage avec ou sans réserves. Mais ne précise pas à quelle partie incombe sa demande. Il laisse le choix aux intervenants par l'expression « à la demande de la partie la plus diligente ». Mais rend obligatoire son caractère contradictoire. En d'autres termes, le maitre d'ouvrage ne peut en aucun cas faire valoir la prise de possession comme un acte de réception. Il sera obligé de prononcer la réception ; avec ou sans réserves ; en présence des constructeurs et principalement de l'entrepreneur.

En Égypte, l'article 655 du code civil égyptien ressemble exactement à l'article 558 du code civil algérien. Cet article dispose dans sa version originale :
مادة 655 - متى أتم المقاول العمل ووضعه تحت تصرف رب العمل، وجب على هذا أن يبادر إلى تسلمه في أقرب وقت ممكن بحسب الجاري في المعاملات،

[164]Loi N° 94-9 du 31 janvier 1994, relative à la responsabilité et au contrôle technique dans le domaine de la construction
[165] Art L 19 dispose : « La réception provisoire est l'acte par lequel le maître de l'ouvrage déclare accepter l'ouvrage avec ou sans réserves. Elle intervient à la demande de la partie la plus diligente soit à l'amiable, soit, à défaut, judiciairement. Elle est, en tout état de cause, établie contradictoirement. »

فإذا أمتنع دون سبب مشروع عن التسليم رغم دعوته إلى ذلك بإنذار رسمي، أعتبر أن العمل قد سلم إليه.

Traduction libre :
« Dès que l'entrepreneur a terminé l'ouvrage et l'a mis à la disposition du maître de l'ouvrage, celui-ci doit procéder, aussitôt qu'il le peut, à sa réception, selon la pratique suivie dans les affaires. Si, malgré la sommation qui lui en est faite par les voies légales, il s'abstient sans motif légal de prendre livraison, le travail est considéré comme réceptionné par ses soins. »

La France, contrairement au Maroc, a mis en place un arsenal assez développé pour définir l'acte de réception des travaux ainsi que la mise en place de procédures de sa tenue par les parties.
Tout d'abord, le code civil français a défini l'acte de la réception dans son article 1792-6 par les termes « La réception est l'acte par lequel le maître de l'ouvrage déclare accepter l'ouvrage avec ou sans réserves. Elle intervient à la demande de la partie la plus diligente, soit à l'amiable, soit à défaut judiciairement. Elle est, en tout état de cause, prononcée contradictoirement ».
Par ailleurs, le statut d'ordre public a été instauré par la loi N° 90-1129 du 19 Décembre 1990 pour :

- La responsabilité civile des constructeurs édictée par les articles 1792, 1792-1, 1792-2 ;
- La solidarité entre constructeurs édictée par l'article 1792-4 ;
- Les garanties prévues par les articles 1792-3 et 1792-6.

§ 2 - Les différentes formes conventionnelles de la réception des travaux

Pour ces raisons invoquées, il existe plusieurs types de réceptions : la réception peut être amiable ; de manière tacite ou expresse ; ou judiciaire[166]. Ces types de réception ne sont pas sans poser de problème d'ordre juridique en cas de litige que nous essaierons d'analyser ci-après :

---

[166] Op.cit. Lambert-Faivre (Y), Risques et assurances des entreprises.

2.1 - la réception tacite

Cette forme de réception traduit le caractère amiable émanant du maître d'ouvrage envers les constructeurs et ce en acceptant son ouvrage de façon implicite. Il accepte son ouvrage de manière expresse et sans la formalisation de cet acte dans un procès-verbal. Il paie l'intégralité des travaux aux entreprises et prend possession de son ouvrage.

Au Maroc, cette forme de réception est très largement répandue et pratiquée surtout dans les petits et moyens chantiers. C'est le cas ; notamment ; des personnes qui construisent pour leur propre compte.

En France, cette modalité était largement répandue et admise avant l'application de la loi de 1978 dite « Loi SPINETTA ». Cette dernière n'a pas condamné clairement cette forme de réception dans l'article 1792-6 du code civil français. Elle n'a pas exigé clairement la formalisation de l'acte de réception par un procès-verbal. En effet, la réception est d'une particulière importance, vu qu'elle marque le point de départ des différents délais légaux[167]. Le législateur français ; malgré sa volonté d'une part de préciser les responsabilités et garanties restant à la charge des constructeurs et d'autre part de développer les assurances obligatoires ; n'est pas parvenu à instaurer un système de réception qui arriverait à écarter et enlever les incertitudes sur la date de la réception non concrétisée par un document écrit et signé qui n'est autre que le procès-verbal de réception.

Bien entendu, cette situation a divisé les différentes juridictions françaises sur l'acceptation ou le refus de la réception tacite comme réception officielle donnant droit aux différentes garanties définies par la loi et restant à la charge des constructeurs.

Pour essayer de démontrer cette situation, nous avons pu analyser des arrêts qui étaient favorables à la réception tacite et d'autres qui ne l'étaient pas.

Mais malgré l'existence de cette loi, plusieurs petits entrepreneurs et artisans ainsi que des maîtres d'ouvrage ignorant la loi, ont perpétué la tradition d'absence de formalisme de l'acte de réception des travaux. La non application de l'article 1792-6 se traduirait par l'absence de

[167] Ibid.

réception et entraînerait de ce fait la non mise en œuvre de la responsabilité décennale et les autres garanties légales.

Cette situation non confortable a provoqué de vifs plaidoyers de la doctrine[168]. Enfin de compte, le COPAL [169] a rendu un avis conforme et la Cour de cassation a finalement admis la validité de la réception tacite dans deux arrêts rendus le 23 avril 1986[170]. Cependant, même si la réception est tacite, l'expression de volonté du maître d'ouvrage et des entreprises doit être non équivoque[171].

Par ailleurs, un arrêt rendu le 12 juillet 1989 par la troisième Chambre civile est venu renforcer cette position en reconnaissant la réception tacite alors même que les travaux ne sont pas achevés en raison de la disparition pure et simple de l'entreprise[172].

Un autre jugement a reconnu que « la prise de possession sans réserve autre que sur le prix vaut réception tacite »[173].

Un autre cas peut se présenter qu'est celui de l'acceptation implicite : un cocktail organisé par le maître d'ouvrage a été reconnu comme une

---

[168] Moniteur des T.P. et du Bâtiment., N° spécial n° 87-43 bis du 230ct. 1987 ; cf. G. LEGUAY, « La réception tacite sous l'empire de la loi du 4 janvier 1978 ou le choix d'un moindre mal », R.D.I. janv. 1988, p. 114.

[169] *COPAL* (Comité pour l'application de la loi du 4 janv. 1978), 10-12, rue du Capitaine Ménard, 75015 Paris.

Rapport du COPAL sur « Le problème de la réception implicite «.

[170] Validité de la réception tacite : Doctrine J.-P. KARILA « Plaidoyer pour la réception tacite sous l'empire de la loi du 4 janvier 1978 », Gaz. Pal. 10 août 1986, p. 13 ; R. MARTIN, « Sur la réception tacite de l'ouvrage », Ass. fr. 1987.160.

Jurisprudence : Agen, 26 févr. 1985, D., 1986.24, note J.-P. Karila ; Paris ; 20 nov. 1985, D. 1986.567, note J.-P. Karila ; Civ. 3e, 23 avr. 1986 (deux arrêts), J.C.P. 1987.II.20812, note D. Tomasin ;

[171] Réception tacite, volonté non équivoque requise : Civ. 3e, 4oct. 1989, R.C:A. 1990, n° 202 ; Civ. 2e, 3 mai 1990, R.C.A.1990, n° 336 ; Civ. Fe, 14févr. 1990, Gaz. Pal. 8 mars 1991, p. 25, note J. Roussel (la preuve de la réception incombant à l'assuré n'est pas rapportée).

Civ. 5e, 4 avr. 1991, Argus 1991.1475 « Caractère contradictoire de la réception non établi ».

[172] Fra Cr Cass Ch Civ. 3e, 12 juill. 1989, D. 1989.I.R 238, et R.D.I. 1990, p.l05 : « Réception des travaux inachevés »

[173] Fra Cr Cass Ch Civ. 3e , 16 juill. 1987, D. 1987.577, R.G.A.T. 1988.351 : « la prise de possession sans réserve autre que sur le prix vaut réception tacite »

acceptation de l'ouvrage et de ce fait une réception tacite [174] ou encore le refus de réception de l'ouvrage à cause de malfaçons constatées dans l'ouvrage a été reconnu[175].

2.2 - La réception expresse

Ce type de réception se concrétise par l'établissement obligatoire d'un procès-verbal signé par les participants à l'acte de réception et qui peut comporter ou non des réserves. Les réserves sont énumérées et précisent les travaux de réparation qui devraient être entrepris par l'entreprise responsable. Dans le cadre des marchés publics marocains, cet acte concrétise la matérialité de la garantie de parfait achèvement énoncée dans l'article 67 du CCAG-T et restant à la charge de l'entreprise.

2.3 - La réception judiciaire

Comme signalé précédemment, il arrive souvent que le maître d'ouvrage ; pour diverses raisons qui lui sont propres ; refuse de réceptionner l'ouvrage et l'entreprise se trouve prisonnière dans le chantier. Dans ce cas précis, l'entrepreneur sera obligé d'assigner le maître d'ouvrage devant la justice afin de prononcer la réception judiciaire. La réception judiciaire est prononcée par le juge[176] en l'absence de toute réception amiable, expresse ou tacite, du maître de l'ouvrage. La date de la réception sera celle de la décision judiciaire.

Mais il y a lieu de distinguer cette forme de réception de la réception tacite constatée judiciairement. En fait, une réception ; même tacite soit-elle ; peut être contestée par l'une des parties contractantes et sera de ce fait constatée judiciairement par le juge à partir d'éléments qui démontrent la volonté du maître d'ouvrage d'accepter les travaux tels qu'ils se présentent *i.e.* avec ou sans réserves.

---

[174] Fra Cr Cass Ch Civ. 3e, 13 juin 1990, R.C.A. 1990, n° 357 : « participation à un cocktail de réception donné par l'entrepreneur avant l'entrée dans les lieux des copropriétaires »

[175] Fra Cr Cass Ch Civ. 3, 21 nov. 1990, R.C.A. 1991, n° 63 : « Refus de réception en raison de graves malfaçons vaut réception tacite »

[176] Fra Cr Cass Ch Civ. 3, 22 févr. 1989, R.C.A. 1989, n° 152 : « Réception judiciaire »

§ 3 - Les effets juridiques de la réception des travaux et réserves émises

La réception est un acte à caractère juridique et produisant de ce fait des effets juridiques. Elle est réalisée à la demande du maitre d'ouvrage. Selon, la complexité et importance des travaux réalisés et la nature de l'ouvrage construit, la réception peut prendre plusieurs jours et exiger des tests et constats multiples et complexes tels que des mises à l'eau des toitures terrasses pour vérifier la bonne tenue d'un complexe d'étanchéité ou encore la réalisation de tests d'écoulement dans des conduites, etc.

Au Maroc, la date de réception provisoire marque le point de départ de responsabilités légales et garanties restant à la charge des constructeurs :

- Garantie de « parafait achèvement » pour les marchés publics édictée par l'article 67 du CCAG-T ;
- Garantie décennale aussi bien pour les marchés privés que pour les marchés publics édictée par l'article 769 du D.O.C marocain. Mais il y a lieu de constater que l'article 769 précité ne précise pas laquelle des deux réceptions marque le départ de cette garantie. Le CCAG-T précise dans son article 69 que la garantie décennale prend comme départ la réception définitive. Cette situation de non clarté ouvre la porte d'interprétation de l'article 769 selon le cas si on est dans le secteur privé ou dans le cas de marchés publics.

En France ; contrairement au Maroc ; vu qu'une seule réception est prononcée, la date de cette dernière marque le point de départ de responsabilités légales et garanties restant à la charge des constructeurs :

- La garantie de parfait achèvement telle qu'elle est édictée par l'article 1792-6 du code civil français ;
- La garantie de bon fonctionnement des équipements édictée par l'article 172-3 du code civil français ;
- La garantie décennale édictée par l'article 1792 du code civil français.

Il faut noter aussi que la fin de la garantie de parfait achèvement ouvre la porte à l'obligation d'assurance « dommage à l'ouvrage » par le maitre d'ouvrage.

3.1 – Le prononcé de la réception

Malgré que la réception revête un caractère « contradictoire », la législation française confirme que cet acte demeure « unilatéral » puisque le consentement de l'entrepreneur n'est pas exigé. Cette vision des choses est à notre sens contradictoire.

De ce fait, tous les vices apparents détectés au moment de la réception provisoire resteront à la charge des entreprises de construction jusqu'à leur réparation et leur levée au moment de la réception définitive[177]. Il y a lieu de noter que même si le contrat liant le maître d'ouvrage aux entreprises de construction prévoie une période limitée d'une année pour la garantie de parfait achèvement (appelée période de maintenance dans les polices d'assurance Tous Risques Chantiers), il arrive très souvent que cette période séparant les deux réceptions (provisoire et définitive) dépasse une année ; voire parfois plusieurs années. Cette dernière éventualité exprime ; en général la mauvaise volonté du maître d'ouvrage à vouloir garder l'entreprise sur le chantier pour qu'elle continue à le garder, ne pas lui payer les derniers décomptes non encore payés et ne pas libérer les cautions telle la caution définitive (estimée à 3 % du montant des travaux pour les marchés publics marocains) et la retenue de garantie (estimée à 7 % du montant du marché pour les marchés publics marocains).

Rappelons que l'acte de réception est d'une importance capitale pour les constructeurs puisqu'il produit les effets juridiques suivants :
- Le contrat reliant le maitre d'ouvrage à l'entreprise n'a plus d'effet puisqu'il est éteint caractérisé par l'exonération de responsabilité contractuelle de l'entrepreneur envers le maitre d'ouvrage ;
- Cet acte marque le transfert de propriété de l'entreprise vers le maitre d'ouvrage et de ce fait exonère cette dernière du gardiennage de l'ouvrage construit ;
- La réception marque le commencement de mise en jeu des garanties légales à la charge du constructeur envers le maitre d'ouvrage :
  - Pour le Maroc : Garantie de parfait achèvement pour les marchés publics et la garantie décennale pour tous les marchés publics et privés ;

[177] Contrairement au régime marocain qui renferme deux réceptions ; une réception provisoire et une autre définitive, le régime français a instauré l'unicité de la réception telle qu'elle est définie dans l'article 1792-6 du code civil français.

- Pour la France : Garantie de parfait achèvement, garantie de bon fonctionnement et garantie décennale.

Les réserves dûment spécifiées, décrites et qualifiées permettent au maître d'ouvrage de ne pas prononcer la réception des travaux et prolonger de ce fait la responsabilité contractuelle de l'entreprise de construction tant que ces réserves ne sont pas levées.
D'ailleurs, le maître d'ouvrage a toute la latitude de refuser le prononcé de la réception provisoire si les travaux ne sont pas totalement achevés, ou encore refuser le prononcé de la réception définitive si les réserves soulevées et exprimées lors de la réception provisoire n'étaient pas levées. Nous rappelons à cet effet que pour les marchés publics, l'article 67 définit les obligations de l'entreprise en ces termes : « Le délai de garantie et, sauf stipulation contraire du cahier des prescriptions spéciales ou des cahiers des prescriptions communes, égal à la durée comprise entre la réception provisoire et la réception définitive. Pendant le délai de garantie, indépendamment des obligations qui peuvent résulter pour lui de l'application de l'article 68 du CCAG-T marocain, l'entrepreneur est tenu à une obligation dite « obligation de parfait achèvement » au titre de laquelle il doit à ses frais etc. ».

Dans le cas où la réception définitive des travaux a été prononcée sans réserves dans le PV contradictoire contresigné par l'entreprise et le maître d'ouvrage (ou son mandataire), la responsabilité de l'entreprise de construction vis à vis du maître d'ouvrage se voit donc exonérée. Par contre, si le PV de réception définitive retient des réserves par le fait d'existence de vices ou désordres apparents, l'entreprise reste redevable et débitrice vis à vis du maitre d'ouvrage pour la réparation de ces pathologies constatées et consignées dans le PV de réception[178]. D'ailleurs si l'entreprise ne répare pas ces vices apparents, le maître d'ouvrage peut utiliser la retenue de garantie (Généralement, elle est de 7 % sur le montant des travaux) afin de réparer les malfaçons constatées contradictoirement.

---

[178] Art 67 du CCAG-T dispose : « Le délai de garantie et, sauf stipulation contraire du cahier des prescriptions spéciales ou des cahiers des prescriptions communes, égal à la durée comprise entre la réception provisoire et la réception définitive. Pendant le délai de garantie, indépendamment des obligations qui peuvent résulter pour lui de l'application de l'article 68 ci-après, l'entrepreneur est tenu à une obligation dite « obligation de parfait achèvement » au titre de laquelle il doit à ses frais etc. »

Notons qu'à ce sujet que les maîtres d'ouvrage professionnels procèdent en général à une pré-réception qui prépare la réception définitive des travaux.
Encore une fois, nous considérons que l'acte de la réception, ne devrait pas être un frein au paiement des décomptes définitifs surtout lorsqu'il s'agit de réserves mineures et non significatives. Mais malheureusement, la pratique nous démontre le contraire : La majeure partie des maitres d'ouvrage ; principalement publics ; refusent le prononcé de la réception et retiennent l'entreprise sur chantier pour de longues durées même en cas de réserves mineures et ne paient pas les derniers décomptes définitifs.
Si par contre l'entreprise ne lève pas ces réserves en procédant à des réparations, le maître d'ouvrage serait en droit ; après mise en demeure de l'entreprise ; de procéder aux réparations lui-même ou les confier à une autre entreprise et ce aux frais de l'entreprise défaillante. D'ailleurs la retenue de garantie de 7% du montant des travaux est normalement faite pour pallier à cette défaillance de l'entreprise à réparer les vices apparents pendant la période de garantie de parfait achèvement.

En France, les réserves acceptables à la réception sont les réserves émises par le maître de l'ouvrage et non celles émanant des professionnels de la construction. Alors qu'au Maroc, les réserves peuvent émaner du maître d'œuvre et plus généralement du Bureau de Contrôle Technique.
Les réserves ont pour fonction de maintenir les droits du maître d'ouvrage à recevoir un ouvrage conforme aux spécifications techniques et financières du contrat, ainsi qu'aux règles de l'art du BTP. Elles ne font pas obstacles à la réception provisoire. Elles se distinguent des désordres évoqués lors des périodes de garantie (période entre la réception provisoire et la réception définitive) par, notamment, leur caractère apparent lors de la réception provisoire.

3.2 - Catégories de réserves émises lors de la réception[179]

Contrairement au CCAG-T marocain qui ne donne aucune définition aux réserves émises lors de la réception des travaux, son homologue français CCAG définit plusieurs catégories de réserves :

---

[179] Source : Rapport CNRS, Réception des travaux, CNRS/DR15/SL du 3/4/2003.

- L'article 41-5 définit les travaux prévus dans le contrat et non exécutés par l'entreprise ;
- L'article 41-4 définit les réserves non levées relatives à l'exécution de « futures épreuves » et qui restent non levées tant que ces dernières ne sont pas réalisées ;
- L'article 41-6 précise que les réserves relatant les malfaçons constatées dans la construction devraient être levées dans le délai fixé par le maitre d'ouvrage. Le délai ainsi fixé par le maître d'ouvrage ou encore la maitrise d'œuvre devrait être en fonction de l'importance et de la gravité des malfaçons constatées. L'organisation des levées de réserve est décrite dans le même article. Pour les marchés publics au Maroc, le délai de réparation des malfaçons constatées lors de la réception provisoire, est fixé par le maître d'ouvrage (Art 65 Alinéa 4).

TITRE II - ÉTUDE COMPARATIVE DE CERTAINS RÉGIMES LÉGISLATIFS AFRICAINS ET EUROPÉENS EN MATIÈRE DE RESPONSABILITÉ CIVILE DÉCENNALE

Introduction

En matière de protection contre les défauts et vices de construction, différentes études menées sur les régimes législatifs de responsabilité dans divers pays ont montré qu'il n'existe pas de modèle de référence qui rassemblerait une large majorité des pays.

Nous avons essayé de prendre comme échantillons d'analyse 4 pays Européens représentés par la France, l'Espagne, la Grande Bretagne et l'Allemagne ainsi que 3 pays Africains représentés par la Tunisie, le Sénégal et l'Algérie et ce en dépit du Maroc qui fait l'objet de la présente recherche.

Ce choix n'est certainement pas fortuit mais se base principalement sur la différence ; parfois de taille ; entre ces régimes tant au niveau législatif qu'au niveau assurantiel.

Nous allons ; autant faire que possible ; comparer ces régimes au régime marocain tout en essayant de tirer des conclusions sur les carences observées dans le système législatif marocain quant aux responsabilités extra contractuelles des constructeurs.

Chapitre I - Étude de 4 régimes juridiques européens

Le choix de quatre pays à savoir la France, l'Espagne, la Grande Bretagne et l'Allemagne constituent un bon échantillon de variété des régimes de responsabilité à la charge des constructeurs mis en place en Europe : France, Espagne, Grande Bretagne et Allemagne.
Le régime français sera détaillé plus que les 3 autres pays européens au vu d'une part de la disponibilité des informations relatives à ce régime ainsi que de l'influence de ce pays sur la législation marocaine de par l'entrecoupement des histoires des deux pays tant au niveau culturel, économique que politique.

Section 1 - Régimes de responsabilité civile des constructeurs en France

Le système législatif français en matière de responsabilité civile des constructeurs et son assurance a connu une nette évolution depuis la promulgation de la loi du 4 Janvier 1978. En effet, la présomption de responsabilité des constructeurs se trouve nettement affirmée avec cette loi. Si sous l'empire de l'ancienne législation, la jurisprudence et la doctrine marquaient quelques hésitations à ce sujet, l'ambigüité est désormais levée[180].

§ 1 - Délimitation des responsabilités

Les responsabilités des intervenants sont définies par les articles 1792 et suivants ainsi que par les articles 2270 et 1646 du code civil français. Afin d'analyser cette composante de la loi SPINETTA qu'est la responsabilité, on analysera les articles concernés et on fera dans la mesure du possible une analyse comparative avec la loi marocaine.

L'article 1792 : Définition des responsabilités

« Tout constructeur est responsable de plein droit, envers le maître ou l'acquéreur de l'ouvrage, des dommages, même résultant d'un vice du sol, qui compromettent la solidité de l'ouvrage ou qui l'affectant dans l'un de ses éléments constitutifs ou l'un de ses éléments d'équipement, le rendent impropre à sa destination.

Une telle responsabilité n'a point lieu si le constructeur prouve que les dommages proviennent d'une cause étrangère. »

Cet article a fait ressortir deux points importants en matière de responsabilité des intervenants :

- - La responsabilité d'un intervenant est engagée aussi bien envers le maître d'ouvrage qu'envers l'acquéreur. En d'autres termes, la responsabilité de l'intervenant demeure engagée même en cas de cession de l'ouvrage à un nouvel acquéreur. Contrairement à l'article 769 du D.O.C marocain qui ne retient la responsabilité des intervenants qu'envers le maître d'ouvrage

- La présomption de responsabilité des constructeurs en tant que professionnels est explicitement exprimée dans cet article : « Une telle

---

[180] LE MONITEUR, Responsabilités, contrôle et assurances de la construction, ACTUALITÉ JURIDIQUE PROPRIÉTÉ IMMOBILIÈRE (AJPI), 1980, P 3

responsabilité n'a point lieu si le constructeur prouve que les dommages proviennent d'une cause étrangère » alors que son homologue marocain l'article 769 du D.O.C n'en fait point référence.

-
- Contrairement à l'article 769 du D.O.C marocain qui ne retient la responsabilité des intervenants professionnels qu'en cas d'écroulement ou menace d'écroulement, l'article 1792 du code civil français avance le concept selon lequel le dommage est lié à l'impropriété à destination ou encore « l'ouvrage impropre à sa destination ». Concept très contesté d'ailleurs par les professionnels du BTP. En effet, ce concept peut être utilisé à tort et à travers pour porter l'affaire devant les juridictions. L'interprétation de la notion de l'impropriété à destination dépend de tout un chacun. On peut remarquer d'ailleurs l'augmentation du nombre des contestations des assurés envers les assureurs et particulièrement envers les bureaux de contrôle suite à des dommages constatés ; aussi minimes soient-ils ; constatés dans l'ouvrage.

Il y al lieu de noter que plusieurs réassureurs étrangers se sont retirés du marché français à cause de cette loi craignant ainsi un déficit de la branche d'assurance décennale.

§ 2 - Définition du constructeur dans la loi SPINETTA

L'article 1792-1 a précisé la définition du constructeur. En fait, il avait pour vocation de définir avec exactitude la notion de constructeur vis-à-vis de la loi. Les constructeurs aux yeux de la loi sont les suivants :

- Architecte ;
- Entrepreneur ;
- Tout technicien ;
- Toute personne liée au Maître d'Ouvrage par contrat.

En d'autres termes, tout intervenant dans l'acte de réalisation des travaux et ayant la qualité de technicien ou ayant un lien contractuel avec le maître d'ouvrage a la qualité de constructeur et de ce fait, sa responsabilité décennale pourrait être retenue en cas de sinistre.

<u>L'article 1646- 1</u> : Responsabilité du vendeur

Le vendeur d'un immeuble est responsable au même titre que les intervenants directs : Le promoteur immobilier est impliqué autant que les intervenants directs.
Les garanties souscrites par le premier acquéreur bénéficient aux propriétaires successifs.

L'article 1792-4 : Responsabilité des fabricants
Cet article précise que la responsabilité des fabricants et importateurs est retenue au même titre que celle des autres intervenants directs qui font l'objet de l'article 1792. On peut considérer que cet article a rendu une certaine équité aux entreprises de construction qui peuvent être poursuivies pour l'utilisation d'un matériau, matériel ou équipement défectueux sans le savoir.
Alors que le législateur marocain est resté muet à ce sujet, les entreprises doivent se retourner contre les fournisseurs en cas de vice des matériaux tel qu'il stipulé dans l'article 769. Cette procédure ne peut que retarder les recherches de responsabilité et l'aggravation des dommages subis par la construction objet du litige.

§ 3 - Les équipements indissociables de l'ouvrage : Article 1792-2

Même si l'article 1792 retient la responsabilité des constructeurs en cas de dommage affectant les équipements incorporés dans l'ouvrage, l'article 1792-2 vient rappeler que la présomption de responsabilité est retenue aussi pour les équipements indissociables de l'ouvrage[181]. En d'autres termes, le législateur ne s'est pas contenté uniquement des travaux de gros œuvre ; structure porteuse nécessaire à la stabilité et solidité de l'ouvrage ; mais a étendu la responsabilité des constructeurs aux dommages affectant les équipements indissociables du bâtiment. Il a voulu viser, non seulement la pérennité de l'ouvrage, mais aussi la pérennité et la continuité de ses équipements et par conséquent son fonctionnement décennal dans un environnement techniquement valable et correct.

Par contre le D.O.C marocain s'est contenté uniquement de la stabilité et la solidité de l'ouvrage et a réduit la responsabilité des professionnels aux seuls dommages pouvant toucher la structure porteuse.

[181] Un équipement est dit indissociable de l'ouvrage lorsque sa dépose, son démontage ou son remplacement ne peut s'effectuer sans détérioration ou enlèvement de matière de cet ouvrage.

Section 2 - Régimes de responsabilité civile des constructeurs : Espagne, Grande Bretagne et Allemagne

Le secteur de l'immobilier dans les 4 pays européens objet de notre recherche ; France, Allemagne, Grande Bretagne et Espagne représente 11% de la valeur ajoutée en Espagne, contre 6% en France et au Royaume-Uni et 4% en Allemagne.

§ 1 - Espagne[182]

Les garanties prévues par le régime de responsabilité issu de la loi espagnole LOE (Ley Ordonacion de la Edification) du 5 Novembre 1999 sont de trois types résumés comme suit :

Durée de la garantie	Responsable présumé	Type de dommages garantis
1 An	Entrepreneur	Désordres de l'ouvrage consécutifs aux défauts d'exécution des travaux
3 Ans	Tous les intervenants	Désordres atteignant les équipements ou structures pouvant affecter l'habitabilité de la construction
10 Ans	Tous les intervenants	Désordres des structures porteuses affectant la stabilité et solidité de l'ouvrage.

La dernière garantie de 10 ans, restant à la charge de tous les intervenants, a la particularité de présenter deux caractéristiques juridiques importantes :

- La présomption de responsabilité des constructeurs est retenue par la loi, ce qui permet aux maitres d'ouvrages non professionnels d'être

[182] Sources :
- www.cea-assurances.fr
- Jean Paul PIROG, Jean TUCCELLA, Expérience Européenne en Assurance et Réassurance de Responsabilité Décennale, SCOR, Alger 8 Juin 2009

exonérés d'apporter la preuve de la faute commise par l'intervenant en cas de survenance d'un sinistre ;
- La Responsabilité in solidum entre intervenants est prévue au cas où l'origine du sinistre touchant la construction ne peut être déterminée avec exactitude.

§ 2 - Grande Bretagne[183]

Le régime juridique anglais de responsabilité des constructeurs à travers la common law, et contrairement à ses homologues marocain et français où les responsabilités contractuelles et extra-contractuelles s'excluent mutuellement, permet leur coexistence. Cette situation fait du régime de responsabilité anglais un régime particulier et principalement ; voire exclusivement ; contractuel.
Le constructeur à travers son contrat de louage d'ouvrage ainsi que le vendeur de l'ouvrage tel un promoteur sont redevables envers l'acheteur d'une responsabilité dont la durée est de 12 ans et pouvant être réduite à 6 ans. En fait, cette responsabilité se traduit par une obligation de soin et de non négligence.
Par ailleurs, la loi prévoit l'obligation de contrôle technique de la construction par un organisme au choix du maitre d'ouvrage. Ce qui explique l'intégration de la mission de contrôle technique des constructions collectives assigné au NHBC dans le cadre du logement collectif.
Nous pouvons conclure que le système anglais est un système purement contractuel et sans obligations d'assurance mais avec une tradition d'assurance couramment pratiquée.

---

[183] Sources :
- Jean Paul PIROG, Jean TUCCELLA, Expérience Européenne en Assurance et Réassurance de Responsabilité Décennale, SCOR, Alger 8 Juin 2009
- Philippe DUMAS, Jean-Jacques BRYAS, Alexandre MACAIRE, Jacques FRIGGIT, Isabelle VAULONT, Rapport particulier sur les régimes d'assurance construction dans une vingtaine de pays étrangers, Inspection générale des finances, Conseil général des ponts et chaussées, OCTOBRE 2006
- www.lemoniteur.fr

§ 3 - Allemagne[184]

Le régime juridique définissant les responsabilités des constructeurs émane de plusieurs sources différentes mais complémentaires :

- La loi, en l'occurrence le droit civil allemand de 1900, connu sous le nom de BGB ;
- Le VOB qui est un cahier se présentant sous forme de recueil de clauses définissant les charges générales applicables aux travaux de construction du secteur public. Ce VOB peut être utilisé ; bien entendu ; par le secteur privé si le contrat conclu entre le maitre d'ouvrage et l'entreprise s'y réfère. Notons à ce sujet qu'au Maroc, par exemple, certains promoteurs privés font référence dans leur contrat qui les lie à l'entreprise au CCAG-T qui régit les marchés publics ;
- Les contrats établis entre parties définissent aussi le champ de responsabilité des intervenants dans l'acte de construire. D'ailleurs, le cadre contractuel présente un facteur important dans la vie du secteur du BTP et dans le secteur industriel d'une façon générale. Cette situation procure une particularité au système juridique allemand qui se base essentiellement sur le contrat. D'ailleurs, les contrats allemands se caractérisent par leur précision et exactitude de définition des tâches et responsabilités des constructeurs, ce qui leur confère cette particularité en comparaison aux autres systèmes législatifs Européens. Notons aussi que l'État allemand cadre et encadre le système contractuel lui conférant ainsi un domaine de travail préventif de tout dérapage des constructeurs dans l'exercice de leurs taches au cours de réalisation des travaux de construction.
- La certification ainsi que les systèmes de normes jouent un rôle essentiel dans l'exécution des contrats de construction en Allemagne et un espace précis de définition des process et procédures tant de conception que d'exécution des travaux de construction que les constructeurs réalisent pour le compte du maitre d'ouvrage.

---

[184] Sources :

- Philippe DUMAS, Jean-Jacques BRYAS, Alexandre MACAIRE, Jacques FRIGGIT, Isabelle VAULONT, Rapport particulier sur les régimes d'assurance construction dans une vingtaine de pays étrangers, Inspection générale des finances, Conseil général des ponts et chaussées, OCTOBRE 2006

- www.cea-assurances.fr

- www.institut-numerique.org

À notre sens, ce système juridique est très particulier et ne ressemble ; à notre connaissance ; à aucun autre système législatif Européen.
Les deux systèmes juridiques BGB et VOB se côtoient dans le secteur du BTP allemand et définissent des garanties différentes à la charge des constructeurs (surtout pour les travaux de bâtiment) :

- Le système législatif BGB retient la garantie à la charge de l'entreprise pour une durée de 5 ans pour les bâtiments et seulement 1 an pour les travaux d'infrastructure.
- Quant au système VOB, il ne retient la garantie des constructeurs qu'à hauteur de 2 ans (contrairement à 5 ans pour le BGB) pour les travaux de bâtiment et 1an pour ceux d'infrastructure.

La responsabilité des constructeurs peut être retenue dans le cas d'apparition de défauts d'exécution des travaux traduite par des malfaçons ou vices apparents ou cachés dans la construction réalisée. L'effet de cette responsabilité commence à partir de la date contractuellement consentie entre le maitre d'ouvrage et le constructeur.

Il y a lieu de constater que les allemands refusent catégoriquement un système basé sur la législation tel que le système français et préfèrent de loin garder une liberté contractuelle en matière de responsabilité entre constructeurs et maitres d'ouvrage.

Chapitre II - Étude de 3 régimes juridiques africains : Sénégal, Tunisie et Algérie

Le choix de trois pays à savoir le Sénégal, la Tunisie et l'Algérie semblent constituer un bon échantillon de l'évolution des dispositifs mis en place en Afrique : Sénégal, Tunisie et Algérie.

Section 1 - Le Sénégal

Le manque d'organisation du secteur du BTP au Sénégal et la faible assurance des constructions sénégalaises ont poussé le gouvernement sénégalais à instaurer un système d'obligation d'assurance par le biais de la promulgation d'un code de la construction en 2009.

§ 1 - Les motivations de la promulgation du code de la construction et difficultés probables de son application

Les insuffisances constatées dans le secteur de la construction et les dommages qui en découlent, en termes d'accidents, de malfaçons et de retards de travaux entraînant souvent des pertes en vies humaines, des détériorations de biens, de destruction de matériels et de pertes d'investissements directs. Ce constat a amené le gouvernement sénégalais ; dans le cadre d'un partenariat public privé ; à intervenir pour mettre en place une organisation de la construction et un cadre d'exercice pour la réalisation de bâtiments performants depuis années 2000.

Par ailleurs, il résulte de l'article 3 du traité instituant une organisation intégrée CIMA[185] de l'industrie des assurances dans les États Africains et dont le Sénégal en est membre, que « le Code des assurances figurant à l'annexe 1 du présent traité définit la législation unique des assurances » pour l'ensemble des États membres. Le code CIMA, même s'il consacre une importante partie de son livre premier aux assurances de dommages et de responsabilité. Il ne comporte pas non plus de dispositions spécifiques à l'assurance construction, ni de branche construction susceptible d'agrément préalable à sa couverture par une compagnie d'assurance tel qu'il est stipulé pour d'autres branches dans l'article 328 du code CIMA. Toutefois, le Code fait référence implicitement au caractère spécial et spécifique de l'assurance construction ; TRC ou Décennale ; et semble ne pas la soumettre à la faculté de résiliation unilatérale dont disposent les parties tous les ans, à compter la deuxième année. L'article 21 - Alinéa 2 dispose : » il peut être dérogé à cette règle pour les contrats pour la couverture des risques

---

185 CIMAR : Conférence Interafricaine des Marchés d'Assurance regroupe des pays de la sous-région de l'Afrique de l'Ouest dans le bu d'uniformiser la législation des assurances dans ses pays membres : Niger, Mali, Sénégal, Guinée Bissau, Burkina Faso, Côte d'Ivoire, Togo, Bénin, Tchad, Cameroun, Centrafrique, Guinée Équatoriale, Cogo, Gabon. V. Site du CIMAR http://www.cima-afrique.org/

de construction et les risques autres que ceux des particuliers ». Il parait que le code CIMA ne répond pas à la situation et places spécifiques des assurances constructions dans le tissu industriel. Le Sénégal s'est vu obligé de mettre en place une législation propre à ce domaine exprimée d'ailleurs dans la partie législative du code de la construction de 2009. De ce fait, le Sénégal s'est doté en 2009 d'un code de la construction composé d'une partie législative votée en juin 2009[186] et d'une partie règlementaire dont le décret d'application est signé le 27 janvier 2010, portant le N° 2010- 99[187]. Ce décret sera complété par des arrêtés en cours d'élaboration selon les déclarations du Directeur du Département de la construction[188]que nous avons pu rencontrer en Octobre 2013.

Le code de construction est venu répondre à des préoccupations sérieuses dans le secteur du BTP sénégalais se caractérisant par les paramètres suivants :

- Manque d'identification et de qualification des intervenants ainsi que le cadrage de leurs interventions tels les Architectes, les entrepreneurs, les BET, les bureaux de contrôle, etc.) ;
- Non maitrise des matériaux de construction et équipements techniques (matériaux locaux ou importés) au regard des normes techniques d'utilisation ;
- Place de la construction au regard de la stabilité et la solidité des ouvrages en rapport aux autres domaines liés à la construction tels que l'architecture, (code de l'urbanisme) l'environnement (code de l'environnement), etc.

Le code de la Construction statue, sur la stabilité, la solidité et la fiabilité des bâtiments pour le respect des normes et règles de construction. La qualité constructive du sol et sa capacité à recevoir les structures et les ouvrages ont été prévues par le code.
Par ailleurs, le code sénégalais a le mérite de spécifier la responsabilité de chaque intervenant de façon claire.
La loi en son article 1 définit la construction comme la partie de l'architecture qui concerne l'exécution d'un projet d'ouvrage dans le respect de la stabilité, la solidité et la fiabilité.

---

[186] Composée de 162 articles numérotés de L 1 à L 162
[187] Composée de 219 articles numérotés de R 1 à R 219
[188] Ministère de l'Urbanisme, de l'Habitat, de la Construction et de l'Hydraulique

Le code de la construction, résultat du PPP[189], pour son application globale, pourrait se heurter à des manquements, à savoir :

- Les arrêtés d'application de la partie règlementaires du code qui sont au nombre de 16 et dont la rédaction est actuellement en cours par un comité technique mis en place par le Ministre chargé de la construction, n'ont pas encore vu le jour ;
- L'arrêté interministériel fixant les modalités relatives à l'obligation des garanties d'assurances Tous Risques Chantiers (TRC) et Responsabilité Civile Décennale (RCD) prévu par l'article L 38 ;
- Les décrets fixant les modalités d'application des sections VI à VIII du Section 1, Titre 1 et du Livre 1 relativement à la responsabilité des constructeurs d'ouvrage et d'assistance architecturale, au contrôle technique et à l'assurance des travaux de bâtiment, ne sont pas encore rédigés ;
- La vulgarisation du code et son appropriation par les acteurs ne sont pas totalement établies ;
- La période de responsabilité des constructeurs de 10 ans débute à la réception définitive selon l'article 451 du Code des obligations civiles et commerciales du Sénégal alors que l'article 20 du code la construction ; partie législative ; retient la responsabilité civile décennale des constructeurs à compter de la réception provisoire. En d'autres termes, les deux codes spécifient deux dates différentes de commencement de la responsabilité décennale à la charge des constructeurs ;
- Le contrôle de respect des exigences du code et notamment au niveau des obligations d'assurance ne sera pas facile à faire au vu de l'organisation du secteur du BTP se caractérisant par l'informel qui occupe une place importance ;
- L'assurance construction est très embryonnaire au Sénégal et il faudrait du temps pour pouvoir juger des résultats de l'instauration de cette obligation de l'assurance construction.

[189] Partenariat Public-Privé

§ 2 - Responsabilité des constructeurs et leur délimitation

Le code définit dans son article 13 comme constructeur toute personne intervenant dans les taches suivantes :

- ✓ La conception de l'ouvrage (architecte, ingénieurs, techniciens) ;
- ✓ La réalisation des travaux (Entrepreneurs) ;
- ✓ Le contrôle de l'ouvrage (contrôleurs techniques) ;
- ✓ Toute personne liée au maître de l'ouvrage par contrat de louage d'ouvrage ou de service ;
- ✓ Toute personne, bien que mandataire du maître de l'ouvrage, qui accomplit une mission identique à celle de l'entreprise ;
- ✓ Toute personne qui vend, après achèvement, un ouvrage qu'elle a construit ou fait construire.

En d'autres termes, le code sénégalais retient ; entre autres ; la responsabilité civile décennale aussi bien des contrôleurs techniques que celle des promoteurs. Par ce code, le promoteur sera considéré comme un professionnel et sa responsabilité peut être retenue en cas de pathologies durant les 10 ans.

Les articles L13 à L15 du code disposent que le constructeur ; tel que défini ci-avant ; est responsable de plein droit envers le maître de l'ouvrage ou l'acquéreur de l'ouvrage, des dommages même résultant d'un vice du sol qui en compromettent la solidité et la stabilité ainsi que les dommages qui affectent la solidité des éléments d'équipements indissociablement liés à l'ouvrage.

Le législateur a retenu la présomption de responsabilisé des constructeurs non seulement des dommages affectant l'ouvrage proprement dit mais aussi de tous les équipements indissociables du bâtiment et dont la dépose, le démontage ou son remplacement ne peut s'effectuer sans détérioration ou enlèvement de matière de l'ouvrage. Cette disposition ressemble à celle de la loi française par son article 1792-2 du code civil à la différence que la définition de l'équipement indissociable est plus précise dans le code civil français que dans le code sénégalais de la construction.

Par son article L 18, le législateur sénégalais a rendu cette responsabilité des constructeurs vis-à-vis du maître d'ouvrage comme responsabilité d'ordre public et ne peut être modifiée ou même atténuée par une quelconque clause.

Il faut noter aussi que le code des obligations civiles et commerciales du Sénégal a retenu dans son article 449 que l'architecte est solidairement responsable avec l'entrepreneur des fautes de ce dernier. L'architecte assume les responsabilités professionnelles définies par les lois et règlements en vigueur dans la mesure des seules fautes professionnelles. À cet effet il doit être couvert par une assurance RC professionnelle à titre personne L23.

Section 2 - La Tunisie

En matière de législation gérant les responsabilités des intervenants dans l'acte de construire (après réception des ouvrages), la Tunisie a connu une série de lois intéressantes et qui ne manquent pas d'enseignement pour d'autres pays, tel que le Maroc, qui souhaiteraient généraliser l'assurance décennale par le biais de l'obligation.

§ 1 - Étapes d'évolution des lois tunisiennes

En matière de responsabilité civile décennale des constructeurs, la Tunisie a connu une évolution au niveau de sa législation.

- L'article 876 du C.O.C[190] qui date du début du siècle précise que la responsabilité est quinquennale et se limite à l'effondrement ou la menace de l'effondrement. En d'autres termes c'est l'équivalent de l'article 769 du D.O.C marocain.
- Loi du 10/10/1986 : Loi qui a été faite en dehors des parties concernées par l'obligation d'assurance. Les assureurs ; et plus particulièrement les réassureurs ; ont refusé d'assurer les risques tunisiens sur la base de cette loi. Elle est donc restée mort née et par conséquent non applicable. Mais néanmoins, elle a apporté certains points positifs qui seront examinés dans ce qui suit.
- Loi du 31/01/1994 : Loi qui est venue remplacer la loi précédente du 10/10/1986. Contrairement à la précédente loi, elle a été faite entre les juristes et les concernés à savoir les assureurs et les intervenants dans l'acte de construire. Malgré son apparence de loi innovatrice, elle renferme néanmoins des lacunes qui posent des problèmes entre les assureurs et les assurés.

§ 2 - Étude comparative des différentes lois tunisiennes

Afin de tirer profit de cette étude comparative de ces lois, on a regroupé certains points sous deux rubriques à savoir avantages et inconvénients.

* <u>L'Article 876</u>

---

[190] Code des Obligations et Contrats - Tunisie

Cet article a été instauré durant la période de colonisation de l'Afrique du Nord par la France. C'est pour cette raison qu'à la même époque, on trouvait son équivalent au Maroc.

L'article 876 du COC dispose : « L'architecte ou ingénieur, et l'entrepreneur chargés directement par le maître sont responsables lorsque, dans les cinq années de l'achèvement de l'édifice ou autre ouvrage dont ils ont dirigé ou exécuté les travaux, l'ouvrage s'écroule, en tout ou en partie, ou présente un danger évident de s'écrouler, par défaut des matériaux, par le vice de la construction ou par le vice du sol.
L'architecte qui n'a pas dirigé les travaux ne répond que des défauts de son plan.
Le délai de cinq ans commence à courir du jour de la réception des travaux. L'action doit être intentée dans les trente jours à partir du jour où s'est vérifié le fait qui donne lieu à la garantie ; elle n'est pas recevable après ce délai. »

Cet article responsabilise les entreprises, ingénieurs et architectes ; après réception de l'ouvrage ; de la pérennité de l'ouvrage pendant 5 ans. Seuls l'effondrement ou la menace d'effondrement sont pris en compte pour que la responsabilité légale des intervenants soit retenue. Implicitement, les causes de l'effondrement ou la menace d'effondrement ; selon l'article ; peuvent avoir plusieurs origines :

- La faute de conception de l'ouvrage ;
- La faute d'exécution des travaux ;
- Le défaut des matériaux utilisés dans la construction ;
- Les pathologies de l'ouvrage dues au sol.

Les mécanismes d'application de l'article 876 du C.O.C tunisien sont exactement les mêmes que ceux de l'article 769 du D.O.C marocain analysés précédemment.

* <u>Loi du 10/10/1986</u>
Cette loi avait pour objectif de rendre l'assurance de responsabilité obligatoire mais n'a jamais pu être appliquée.

A - Nouveautés de la loi du 10/10/1986
Les points forts de cette loi peuvent être résumés comme suit :

1. Cette loi a rendu responsables non seulement les intervenants directs mais aussi les fournisseurs (y compris les importateurs) et les

promoteurs. Cela veut dire que la loi vise l'amélioration de la qualité des produits et matériaux utilisés dans la construction ainsi que la protection du consommateur tunisien à l'achat de son logement.

2. Existence de présomption de responsabilité des constructeurs (Art 2 dernier paragraphe). En d'autres termes et avec cette loi, le lésé (qui n'est pas professionnel en général) n'a plus rien à prouver puisque la responsabilité interpelle le professionnel de la construction à démontrer que la faute ne lui incombe pas et justifier ainsi son innocence.

3. La Responsabilité ne se limite pas uniquement au gros œuvre mais s'étend également aux équipements qui font corps indissociable avec l'ouvrage : La responsabilité incombe aussi aux entreprises installatrices de matériels incorporés dans l'ouvrage.

4. Les autres équipements doivent bénéficier d'une garantie de bon fonctionnement pendant 2 ans (assurance biennale) : Même les équipements tels que la robinetterie, etc. doivent fonctionner correctement pendant deux ans au moins.

5. Un article entier est réservé au contrôle technique : le Bureau de Contrôle Technique est responsable au même titre que les autres intervenants (dans la limite de la mission qui lui est confiée) : sa responsabilité n'est plus noyée dans le droit commun mais peut être retenue dans la cadre de la responsabilité décennale des constructeurs.

6. Le législateur tunisien a exigé des intervenants de livrer l'ouvrage à son propriétaire en lui garantissant une année de parfait achèvement (à partir de la réception) : le maître d'ouvrage aura le temps de constater s'il y a des défaillances et les intervenants auront le temps de réparer.

B - Les difficultés d'application de la loi du 10/10/1986

Malgré les nouveautés apportées par cette loi, elle est restée néanmoins lettre morte puisque qu'elle n'a pas pu être appliquée à cause du refus des réassureurs internationaux l'acceptation et la couverture des risques tunisiens.

1. Les intervenants sont responsables des dommages qui rendent l'ouvrage impropre à sa destination. C'est vraiment le point le plus contesté de cette loi et qui a empêché son application. En d'autres termes, n'importe quel sinistre peut rentrer dans cette rubrique. Prouver qu'un ouvrage est impropre ou non à sa destination ne peut que créer une situation de confusion et de malentendu certain et permanent entre assureurs, assurés et tiers demandeurs. Les limites de ce concept ne sont nullement définies et son interprétation peut parfois mener à l'impasse. D'ailleurs, le secteur d'assurance et de réassurance a eu déjà une grande expérience avec l'application de la loi française dite Loi de SPINETTA et qui part du même principe d'impropriété à destination.

2. L'obligation de l'assurance de responsabilité a été instaurée en l'absence d'obligation du contrôle tout en sachant que les assureurs refusent de couvrir les ouvrages non contrôlés.

Les sociétés d'assurance sont obligées d'accepter les risques sous peine de retrait d'agrément (article 20).
Par ailleurs aucune structure organisationnelle n'était prévue en cas de litige entre assureur et demandeur d'assurance. D'après la loi, l'assureur est obligé d'accepter de couvrir le risque même s'il est inassurable : On rappelle que l'assureur couvre le risque à caractère aléatoire c'est à dire non prévisible et de ce fait, ne couvrira jamais un risque jugé certain.

3. L'assurance dommage obligatoire : le Maître d'ouvrage doit souscrire une assurance dommage pour réparer les dommages en dehors de toute recherche de responsabilité : On est en face de deux assurances, une pour l'intervenant et une autre pour le maître d'ouvrage. Cette situation suppose que l'assureur dommages peut faire un recours automatiquement contre l'assureur de responsabilité lorsque la faute est supposée incomber à l'un des intervenants.
Aucun texte ne prévoit le mécanisme ainsi que les limites de recours des assureurs « Assurance Dommages » contre les assureurs « Assurance Responsabilité ».

Il y a lieu de noter que cette loi a été pratiquement copiée sur la loi française dite Loi SPINETTA. D'ailleurs, depuis la promulgation de cette loi en Tunisie, les réassureurs internationaux ont refusé de réassurer les risques tunisiens sur la base de cette loi et de ce fait ces

derniers n'étaient pas couverts en assurance décennale pendant plusieurs années.
Le secteur d'assurance tunisien était dans l'embarras puisque la loi était inapplicable au vu du refus des réassureurs internationaux d'accepter de couvrir les ouvrages tunisiens en décennale.

* <u>Loi du 31/01/1994</u>
Cette loi promulguée en 1994 et venant rattraper les erreurs de la loi du 10/10/1986, présente néanmoins des avantages mais aussi des inconvénients.

- Avantages de cette loi

1. En plus des responsabilités des intervenants (y compris le Bureau de Contrôle), le législateur a retenu ***la responsabilité décennale des promoteurs immobiliers***. Ce point revêt une importance capitale aux yeux du consommateur vu que ce dernier, à l'achat d'un logement, ne connaît et n'a de contact direct enfin de compte qu'avec le promoteur qui lui a vendu l'appartement. Il faut reconnaître que cet article de la loi est une ***innovation dans le sens de la protection du consommateur***.

2. Art 3 a essayé ; tant bien que mal ; de définir la notion d'ouvrage soumis à l'obligation d'assurance au titre de cette loi.

3. Le législateur a rendu le contrôle technique obligatoire là où il y a obligation de l'assurance RC décennale. Il est nécessaire de rappeler que l'assurance décennale ne peut être accordée que si l'ouvrage a bénéficié d'un contrôle technique tant au niveau de la conception qu'au niveau de l'exécution.

4. La loi a défini avec exactitude le rôle du Bureau de Contrôle Technique pour préserver la solidité de l'ouvrage ainsi que la sécurité des personnes. Elle a fait ressortir aussi l'incompatibilité entre l'exercice du contrôle technique et celui de la conception (Art 7).

5. En matière de souscription de la couverture décennale c'est le maître d'ouvrage qui est tenu de souscrire une garantie décennale pour le compte de tous les intervenants : obligation d'assurance Responsabilité Civile Décennale.

6. Le délai de présenter l'action de Responsabilité Civile Décennale est de 1 an (Art 5), délai qui est tout à fait raisonnable lorsqu'on sait que les pathologies dans les constructions ne sont jamais instantanées (sauf dans des cas très rares) mais évoluent dans le temps.

7. L'article 98 dispose qu'à l'exclusion des dommages causés uniquement au complexe d'étanchéité, l'assureur répond, avant toute recherche de responsabilité, des dépenses relatives aux travaux de réparation des dommages.

Si les 2 parties se mettent d'accord pour le montant des réparations, l'assureur est tenu d'indemniser dans les 100 jours à compter de la date du sinistre. S'il n'y a pas accord, l'assureur doit verser 75 % du montant en attendant que le montant définitif de l'indemnité soit fixé par le tribunal. C'est une sorte de préfinancement des réparations en attendant que le tribunal départage les deux parties : assureur et assuré. C'est presque une assurance dommages.

8. Contrairement à la loi du 10/10/1986, il n'y a qu'une seule assurance Responsabilité Civile souscrite par le maître d'ouvrage, (l'assurance dommages n'existe plus en tant que telle).

- Inconvénients de la loi du 31/01/1994

Même les ouvrages bâtis sur l'eau (en particulier les digues) ainsi que les routes sont concernés par la Responsabilité Civile Décennale. Or on sait combien ce genre d'ouvrage est soumis à des aléas climatiques qui peuvent les agresser à tout moment. Si on prend le cas des ouvrages maritimes tels que les digues, leur conception se fait à travers des études de simulation dans les laboratoires vu que la physique hydraulique maritime n'est pas encore totalement maîtrisée du fait que la réaction de la houle ainsi que celle des courants marins n'est pas encore suffisamment connue et maîtrisée.

D'ailleurs les sinistres dans ce domaine ne manquent pas. Il est vraiment difficile de responsabiliser les entreprises de construction pour ce genre d'ouvrages pendant une durée aussi longue que 10 ans.

La responsabilité des fournisseurs n'est pas explicitement retenue comme l'a fait la loi du 10/10/1986. D'ailleurs l'article 1 précise que tous les intervenants sont responsables ainsi que la personne liée au maître d'ouvrage par un contrat : en dehors des intervenants habituels (architectes, Ingénieurs, Experts, BCT, etc.), la responsabilité d'un intervenant n'est établie ; aux yeux de cette loi ; que s'il y a un contrat direct qui lie ce dernier au Maître d'ouvrage.

La Tunisie est passée par trois phases comme il a été dit précédemment. Cette belle expérience nous enseigne qu'une loi doit prendre en considération l'état d'évolution de la société. En d'autres termes, la même loi n'est pas nécessairement valable et applicable dans deux sociétés de niveaux de développement et de culture différents.

Section 3 - L'Algérie

L'Algérie s'est dotée d'un régime obligatoire d'assurance construction depuis 1995 et ce à travers l'ordonnance N° 95-07 du 23 Chaabane 1415 correspondant au 25 Janvier 1995 publiée dans le journal officiel du 8 Mars 1995 N° 13 - 34ème année.

§ 1 - Le régime juridique de la responsabilité civile des constructeurs

La responsabilité civile des constructeurs est définie aux termes des articles 554 et 555 du code civil algérien. L'obligation d'assurance des constructeurs en Algérie est définie par l'article 178 et suivant du code des assurances algérien (Ordonnance N° 95-07 du 23 Chaabane 1415 correspondant au 25 Janvier 1995 relative aux assurances et ses textes d'application)[191].

À travers le code civil et le code des assurances, le législateur algérien a mis en place un système juridique de responsabilité à la charge des constructeurs tout en l'accompagnant d'un système d'obligation de souscription de polices d'assurance couvrant les risques engendrés par leurs activités en tant que professionnels.

En effet, à travers l'article 554[192] du code civil, le législateur a mis la garantie de sécurité et de solidité de l'ouvrage pendant dix ans à compter de la réception définitive à la charge de l'architecte et de l'entrepreneur. Ces deux intervenants doivent répondre solidairement de tout écroulement ou menace d'écroulement de l'ouvrage qu'ils ont

---

[191] Art 178 Cd Ass Alg dispose :

« La responsabilité décennale prévue à l'article 554 du code civil, doit faire l'objet, de la part des architectes, des entrepreneurs et des contrôleurs techniques, d'une souscription d'assurance qui prend effet à compter de la réception définitive. Cette garantie bénéficie au maître et/ou aux propriétaires successifs de l'ouvrage, jusqu'à l'expiration de la garantie. »

[192] Art 554 Cd Civ Alg dispose :

« L'architecte et l'Entrepreneur répondent solidairement pendant dix ans, de la destruction partielle ou totale des travaux de construction immobilière et des ouvrages permanents, et ce, alors même que la destruction proviendrait de vices de sol.

La garantie prévue à l'alinéa précédent, s'étend aux défauts qui existent dans les constructions et ouvrages et qui menacent la solidité et la sécurité de l'ouvrage.

La durée de dix ans part de la date de réception définitive de l'ouvrage.

Cet article ne s'applique pas aux recours que l'entrepreneur pourrait exercer contre les sous-traitants. »

réalisés quand bien même que la destruction trouve son origine dans le vice du sol.
Par ailleurs, le législateur a exonéré clairement les sous-traitants de cette responsabilité.
Par ailleurs, l'article 178 du code des assurances précise que la responsabilité décennale prévue à l'article 554 du code civil devrait être couverte par une assurance. Mais il a associé ; outre l'architecte et l'entrepreneur ; le contrôleur technique à cette obligation. En d'autres termes, la responsabilité décennale est en fait à la charge de trois intervenants : l'architecte, l'entrepreneur et le contrôleur technique.

§ 2 - Caractéristiques de la responsabilité civile des constructeurs

La responsabilité civile définie par l'article 554 du code civil a les caractéristiques suivantes :

- C'est une responsabilité d'ordre public : aucune clause de contrat ne peut l'annuler ou même l'écarter partiellement ;
- C'est une responsabilité in solidum entre les constructeurs ;
- Sa couverture par une assurance est obligatoire.

Mais la question qui se pose d'elle-même : qu'en est-il de la responsabilité du Bureau d'Études Techniques (BET) en cas d'écroulement ou de menace d'écroulement ?
Nous rappelons à cet effet que le BET établit les études de solidité et de stabilité de l'ouvrage à réaliser et de ce fait se présente comme le premier responsable technique de la pérennité de l'ouvrage.
Le code des assurances ; Ordonnance 95-07 ; a précisé dans son article 179 que le maître d'ouvrage devrait exiger la souscription d'une police d'assurance ; chez le même assureur ; par les constructeurs visés par l'article 554 du code civil ainsi que l'article 179 du code des assurances[193].

---

[193] Art 179 Cd Ass Alg dispose :
« Le maître de l'ouvrage est tenu :

- D'exiger contractuellement des intervenants sur le même ouvrage, la souscription auprès du même assureur, d'un contrat d'assurance couvrant leur responsabilité ;
- De vérifier l'exécution de cette clause. »

Il a précisé aussi que cette garantie bénéficie au maître et/ou aux propriétaires successifs de l'ouvrage, jusqu'à l'expiration de la garantie
La souscription de l'assurance décennale est assujettie au contrôle technique obligatoire réalisé par une personne physique ou morale professionnelle qualifiée, choisie parmi les experts agréés par le ministère chargé de la construction[194].
L'article 181[195] du code des assurances précise que la police d'assurance RC Décennale souscrite par les constructeurs visés par l'article 554 du code civil doit couvrir aussi bien les éléments porteurs de la construction que les équipements indissociables de l'ouvrage.

[194] Art 180 Cd Ass Alg dispose :
« L'assurance prévue aux articles 175 et 178 ci-dessus, doit obligatoirement être adossée à une convention de contrôle technique de la conception et de l'exécution des travaux de réalisation de l'ouvrage, passée avec une personne physique ou morale professionnelle qualifiée, choisie parmi les experts agréés par le ministère chargé de la construction. »

[195] Art 181 Cd Ass Alg dispose :
« La garantie visée à l'article 178 ci-dessus, s'étend également aux dommages qui affectent la solidité des éléments d'équipement d'un bâtiment, lorsque ceux-ci font indissociablement corps avec les ouvrages de viabilité, de fondation, d'ossature, de clos et de couvert. Est considéré comme faisant indissociablement corps avec l'ouvrage, tout élément d'équipement dont la dépose, le démontage ou le remplacement ne peut s'effectuer sans détérioration ou enlèvement de matière dudit ouvrage. »

Chapitre III - Limites de la législation marocaine dans le droit comparé

Afin d'analyser la carence de la législation marocaine relative au domaine de la construction, il était utile et nécessaire de la comparer avec d'autres législations étrangères. D'ailleurs, le cas de la Tunisie est très riche en enseignement vu qu'il montre d'une part, l'évolution de lois en relation avec celle de la société, et d'autre part il montre les fautes de copiage et transposition de lois importées à ne pas commettre. L'étude comparative permettra ; on l'espère en tous les cas ; une réflexion profonde de la législation marocaine et de la mettre au niveau des attentes des professionnels du secteur du BTP au Maroc.
Ce chapitre, essaiera de faire sortir les attentes des professionnels et qui sont en relation avec les contraintes et difficultés du secteur de la construction au Maroc.

Les différentes carences de la législation dans le domaine de la construction se manifestent à plusieurs niveaux. Le premier niveau est rencontré dans l'absence d'un code spécifique à la construction. La majeure partie des relations contractuelles qui régissent les constructeurs sont définies dans le D.O.C. Mais ces définitions sont d'ordre général et ne prennent aucunement en compte la spécificité et la particularité du secteur BTP. Parallèlement, on comprend parfaitement l'utilité du code des assurances par exemple qui est venu répondre aux préoccupations particulières du secteur d'assurance. Il serait utile et même nécessaire d'entreprendre la même démarche dans le secteur du BTP.
Par ailleurs, et en l'absence de ce code de construction, les articles du D.O.C relatifs au secteur de la construction, ne peuvent en aucune façon répondre à toutes les préoccupations des intervenants dans le secteur du BTP et *à fortiori* les ingénieurs concepteurs.

D'ailleurs, comparativement aux trois systèmes législatifs des pays africains étudiés auparavant, on peut noter que le secteur de la construction marocain est plus développé que ceux de ces trois pays. Mais en même temps et paradoxalement, la législation marocaine relative à la construction est très en retard par rapport à la législation tant tunisienne, algérienne, que sénégalaise.

Section 1 - Responsabilité contractuelle durant les travaux : les contrats de louage d'ouvrage dans le cadre du D.O.C

La responsabilité des constructeurs pendant les travaux de construction de l'ouvrage se distingue de celle durant l'exploitation de l'ouvrage appelée communément « période décennale ».

Le D.O.C dans sa section III relative au louage d'ouvrage et louage de services a consacré plusieurs articles à ce sujet[196]. Les contrats de louage de services et d'ouvrages sont régis par les articles 723 et suivants du D.O.C.

Les articles réservés au louage de services et qui devraient normalement concerner les prestations de service tels les prestations d'ingénierie ou d'architecture, se prêtent plutôt à régir la relation de service liant le salarié à son employeur. Ces articles ne sont nullement adaptés à la relation d'indépendance et de non subordination qui lie les prestataires de service au maître d'ouvrage. Dans ce cas, la jurisprudence marocaine s'appuie sur les articles 228 et suivants relatifs à l'effet des obligations en général. Un arrêt [197] de la cour de cassation relatif à un litige opposant un maître d'ouvrage à un architecte sur l'interprétation du contenu du contrat et de la définition exacte de la mission de l'architecte corrobore la non adaptation de ces articles de louage de service du D.O.C aux métiers de prestation de service.

D'autre part, la loi N° 016-89[198] relative à l'exercice de la profession d'architecte définit la mission de l'architecte dans son article 1er par : « l'architecte est chargé de la conception architecturale des bâtiments et des lotissements, de l'établissement des plans y afférents et de la direction de leur exécution.

Il peut être également chargé du contrôle de la sincérité des mémoires comptables des entrepreneurs qui concourent à la réalisation des travaux afférents aux actes précités. »

---

[196] Art 723 à 745 : Dispositions générales, Art 746 à 758 bis : Louage service et Art 759 à 780 : Louage d'ouvrage

[197] Mar Cr Cass Ar N° 1973 du 16/05/2004 - L'arrêt s'est basé sur l'article 230 du D.O.C.

[198] Loi N° 016-89 relative à l'exercice de la profession d'architecte et à l'institution de l'ordre national des architectes promulguée par dahir n°1-92-122 du 10 septembre 1993.

Par cette loi, le législateur a clairement responsabilisé l'architecte pour le contrôle de sincérité et véracité des dépenses relatives aux travaux de réalisation de l'ouvrage. En d'autres termes, la responsabilité contractuelle de l'architecte ne se limite pas uniquement à la conception architecturale de l'ouvrage et la production de plans mais s'étend à d'autres domaines liés à la vie et survie du chantier.
Mais la question qui se pose d'elle-même : Est-ce que les architectes marocains sont entièrement et totalement conscient de l'énorme responsabilité qui pèse sur eux dans la direction des chantiers.

Section 2 - Responsabilité quasi délictuelle en période décennale

La responsabilité des constructeurs après la réception de l'ouvrage est définie par l'article 769 du D.O.C[199]. C'est une responsabilité d'ordre public et ne peut en aucun être écartée ou diminuée par une clause ou une convention.

- Cette responsabilité n'est mise en jeu que dans deux cas précis :
- L'écroulement total ou partiel ;
- La menace d'écroulement de l'ouvrage.

D'ailleurs, à ce propos, la cour de cassation marocaine avait cassé en 2010 un arrêt condamnant l'architecte à indemniser au maitre d'ouvrage des dommages touchant son ouvrage mais sans rechercher si ces dommages pouvaient conduire ce dernier à son écroulement :

"المحكمة بإغفالها الخبرة المذكورة لتقدير ما إذا كانت الأضرار التي أسفرت عنها وهي غير الأضرار المعتمدة من شأنها أن تؤدي إلى تهديد البناء بخطر الانهيار حسبما جاء ضمن مقتضيات الفصل 769 من ق.ل.ع وترتب بعد ذلك الأثر القانوني اللازم في الموضوع يكون قرارها مشوبا بفساد ونقصان التعليل وعرضة للنقض."[200]

Traduction libre :

« La Cour, en omettant l'expertise citée pour déterminer si le dommage qui en résultait, autre que le dommage approuvé et qui risquait de mettre la construction en danger d'effondrement, comme le précise l'article 769 du D.O.C, et de produire ensuite l'effet juridique nécessaire en la matière, son arrêt est frappé de nullité par manque de preuves et susceptible d'être cassé. »

En d'autres termes, l'article 769 restreint la condamnation des constructeurs à l'écroulement ou menace d'écroulement de l'ouvrage.

La législation marocaine renferme un seul article traitant des responsabilités des intervenants dans l'acte de construire en période

---

[199] Art 769 D.O.C : « L'architecte ou ingénieur et l'entrepreneur chargés directement par le Maître sont responsables lorsque, dans les dix années à partir de l'achèvement de l'édifice ou autre ouvrage dont ils ont dirigé ou exécuté les travaux, l'ouvrage s'écroule en tout ou en partie ou présente un danger évident de s'écrouler, par défaut des matériaux, par le vice de la construction ou par le vice du sol.
L'architecte qui n'a pas dirigé les travaux ne répond que des défauts de son plan.
Le délai de dix ans commence à courir du jour de la réception des travaux. L'action doit être intentée dans les trente jours à partir du jour où s'est vérifié le fait qui donne lieu à la garantie ; elle n'est pas recevable après le délai. »

[200] Mar Cr Cass Ch Com Ar N° 1365 Dos N° 595-3-3-2007 du 30-09-2010.

d'exploitation *idem* après la réception des travaux. Cet article responsabilise les intervenants pendant une durée de 10 ans de la solidité de l'ouvrage.
L'expérience a montré l'insuffisance, la carence et l'obsolescence de cet article menant à des situations des plus fâcheuses pour les professionnels.
Il faut noter que l'article 769 du D.O.C a fait son apparition en 1913 et a été modifié en 1959 et ce en prolongeant la période de garantie de 5 à 10 ans sans pour autant toucher aux autres dispositions. Il parait logique qu'il ne réponde plus aux exigences de l'heure actuelle au vu de la complexité de la construction et la multitude des intervenants pour la réalisation d'un ouvrage.
L'article ne mentionne pas des intervenants qui ont vu le jour récemment et en particulier les bureaux de contrôle technique, les ingénieurs géotechniciens et ingénieurs topographes alors qu'ils ont une responsabilité aussi importante que les autres intervenants.
Le ministère de l'Habitat a dénombré plus de 250 intervenants dans la réalisation d'un ouvrage alors que l'article s'appuie encore sur trois intervenants et limite la responsabilité décennale à ces seuls intervenants.

Par ailleurs, seuls les intervenants ayant un contrat direct avec le maître d'ouvrage sont concernés par cette responsabilité décennale. En d'autres termes, les sous-traitants et fournisseurs ne sont nullement concernés par cet article.

Un autre problème de taille qui se rajoute à cette carence est celui de la notion d'ouvrage qui n'est pas définie. En d'autres termes, est-ce qu'un ouvrage d'art ; tel une autoroute, un réservoir, un barrage, etc. ; peut être considéré par cet article au même titre qu'un simple bâtiment de deux ou trois étages. Il est devenu nécessaire d'avoir une liste exhaustive des ouvrages concernés par la responsabilité civile décennale des intervenants.

Le point de départ de cette responsabilité est défini tantôt par l'achèvement des travaux tantôt par l'acte de la réception. Or la notion de réception pose beaucoup de problèmes sachant qu'il y a deux réceptions sur chantier : La réception provisoire et la réception définitive.

Il y a lieu de noter que ce problème subsiste pour les maîtres d'ouvrage privés alors qu'il est résolu pour les marchés publics puisque le CCAG-T[201] dans son article 25[202] relatif aux assurances à souscrire par l'entreprise de construction a clairement défini le commencement de l'assurance couvrant la responsabilité décennale par l'acte de la réception définitive et non pas provisoire.
Par cette définition de la date d'effet de la police décennale, le législateur reconnait implicitement que le transfert de la propriété coïncide avec la réception définitive et non pas avec la réception provisoire. D'ailleurs même cette disposition trouve des difficultés d'application puisque plus de 80% des ouvrages sont exploités par les maîtres d'ouvrages publics à la réception provisoire.

L'absence de présomption de responsabilité des professionnels dans la législation marocaine pénalise le consommateur vu que la faute doit être prouvée par ce dernier. Il serait certainement plus logique que ça soit au technicien (l'intervenant) de prouver que sa responsabilité n'est pas engagée vu qu'il a les moyens techniques de le faire.

Le délai de déclaration du dommage est limité à 30 jours alors que la détermination du degré de gravité d'une fissure ; par exemple ; peut prendre parfois des mois.

Par ailleurs, le point le plus inquiétant dans la pratique de cet article par les assureurs réside dans le délai de règlement des sinistres dans le cas où l'ouvrage est couvert par une police décennale. Le temps pris pour déterminer les responsabilités, étudier la prise en charge du sinistre par l'assureur ou son rejet et l'indemnisation effective de l'assuré peut parfois être compté non pas en mois mais plutôt en années. Or, comme on le sait, une construction endommagée et non réparée à temps, peut voir sa pathologie aggravée et les frais de sa réparation augmenter.
Les assureurs marocains offrent une couverture décennale aux constructeurs sur la base de cet article. La couverture proposée par ces derniers reste en dessous des attentes des professionnels du secteur du

---

[201] Cahier des Clauses Administratives Générales applicables aux marches de travaux exécutés pour Le compte de L'État approuvé par le Décret N° 2-99-1087 du 29 Moharrem 1421 – 4 Mai 2000

[202] L'article 25 du CCAG-T dispose : « La période de validité de cette assurance court depuis la date de réception définitive jusqu'à la fin de la dixième année qui suit cette réception. »

BTP. Cette situation ne peut que militer en faveur de ces professionnels en vue de changer la loi et ce en mettant en place une législation adaptée au secteur de la construction.

Conclusion de la Partie I

De tous les temps, la responsabilité civile des constructeurs était toujours présente et même au cœur des différentes législations jusqu'à nos jours et ce en passant de la Mésopotamie au droit Romain. Malgré les différents développements, la faute reste toujours au cœur du fondement de la responsabilité à la charge des constructeurs.

De nos jours, toutes les législations essaient tant bien que mal de définir un système tant juridique de définition des responsabilités et garanties à la charge des constructeurs que de systèmes assurantiels de dédommagement des victimes lésées par les conséquences des fautes non intentionnelles des architectes, ingénieurs et entrepreneurs.

Le Maroc ; comme d'autres pays tant africains que européens ; a mis en place un système juridique de définition des responsabilités incombant aux constructeurs et ce depuis l'avènement de la promulgation du Dahir des Obligations et Contrats (D.O.C) en 1913. Dahir qui a constitué son premier code civil écrit.

Mais il est regrettable de constater que malgré le développement du secteur du BTP ces dernières décennies, la législation marocaine est restée pratiquement stagnante et n'a pas suivi le courant de ce développement.

À ce jour, plusieurs problèmes restent posés sans pour autant que le législateur marocain n'apporte de réponses juridiques à ces préoccupations.

À notre sens, plusieurs problèmes subsistent et devraient être pensés afin d'y remédier par un système législatif adéquat et pratique.

Cette situation législative dans le secteur de la construction qu'on ne peut que qualifier de précaire, n'aide nullement aussi le système indemnitaire assurantiel à se développer. *In fine*, nous considérons que le consommateur se trouve dans une situation de non protection en cas de survenance d'un sinistre touchant la structure porteuse de son ouvrage bâti par des professionnels insolvables dans la majorité des cas vu qu'ils ne sont pas assurés ou mal assurés.

Mis à part le problème important d'absence d'assurance obligatoire des constructeurs jusqu'en 2016, il subsiste néanmoins deux grandes questions à régler :

- La sous-traitance n'a aucun cadre réglementaire et génère de ce fait des litiges entre les parties contractantes ;
- L'existence de deux actes de réception : une réception provisoire et une autre définitive n'arrange en rien le climat devant être serein entre les entreprises de construction et les

maîtres d'ouvrage. À ce niveau, il y a lieu de constater que plusieurs maitres d'ouvrage ou entreprises se voient être lésés par cette situation.

PARTIE II : LA GESTION DES RISQUES ET ASSURANCES CONSTRUCTIONS

TITRE III : GESTION DES RISQUES LIÉS À LA RESPONSABILITÉ CIVILE DES CONSTRUCTEURS

Introduction

La vulnérabilité de nos sociétés ne se limite pas aux risques naturels. La science et le progrès technique ont confronté l'homme aux risques technologiques majeurs[203].

Le concept de risque est à la fois un concept philosophique, économique, culturel, technique, sociologique et juridique. Le concept de risque renvoie aux notions de risque avéré ou risque suspecté représentant un doute légitime.

L'approche de gestion des risques dans le secteur industriel est l'une des tâches les plus délicates tant pour les dirigeants d'entreprise que pour les ingénieurs préventionnistes. La première difficulté réside dans la définition même de la notion de risque. À cet effet, ROHRMANN (B) écrivit en 1998 qu'il n'y pas de consensus d'acceptation générale du terme « Risque ». La définition scientifique du terme de risque varie selon la discipline scientifique telle l'économie, l'engineering, la théorie de la décision, l'épidémiologie, les mathématiques actuarielles, la psychologie ou autre[204].

Dans le même sens, YATES (J-F) et STONE (E)[205] soulignaient en 1992 que les difficultés rencontrées dans toute tentative de définition des situations à risque tiennent à quelques propriétés telles que leur diversité, la nature très différente de leurs effets ou encore leur complexité qui sont autant de caractéristiques à faire obstacle à toute réduction épistémologique et donc à toute possibilité de généralisation directe qui constituent le fondement de toute définition[206].

En 2001, Bernard CADET avait essayé de définir la caractérisation du risque et ce en définissant cinq facteurs le caractérisant[207] :

- La présence de plusieurs variables actives : En effet, aucune variable à elle seule ne peut fournir une description satisfaisante de la situation ;

---

[203] LACROIX (L), La réparation des dommages en cas de catastrophes, Paris, EDITIONS ALPHA, 2009, P 2.

[204] ROHRMANN (B), The risk notion: epistemological and empirical considerations, Rotterdam, INTEGRATED RISK ASSESMENT, P 39-46, 1998.

[205] YATES (J-F), STONE (E), The risk construct, Chichester Wiley, RISK-TAKING BEHAVIOR, 1992.

[206] KOUABENAN (D R), Psychologie du risque, Identifier, évaluer, prévenir, Bruxelles, DE BOEK, 2ème éd, 2006, P 37.

[207] CADET (B), Traitement de l'incertitude dans l'évaluation des risques, Paris, BULLETIN DE PSYCHOLOGIE, N° 54-357-367, 2001.

- La nécessité d'intégrer les informations et indices de différentes sources permettant ainsi le passage de la pluralité initiale des variables à l'évaluation finale de la situation ;
- La présence d'incertitude pousse les intervenants à faire des prévisions ou pronostics sur des situations futures à partir d'informations présentes ;
- La présence d'objectifs et de contraintes : En effet, un risque n'est admissible que parce que l'activité qui le crée permet d'atteindre des objectifs dans le cadre de contraintes définies ;
- L'appréciation des effets positifs et négatifs du risque : Un risque industriel n'est admissible que par la production ; à coût limité et raisonnable, de biens de consommations. En général, il n'est pas possible de séparer les effets positifs et négatifs inclus dans la situation du risque pris par l'intervenant.

On peut noter que toute action ; qu'elle soit une fonction désirée ou une nuisance produite ; porte dans son sillage le danger d'agir excessivement, insuffisamment, intempestivement ou ne plus agir du tout[208].

Nous pouvons conclure que le risque n'est pas une valeur isolée productrice seulement d'effets négatifs[209].

[208] GUYONNET (J-F), Risques et sécurité, Invariance problématique et arborescence méthodologique, Paris, ELLIPSES EDITIONS, 2006, P 19.

[209] KOUABENAN (D R), Psychologie du risque, Identifier, évaluer, prévenir, Bruxelles, DE BOEK, 2ème éd, 2006, P 38.

Chapitre I - Étendue et gestion des risques de construction

En dépit de la préoccupation des industriels à la gestion des risques dans leurs entreprises, la notion de risque en droit est au centre de la réflexion sur la responsabilité civile. Elle apparait aussi comme élément essentiel en droit des assurances et en droit des contrats. La directive CEE Seveso II du 9/12/1996 relative à la maîtrise des dangers liés aux accidents majeurs impliquant des substances dangereuses définit le risque dans son article 3 comme étant « la probabilité qu'un effet spécifique se produise dans une période donnée ou dans des circonstances déterminées ».

Dans toutes les définitions de risque, on retrouve un élément essentiel qu'est celui de l'incertitude liée à la réalisation du risque et qui permet de rappeler aux gestionnaires de risques que le risque zéro n'existe nulle part.

Il convient néanmoins de distinguer deux types de risques :

- Le risque avéré ; risque connu et probabilisable ; et qui impose l'application du principe de prévention ;
- Le risque suspecté, auquel l'application du principe de précaution est de mise.

Les questions que nous nous posons au sujet du risque sont les suivantes :

- Comment le droit appréhende le risque ?
- Quels sont les outils juridiques de gestion d'un risque ?

Nous pensons que le contrat et la responsabilité seraient les deux piliers juridiques fondamentaux de gestion d'un risque. C'est le cas par exemple de la responsabilité du fait des produits défectueux tel un ciment ou un béton livré sur chantier, ou encore la responsabilité d'un ingénieur ayant sous-dimensionné un poteau se soldant après sa réalisation par un flambement et l'écroulement partiel.

Section 1 - Les Risques en cours de construction et leur gestion assurantielle

Les fautes humaines sont très nombreuses et engendrent des risques pouvant amener l'ouvrage jusqu'à son écroulement total. Elles peuvent se manifester durant la période de construction ou encore peuvent apparaitre après l'acte de réception de l'ouvrage, c'est-à-dire durant la période d'exploitation de l'ouvrage.
La réalisation d'un ouvrage qu'il soit un bâtiment, un barrage, un pont, un tunnel, etc. exige des études de conception de ses structures porteuses lui permettant de porter tout d'abord son propre poids appelé « charges permanentes » ainsi que de supporter d'autres charges supplémentaires externes appelées « surcharges d'exploitation ». Ces calculs génèrent des risques qui découlent des effets directs de la pesanteur, provoqués par les forces dues aux charges permanentes, surcharges d'exploitation, poussées hydrostatiques, poussées des terres et matières ensilées. Au moment de leur réalisation ou encore durant leur exploitation, ces structures chargées devant les contenir s'effondrent totalement ou partiellement, graduellement ou brutalement.
La faute humaine associée à ce genre d'accident sera caractérisée par la faute de calcul, le sous dimensionnement, par l'omission ou par les erreurs de plans.
Les risques liés à la faute humaine peuvent provenir aussi de l'insuffisance ou imprécision des pièces écrites du projet tels les plans, les notes de calcul, le planning des travaux, le contrat ou CPS, etc.

La plupart des risques évoqués ci-dessus visent des dommages matériels directs touchant les ouvrages eux-mêmes. Mais suite à ces dommages matériels directs, peuvent prendre naissance d'autres types de dommages tels que :

- D'autres dommages matériels en dehors de l'ouvrage touchant des tiers ;
- Des dommages corporels ;
- Dommages immatériels consécutifs aux dommages matériels telle la perte d'exploitation, perte de chance, perte d'image de marque, etc.

§ 1 - Les risques liés aux fautes humaines et aux événements naturels

Un ouvrage mal conçu ou encore l'utilisation de matériels nécessaires à la construction d'un ouvrage peuvent être source d'accident aussi bien sur chantier qu'à l'égard des tiers. Par ailleurs, les matériaux mal utilisés ou non maitrisés dans la réalisation de l'ouvrage, peut se traduire par des pathologies à l'ouvrage. D'autre part, les événements naturels à caractère catastrophique peuvent eux aussi concourir à l'effondrement de l'ouvrage en cours de réalisation.

A - Le risque d'effondrement

Le risque le plus redouté dans une construction est celui lié à la menace d'effondrement ou l'effondrement total ou partiel de l'ouvrage en cours de réalisation. Ce risque est lié à plusieurs facteurs pouvant agir seuls ou se conjuguer ensemble pour amener l'ouvrage à vivre des pathologies très graves :

- Fautes de conception de l'ouvrage : Étude de sol mal faite, descente de charges insuffisante, mauvais choix de système de fondations, coefficients de sécurité insuffisants, etc. ;
- Fautes d'exécution des travaux : mauvais choix de matériaux, échafaudages inadéquats, procédé de construction mal adapté au type d'ouvrage, décoffrage prématuré, résistance de béton faible, tassement de sols, etc.

Le Maroc ; au cours de son histoire récente ; n'a pas échappé à ce genre de risques et plusieurs ouvrages en cours de construction se sont effondrés se soldant par la mort de plusieurs personnes.

- Écroulement d'un immeuble à Marrakech en 1989 ;
- En janvier 2008, 18 personnes ont été tuées et 26 autres blessées suite à l'effondrement d'un immeuble d'un centre commercial en cours de construction dans la ville de Kénitra ;
- Le 29 Février 2016, 2 morts et 3 blessés suite à l'écroulement d'un immeuble en cours de construction à Casablanca.

B - Le risque d'explosion

Le risque lié aux explosions est un risque destructeur par nature et auquel les constructions sont exposées et dont le les constructeurs peuvent avoir à rendre compte au maître d'ouvrage et bailleurs de fond. L'utilisation du gaz dans les bâtiments, la distribution de fluide, ont provoqué de sérieux dommages dans les immeubles. On peut citer

l'explosion de l'usine AZF à Toulouse en septembre 2001, l'explosion d'une citerne de carburant à Kenitra lors des travaux de soudure, le sinistre de Ronan Point en Angleterre où l'angle d'une tour réalisé en éléments préfabriqués s'est effondré à la suite d'une explosion.
D'ailleurs, l'explosion ne concerne pas que le gaz. La suspension de poussière ou de sucre peut être à l'origine d'explosions dramatiques et dévastatrices. Nous rappelons à ce sujet le sinistre engendré par l'explosion du silo de Blaye (Gironde) en août 1997 se traduisant par la mort de 11 personnes et un blessé ainsi que la destruction d'un silo vertical de stockage, une partie de l'administration et des locaux techniques.
Le risque d'explosion prend un caractère évidemment plus aigu et catastrophique dans un certain nombre d'installations industrielles dont les processus de fabrication ou de stockage de produits et matières à potentiel énergétique élevé peut accroître la probabilité de survenance de sinistre d'explosion : Silos à pulvérulents (agriculture, agro-alimentaire, cimenteries…), chimie, pétrochimie, préparations (peintures, solvants, toute préparation, etc.), plasturgie, énergie (centrales thermiques, stockage et distribution de gaz), secteur du bois (scieries, menuiseries), distillerie d'alcool, métallurgie (hauts-fourneaux, cokerie), mines et carrières, industries mettant en œuvre ou utilisant du gaz naturel, stations-services, etc.

C - Le risque d'incendie

Le facteur du feu qui produit des incendies fait courir des risques redoutés des hommes mais aussi des assureurs. Compte tenu de l'importance d'un sinistre généralisé sur une construction ou sur un site industriel, le risque d'incendie peut prendre une ampleur considérable dans les installations industrielles les plus exposées telles les raffineries de pétrole, centrales nucléaires, usine de produits chimiques, etc. D'ailleurs, nous avons toujours en mémoire le grand incendie de la raffinerie SAMIR à Mohammedia en Novembre 2002. Néanmoins, le risque d'incendie reste associé au risque d'explosion.
Dans une moindre mesure par rapport à l'explosion, l'incendie provoque néanmoins de nombreux ravages pendant les périodes d'édification des constructions, période où les règles de sécurité sont pratiquement absentes et inexistantes. À cela s'ajoute les risques ; à potentiel calorifique non protégé ; produits par l'utilisation et le stockage de matériaux inflammables tels les bitumes, colles, coffrages

en bois, emballage en papier, stockage de boiserie et de menuiserie, cuisine du personnel sur chantier, etc.
Dans certains pays arides ou semi arides où la sécheresse est coutumière, l'utilisation de coffrages et d'échafaudages en bois ou en bambous présente un réel risque d'incendie sur chantier.
Il y a lieu de rappeler aussi que pendant la période d'exploitation des immeubles (période de vie de l'ouvrage), les risques liés au feu sont très présents et mêmes fréquents. Les grands sinistres ; encore en mémoire ; illustrent clairement la gravité des conséquences des incendies sur les constructions :

- 1974 (3 novembre) : Incendie dans un théâtre de Séoul en Corée du Sud se soldant par la mort de 50 personnes ;
- 1978 (19 août) : Incendie dans un cinéma à Abadan en Iran, provoquant la mort de 425 personnes ;
- 1994 (27 novembre) : Incendie dans une discothèque de Fuxin (Chine) engendrant 234 morts ;
- 1994 (8 décembre) : Incendie dans un cinéma de Karamay en Chine provoquant la mort de 325 personnes ;
- 1995 (28 octobre) : Incendie dans un tunnel ferroviaire à Bakou en Azerbaïdjan laissant 300 morts ;
- 2007 (28 mars) : Un grand incendie détruisit plus de 50 magasins dans l'un des plus grands marchés de Beni Ansar au Nord du Maroc ;
- 2010 (15 novembre) : Incendie, détruisant un immeuble d'habitation de 28 étages abritant plus de 400 personnes, construit en 1997, se traduisant par 58 morts et plus de 70 blessés.

D - Les risques de dommages dus aux phénomènes naturels d'allure catastrophique

L'événement naturel est considéré comme une catastrophe et la catastrophe est comprise par les populations comme un « grand malheur » ou encore un « désastre ». La notion de catastrophe renvoie à une situation exceptionnelle, extraordinaire et funeste. Le mot catastrophe provient du langage grec « *katastrophê* » et qui signifie « renversement ». D'ailleurs cette signification du terme était reprise dans les études contemporaines : la catastrophe est « l'événement subi qui cause un bouleversement pouvant entrainer des destructions, des morts »[210], « un désastre brusque et effroyable »[211]. Nous pouvons adopter la définition donnée par Lacroix (C) : « La catastrophe est le signe d'une rupture brutale avec un état antérieur ». On ne peut parler de catastrophe qu'en cas de réalisation de dommages considérables dans un lieu donné et insurmontables par l'individu seul. D'ailleurs, un événement ne peut être qualifié de catastrophe que s'il implique des dommages matériels ou corporels dépassant le seuil individuel pour basculer dans celui du collectif[212].

La catastrophe qu'elle soit naturelle ou technologique est vécue par le citoyen comme une atteinte au corps social. Elle est donc vécue comme un manque de prévention d'une partie de la société envers une autre et une rupture du contrat social liant les différents membres de la société. Elle est perçue comme conséquence directe d'un manque de prévention et de protection envers la partie de la société qui a vécu la catastrophe. De ce fait l'homme apparaît toujours comme producteur du risque et par conséquent comme responsable des catastrophes vécues, engageant ainsi directement sa responsabilité.
La réparation que la société doit pouvoir offrir à ses membres est alors contenue dans le besoin de justice et l'affirmation des responsabilités[213].

Il existe plusieurs dénominations de la notion de catastrophes telles que : risques majeurs, accidents collectifs, grands risques, etc. Le droit de son coté, appréhende les catastrophes selon différents aspects : prévention, secours, indemnisation, etc. Enfin de compte, on peut constater que chaque branche du droit a sa propre terminologie de la notion de catastrophe. Cette diversification de terminologies n'est guère propice à une systématisation. C'est dans le sens de systématiser une classification que Marie-France Steinlé-Feuerbach a proposé une distinction entre l'« accident collectif », résultant d'un événement instantané, et le « sinistre sériel », dont le déroulement est étalé dans le

---

[210] Dictionnaire Larousse

[211] Dictionnaire historique de la langue française, sous la direction de A. REY, éd Le Robert, Paris, 1992.

[212] LACROIX (L), La réparation des dommages en cas de catastrophes, Paris, EDITIONS ALPHA, 2009, P 2.

[213] LACROIX (L), La réparation des dommages en cas de catastrophes, Paris, EDITIONS ALPHA, 2009, P 4.

temps. Ainsi, la distinction que fait M.-F. Steinlé-Feuerbach est basée sur le mode de survenance de la catastrophe.

Dans le secteur du BTP, l'effondrement d'ouvrage en cours de construction pourrait trouver son origine, non pas toujours dans une faute de conception ou une faute d'exécution de l'ouvrage, mais plutôt dans une force de la nature, de caractère plus ou moins imprévu, d'intensité faible à fort tel qu'un tremblement de terre, raz-de-marée, inondation, ouragan, tempête, ou cyclone.

Dans le cadre général de l'art de construire, on ne saurait négliger l'importance dans le monde de l'assurance de ces forces de la nature et des dommages qu'elles peuvent produire. Cette situation peut être vécue au moment de la construction d'ouvrages exposés aux forces de la nature : construction de la mosquée Hassan II en tant qu'ouvrage maritime, construction d'une jetée en pleine mer pour se protéger des méfaits de la houle, construction d'un barrage pour régulariser un cours d'eau. Construire dans certains pays reconnus pour leur sismicité élevée expose les constructions à des secousses telluriques destructrices tels le Japon ou les pays d'Amérique du Sud. D'autres pays tropicaux sont exposés aux risques de cyclone ou typhon.

D'autres risques de désordre moins violents, liés à d'autres phénomènes naturels ne conduisent pas nécessairement à des risques de destruction totale : le gel, la grêle, les pluies diluviennes, les inondations, les crues de cours d'eau.

§ 2 - Les risques liés aux contrats liant le maitre d'ouvrage aux intervenants

Ce sont les risques qui font surface à l'occasion de l'exécution des contrats liant le maître d'ouvrage aux différents constructeurs : architectes, ingénieurs BET, BCT, entrepreneurs, etc. Il s'agira notamment de constat des travaux non achevés ou insuffisants, omission d'une prestation nécessaire par le concepteur, ou encore la modification d'une technologie en cours d'exécution sans l'approbation préalable du maître d'ouvrage. Dans de nombreux cas, il pourrait exister, une amélioration significative lorsqu'après sinistre, il s'agira de reconstruire sur des bases saines et acceptables : Exemple de l'effondrement d'un tronçon de tunnel sur un terrain marneux à reconstruire en augmentant le nombre de cintres par rapport à la première configuration avant la survenance du sinistre.

La prolongation de la durée d'exécution des travaux liée à des problèmes techniques tels que des venues d'eau non prévues par l'étude géotechnique peut produire des pertes financières au maître d'ouvrage.

La non performance des installations ainsi que leur non-conformité aux règlements techniques et urbanistiques constituent des risques financiers, bien que les dommages matériels n'existent pas au niveau de l'ouvrage en construction. Cette situation correspond aux défauts à l'ouvrage pour la mise en conformité avec les pièces contractuelles ou réglementaire qui peut être très onéreuse.

Le risque contractuel peut s'avérer considérable pour le secteur industriel. L'usine prévue pour un volume déterminé de production est-elle susceptible d'y répondre ? Un barrage pourra-t-il être rempli dans le délai prévu, ou le sera-t-il un jour ?

L'exécution des conditions et clauses d'un contrat est souvent source de litiges à la fin du chantier pour des raisons de parachèvement des travaux ou de réserves restant à lever par les entrepreneurs.

§ 3 - La gestion des risques et assurances

De tous les temps, les artisans, entrepreneurs et concepteurs de projets se sont souciés de la gestion des risques que peut générer leur intervention sur un ouvrage.

3.1 - Besoin d'assurance

Les temps actuels ont montré des risques méconnus auparavant. La gestion de ces risques apparait donc ; non plus comme un besoin ; mais comme une nécessité absolue pour se protéger contre les aléas de la profession. Cette gestion des risques ne touche pas que l'ouvrage lui-même, mais s'intéresse aussi aux conséquences de la mise en jeu de la responsabilité civile tant au niveau contractuel que délictuel. La gestion des risques suppose aussi le transfert de certains risques sur les assureurs. Mais cette possibilité n'est vraiment satisfaisante pour les professionnels que si les garanties offertes répondent à leurs besoins et offrent une véritable protection.

Au cours de cette partie, l'accent sera mis sur la relation existante entre la loi et l'assurance et principalement pour la garantie RC Décennale. Pour ce faire, il serait intéressant de faire une comparaison de la législation marocaine avec d'autres législations dans ce domaine tout en essayant de faire ressortir leurs points forts et faibles. Cette comparaison permettra de mener une réflexion sur le système législatif marocain actuel par l'analyse de la loi qui vient d'être votée par le parlement marocain et ce afin de dégager les points pouvant entraver son application ainsi que les contraintes liées au marché de réassurance internationale. Nous considérons qu'un système d'assurance ne pourrait être adéquat et efficace que s'il est en harmonie avec l'évolution du secteur du BTP et être aussi *up date* eu égard à l'évolution technique et technologique de la construction au Maroc.

3.2 - Origines des sinistres observés au Maroc

À ce sujet, rappelons que les origines récurrentes de sinistres observés dans le secteur du BTP sont dues à des fautes d'exécution des travaux. Cette situation n'est pas fatale mais peut être expliquée par le manque de formation du personnel travaillant dans les chantiers. Cette formation devrait cibler les techniques de gestion des risques sur chantier et former le personnel sur les moyens de prévention et de protection.

En d'autres termes, Il serait possible d'améliorer les conditions de réalisation des projets de construction à condition de gérer au mieux les risques générés par l'activité du secteur du BTP.

L'expérience a montré que la gestion des risques du BTP ne peut être efficace et produire les résultats tant escomptés et attendus par les professionnels que par la constitution et le suivi d'une base de données des sinistres vécus au Maroc. Or cette étape ne peut-elle se faire que par le passage obligé de l'identification des origines de sinistres vécus ou pressentis dans le secteur du BTP. Sans prétendre dresser une liste exhaustive, la sinistralité des constructions est diverse quant à ses origines et se divise dans le temps en deux périodes :

- La sinistralité de l'ouvrage en cours de construction ;
- La sinistralité de l'ouvrage en cours d'exploitation.

A - Sinistralité en cours de Travaux

La sinistralité en cours de travaux trouve son origine dans deux facteurs déterminants :

1. Les erreurs de conception

Ce sont des erreurs engendrées par l'intervention des prestataires de service qui ne participent pas à l'exécution des travaux mais participent plutôt à la conception intellectuelle de l'ouvrage.

L'intervention de ces acteurs peut engendrer des sinistres importants et dont la réparation peut s'avérer très chère voire parfois impossible. D'ailleurs, certains sinistres conséquents d'une erreur de conception peuvent être graves voir mortels pour le personnel travaillant sur chantier.

Ces erreurs sont généralement le fruit de l'inexpérience du concepteur ou de son incapacité à anticiper les risques qu'il peut engendrer par la pratique de sa profession.

Cette remarque est d'autant plus vraie qu'on ne peut que constater avec amertume que les écoles qui forment ces concepteurs donnent très peu ou pas d'importance à l'enseignement du Risk Management dans le cursus de formation des jeunes ingénieurs et architectes.

Afin d'identifier les erreurs de conception couramment rencontrées dans nos chantiers, nous les énumérerons par profession comme suit :

<u>Cas des architectes</u>

On peut relever des fautes qui reviennent fréquemment dans les projets

- Escaliers non confortables à l'utilisation : Contre marches hautes et/ou marches pas assez larges ;
- Rampe de garage raide rendant le garage du sous-sol inaccessible à des voitures basses ;
- Parking impraticable à cause de la multiplicité de barrières tels les poteaux ;
- Conception de pentes d'écoulement des eaux pluviales insuffisantes ;

- Mauvaise aération de l'ouvrage engendrant l'apparition des traces de condensation et de moisissure ;
- Mauvaise orientation de l'ouvrage engendrant un manque d'ensoleillement.

Cas des ingénieurs de bureaux d'études techniques (BET)

On relève certaines fautes liées à la conception des structures telles que :
- Manque d'acier dans une structure porteuse ;
- Descente de charges sous-estimée : oubli d'un type de surcharge telle la neige ou le vent ;
- Sous dimensionnement des structures par souci d'économie ;
- Coefficients de sécurité utilisés insuffisants ;
- Utilisation d'armatures au lieu de tirants ou d'armatures précontraintes.

Cas des ingénieurs géotechniciens

Par leur intervention en matière d'étude du sol, ces ingénieurs peuvent commettre les fautes suivantes :
- Mise en place de systèmes de fondation inadaptés au type de sol ou au type d'ouvrage ;
- Non prise en compte ou Négligence de l'étude de circulation des eaux souterraines se traduisant par des affouillements de remblais ou par des remontées capillaires rendant le bâtiment inutilisable ;
- Étude de sol incomplète au niveau du nombre ou des profondeurs de sondages exécutés ;
- Non détection d'un karst ou d'un vide naturel se traduisant par la remontée de fontis et fissuration des dallages ;
- Sous-estimation des effets de groupe de pieux.

Cas des ingénieurs géomètres topographes

Lors de leurs interventions dans les projets, les IGT peuvent commettre les fautes suivantes :
- Erreur d'implantation de terrain se traduisant par le piétinement sur des terrains de tiers ;
- Mauvaise estimation de superficies rendant l'exécution des travaux impossible ;
- Erreurs de relevés de niveaux rendant les travaux d'exécution impossible.

Cas des Coordinateurs de travaux

Les coordinateurs ont un rôle important sur chantier et peuvent commettre les fautes suivantes :
- Chevauchement de tâches qui doivent se suivre normalement ;
- Absence de communication avec les intervenants engendrant des conflits entre les entreprises ;
- Absence d'anticipation sur les problèmes pouvant entraver les travaux sur chantier.

2. Les erreurs d'exécution

Quant aux erreurs d'exécution des travaux, elles sont produites par les entreprises qui réalisent les travaux. Elles sont ; en général ; le fruit du manque de formation du personnel ou de l'inexpérience de l'entreprise. Elles peuvent être engendrées par des prises de décision hâtives sans que l'entreprise ne puisse mesurer les conséquences ainsi que l'impact de ces décisions sur le devenir du projet.

Les erreurs d'exécution les plus couramment rencontrées sur chantier peuvent être résumées comme suit :
- Oubli des barres d'acier alors qu'elles sont reportées sur les plans de ferraillage ;
- Inversion des aciers : c'est le cas des balcons où les barres d'acier devraient être en haut alors qu'elles sont placées en bas ;
- Ségrégation de béton qui provient d'un manque de vibration du béton ;
- Décoffrage prématuré par volonté d'aller vite : ce qui se traduit dans la plupart des cas par des déformations excessives des pièces décoffrées (cas notamment des dalles et poutres) ;
- Écrasement ou oubli des calles d'enrobage des aciers ce qui engendre une exposition directe des armatures à l'air libre en les rendant vulnérables à la corrosion ;
- Joints de dilatation inexistants ou mal exécutés ;
- Utilisation de produits ou matériaux défectueux et non certifiés rendant l'ouvrage exposé à des pathologies et le rendant impropre à sa destination ;
- Mauvaise exécution des complexes d'étanchéité se traduisant par des pentes de drainage des eaux insuffisantes, relevés d'étanchéité défaillants, la perforation du complexe par le personnel de l'entreprise, raccordement d'eau pluviale mal exécuté, mauvaise mise en œuvre de la protection ;
- Erreur de management du chantier se traduisant par des Incendies, vol de matériaux ou matériels ou accidents de travail.

3. Dommages causés aux tiers et engagement de la responsabilité civile des constructeurs

Les travaux en milieu urbain génèrent généralement d'importants dommages aux constructions mitoyennes pouvant être à l'origine d'effondrements ou de pathologies préjudiciables à ces dernières.

Les dommages causés aux tiers engageant la responsabilité civile des entreprises de construction trouvent généralement leur origine dans ce qui suit :

- L'excavation des sous-sols génère une butée du sol aux droit des fondations des constructions mitoyennes qui se traduit par des tassements différentiels ainsi que des fissurations très préjudiciables de ces dernières ;
- Le rabattement de la nappe phréatique en milieu urbain déstabilise le sol en diminuant son volume et provoquant ainsi des tassements de sol en dessous des constructions mitoyennes au chantier ;
- L'utilisation d'explosifs provoque des transmissions d'ondes vibratoires aux constructions mitoyennes en provoquant des fissurations pouvant être semblables à celles d'un tremblement de terre ;
- Renversement d'engins de chantiers par manque de signalisation des excavations ou regards dans le chantier ;
- Heurt de bâtiments par la flèche de grue au moment de la manipulation de la grue ;
- Chute de blocs de béton, briques, morceaux de bois, outils, causant des dommages matériels ou corporels aux passants.

B - Sinistralité en cours d'exploitation

Les sinistres survenant durant la vie d'un ouvrage ; en d'autres termes en période d'exploitation ; peuvent être résumés comme suit :

• Dégâts des Eaux

Les dégâts des eaux représentent plus de 50 % des sinistres d'habitation au Maroc. Ils sont causés en général par les phénomènes suivants :

- Des infiltrations des eaux suite à des casses de conduite, défaillance du système d'étanchéité des toitures, infiltration par les fenêtres, Infiltrations par les seuils de balcons ;
- Inondations naturelles ou accidentelles ;
- Condensation : Aération inexistante, gradient thermique par manque d'isolation thermique ;

- Remontée capillaire : Arase étanche inexistante, étanchéité des fondations inexistante, drainage des eaux autour des fondations inexistantes ;
- Disfonctionnement des équipements hydrauliques ;
- Utilisation non conforme à la conception initiale : cas des toitures conçues initialement comme inaccessibles et qui deviennent accessibles.

• **Disfonctionnement des équipements de bâtiments**
Le disfonctionnement des équipements de l'ouvrage peut rendre ce dernier, soit impropre à sa destination, soit du moins difficilement utilisable. C'est le cas par exemple des pannes ou bris internes des ascenseurs, montes charges, systèmes de climatisation ou appareils d'extraction d'air, portes à fermeture électrique, etc.

• **Responsabilité Civile vis-à-vis des tiers**
En cours d'exploitation d'un ouvrage, la responsabilité civile tant de l'exploitant que celle des constructeurs peut être retenue :
- Responsabilité Civile du propriétaire vis-à-vis des tiers : cas d'infiltrations d'eau vers l'étage du dessous par exemple ;
- Responsabilité Civile décennale des intervenants vis-à-vis du maître d'ouvrage en cas d'écroulement ou de menace d'écroulement de.

• **Incendie**
La survenance d'un incendie dans un ouvrage cause plusieurs dommages aux structures et matériaux constituant l'ouvrage et se traduisent par les conséquences suivantes :
- Déshydratation et fissuration du béton ;
- Explosion des graviers par échauffement ;
- Corrosion des aciers constituant les armatures des éléments porteurs ;
- Déformation et plasticité des charpentes métalliques par échauffement.

• **Événements naturels**
Les événements naturels comme les tremblements de terre, les inondations, la sécheresse et subsidence (Argile gonflante), le gel (Routes et fondations), le vent (cas des ponts et passerelles), la houle (cas des ouvrages maritimes comme les digues et quais), les crues de rivière (affouillement des fondations) causent des pathologies importantes aux constructions lors de leur survenance.

• Autres Causes d'inconfort

D’autres causes d’inconfort pourraient être citées :

- Bruit : Isolation phonique insuffisante ;
- Odeurs nauséabondes : Manque ou mauvaise conception de système de renouvellement d'air d'un restaurant faisant partie de l'immeuble ;
- Fissurations esthétiques au niveau des enduits ;
- Ouvertures de joints naturels dans la construction.

Section 2 - Les sinistres et leurs incidences sur la responsabilité des intervenants

Il n'est pas rare ; et même devenu courant ; de voir des maîtres d'ouvrage porter des litiges contre les intervenants devant les tribunaux pour faire valoir leurs droits d'application des contrats signés avec les prestataires de service ou avec les entreprises d'exécution des travaux.

§ 1 - Les fautes liées aux études architecturales : Impropriété de destination

Comme il était dit précédemment, le rôle des architectes est très important pour la réussite du projet au vu du rôle qu'ils occupent dans le projet de construction en tant que maîtres d'œuvres. Leurs interventions peuvent produire des fautes et générer des dommages à l'ouvrage qu'ils dirigent pour le compte du maître d'ouvrage. Or, les architectes oublient parfois que leur responsabilité peut être retenue en cas d'impropriété de l'ouvrage à sa destination. Afin d'illustrer ces fautes réelles et vécues au Maroc, quelques cas de fautes (sans prétendre qu'elles soient exhaustives) sont donnés ci-dessous :

- Escaliers non confortables à l'utilisation : Contre marches hautes et/ou marches pas assez larges ;
- Rampe de garage raide rendant le garage du sous-sol inaccessible à des voitures basses ;
- Parking impraticable à cause de la multiplicité de barrières tels les poteaux ;
- Conception de pentes d'écoulement des eaux pluviales insuffisantes
- Mauvaise aération de l'ouvrage engendrant l'apparition des traces de condensation et de moisissure ;
- Mauvaise orientation de l'ouvrage engendrant un manque d'ensoleillement.

La nature de responsabilité de l'architecte envers le maître d'ouvrage a longtemps généré des discussions au niveau de la doctrine : est-elle une responsabilité de moyens ou de résultats ? La cour de cassation française a tranché dans cette affaire[214] en énonçant le principe « L'entrepreneur est tenu, sur le fondement de l'article 1147[215] du Code

---

[214] Fra Cr Cass Ch Civ 3 Fra 30 Nov 2011 10-21.273 Obligations de Moyens pour l'architecte.

[215] Art 1147 : « Le débiteur est condamné, s'il y a lieu, au paiement de dommages et intérêts soit à raison de l'inexécution de l'obligation, soit à raison du retard dans

civil, d'une obligation de résultat, alors que l'architecte répond, pour sa part, d'une obligation de moyen. »

§ 2 - Les fautes de conception de l'ouvrage : calcul des structures et contrôle technique de stabilité

Il n'est pas rare de constater que les ouvrages s'écroulent en tout ou en partie suite à une erreur de conception émanant d'un concepteur (ingénieurs concepteurs en général) ayant la qualité de prestataire de service dans le projet. Ces fautes génèrent la mise en jeu de la responsabilité contractuelle du prestataire vis-à-vis du maître d'ouvrage en période des travaux ou encore la mise en jeu de sa responsabilité quasi délictuelle après la réception des travaux. Les sinistres générés par ces erreurs de conception sont généralement coûteux et peuvent être à la limite catastrophique pour les maitres d'ouvrage. Les fautes couramment rencontrées dans le secteur de l'ingénierie et particulièrement dans les études de structure peuvent être résumées comme suit :

- Le manque d'acier dans une structure porteuse peut s'avérer grave pour l'ouvrage surtout pour des structures travaillant en flexion telles les poutres (fissuration préjudiciable) ou encore en compression tels les poteaux (flambement du poteau se traduisant par sa ruine) ;
- La descente de charges a été sous-estimée par l'ingénieur tel l'oubli d'un type de surcharge comme la neige ou le vent. Cette catégorie de faute est souvent rencontrée chez des BET qui travaillent dans des régions où ces phénomènes sont inexistants ou encore rarement produits et donc non habitués à les prendre en compte dans leurs calculs ;
- Le sous dimensionnement des structures par souci d'économie commence à être constaté dans les projets. Le souci de l'économie l'emporte sur la sécurité ;
- Les coefficients de sécurité utilisés dans les calculs sont insuffisants ce qui peut générer des pathologies aux structures ;
- L'utilisation d'armatures au lieu de tirants ou d'armatures précontraintes peut être fatale pour les pièces sollicitées.

---

l'exécution, toutes les fois qu'il ne justifie pas que l'inexécution provient d'une cause étrangère qui ne peut lui être imputée, encore qu'il n'y ait aucune mauvaise foi de sa part. »

L'énumération de ces types de fautes incombant aux ingénieurs d'études n'est nullement exhaustive mais permet de situer l'origine des accidents survenus en cours de construction ou après réception des travaux.

Nous pensons que la responsabilité des ingénieurs d'études de structure est une responsabilité de résultat et non de moyens surtout pour des structures traditionnelles et pour lesquelles le secteur du BTP est assez habitué et ayant constitué un recul suffisant pour amoindrir les effets non prévisibles de leurs pathologies. Certes, les études de certains ouvrages posent des difficultés d'atteindre un résultat confirmé. Ce cas se rencontre dans les études maritimes. En effet, le calcul des structures maritimes ; malgré qu'il se base sur des théories maritimes relatives notamment aux structures de digues telle celle de Terzaghi[216] ; ne se fait que sur la base d'hypothèses vérifiées par des simulations dans les laboratoires et ce par la création de houle « similaire » à la houle réelle. Les résultats sa basent donc sur des expériences de simulations. Les déductions sont donc basées sur des observations, des expériences de laboratoire et des simulations probabilistiques.

§ 3 - Les fautes liées aux études de sol : Sondages et interprétation des résultats

L'étude géotechnique de sol est d'une importance capitale pour la réussite du projet au niveau sécuritaire de l'ouvrage tant au niveau de sa stabilité en cours des travaux qu'au niveau de sa pérennité dans le temps. En fait, le manque de loi au Maroc obligeant les maîtres d'ouvrage à recourir systématiquement à des études géotechniques du sol génère beaucoup d'accidents tant en période des travaux qu'après réception de ces derniers.

Lors de l'étude de sol réalisée par les ingénieurs géotechniciens, certaines fautes techniques peuvent être commises et génèreraient de ce fait des dommages à l'ouvrage tels que :

---

[216] La théorie de la consolidation des sols a été proposée par Terzaghi. Elle concerne les matériaux sablo-argileux meubles biphasiques. Sous l'action constante de son propre poids dans la nature ou sous celle d'une charge extérieure, un tel matériau se consolide de plus en plus à mesure que le temps passe : son indice des vides et sa teneur en eau diminuent, sa densité et sa résistance mécanique augmentent et sa perméabilité diminue.

- Mise en place de systèmes de fondation inadaptés au type de sol ou au type d'ouvrage à construire ;
- Non prise en compte ou négligence de l'étude de circulation des eaux souterraines se traduisant par des affouillements de remblais ou par des remontées capillaires rendant le bâtiment inutilisable ;
- Étude de sol incomplète au niveau du nombre ou des profondeurs de sondages exécutés ;
- Non détection d'un karst se traduisant par la remontée de fontis et fissuration des dallages ;
- Sous-estimation des effets de groupe de pieux.

Au vu du développement de la technologie et les progrès techniques réalisés cette dernière décennie sur les matériels d'investigation géotechniques sur les sols, les maîtres d'ouvrage vont dans le sens de retenir la responsabilité de résultat et non de moyens pour les ingénieurs géotechniciens. Rappelons tout de même que les études réalisées sur un sol, ont un caractère probabiliste puisque ces dernières se basent essentiellement et en dernier ressort sur des sondages par prélèvement de carottes qui seront analysées au laboratoire et permettant ainsi de déterminer les caractéristiques physiques et mécaniques du sol qui va supporter l'ouvrage.
D'ailleurs l'article 769 du D.O.C retient la responsabilité des trois intervenants en cas d'écroulement ou menace d'écroulement dus au vice du sol. Par ailleurs, l'article 765[217] du D.O.C retient aussi la responsabilité de l'ingénieur géotechnicien ainsi que celle de l'entreprise en cas de vice du sol. Mais en même temps, il avance la possibilité d'exonération de responsabilité au cas où ; implicitement (un ouvrier tel que lui ne pût les connaître) ; la connaissance scientifique n'est pas au niveau de répondre à une telle situation. Explicitement, le législateur marocain retient la responsabilité de l'ingénieur géotechnicien en cas d'accident menant à la ruine ou à la menace de ruine de l'ouvrage qu'il a conçu au niveau géotechnique.

Notons que la géotechnique est une science relativement jeune par rapport à d'autres branches de la construction. Elle se base

[217] Art 765 dispose : « Lorsque, pendant l'exécution de l'ouvrage, il se produit, …, dans le sol destiné à la construction, ou autrement, des vices ou défauts de nature à compromettre le bon accomplissement de l'ouvrage. Il répond, en cas d'omission, de tout le préjudice résultant de ces vices et défauts, à moins qu'ils fussent de telle nature qu'un ouvrier tel que lui ne pût les connaître. »

essentiellement sur des sondages pour analyser la texture ainsi que la composition d'un sol pour en sortir ses caractéristiques mécaniques qui serviront de base de calcul pour bâtir l'ouvrage sur des fondations solides pouvant supporter toutes les charges tant permanentes que d'exploitation apportées par l'ouvrage et transmises au sol.
Il arrive très souvent que malgré les études, sondages et compagnes de reconnaissance de sol, les géotechniciens ratent un élément géologique important pouvant se traduire dans certains cas par des pathologies très préjudiciables à l'ouvrage[218].

---

[218] Fra Cr Cass Ch Civ 3ème - 7 Décembre2005 Prv N° 04-17418 Tassements différentiels dus au problème de sol.

Section 3 - Les polices responsabilité civile des intervenants dans l'acte de construire

Les assurances couvrant la responsabilité des intervenants s'articulent autour de deux polices principales : la police RC Professionnelle en cours des travaux ou après travaux et la police RC Décennale en cours d'exploitation. La première est tellement restreinte que les exclusions l'emportent sur les garanties et réduisent d'une façon remarquable les couvertures proposées par les assureurs. Quant à la police RC Décennale, c'est une couverture qui n'intervient qu'en cas de catastrophe ; cas d'effondrement ou menace d'effondrement ; alors que les sinistres courants et fréquents en période d'exploitation de l'ouvrage construit ne trouvent pas toujours leurs origines dans l'effondrement ou la menace d'effondrement. Le secteur d'assurance devrait fournir un effort afin de couvrir au mieux les ingénieurs et architectes tant dans le cadre de la police RC Professionnelle qu'au niveau de la police RC Décennale.

§ 1 - Particularités des assurances de responsabilité civile

Jusqu'au milieu du XIXe siècle, les contrats d'assurances de responsabilité étaient considérés comme des actes immoraux et de ce fait non valables. La responsabilité civile avait un double objectif : d'un côté elle incarne la réparation des conséquences des dommages causés à la victime et d'autre part incarne la punition de l'auteur du dommage. Pour ces raisons, on considérait qu'il était immoral que l'auteur du dommage fasse payer ses propres dettes de responsabilité par un tiers qu'est l'assureur. Par la suite, les idées ont évolué et la validité des assurances de responsabilité a été affirmée aussi bien par les tribunaux que par le législateur. Depuis, on assiste à une influence réciproque de la responsabilité et de l'assurance[219].

Il faut noter par ailleurs que les assurances de responsabilité présentent des caractéristiques particulières par rapport aux assurances dommages qui sont inhérentes à la nature du sinistre et aux prérogatives dont dispose l'assureur dans la direction du procès.

---

[219] BONNARD (J), Droit des assurances, Paris, LEXISNEXIS LITEC, 4ème éd, 2011, P 11

1.1 - Mécanisme de la réparation du dommage dans le cadre de la police Responsabilité Civile

A - Le sinistre

Dans les assurances de responsabilité civile, le sinistre est constitué par la réclamation de la victime.

Cette théorie trouve son fondement dans l'article 61 de la loi N° 17-99 portant Code des assurances et promulguée par Dahir N°1-02-238 du 25 Rejeb 1423 (3 Octobre 2002) et qui dispose :

« Dans les assurances de responsabilité, l'assureur n'est tenu que si, à la suite d'un fait dommageable prévu au contrat, une réclamation, amiable ou judiciaire est faite par le tiers lésé à l'assuré ou à l'assureur ».

Aux termes de cet article, il semble apparaître que le risque est réalisé, pour l'assureur de responsabilité civile, non pas par le fait dommageable de l'assuré, mais par la demande amiable ou judiciaire d'indemnisation faite par le tiers, même si la responsabilité de l'assuré n'est pas engagée. C'est un raisonnement soutenu par plusieurs auteurs tels que PICARD et BESSON pour lesquels l'objectif de l'assurance de responsabilité est de garantir l'assuré contre les conséquences des réclamations amiables ou judiciaires formées contre lui par le tiers même si leur demande n'est pas fondée.

Une telle analyse engendre plusieurs conséquences sur la gestion et le fonctionnement de la police d'assurance : déclaration de sinistre, période de garantie, etc.

B - Période de garantie et déclaration de sinistre

L'assurance couvre toutes les réclamations même si la réclamation n'est faite qu'après la date d'échéance de la police.

Exemple : C'est le cas d'un laboratoire pharmaceutique qui était assuré du 1/1/2000 au 31/12/2000. Un médicament fabriqué en Mars 2000 s'est avéré nocif pour les malades deux ans plus tard. La police d'assurance va couvrir tous les sinistres se rattachant au médicament fabriqué en l'an 2000 et dont les séquelles ne se sont produites que deux ans plus tard. C'est la théorie de la réclamation basée sur la garantie subséquente.

Selon l'article 20 de la loi 17-99 portant code marocain des assurances, l'assuré est tenu de déclarer, au plus tard dans les 5 jours, tout sinistre de nature à entraîner la garantie de l'assuré.

En rapprochant cette disposition de celle de l'article 61 de la même loi, le point de départ du délai de déclaration serait la réclamation de la victime. Cette réclamation peut intervenir assez longtemps après la survenance de l'accident et l'assureur se trouve empêché ; dans ce cas ; de procéder aux investigations utiles. Pour contrecarrer cette situation préjudiciable à leurs intérêts, les assureurs introduisent souvent des clauses exigeant la déclaration de l'accident donnant lieu à réparation. La jurisprudence ; en matière de responsabilité délictuelle et quasi délictuelle ; fait ressortir que la prescription ne commence à courir qu'à partir du jour où la victime a eu connaissance du dommage et de celui qui en doit réparation.

C - Nature des dommages garantis par la police RC

Les dommages immatériels qui sont conséquents des dommages corporels ou matériels garantis ne sont pas couverts par les polices couvrant la responsabilité civile. Il en est ainsi de la perte d'un bénéfice escompté, de la privation de jouissance d'un droit ou d'un bien, de l'interruption d'un service. Mais il faut noter que ces dommages immatériels peuvent être couverts par extension de garantie.

Par ailleurs, la responsabilité pénale de l'assuré est exclue de la police RC. En effet, les amendes consécutives à la responsabilité pénale de l'assuré ne peuvent être garanties par l'assurance. Cette exclusion est basée sur le principe de la personnalité des peines et s'oppose donc à ce que l'assuré fasse supporter par autrui les condamnations pénales prononcées contre lui[220]. On peut toutefois s'interroger, dans le cadre de la responsabilité pénale du fait d'autrui des personnes morales (code pénal français, Art. L.121-2), sur la garantie éventuelle d'amendes pénales prononcées contre un salarié ou un préposé autre que la personne morale qui l'emploie, par l'assureur de responsabilité de cette dernière, puisqu'elle n'est pas l'auteur matériel de l'infraction.[221]

L'exclusion des amendes pénales a connu une extension à d'autres sortes d'amendes fiscales (majoration pour paiement d'impôts en retards) ou civiles (pénalités de retard d'exécution de travaux ou de livraison de marchandises) dans la mesure où elles atteignent personnellement le contrevenant et ce sur le fondement de l'article 6 du Code civil français. Cette position a été réconfortée par un jugement du TGI de Paris: «

---

[220] Fra Cass. civ., 20 févr. 1882: DP 1882, 1, p. 232

[221] BONNARD (J), Droit des assurances, Paris, LEXISNEXIS LITEC, 4ème éd, 2011, P 236

quelle que soit la nature, pénale, civile, fiscale de la sanction prononcée elle n'eut être assurée sauf à la priver de tout effet dissuasif puisqu'en décider autrement serait à omettre le principe qu'un contrevenant à une réglementation protectrice de l'ordre public et des bonnes mœurs, (...) ne supporte pas sur son patrimoine la sanction prononcée à son encontre et par voie de conséquence tire un enrichissement d'un acte que la loi ou la réglementation interdit et réprime») [222].

En revanche, l'assurance de responsabilité peut garantir les conséquences pécuniaires civiles de la responsabilité pénale de l'assuré, autrement dit le montant des dommages et intérêts auxquels il est condamné. C'est l'hypothèse de l'action civile de la victime qui est exercée devant la juridiction pénale conjointement à l'action publique. Quant au code des assurances marocain, on ne trouve nulle part dans la section relative aux assurances de responsabilité[223] une quelconque exclusion formelle de la garantie de la responsabilité pénale.

D - La direction du procès

L'assureur a tout intérêt à diriger le procès qui les met en cause. Cette direction lui permet de sauvegarder ses intérêts et de veiller à ce que l'assuré :

- Ne soit généreux avec la victime ;
- Ne reconnaisse sa responsabilité ainsi que les faits susceptibles d'établir facilement sa responsabilité.

À cet effet, les assureurs ont l'habitude d'introduire dans les polices d'assurance de responsabilité civile des clauses interdisant aux assurés de reconnaître leur responsabilité. Cette contrainte paraitrait normale puisqu'il y a un transfert de risque de responsabilité ; tant vis-à-vis de la victime que vis-à-vis des tribunaux ; de l'assuré (en tant que présumé responsable) à l'assureur.

En d'autres termes, cette clause de direction du procès par l'assureur a pour effet de rendre l'assureur maître de toutes les décisions ou transactions impliquant la défense de l'assuré.

Toutefois, cette direction si elle s'étend à tous les aspects de la procédure lorsque l'action contre l'assuré est portée devant la juridiction pénale, la qualité d'assureur lui interdit en effet de discuter des

[222] Fra TGI Paris, Se ch., 2e sect., 8 janv. 2009, N° 07 10204

[223] Code des assurances : Chapitre IV : Les assurances de responsabilité - Art 61 à 64.

dispositions purement pénales. En d'autres termes, l'assureur ne défend l'assuré que dans le cadre de la responsabilité civile et non pénale.

1.2 - La théorie de la réclamation

A - Définition du sinistre
L'assurance définit le sinistre comme étant l'ensemble des dommages ou préjudices se rattachant à un seul et même fait générateur et faisant l'objet d'une ou plusieurs mises en cause et réclamations amiables ou judiciaires, quel que soit leur échelonnement dans le temps. Toutes ces mises en cause de la responsabilité civile de l'assuré constituent un seul et même sinistre.

B - Durée de la garantie et fonctionnement de la police
La garantie d'assurance s'étend aux réclamations formulées à l'encontre d'un assuré durant la validité de la police. Est considéré comme date de la réclamation le moment où :

- Une demande écrite de dédommagement est formulée par un tiers à l'encontre d'un assuré ;
- Un assuré déclare à l'assureur pour la première fois des faits, événements ou dommages sur la base desquelles il serait raisonnable de croire qu'une réclamation serait formulée par un tiers lésé contre lui ou contre un autre assuré.

Chacune des deux éventualités génère une date. La plus ancienne de ces deux dates est la date la plus déterminante.

C - Clause de rattachement des sinistres sériels
Un sinistre est dit sériel lorsqu'il est répétitif et dont l'origine est toujours la même. Dans le cas de sinistres sériels[224], l'ensemble des réclamations est rattaché à l'une des deux dates suivantes :
- Soit à la date de la première réclamation qui a été présentée par écrit
- Soit à date de la déclaration faite par l'assuré à l'assureur des faits, événements, ou dommages pouvant entraîner des réclamations.

D - Limitation de la clause des réclamations ou « CLAIMS MADE »
La réclamation dans le cas des polices dommages concerne les sinistres qui sont survenu entre la date d'effet et la date d'échéance de la police

[224] Les sinistres sériels sont des sinistres répétitifs et dus à une même cause :
- Une erreur dans un logiciel de calcul de structures va générer des sinistres sériels dans tous les chantiers concernés par ces calculs ;
- Une erreur de montage d'une pièce sur une machine va générer des sinistres sériels chez tous les utilisateurs de cette machine défaillante.

souscrite par l'assuré. En dehors de cette période, aucune réclamation n'est recevable par l'assureur. Afin d'illustrer cette situation, nous donnerons l'exemple suivant :
Un assuré a souscrit une police couvrant les risques incendies du 1/1/2007 au 31/12/2007. Un sinistre a eu lieu le 2/1/2008. L'incendie a été causé par la chaleur dégagée de la fermentation d'un produit entre le 30/12/2007 et le 2/1/2007 (date de la survenance du sinistre). Dans ce cas de figure, le fait générateur de l'incendie a eu lieu le 30/12/2006, c'est-à-dire pendant la validité de la police d'assurance alors que le sinistre a eu lieu (le 2/1/2007) en dehors de la période de validité de la police.
Ce sinistre ne sera pas pris en charge par l'assureur vu que le sinistre a eu lieu en dehors de la période de couverture. En d'autres termes, les polices dommages ; contrairement aux polices RC ; ne prennent en considération que la date de survenance du sinistre et non pas la date du fait générateur du sinistre.

Par contre, les polices de responsabilité civile prennent en considération la date du fait générateur comme date de départ pour toutes les réclamations rattachées à cette date même si la survenance des sinistres a eu lieu en dehors de la période de validité de la police d'assurance. Ce mécanisme est propre à ces polices de responsabilité civile (RC) mais délimité et circonscrit dans des limites précisées par une clause appelée clause des réclamations ou clause « Claims Made ».

La clause « *claims made* » précise que la garantie RC s'applique aux mises en cause ou réclamations formulées après la date de cessation de la garantie dès lors qu'elles se rattachent à un événement ou dommage survenu avant cessation des garanties du contrat et dont l'assuré aurait pris connaissance pendant sa durée, et pour autant que la mise en cause ou réclamation soit portée à la connaissance de l'assuré dans un délai d'une année après la date de cessation du contrat. Cette même clause précise aussi les cas où la police ne prend pas en charge le sinistre :

- Ne sont pas assurées, les réclamations résultant de dommages qui sont survenus avant la date de prise d'effet ;
- Il en est de même pour les sinistres sériels lorsque le premier dommage de référence est survenu avant la date de prise d'effet.

E - Critère de déclenchement de la couverture et de rattachement du sinistre

Deux cas de figure peuvent se présenter : soit que le dommage est isolé soit que les dommages sont sériels :

Dommage isolé

Dans le cas d'un dommage isolé (contrairement aux dommages sériels), deux possibilités peuvent se présenter :

a - Demande de dédommagement écrite par un tiers à l' encontre d'un assuré.

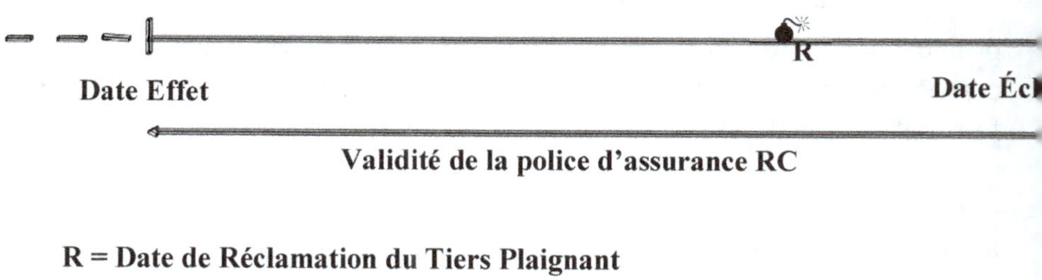

Figure 3 : Réclamation en cas de dommage isolé

b - Connaissance par un assuré de circonstances sur la base desquelles on peut raisonnablement penser qu'une réclamation serait formulée contre lui. Ces circonstances devraient être communiquées à l'assureur sans délai.

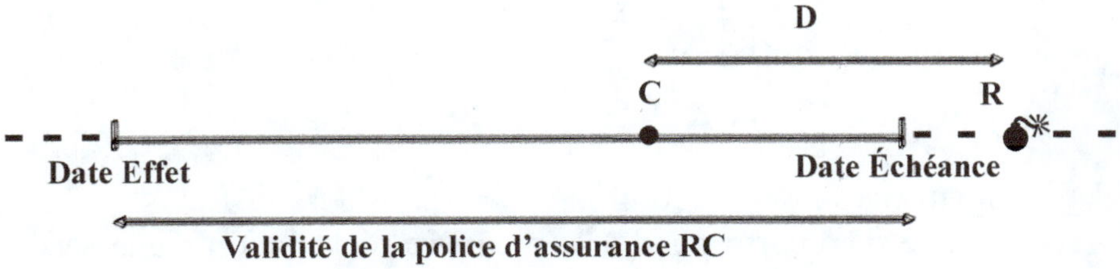

C = Date de Constatation de l'Assuré
R = Date de Réclamation du Tiers Plaignant
D = Délai entre la Constatation et la Réclamation
Ne doit pas dépasser le délai fixé par la police
(Entre 12 et 60 mois en général)

Figure 4 : Constatation en cas de dommage isolé

Dommages sériels (dommages en série)

a - Dans le cas de dommage en série, deux possibilités peuvent se présenter :
Première demande de dédommagement écrite par un tiers à l'encontre d'un assuré : l'ensemble des réclamations assurées ayant la même cause sont réputées avoir toutes été présentées à la date de la première réclamation.

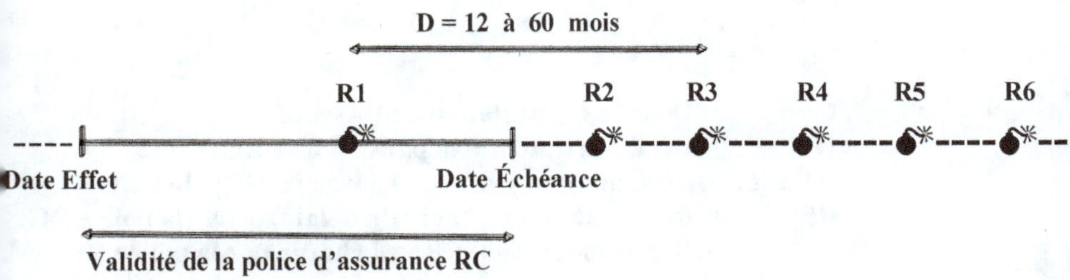

C = Date de Constatation de l'Assuré
D = Délai Maximum fixé par la police RC
R1 à R3 = Réclamations prises en charge par la police RC
R4 à R6 = Réclamations en dehors du délai fixé par la police RC
(Réclamations non prises en charge par la police RC)

Figure 5 : Réclamation en cas de dommages sériels

Commentaires :
R1 = Cette date correspond à la première réclamation d'une série de réclamations provenant de la même cause.

R4 à R6 = Ce sont des réclamations non couvertes par la police Responsabilité Civile car elles sont intervenues au-delà du délai prescrit à partir de la première réclamation R1.

b - Première connaissance par un assuré des circonstances pouvant entraîner une réclamation à son encontre : L'ensemble de toutes les réclamations assurées ayant la même cause sont réputées avoir toutes été présentées à la date de la première communication écrite à l'assureur au sujet des circonstances pouvant entraîner des réclamations.

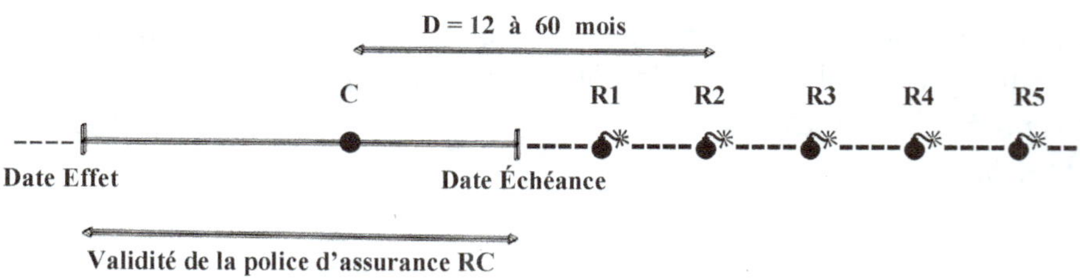

C = **Date de Constatation de l'Assuré**
D = **Délai Maximum fixé par la police RC**
R1 à R4 = **Réclamations prises en charge par la police RC**
R5 = **Réclamation en dehors du délai fixé par la police RC (Réclamation non prise en charge par la police RC)**

Figure 6 : Constatation en cas de dommages sériels

Commentaires :
C = La date de la communication écrite à l'assureur au sujet des circonstances pouvant entraîner une série de réclamations

R1 à R5 = Dates correspondant aux réclamations des tiers plaignants en relation avec les circonstances du sinistre annoncées par l'assuré.

R5 = Cette réclamation n'est pas couverte par la police Responsabilité Civile et reste à la charge de l'assuré car elle est intervenue au-delà du délai prescrit par la police à partir de la communication par l'assuré à l'assureur des circonstances pouvant entraîner des réclamations.

Remarque :
Dans les deux cas de figure (a et b), la couverture vaut pour toutes les réclamations formulées à l'encontre de l'assuré dans un délai maximum à prévoir (en général de 12 à 60 mois). En dehors de ce délai, aucune réclamation n'est recevable par l'assureur.

C - - Reprise du passé (*retroactive coverage*)
Il arrive qu'un accord soit établi entre l'assuré et l'assureur de reprise du passé par ce dernier. En d'autres termes, dans le cadre de la police de responsabilité civile des constructeurs, l'assureur s'engage à prendre en charge les dommages survenus avant la date d'effet du contrat mais déclarés à l'assureur après celle-ci.
Cette garantie de reprise du passé n'est valable que dans la mesure où l'assuré a une méconnaissance des sinistres avant la date d'effet de la police d'assurance.

F - - Garantie subséquente
La garantie subséquente est une garantie qui continue à courir même après échéance de la police d'assurance de responsabilité civile. Le cas le plus courant est celui d'un architecte ou ingénieur dont la responsabilité peut être retenue pour des vices cachés deux ans après l'achèvement des travaux. Même si l'assuré n'est plus assuré au titre de sa police Responsabilité Civile Professionnelle et si sa police déchue renfermait la garantie dite « garantie subséquente » avec un délai de 3 ans par exemple, l'assureur prendra en charge le sinistre déclaré après les deux ans consécutifs à la date d'échéance de sa police d'assurance.
Néanmoins, deux situations de cette garantie subséquente peuvent se présenter :

Situation 1 :

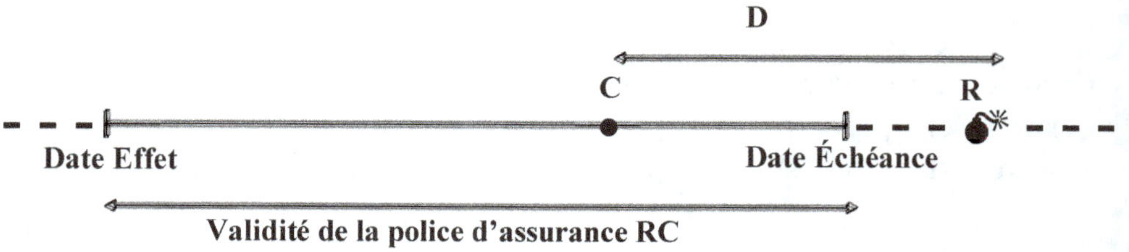

C = Date de Constatation de l'Assuré
R = Date de Réclamation du Tiers Plaignant
D = Délai entre la Constatation et la Réclamation
Ne doit pas dépasser le délai fixé par la police
(Entre 12 et 60 mois en général)

Figure 7 : Cas courant de constatation des dommages

Dans ce cas de figure, les circonstances du sinistre sont connues de l'assuré et annoncées à l'assureur. La réclamation est couverte : elle est consécutive à des circonstances annoncées à l'assureur pendant la durée de validité du contrat (Couverture existe pour réclamations formulées dans le délai prescrit dès la communication des circonstances pouvant conduire à réclamations).
C'est le cas le plus courant, où les circonstances du sinistre ont été constatées pendant la durée de couverture en vigueur et annoncées à l'assureur en attendant les réclamations qui vont être faites après la déchéance de la police d'assurance.

Situation 2 : Situation moins courante

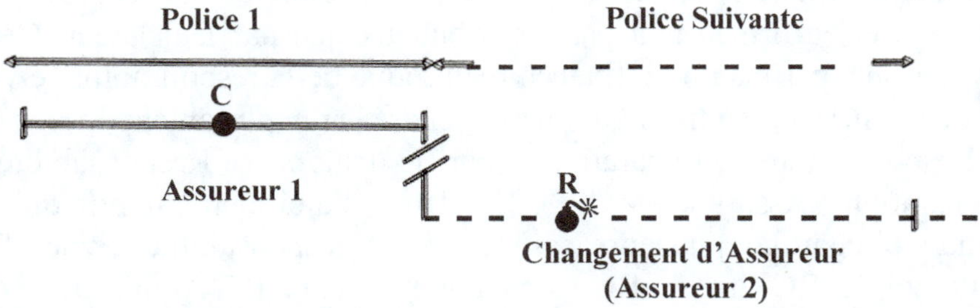

C = Circonstances inconnues de l'Assuré et donc non annoncées à l'Assureur 1
R = Réclamation consécutive aux circonstances inconnues de l'Assuré et donc non annoncées à l'Assureur 1

Figure 8 : Cas moins courant de constatation des dommages

Dans ce cas précis, la police d'assurance suivante (Police 2) prendra en charge la réclamation même si les circonstances ont eu lieu durant la validité de la police d'assurance 1.
En France, la jurisprudence a développé un concept autre que celui-ci[225]. En fait, les juges ont prohibé les primes subséquentes[226] et imposé que la durée de la garantie subséquente soit alignée sur celle de la responsabilité de l'assuré[227]. Les clauses dites « base réclamation » ont ainsi été éradiquées depuis 1990[228].

§ 2 - La responsabilité civile et son assurance

Jusqu'au XIXème siècle, les garanties d'assurance de responsabilité civile n'étaient pas acceptées. Les juges considéraient que la responsabilité civile n'avait non seulement comme objectif de réparer le préjudice subi par la victime, mais avait comme but aussi de punir

[225] MAYAUX (L), Les grandes questions du droit des assurances, Paris, LGDJ LEXTENSO EDITIONS, 2011, P 132
[226] Fra Cr Cass Ch Civ 1ère Ar du 1/12/1993 N° 91-22301 : RGAT 1994, P 40, Note de J. BIGOT. Cr Cass Ch Civ 1ère Ar du 30/3/1994 N° 90-21517 : Bull. Civ 1994, I, N° 119
[227] Fra Cr Cass Ch Civ 1ère Ar du 16/12/1997 N° 94-17061 et 94-20060
[228] Fra Cr Cass Ch Civ 1ère Ar du 19/12/1990 N° 88-12863 : Bull Civ 1990, I, N° 303 ; RGAT 1994, P 1176, Note de H. PERINE-MARQUET.

l'auteur du dommage. On considérait de ce fait qu'il était immoral que l'auteur du dommage fasse payer ses propres dettes de responsabilité par un assureur. Par la suie, on constate une évolution à ce sujet d'assurance et de ce fait la validité des polices couvrant la responsabilité civile a été affirmée tant par les tribunaux que par législateur. Cette évolution a permis une influence réciproque de la responsabilité civile et de l'assurance. Cette situation a engendré le remplacement du binôme « Responsabilité / Réparation » par le trinôme « Responsabilité / Réparation / Assurance »[229]. Le législateur l'a si bien compris qu'il a rendu obligatoire plusieurs assurances de responsabilité civile (RC automobile, RC Chasse, RC mandataires sociaux, RC Architecte, etc.) Dans ce qui suit, on analysera les conditions d'assurance des différents régimes de responsabilité civile.

2.1 - La responsabilité contractuelle est-elle assurable ?

La responsabilité se caractérise par l'existence de dommage ; dont se plaint la victime ; qui résulte de l'inexécution ou de la mauvaise exécution d'un contrat, d'une partie du contrat ou d'une convention. Ainsi, la victime et le responsable de la faute sont liés l'une à l'autre par un même contrat. La victime est créancière d'une obligation non respectée par son débiteur.

L'existence d'une responsabilité civile contractuelle suppose la réunion de quatre conditions :

A - Un contrat valable ; c'est-à-dire un contrat non entaché d'aucun vice de consentement ; conclu entre des personnes capables et ayant un objectif déterminé et une cause réelle et licite.
En d'autres termes, il faut qu'un contrat valable soit passé entre l'auteur du dommage (le débiteur qui n'a pas fait face à ses engagements) et la victime (cocontractant lésé). Ce contrat peut revêtir des formes diverses : écrite, verbale, solennelle, authentique, etc.
L'article 230 du D.O.C dispose : « les obligations contractuelles valablement formées tiennent lieu de loi à ceux qui les ont faites. »

B - A défaut, la responsabilité éventuellement née de la situation serait délictuelle. La victime aura à prouver le lien de causalité existant entre

---

[229] BONNARD (J), Droit des assurances, Paris, LEXISNEXIS LITEC, 4ème éd, 2011, P 11.

le dommage subi et le non-respect d'une clause du contrat, l'inobservation des obligations, ou engagements pris ;

C - L'inexécution du contrat : la victime doit prouver l'inexécution ou la mauvaise exécution du contrat, c'est-à-dire le non-respect d'une obligation prévue par le contrat ;

D - L'existence d'un dommage né de l'inexécution ou de la mauvaise exécution du contrat. Cette condition n'est que la traduction de deux conditions générales requises pour toute responsabilité civile à savoir la nécessité d'existence d'un dommage et d'un lien de causalité.

La victime devra également apporter la preuve de l'existence d'un dommage résultant de l'inexécution du contrat, inexécution qui peut être totale ou partielle.
Le D.O.C précise l'effet des obligations contractuelles dans les articles 228 et suivants L'article 231 du D.O.C dispose « Tout engagement doit être exécuté de bonne foi, et oblige, non seulement à ce qui y est exprimé, mais encore à toutes les suites que la loi, l'usage ou l'équité donnent à l'obligation d'après sa nature ».
Dès lors, tout dommage consécutif à une exécution ouvre la voie à la réparation. Le débiteur étant en demeure chaque fois qu'il est en retard d'exécuter ce à quoi il était obligé de faire conformément aux clauses du contrat et qu'il ne justifie pas que l'inexécution ou la mauvaise exécution provienne d'une cause étrangère qui ne lui est pas imputée, encore faut-il qu'il n'y ait eu aucun dol ou mauvaise foi de sa part.

La violation d'une obligation contractuelle est sanctionnée par une responsabilité de même nature, contractuelle. Une des caractéristiques principales de cette responsabilité est qu'elle soit souvent confinée, limitée par les clauses du contrat, ce qui limite le nombre des intervenants sur la base de la responsabilité contractuelle.
Le seul fait d'existence d'une obligation qui puisse exprimer une sanction ayant un caractère « strictement civil » ne suffirait nullement pour que l'assurance de responsabilité puisse couvrir le dommage réclamé par la victime. Il serait nécessaire ; pour faire valoir cette police de responsabilité civile ; que la dette n'émane pas d'une obligation contractuelle mais représente plutôt une dette de réparation. Ce qui nous amène à penser que les dettes contractuelles résultant des engagements du constructeur assuré, en tant que débiteur vis-à-vis du maître

d'ouvrage en qualité de créditeur, ne sauraient être prises en charge par l'assureur de responsabilité civile ou même d'ailleurs par l'assureur TRC. Ainsi, l'assurance ne saurait garantir l'exécution d'une obligation contractuelle de l'assuré telle qu'elle est prévue au contrat, par exemple payer le prix d'une prestation contractuelle[230], ou un engagement de caution[231]

Par ailleurs, certaines clauses insérées dans le contrat peuvent limiter ou étendre cette responsabilité du constructeur telles que :
- Clause limitant la responsabilité jusqu'à concurrence d'un certain montant (LCI) ;
- Clause de renonciation à recours ;
- Clause d'extension de garantie ;
- Clause de subrogation ;
- Etc.

Toutefois certaines clauses ne peuvent être exonératoires de la responsabilité notamment en cas de faute, de fraude ou de dol. De telles clauses sont réputées nulles et sans effets. Les exemples ci-dessous illustrent ces cas :

Exemple 1 : Limitation de la responsabilité contractuelle
« Le client d'un garage fait effectuer des travaux de réparation sur son véhicule. Il assigne le garagiste en paiement des frais de remise en état de son véhicule dont le moteur a été mis hors d'usage un mois après ces opérations. Il est débouté de cette prétention. Les juges du fond apprécient souverainement les éléments de preuve qui leur étaient soumis. Ils ont constaté que la commande était limitée au seul changement d'un balai d'essuie-glace et de quatre bougies et ne portait pas sur une révision périodique impliquant une vidange du véhicule. Ils ont pu en déduire qu'en l'absence de commande d'une telle opération, le garagiste n'était pas tenu d'appeler l'attention de son client sur la nécessité d'y procéder. Pourvoi du client rejeté. ».[232]

---

230 Fra Cr Cass Ch Civ 1ère, 14 Juin 1989, RGAT, 1989, P 881, note J. KULLMANN

231 Fra Cr Cass Ch Civ 1ère, 13 Novembre 1990, RGAT, 1991, P146, note J. KULLMANN, pour l'engagement de caution d'un gérant de société qui ne saurait être pris en charge par l'assurance de responsabilité des mandataires sociaux.

232 Fra Cr Cass Ch Civ 1ère, 5 Novembre 1996

Exemple 2 : Assurance de la responsabilité contractuelle

« Un couple de maîtres d'ouvrage confie la maîtrise d'œuvre[233] de construction d'une maison à une société. Des désordres étant apparus en cours de construction, ils obtiennent la résiliation du contrat aux torts du maître d'œuvre et sa condamnation à des dommages et intérêts. Ces condamnations sont confirmées par arrêt d'appel qui accueille à la différence du jugement de première instance, l'action directe des époux contre l'assureur garantissant les conséquences pécuniaires de la responsabilité contractuelle de la société.

La cour de cassation estimant que le couple de maître d'ouvrage a un droit de créance direct dont ils sont investis contre cette société d'assurances. ».[234]

Exemple 3 : Inexécution des obligations contractuelles

« Une société confie des cartons de dattes à une entreprise de stockage afin qu'elle les entrepose à une température légèrement positive. Ces marchandises devenues impropres à la commercialisation par suite d'une négligence d'un préposé de l'entrepositaire qui les a laissées à une température ambiante plusieurs jours, leur propriétaire assigne le dépositaire en indemnisation. La responsabilité contractuelle de l'entreprise est mise en cause. Le dommage est constitué par la destruction partielle des marchandises confiées à l'entrepositaire, et a pour origine l'inexécution de cette dernière de son obligation contractuelle de conservation des marchandises qui lui ont été confiées ».[235]

Il y a lieu de noter que toute responsabilité ne peut pas faire l'objet d'une assurance[236]. La loi pose en effet certaines limites à l'assurabilité du risque de responsabilité. C’est le cas notamment de l’inassurabilité des

---

[233] La maîtrise d'œuvre est l'entité qui va représenter le maître d'ouvrage auprès de tous les intervenants sur chantier. Elle a le rôle de veiller à la bonne exécution des travaux sur la base des contrats, plans et réglementation. Généralement, la maîtrise d'œuvre est accordée par le maître d'ouvrage à l'architecte. Dans le cas où l'ouvrage présente des spécificités techniques qui dépassent les capacités techniques de l'architecte, le maître d'ouvrage peut déléguer la maîtrise d'œuvre à un cabinet d'Ingénieurs Conseils.

[234] Fra Cr Cass 13 Mars 1996

[235] Fra Cr Cass 18 Juin 1996

[236] VINEY (G), JOURDAIN (P), Traité de droit civil, les effets de la responsabilité, Paris, L.G.D.J - DELTA, 2ème éd, 2002, P. 641

conséquences ; même pécuniaires soient-elles ; de la responsabilité pénale.

Certaines doctrines avancent que toutes les conséquences pécuniaires de la responsabilité civile sont assurables[237]. Cette hypothèse n'est pas toujours valable à notre sens. En effet, l'assurabilité ou l'inassurabilité de la responsabilité civile dépend en grande partie des facteurs suivants :

- La culture d'assurance dans le pays et le degré de pénétration de l'assurance dans la société sont déterminants ;
- L'offre d'assurance de responsabilité civile dans le marché : certaines offres peuvent exister dans un pays et pas dans un autre. La RC pollution est toujours exclue des polices d'assurance au Maroc.
- La nature et les capacités des traités de réassurance et les offres de l'*umbrella* que peut offrir le réassureur à sa cédante (la compagnie d'assurance). Les pleins des traités de réassurance au Maroc sont très faibles ne permettant pas de répondre à la demande des assurés en matière tant de garanties que de capitaux assurés. Le cas le plus flagrant est celui des polices couvrant la responsabilité civile professionnelle des architectes et ingénieurs ;
- La législation du pays et l'obligation d'assurance instaurée par le code civil ou le code des assurances. C'est l'exemple type de la garantie de Responsabilité Civile Décennale (RCD) au Maroc qui n'est pas obligatoire donnant ainsi la possibilité aux assureurs de refuser la couverture de certains risques. Un autre cas se présente qu'est celui de l'assurance de la responsabilité civile du locataire vis-à-vis du propriétaire qui est obligatoire en France et pas au Maroc.

2.2 - La responsabilité civile extra-contractuelle et son assurance

La responsabilité est extra-contractuelle lorsque le dommage a été causé à la victime en dehors de tout lien de droit préalable entre elle et la

[237] VINEY (G), JOURDAIN (P), Traité de droit civil, les effets de la responsabilité, Paris, L.G.D.J - DELTA, 2ème éd, 2002, P. 645

personne responsable. Pour engager une telle responsabilité, la victime devrait justifier de l'existence de trois éléments :

- Un dommage direct actuel et certain ;
- Une faute ou un fait de l'auteur résultant d'une action ou d'une abstention ;
- Une relation de cause à effet entre le dommage et les faits reprochés au responsable.

Cette branche de responsabilité civile est elle-même divisée en deux grandes catégories : la responsabilité délictuelle et la responsabilité quasi délictuelle.

2.3 - La responsabilité délictuelle est-elle assurable ?

Lorsque le dommage est né d'une faute commise dans l'intention de nuire : c'est la faute intentionnelle. Cette responsabilité trouve son fondement juridique dans l'article 77 du D.O.C marocain et dans les articles 1382 et 1383 du code civil français.
Certains contrats font l'objet d'une réglementation spécifique, par exemple le contrat d'assurance pour lequel le législateur est intervenu essentiellement à travers le nouveau code des assurances afin de protéger les assurés souscripteurs et bénéficiaires du contrat.

Notons que la faute intentionnelle ne peut être prise en charge par l'assureur conformément à l'article 17[238] du code des assurances marocain mais en laissant néanmoins la possibilité à l'assureur de la couvrir à travers l'expression « nonobstant toute convention contraire ». Certes à ce jour, les assureurs marocains ne proposent pas de couverture de responsabilité découlant de fautes intentionnelles.
Le code des assurances français va dans le même sens de l'inassurabilité de la responsabilité civile délictuelle et ce à travers l'article L 113-1[239].

---

[238] Art 17 : « Les pertes et les dommages occasionnés par des cas fortuits ou causés par la faute de l'assuré sont à la charge de l'assureur, sauf exclusion formelle et limitée contenue dans le contrat. Toutefois, l'assureur ne répond pas, nonobstant toute convention contraire, des pertes et dommages provenant d'une faute intentionnelle ou dolosive de l'assuré. »

[239] Art L113-1 : « Les pertes et les dommages occasionnés par des cas fortuits ou causés par la faute de l'assuré sont à la charge de l'assureur, sauf exclusion formelle et limitée contenue dans la police. Toutefois, l'assureur ne répond pas des pertes et dommages provenant d'une faute intentionnelle ou dolosive de l'assuré.

La même voie est prise par le code des assurances tunisien dans l'article 4[240].
Le code des assurances algérien confirme de son côté le même principe dans son article 12[241].

2.4 - Réparation des dommages dans le cadre de la police Responsabilité Civile

La multiplication des activités industrielles, la sophistication des procédés industriels de production et le recours massif aux moyens technologiques avancés ont été un champ propice pour la création croissante et évolutive de nouveaux contrats d'assurance de responsabilité civile, et ce afin de répondre aux besoins de sécurité qui ne cessent de croître.

A - Fondement du droit à la réparation

S'il est une question passionnément controversée, c'est bien celle du fondement du droit à la réparation.

Question : Quelle considération permettrait-elle de justifier l'obligation de réparer un dommage, à l'encontre du présumé responsable ?

Réponse : Sa faute, telle est la réponse traditionnelle. La faute consistant dans la violation d'une obligation morale.
Mais cette réponse est-elle toujours valable au vu du développement de la jurisprudence ?

La faute est-elle toujours à la base de la responsabilité civile ?

Rationnellement, toute responsabilité n'entrant pas dans ce moule est dépourvue de fondement. Le débat a été obscurci de plusieurs manières : Souvent la fonction de responsabilité (prévention, sanction, et surtout réparation) est confondue avec son fondement.

---

240 Article 4 : « L'assureur ne répond pas des dommages résultant de la faute intentionnelle ou dolosive. »

241 Art 12 : « L'assureur doit répondre des pertes et dommages :
a) résultant de cas fortuits ; b) provenant de la faute non intentionnelle de l'assuré ; Etc.

On remarque alors une inadaptation de la responsabilité pour faute à la fonction de réparation du dommage ce qui conduit à une exclusion de la faute du système. Mais même lorsqu'elle prend appui sur une faute, la responsabilité qui en naisse a été l'objet de critiques. C'est d'abord la déformation de la notion de faute civile comme conséquence d'un élargissement de son contenu. Afin de mieux réparer les dommages résultant d'accident, les tribunaux en sont venus à retenir contre les auteurs des dommages de simple faute moralement insignifiante conséquence d'une maladresse, d'un mauvais réflexe mais parfois lourdes de conséquences.

Nous illustrons ces propos par l'exemple suivant :
- Cas : « Un médecin constate sur l'enfant d'un couple une éruption cutanée, évoquant la rubéole. Il relève sur la mère une éruption semblable. Il prescrit une recherche d'anticorps surtout que la malade lui dit qu'elle pourrait être enceinte : Le premier prélèvement se révèle négatif. Après l'accouchement, un deuxième prélèvement prescrit s'avère positif.
Le laboratoire procède à un second tirage du premier prélèvement et découvre que par suite d'une faute, le résultat du premier test avait été donné à tort comme pouvant conclure que la mère était immunisée alors qu'elle a donné naissance à un enfant atteint de troubles neurologiques.
La justice s'est prononcée sur cette affaire de la manière suivante :

- Juridiction de 1er degré : « Le laboratoire pour son erreur, et le praticien pour défaut de soins attentifs et manquement à son devoir de conseil ont été déclarés responsables et tenus à réparer les conséquences dommageables. »
- La cour d'appel : « Il n'y a pas de responsabilité dans la mesure où les séquelles (dommages) ne trouvent pas leur cause dans l'erreur de l'un ou le manquement à des obligations professionnelles de l'autre, mais le dommage provient du virus transmis par la mère à l'enfant. »
- Cour de cassation - Arrêt cassé : « Les parents pouvaient ; s'ils l'avaient su avant ; interrompre la grossesse. Les fautes commises les avaient induits faussement en erreur. L'erreur du laboratoire et le manquement du médecin à son obligation de conseil constituent des fautes génératrices du dommage. »

Les accidents de travail constituent également un exemple flagrant de responsabilité sans faute. C'est aussi le cas dans les autres systèmes

chaque fois que la victime trouve des difficultés à prouver la faute : En l'absence de faute ou de conduite reprochable à l'auteur, les juges devaient se contenter de « poussières de fautes » pour faciliter la réparation, et surtout pour la « légitimer ».
Il y a des cas où le fondement à la réparation n'est pas la faute à l'origine du dommage. Mais il existe des dommages causés dans des circonstances telles qu'il semble injuste d'en laisser supporter le poids à la victime.
C'est alors que l'idée de risque dont le dommage est la réalisation qui apparaît à la source de la responsabilité : Cas des accidents de travail, accidents de circulation, etc.

La cour d'appel s'est prononcée à ce sujet : Il appartient à la victime de signaler aux moniteurs une éventuelle perte d'énergie dont elle avait été victime avant le saut. Arrêt cassé.
La cour d'appel aurait dû rechercher si les moniteurs, dont le comportement doit être apprécié eu égard du caractère dangereux du sport pratiqué, avaient pris la précaution de s'enquérir de l'état physique et psychologique de la stagiaire avant ce premier saut.

- Cas : « Un agriculteur ayant fait procéder ; par hélicoptère ; à l'épandage d'un produit herbicide qu'il a fourni à l'entreprise propriétaire de l'hélicoptère. Des cultures voisines ont été endommagées. Le propriétaire de ces dernières assigne en justice l'agriculteur ainsi que l'entreprise ayant procédé à l'épandage.
L'agriculteur est déclaré responsable pour un tiers du dommage. Il a commis l'imprudence de fournir à l'entreprise un bidon ouvert depuis longtemps sans en connaître le contenu de façon certaine.
L'entreprise exploitante d'aéronef restait responsable pour les deux tiers du dommage causé aux biens situés à la surface, et ce d'autant plus qu'il lui appartenait de vérifier la qualité du produit fourni par le client. »

Néanmoins, la faute est loin d'avoir disparu du système de responsabilité civile au Maroc et les articles 77 et 78 du D.O.C marocain ne l'ont pas abrogée. Certains secteurs sont entièrement sous l'empire de la faute. C'est le cas notamment où chaque fois qu'il est porté atteinte à un droit privatif.

Désignation du responsable

Lorsqu'un risque est réalisé, il s'agit d'abord de savoir qui doit en répondre. En effet, dès que le droit à la réparation naît, il y a obligation de désigner le responsable.

La faute ; quand elle existe ; remplit déjà cette fonction notamment lorsqu'elle est à l'origine du dommage. Car, en cas de dommage causé par la faute d'une personne, celle-ci est tout naturellement désignée pour en répondre.

La faute (personnelle) génératrice de responsabilité peut également déclencher la responsabilité d'autrui. C'est le cas typique du préposé qui ; travaillant pour le compte d'autrui ; commet une faute qui occasionne un dommage. Par sa faute, il oblige son commettant à répondre aux dommages qu'il cause à autrui.

Mais en l'absence de faute, comment désigner le responsable, *i.e.* le débiteur de l'obligation de réparer le dommage ?

Les tribunaux s'ingénient à rechercher des solutions qui sont souvent dictées par des considérations d'équité ou de bon sens et sont souvent loin d'être conformes aux principes juridiques traditionnels.

Jurisclasseur : « Pour rechercher le responsable, on ne se préoccupe guère du système rationnel, mais du fait que telle personne est plus apte que telle autre à assurer la réparation du dommage, notamment parce qu'elle a des moyens financiers ou surtout parce qu'elle est assurée. »

En effet, l'assurance a été un moteur propulsif des systèmes juridiques de responsabilité civile. Incontestablement, elle a permis l'évolution de la responsabilité civile au détriment parfois des principes généraux de droit : Il faut qu'un responsable solvable existe. C'est le cas des responsabilités indirectes. Les fondements de désignation du responsable varient d'un cas à un autre, mais tous s'articulent autour de la notion de risque. Le responsable étant donc celui qui prend des risques et doit en assumer les conséquences.

En fait, plusieurs idées justifient l'attribution d'une responsabilité sans faute à une personne plutôt qu'à une autre. Nous illustrons cette idée par deux cas concrets :

- 1er Cas : La responsabilité est la contrepartie du profit qu'une personne tire de son activité et qui peut se révéler dangereuse. Rappelons, à cet effet qu'en France par exemple, aussi bien la Cour de Cassation que le

Conseil d'État ont refusé aux centres de transfusion sanguine d'être exonérés en cas de risque de développement. Il y a lieu de noter qu'il est toujours possible à ce jour que de nouvelles contaminations de nature inconnue fassent leur apparition. Depuis, cette jurisprudence avait incité certaines compagnies d'assurances à refuser leurs garanties puisqu'ils les avaient limitées au cas de faute prouvée. Cette situation est doublement pénalisante pour les centres de transfusion. Il existe toujours un risque de quelques cas très rares de contamination, mais pour lesquels les conséquences financières sont si importantes qu'elles peuvent être désastreuses pour les centres.

- Celui qui est à l'origine du risque, le créateur du risque à savoir l'entreprise. Cette tendance à désigner l'entreprise n'a pas pour objectif de sanctionner l'esprit d'entreprise, mais plutôt dans le but d'inciter les entrepreneurs à prévoir et à suivre une politique de prévention des dangers tant envers leurs employés qu'envers leur environnement.

- 2ème Cas : « Une explosion de gaz s'est produite dans un appartement donné en location. Le propriétaire recherche la responsabilité du locataire et de l'entreprise ayant réalisé à la demande de ce dernier des travaux de raccordement d'un radiateur à gaz. La responsabilité de ceux-ci est retenue : Le locataire aura à répondre d'un tiers seulement du dommage, les deux tiers restants seront à la charge de l'entreprise d'installation. Il est certain qu'une fuite de gaz a eu lieu et qu'elle n'a pu provoquer une explosion qu'à la suite d'une accumulation du gaz et l'absence de ventilation qui l'ont rendu possible.
La cour s'est prononcée : « L'entreprise aurait dû ; avant d'installer un radiateur ; s'assurer de la présence, de l'arrivée d'air, ou exiger la création d'un tel orifice ou encore refuser de faire l'installation. L'absence de ramonage ; depuis l'entrée dans les lieux du locataire ; a entraîné une obstruction du conduit de cheminée et réduisant ainsi le volume d'air pouvant y transiter. »

D'autres fondements avancés peuvent justifier certaines responsabilités sans faute : c'est le critère de solvabilité. Une sorte de garantie de solvabilité qu'on octroie à la victime en désignant un responsable « plus solvable » qu'un autre. Ainsi, la victime pouvant ainsi être toujours indemnisée[242].

---

[242] Fra Cr Cass Ch Com Ar N° 94-16.200 du 21 Mai 1996 Inédit

B - La garantie de Responsabilité Civile

Les contrats d'assurance de responsabilité civile garantissent en général les conséquences pécuniaires de la responsabilité civile qui peut incomber à l'assuré, souscripteur ou toute autre personne désignée aux conditions générales ou particulières. Par conséquent, ces contrats d'assurance visent non seulement à préserver le patrimoine de l'assuré ; chaque fois que sa responsabilité civile est mise en cause ; mais garantissent aussi toute insolvabilité éventuelle de celui-ci face à ses créanciers.

De ce fait, ces assurances peuvent être considérées comme une force propulsive vers le développement puisqu'elles peuvent contribuer à sauvegarder les entités industrielles, commerciales et financières contre tout coup fatal pouvant mettre en danger la survie de l'entreprise.

Il existe divers contrats d'assurances de responsabilité civile qui dépendent de la nature des garanties demandées et du risque à couvrir. Tandis que les uns pourront se rapporter à la vie privée de l'assuré (Responsabilité civile chef de famille, etc.), d'autres concerneront sa vie professionnelle (RC Professionnelle) ou l'exploitation de son entreprise (RC Exploitation, RC après travaux).

La faute intentionnelle est-elle assurable ?

L'assurance est basée sur la garantie des aléas conséquents à l'imprudence, à la négligence ou à l'omission et ne peut couvrir en principe la faute intentionnelle même dans le cadre civil.

- La faute dans le contexte des codes des assurances

Les assureurs tant marocains que français refusent de couvrir ce genre de faute et de ce fait, la faute intentionnelle reste inassurable pour le moment. D'ailleurs, l'article 17, alinéa 2 du code des assurances marocain dispose : « Toutefois, l'assureur ne répond pas, nonobstant toute convention contraire, des pertes et dommages provenant d'une faute intentionnelle ou dolosive de l'assuré ». Le code des assurances français le précise de son côté aussi dans son article L. 113-1, alinéa 2 : « Toutefois l'assurance ne répond pas, nonobstant toute convention contraire, des pertes et dommages provenant d'une faute intentionnelle ou dolosive de l'assuré ».

Si le code des assurances exclut légalement la couverture d'une telle faute et ce du fait de l'absence d'aléa qui en résulte, néanmoins l'interprétation de cette disposition légale soulève tout de même deux difficultés majeures :

Question 1 : Cette disposition autorise-t-elle implicitement l'assurance de toutes les fautes autres que la faute intentionnelle ?

Question 2 : Comment faut-il comprendre la notion de « faute intentionnelle inassurable » ? [243]

La faute intentionnelle non assurable doit être commise personnellement par l'assuré. D'ailleurs l'article 18 du code des assurances marocain le précise : « L'assureur est garant des pertes et dommages causés par des personnes dont l'assuré est civilement responsable en vertu de l'article 85[244] du dahir du 9 ramadan 1331 (12 août 1913) formant Code des obligations et contrats, quelles que soient la nature et la gravité des fautes de ces personnes. »

Par ailleurs, l'article L. 121-2 du Code des assurances français précise : « L'assureur est garant des pertes et dommages causés par les personnes dont l'assuré est civilement responsable en vertu de l'article 1384 du Code civil, quelles que soient la nature et la gravité de la faute de ces personnes ». Ce qui laisse entendre que la faute intentionnelle des préposés (employés par exemple) ainsi que toute personne dont l'assuré est civilement responsable (enfants par exemple) est prise en charge par l'assureur qu'elle qu'en soit sa gravité.
Mais cette situation a bien changé depuis le pourvoi du l'arrêt[245] du 27 mai 2003 de la cour de cassation française qui a précisé le champ de garantie de la faute intentionnelle. La cour de cassation s'est exprimée en faveur de la garantie d'assurance
« la faute intentionnelle au sens de l'article L. 113-1 du Code des assurances, qui implique la volonté de créer le dommage tel qu'il est survenu, n'exclut de la garantie due par l'assureur à l'assuré, condamné

---

[243] VINEY (G), JOURDAIN (P), Traité de droit civil, les effets de la responsabilité, Paris, L.G.D.J - DELTA, 2ème éd, 2002, P 648
[244] Art 85 du D.O.C Mar dispose : « On est responsable non seulement du dommage que l'on cause par son propre fait, mais encore de celui qui est causé par le fait des personnes dont on doit répondre. »
[245] Fra Cr Cass Ch Civ 1 Ar N° 01-10-478 01-10-747du 27 Mai 2003 Publié au Bulletin.

pénalement, que le dommage que cet assuré a recherché en commettant l'infraction ; que la cour d'appel, après avoir souverainement apprécié, au vu du dossier pénal, que les auteurs n'avaient pas délibérément recherché les conséquences dommageables effectivement survenues, a, sans méconnaître le principe de l'autorité de la chose jugée au pénal sur le civil, exactement décidé, hors la dénaturation alléguée par la société GPA IARD de la clause subordonnant la prise en charge de l'assureur au caractère accidentel de l'événement à l'origine du dommage, que les assureurs étaient tenus à garantie ; ».

Par cet arrêt, la cour de cassation a mis en clair que la faute intentionnelle non assurable se limite à la faute basée sur la connaissance du fauteur des dommages conséquents de la faute commise par ses soins. D'ailleurs ; dans cette affaire ; malgré que les deux élèves fautifs soient condamnés pénalement d'infraction volontaire par la détérioration volontaire de biens par l'incendie [246] ; les assureurs étaient tenus de garantir le sinistre.

Assurabilité de la faute lourde ou grave ?

Le problème d'assurance des fautes ; autres qu'intentionnelles ; s'est posé principalement pour la faute inexcusable, la faute lourde ou grave, ainsi que pour la faute civile qui présente les caractéristiques d'une infraction pénale : cas de faute d'imprudence ou négligence ayant entraîné des blessures graves ou la mort de la victime.

En France, la législation a évolué depuis la rédaction de la loi de Juillet 1930. En fait, l'interdiction d'assurance de la faute grave a subsisté jusqu'en 1930 et qui était basée sur l'adage « *culpa lata dolo aequiparatur* »[247]. Après la promulgation de la loi de Juillet 1930, les tribunaux français ont commencé à considérer que le législateur de 1930 avait voulu rompre avec cette tradition[248] et depuis ont admis la validité de l'assurance des fautes lourdes [249]

---

[246] FABRE-MAGNAN (M), Droit des obligations, Responsabilité civile et quasi-contrats, Paris, PRESSES UNIVERSIATAIRES DE FRANCE, 3ème éd, 2013, P 30

[247] Expression latine signifiant « faute large », encore utilisée pour désigner en matière contractuelle une faute lourde qui, bien que ne procédant d'aucune intention malhonnête, est assimilable au dol parce qu'elle traduit, chez son auteur, une défaillance d'une extrême gravité. »

[248] VINEY (G), JOURDAIN (P), Traité de droit civil, les effets de la responsabilité, Paris, L.G.D.J - DELTA, 2ème éd, 2002, P 648

[249] - A. BESSON, Les assurances terrestres en droit français, 5ème éd., t. l, n° 65. V. une application, Civ. 1ère, 18janv. 1983, RGAT, 1983, p. 515.

Ces dispositions libérales ne sont pas généralisées en Europe et donc ne sont pas admises dans tous les pays Européens. C'est le cas de l'Espagne où l'assurance de la faute lourde ou grave est strictement interdite, alors qu'en Italie et au Portugal, elle est en principe exclue mais peut être admise par une convention contraire. En Suisse, l'article 14[250], alinéa 2 de la loi sur le contrat d'assurance sanctionne la faute grave de l'assuré et autorise même l'assureur à réduire ses prestations proportionnellement au degré de sa faute[251].

Il faut noter que la loi Belge du 25 Juin 1992 sur le contrat d'assurance terrestre modifiée par la loi du 16 mars 1994 dans son article 8[252] ; contrairement aux législations marocaine et française ; autorise l'assurance de la faute même lourde.

Mais il y a lieu de remarquer que le même article indique que la liste des fautes lourdes est établie par le Roi.

En définitive, l'unanimité sur l'assurabilité de la faute lourde ou grave n'est pas acquise dans les législations européennes.

Assurabilité de la faute inexcusable ?

Quant à la faute inexcusable, elle est définie comme faute consistant à prendre sciemment, volontairement et consciemment un ou plusieurs risques graves tant pour la sécurité de soi-même que pour celle

---

[250] Art 14 dispose « 1 L'assureur n'est pas lié si le sinistre a été causé intentionnellement par le preneur d'assurance ou l'ayant droit. 2 Si le preneur d'assurance ou l'ayant droit a causé le sinistre par une faute grave, l'assureur est autorisé à réduire sa prestation dans la mesure répondant au degré de la faute. [ ]. »

[251] V. le rapport de A. Meeus au 9e colloque juridique international du CEA de Bruxelles, 3-6 oct. 1980 ; RGAT, 1981, P 252 à 256. Notons que la loi belge du 25 juin 1992 sur le contrat d'assurance autorise désormais l'assurance de la faute lourde (Art 8).

[252] Art 8 dispose : « Nonobstant toute convention contraire, l'assureur ne peut être tenu de fournir sa garantie à l'égard de quiconque a causé intentionnellement le sinistre.

L'assureur répond des sinistres causés par la faute, même lourde, du preneur d'assurance, de l'assuré ou du bénéficiaire. Toutefois, l'assureur peut s'exonérer de ses obligations pour les cas de faute lourde déterminés expressément et limitativement dans le contrat.

Le Roi peut établir une liste limitative des faits qui ne peuvent être qualifiés de faute lourde. »

d'autrui[253] mais sans intention de nuire à autrui. Cette faute était discutée à plusieurs reprises vu que certains textes ; traitant de domaines particuliers ; ont catégoriquement interdit son assurance[254]. Il faut noter aussi que la plus importante de ces prohibitions a concerné la faute inexcusable de l'employeur envers ses employés en matière d'accidents de travail mais qui a été levée par l'article 452-4 du code de la Sécurité Sociale en France.[255]

La jurisprudence française est passée par deux stades distincts correspondants à deux périodes ; avant et après le 28 Février 2002 ; et qui ont considérablement marqué la définition de la faute inexcusable principalement dans le domaine des accidents de travail et de l'obligation de sécurité de l'employeur vis-à-vis de son personnel. Ces deux périodes étaient déterminées par un arrêt rendu par la cour de cassation française relative aux accidents relatifs à l'amiante.

a) - Période du 15 Juillet 1941 au 28 février 2002 en France

En interprétant l'article 20 de la loi du 9 Avril 1898, c'est la jurisprudence et non la loi qui a créé la définition de la faute inexcusable par un arrêt du 15 Juillet 1941[256] :

« Le 18 octobre 1928, à Vincennes, un immeuble en construction appartenant à M. Y..., entrepreneur, qui en habitait déjà avec sa famille le rez-de-chaussée, et dirigeait lui-même les travaux, s'est brusquement

---

[253] VINEY (G), JOURDAIN (P), Traité de droit civil, les conditions de la responsabilité, Paris, L.G.D.J - DELTA, 2ème éd, 1998, P 571 et Suiv.

[254] V Art L. 172-13, al. 2, du Code des assurances français qui interdit l'assurance de « fautes intentionnelles et inexcusables de l'assuré, en matière d'assurance maritime et qui dispose :

« Les risques assurés demeurent couverts, même en cas de faute de l'assuré ou de ses préposés terrestres, à moins que l'assureur n'établisse que le dommage est dû à un manque de soins raisonnables de la part de l'assuré pour mettre les objets à l'abri des risques survenus. L'assureur ne répond pas des fautes intentionnelles ou inexcusables de l'assuré. »

V aussi une application par Com, 3 févr. 1987, Bull. civ. IV, n° 30.

[255] Art L. 452-4 du Code de la Sécurité Sociale en France dispose « [] L'employeur peut s'assurer contre les conséquences financières de sa propre faute inexcusable ou de la faute de ceux qu'il s'est substitués dans la direction de l'entreprise ou de l'établissement. »

[256] Fra Cr Cass Ch Réunies Ar N° 00-26.836 du 15 Juillet 1941 - Inédit

effondré, ensevelissant plusieurs ouvriers parmi lesquels M. A..., qui fut tué. [ ]

Attendu que la faute inexcusable retenue par l'article 20 paragraphe 3 de la loi du 9 avril 1898, doit s'entendre d'une faute d'une gravité exceptionnelle, dérivant d'un acte ou d'une omission volontaire, de la conscience du danger que devait en avoir son auteur, de l'absence de toute cause justificative et se distinguant par le défaut d'un élément intentionnel de la faute visée au paragraphe 1er dudit article ; »

b) – Période après le 28 février 2002 en France

Depuis l'arrêt de la cour de cassation du 28 Février 2002, la jurisprudence a placé la faute inexcusable de l'employeur envers son employé dans une autre sphère. En fait, la sécurité est devenue comme une obligation de résultat de l'employeur envers son personnel. Cet arrêt s'est exprimé de la façon la plus claire :

« En vertu du contrat de travail le liant à son salarié, l'employeur est tenu envers celui-ci d'une obligation de sécurité de résultat, notamment en ce qui concerne les maladies professionnelles contractées par ce salarié du fait des produits fabriqués ou utilisés par l'entreprise ; que le manquement à cette obligation a le caractère d'une faute inexcusable, au sens de l'article L.452-1[257] du code de la Sécurité Sociale, lorsque l'employeur avait ou aurait dû avoir conscience du danger auquel était exposé le salarié et qui n'a pas pris les mesures nécessaires pour l'en préserver. »

La définition de la faute inexcusable a connu donc une évolution dans le temps et c'est l'arrêt du 28 Février 2002 rendu dans le cadre des dangers dus à l'utilisation de l'amiante dans les constructions[258] :

« Mais attendu qu'en vertu du contrat de travail le liant à son salarié, l'employeur est tenu envers celui-ci d'une obligation de sécurité de résultat, notamment en ce qui concerne les maladies professionnelles contractées par ce salarié du fait des produits fabriqués ou utilisés par l'entreprise ; que le

---

[257] Art l452-1 dispose : « Lorsque l'accident est dû à la faute inexcusable de l'employeur ou de ceux qu'il s'est substitués dans la direction, la victime ou ses ayants droits ont droit à une indemnisation complémentaire dans les conditions définies aux articles suivants. »

[258] Fra Cr Cass Ch Soc Ar N° 00-10.051 du 28 Février 2002 – Publié au bulletin

manquement à cette obligation a le caractère d'une faute inexcusable, au sens de l'article L. 452-1 du Code de la sécurité sociale, lorsque l'employeur avait ou aurait dû avoir conscience du danger auquel était exposé le salarié, et qu'il n'a pas pris les mesures nécessaires pour l'en préserver ; »

Depuis cet arrêt, la faute inexcusable se caractérise par la création d'un danger mais sans pour autant qu'elle soit intentionnelle pour mettre la victime en danger. En d'autres termes, les deux facteurs exprimés dans l'arrêt de 1941 et qui en conditionnaient la caractérisation de la faute inexcusable par les deux conditions à savoir la création du danger et le facteur l'intention, n'est plus de mise dans l'arrêt du 28 Février 2002 et seule la condition de la création du danger est retenue comme critère de caractérisation.

Par ailleurs, l'article L. 452-1 du code français de la sécurité sociale a clairement ouvert le droit à une indemnisation en cas de manquement à cette obligation de sécurité de l'employeur vis à vis de son personnel : « Lorsque l'accident est dû à la faute inexcusable de l'employeur ou de ceux qu'il s'est substitués dans la direction, la victime ou ses ayants droits ont droit à une indemnisation complémentaire dans les conditions définies aux articles suivants. »

c) – Cas du Maroc

Le D.O.C marocain ne définit pas la faute inexcusable. Le code de travail utilise l'expression de « faute grave » en ce qui concerne les salariés mais sans donner de définition à cette faute. Par ailleurs, l'article 54 du code de travail marocain reconnait quant à lui la maladie professionnelle comme accident de travail à la charge de l'employeur. D'ailleurs, la France a reconnu aussi la même situation et a étendu ce principe au salarié ayant eu un accident de travail à travers un arrêt de la cour de cassation en 2002[259].

La cour de cassation française est allée encore plus loin en étendant l'obligation de l'employeur à se renseigner sur les éventuels risques pouvant être encourus par les salariés lorsqu'ils travaillent dans des locaux d'une autre entreprise[260].

---

[259] Fra Cr Cass Ch Soc Ar N° 00-16.535 du 11 Avril 2002 Publié au Bulletin

[260] Fra Cr Cass Ch Civ 2 Ar N° 08-16.306 du 08 Octobre 2009

C - Apport de la jurisprudence

Depuis longtemps, les concepts de la responsabilité civile ont été utilisés par les tribunaux et ce dans les situations les plus diverses. Mais les lois relatives à ces concepts ; tels les articles 77 et suivants du D.O.C ; ne donnent qu'une définition large et imprécise de la responsabilité civile de chacun mais sans rentrer dans le détail, ni même préciser les situations d'utilisation de ces concepts d'ordre général.

La jurisprudence est venue confirmer l'esprit de la loi et fournir les interprétations nécessaires à l'application de la loi. D'ailleurs cette situation s'applique en particulier au droit de la construction, dont les complications et contraintes d'application sont évidentes.

La jurisprudence a bousculé le fondement même de la responsabilité civile qu'est la faute, considérée jusqu'à ces derniers temps comme fondement indiscutable de la responsabilité civile. À cet effet, on a constaté ; par exemple ; l'émanation du concept de la responsabilité civile sans faute[261] manifestement présente dans la responsabilité préventive.

---

[261] Cr Cass Civ Ch Civ 1 Ar N° 15-17-472 du 1er juin 2016 ; Publié au bulletin.

Chapitre II - Rôle de l'assurance dans la gestion des risques de construction

L'entreprise de construction ainsi que tous les autres intervenants dans l'acte de construire doivent gérer d'une part, les risques qu'ils encourent et d'autre part gérer les risques qu'ils font encourir aux tiers. Cette gestion technique peut s'avérer insuffisante pour faire face à des obligations d'indemnisation de leurs clients (maîtres d'ouvrages) ou de tiers lésés qui pourraient dépasser largement leur capacité financière. Ces derniers se verront nécessairement recourir aux services et prestations de garantie et d'assurance de leurs risques par les assureurs. Il n'est plus admis aujourd'hui de penser à une situation de non assurance (donc d'auto assurance) d'un chantier dépassant un montant de travaux de 10 Millions DH[262].

[262] Équivalent d'environ 1,1 Million €

Section 1 - L'assurance et son utilité

La volonté de s'assurer n'est que l'expression d'exigence exprimée par l'être humain de se protéger contre les aléas de la vie et de protéger son patrimoine contre les éventuels risques pouvant le lui en faire perdre. Cette exigence est intimement liée au développement de la société industrielle tant au niveau de ses échanges commerciaux, qu'au niveau de l'avancement rapide de la science et de la technologie. Certes, on peut imaginer à première vue que le système indemnitaire serait un moyen d'enrichissement de l'assuré. Mais cette vision ne se confirme pas puisque le mécanisme d'assurance est verrouillé dans le sens de ne pas permettre cette situation :

- Indemnisation à l'identique en cas de survenance de sinistre sans possibilité de procéder à des améliorations non existantes avant le sinistre ;
- Application de la règle proportionnelle en cas de sous assurance ;
- Non possibilité d'être doublement indemnisé par l'utilisation de plusieurs garanties dans une même police d'assurance ou encore l'utilisation de plusieurs polices d'assurance garantissant le même risque ;
- Fausses déclarations de sinistres ;
- Fausses déclarations sur la nature du risque au moment de la souscription de la police d'assurance ;
- Etc.

De ce fait, le principe indemnitaire d'assurance fait obstacle à l'enrichissement de l'assuré, de sorte que l'assurance se présente comme procédure non spéculative mais plutôt préservatrice[263]. Contrairement au banquier qui a pour rôle de fructifier une somme d'argent que lui confie son client, l'assureur promet plutôt une indemnisation de réparation en cas de survenance de sinistre. C'est un secteur qui présente la particularité d'encaisser un prix de vente (prime d'assurance) avant la livraison du service (indemnisation du sinistre).

Du fait du développement des sociétés de consommation, de l'industrie et des constructions, l'assurance est devenue nécessaire pour couvrir les risques encourus tant par les personnes physiques que morales et

---

[263] MAYAUX (L), Les grandes questions du droit des assurances, Paris, LGDJ LEXTENSO ÉDITIONS, 2011, P 25

l'assureur apparait donc comme un partenaire privilégié et incontournable de ces derniers.
Le secteur de la construction n'échappe pas à cette règle et l'assurance se présente alors comme une garantie, tant pour le maître d'ouvrage qui souhaite voir son projet s'achever dans les délais prévus ainsi que dans les meilleures conditions techniques possibles, que pour les bailleurs de fond du projet qui veulent que leurs investissements soient protégés contre tout aléas entravant l'achèvement des travaux.
D'autre part, les intervenants dans l'acte de la construction ; qu'ils soient concepteurs tels l'architecte et ingénieurs que les réalisateurs des travaux telles les entreprises de gros œuvre et second œuvre se voient aussi dans l'obligation ou plutôt dans la nécessité de protéger aussi bien leurs investissements tant en temps passé pour réaliser des plans et dresser des rapports qu'en matériaux et matériels incorporés dans l'ouvrage en cours de réalisation.

§ 1 - Évolution historique de l'assurance

Au cours de l'histoire, l'assurance a connu une évolution marquée par plusieurs étapes :

1.1 - La période pré-assurance

Depuis la haute antiquité, les premières prémisses de l'assurance apparaissaient déjà[264] :

- La caisse d'entraide constituée par les tailleurs de pierre dans la basse Égypte (vers 1400 Avant JC) ;
- Le collège funéraire de Lanuvium à l'époque romaine, assurait à ses membres ; après leur mort ; de fournir un bucher et une tombe ;
- Dans la Grèce antique, des caisses communes intervenaient pour venir en aide à ses membres qui l'alimentent à travers des cotisations mensuelles.

[264] Source :
- http://www.jurisques.com/cass1.htm
- http://www.universalis.fr/encyclopedie/assurance-histoire-et-droit-de-l-assurance/1-histoire-de-la-notion-d-assurance/

1.2 - Nécessités du commerce maritime

La procédure du « prêt à la grosse aventure » était déjà pratiquée par les Romains et qui consistait à rémunérer le prêteur d'argent à hauteur d'un certain pourcentage (entre 15 et 40 %) si le convoi ou la cargaison arrive saine et sauve. Mais cette forme de garantie du risque liée à l'arrivée de la cargaison était rapidement interdite par les autorités religieuses de l'époque sous prétexte qu'elle était abusive. C'est ce qui a obligé les commerçants romains à imaginer une autre forme de garantie des marchandises et qui consistait à payer une somme d'argent fixée forfaitairement à l'avance contre la garantie de la cargaison.

Or cette nouvelle pratique de garantir les cargaisons est apparue en premier lieu dans le transport maritime des marchandises[265]. D'ailleurs, les premières sociétés d'assurance font leur première apparition à Gènes en 1424 et en Grande Bretagne ensuite avec l'apparition d'assureurs comme personnes physiques et qui vont se constituer en clubs des Lloyd's par la suite. Quant à la France, les usages réglementaires dans les ports français étaient réunis dans un document intitulé « Guidon de la mer » de 1608. Et c'est en 1807, que le code de commerce va consacrer un livre au droit maritime.
Enfin de compte, c'est le développement du droit maritime qui était l'instigateur du développement de l'assurance du patrimoine contre les aléas et risques de toute nature.
De nos jours, la multitude des échanges internationaux, la sophistication des machines et l'évolution des sociétés de consommation ont fait naitre des sentiments d'insécurité et qui, à leur tour ont énormément participé au développement du secteur d'assurance au niveau international.

1.3 - Transformation économique et sociale

Le 19ème siècle était profondément marqué en Europe par une transformation profonde de la structure socio-économique des sociétés européennes initiée d'une part par un regroupement des terres agricoles et leur concentration entre les mains de grands propriétaires terriens et fonciers et d'autre part par une expansion économique des États vers

---

[265] Lois Rhodiennes du 8ème siècle, statut de Marseille de 1256 ou celui de Venise de 1255

d'autres cieux et d'autres continents marqués par la colonisation de l'Afrique ainsi que celle de l'Asie.

§ 2 - Rôle de l'aléa dans la police d'assurance

Le risque couvert par la police d'assurance est défini par les parties. Le risque doit être indépendant de la volonté des parties. Les évènements certains, impossibles ou dépendants de la volonté de l'assuré ne sont pas assurables (sauf le suicide après un délai minimum de deux ans[266]). On ne garantit que ce qu'on promet et dans la limite de ce qu'on a promis. La question de la présence éventuelle d'une autre limite tenant au risque lui-même se trouve éludée[267].
Ce qui importe ne serait pas l'existence d'un risque mais la croyance dans cette existence[268]. Dans la société actuelle qui est à la fois une société de l'information et une société du risque[269], ce rapprochement va de soi : l'aversion au risque n'a d'égal que la soif d'information.

Mais, qu'entend-on précisément par couverture d'un risque par l'assurance ? La notion de couverture est difficile à appréhender, sans doute plus que celle de « risque «, mais ce n'est pas une raison pour lui en préférer un autre comme celle de garantie[267].

Les risques sont soit des risques de dommages aux personnes (risques d'atteintes corporelles pesant sur l'intégrité personnelle ou la vie) soit des risques dits « dommage » (assurance de biens et assurance de responsabilité civile).
Le risque peut être aussi un risque crédit à savoir l'insolvabilité du débiteur.
L'assurance vie présente en fait le caractère d'un contrat d'épargne, favorisé par le statut fiscal privilégié de l'indemnité.

---

[266] Art L. 132-7 Cd Ass. : « L'assurance en cas de décès est de nul effet si l'assuré se donne la mort au cours des deux premières années du contrat ».
[267] MAYAUX (L), Les grandes questions du droit des assurances, Paris, LGDJ LEXTENSO EDITIONS, 2011, P 11.
[268] MAYAUX (L), Les grandes questions du droit des assurances, Paris, LGDJ LEXTENSO EDITIONS, 2011, P 5.
[269]. BECK (U), La société du risque - Sur la voie d'une autre modernité, Flammarion, Collection. « Champs «, 2003 ; Rap. V. LASSERRE-KIE Sow, « L'aléa » : JCP G 2009, 182, qui oppose un « droit de la chance à un « droit du risque «.

Le contrat d'assurance est individuel lorsqu'il est souscrit par un assuré) ou collectif (souscrit par un tiers pour couvrir un groupe d'assurés), intuitu personae (portant sur une personne) ou non (assurance de chose). Il est soit de droit privé, soit de droit public, s'il est conclu dans le cadre d'un marché public. Selon la qualité des parties il est civil, commercial ou mixte

Le caractère aléatoire du contrat d'assurance n'est nullement défini ni par le D.O.C ni par le code des assurances marocains. D'ailleurs, la définition donnée par le code des assurances à ce contrat ; précédemment citée ; s'arrête à la définition générale lui attribuant le caractère synallagmatique comme tout contrat à caractère commercial « convention passée entre l'assureur et le souscripteur ».
Contrairement à son homologue marocain, le code civil français a défini le contrat d'assurance comme un contrat aléatoire aux termes de l'article 1964 du code civil. Par contre, le code des assurances français ne comprend pas de disposition affirmant formellement ce caractère fondamental.
Or, Il n'y a pas d'assurance s'il n'y a pas d'aléas. Selon l'article 1104 du Code civil français, un contrat est aléatoire lorsque la chance de gain ou de perte, pour chacune des parties, dépend d'un événement incertain. L'existence d'un événement incertain est donc une condition nécessaire, mais non suffisante[270].

2.1 - Concept juridique de l'aléa

L'aléa en tant que concept qui renvoie vers l'incertain et l'incertitude, a fait son entrée dans le domaine du droit à travers le contrat. En effet, sans lui donner une définition précise, le D.O.C, à travers son article 1092 et suivant, renvoie aux contrats aléatoires[271].

---

[270] FAVRE ROCHEUX (A), COURTIEU (G), Le droit du contrat d'assurance terrestre, Paris, L.G.D.J - DELTA, 1998, P 75

[271] Art 1092 dispose : « Toute obligation ayant pour cause une dette de jeu ou un pari est nulle de plein droit. »
Art1097 dispose : « Sont exceptés des dispositions précédentes les jeux et les paris ayant pour objet les courses à pied ou à cheval, le tir à la cible, les joutes sur l'eau, et autres faits tenant à l'adresse et à l'exercice du corps, pourvu :
1° Que les valeurs ou sommes engagées ne soient pas promises par l'un des jouteurs à l'autre ;
2° Que les paris n'aient pas lieu entre simples spectateurs. »

Par contre, le législateur français a fourni un effort en donnant au moins une définition, non à l'aléa lui-même mais au contrat aléatoire dans l'article 1964 et ce en stipulant : « Le contrat aléatoire est une convention réciproque dont les effets, quant aux avantages et aux pertes, soit pour toutes les parties, soit pour l'une ou plusieurs d'entre elles, dépendent d'un événement incertain. Tels sont : Le contrat d'assurance, Le jeu et le pari, Le contrat de rente viagère. ».
En d'autres termes, le code civil français ; et contrairement à son homologue marocain qualifie déjà le contrat d'assurance comme contrat aléatoire alors que le D.O.C marocain limite les contrats aléatoires aux paris et jeux du hasard.

2.2 - L'aléa dans le contrat d'assurance

La validité du contrat d'assurance est assujettie à l'existence de l'aléa[272]. À ce propos, la Cour de cassation française souligne que « l'aléa constitue l'essence même du contrat d'assurance », ou encore que « le contrat d'assurance est par nature aléatoire »[273]. Par ailleurs, elle précise que la connaissance préalable de la réalisation du risque par l'assuré annule l'effet du contrat : « Aussi ce contrat ne peut-il porter sur un risque que l'assuré sait déjà réalisé »[274].
L'essence d'un contrat aléatoire ne résiderait pas dans la chance de gain ou de perte mais dans l'impossibilité de connaitre à l'avance l'avantage escompté du contrat[275].
Par ailleurs, si l'organisation économique des assurances a ainsi un but final anti-aléatoire, le contrat d'assurance n'en reste pas moins juridiquement aléatoire[276].

---

[272] Rapport annuel de la cour de cassation française 2011 - Troisième partie : Étude : Le risque - LIVRE 2. La charge du risque répartie - Titre 1. Répartition de la charge du risque par mutualisation entre les membres de groupes déterminés privés - Chapitre 1. Droit

[273] Fra Cr Cass Ch Civ 2ème., 7 Octobre 2010, Prv N° 10-30.233 ; Ch Civ 2ème., 1er juillet 2010, Prv N° 09-10.590, Bul.2010, II, N°129 ; Ch Civ 3ème., 10 Octobre 2007, Prv N° 06-11.129 et N° 06-14.205

[274] Fra Ch Civ 1ère, 4 Novembre 2003, Prv N° 01-14.942, Bul 2003, I, N° 220.

[275] MAYAUX (L), Les grandes questions du droit des assurances, Paris, LGDJ LEXTENSO EDITIONS, 2011, P 25.

[276] PICARD et BESSON, Les assurances terrestres, T1, Le contrat d'assurance, LGDJ, 5ème éd, 1982, N° 42, P 67.

Le caractère aléatoire que doit revêtir le contrat d'assurance se prolonge d'ailleurs dans la phase d'exécution[277] : la survenance du risque doit être due au hasard et non à la volonté d'une partie comme le dispose l'article 17 du code des assurances marocain[278] ainsi que l'article L. 113-1 du code des assurances français[279]

2.3 - L'élément matériel de l'aléa

L'élément matériel de l'aléa se définit par l'incertitude affectant un événement pouvant se produire dans l'avenir. L'élément matériel de l'aléa, à savoir un « événement incertain « envisagé par les cocontractants au moment de la conclusion du contrat, se trouve particulièrement mis en exergue par les articles 1104[280] et 1964[281] du Code civil français. L'incertitude, source du caractère aléatoire de l'événement ainsi prévu par les parties, peut être discernée dans divers aspects de ce dernier. Elle peut avoir pour objet la survenance même d'un événement à la consistance indéterminée (par exemple la réalisation même d'un sinistre d'une certaine importance dans le contrat d'assurance, ou encore la révélation de l'identité reconnue de l'auteur d'une œuvre vendue sous l'empire d'un doute relatif à son authenticité) ou bien affecter simplement la date d'un événement dont la réalisation future ne fait aucun doute par ailleurs (comme c'est le cas, en matière de vente d'un bien contre le versement d'une rente viagère, pour le décès du crédirentier).

---

[277] CHAGNY (M), PERDRIX (L), Droit des assurances, Paris, LGDJ LEXTENSO ÉDITIONS, 2ème éd, 2013, P 76.

[278] Art 17 dispose : « Les pertes et les dommages occasionnés par des cas fortuits ou causés par la faute de l'assuré sont à la charge de l'assureur, sauf exclusion formelle et limitée contenue dans le contrat. Toutefois, l'assureur ne répond pas, nonobstant toute convention contraire, des pertes et dommages provenant d'une faute intentionnelle ou dolosive de l'assuré. »

[279] Art L. 113-1 alinéa 2 dispose : « l'assureur ne répond pas des pertes et dommages provenant d'une faute intentionnelle ou dolosive de l'assuré »

[280] Art 1104 : « [...] Lorsque l'équivalent consiste dans la chance de gain ou de perte pour chacune des parties, d'après un événement incertain, le contrat est aléatoire. »

[281] Art 1964 : « Le contrat aléatoire est une convention réciproque dont les effets, quant aux avantages et aux pertes, soit pour toutes les parties, soit pour l'une ou plusieurs d'entre elles, dépendent d'un événement incertain. Tels sont : Le contrat d'assurance, Le jeu et le pari, Le contrat de rente viagère. »

Si l'objet de l'aléa peut ainsi être binaire, l'incertitude qui l'affecte doit en revanche être unitaire, en ce sens qu'un seul et même événement doit avoir présidé à la conclusion du contrat pour les deux parties.
Toutefois, qu'il porte sur la survenance même de l'événement ou sur la date de celui-ci, l'aléa envisagé par les parties et caractérisant le contrat aléatoire doit exister lors de la conclusion de ce dernier et reposer tout entier, en cours de contrat, sur le hasard et l'incertitude.

§ 3 - Abus et confusions dans les contrats d'assurance

De nos jours, les polices d'assurance ont beaucoup évolué depuis l'avènement du code des assurances. Mais, est-ce la fin des abus des assureurs dans la rédaction des polices ? Certaines législations européennes ont réagi fermement à ce phénomène en instaurant des règles de prohibition de certaines clauses considérées comme abusives et créant ainsi un déséquilibre entre assureurs et assurés. La France a établi par exemple une liste de clauses dites abusives (clauses noires) et une autre relative aux clauses pouvant être abusives (dites clauses grises). D'ailleurs, la loi a évolué suite au prononcé de plusieurs jugements ou arrêts condamnant les assureurs et considérant ainsi des clauses nulles et non avenues.

Cette position a été constatée au départ dans le code de consommation français (relation professionnel et non professionnel) pour l'étendre à des contrats entre professionnels telles les polices d'assurance.

Quant à la législation marocaine, le législateur a prévu dans le code de la consommation consacré le titre III aux clauses abusives allant de l'article 15 à l'article 20 et a précisé dans l'article 20 que ce titre est d'ordre public. Par ailleurs, l'article 18 du même code a donné une définition tout en précisant les cas ; au nombre de 17 ; où une clause pourrait être considérée comme abusive.

Par contre, au niveau de la relation qui lie des professionnels, nous n'avons pas pu trouver de jugements condamnant un professionnel pour l'utilisation d'une clause abusive contre un autre professionnel.

3.1 - Règles de l'art et leur signification en droit

Les règles de l'art sont celles qui correspondent à l'état de la technique et de la technologie au moment de la réalisation de l'ouvrage ou de la prestation. Ces règles se composent d'un ensemble de pratiques professionnelles à respecter qui sont spécifiques à chaque domaine afin que les ouvrages ou les prestations soient correctement réalisés.

Il n'existe pas de règle générale pour définir les règles de l'art. En fait, ces règles sont très variées car elles n'ont pas une définition figée donc récurrente. Les juges considèrent que les règles de l'art ; non spécifiées explicitement dans les contrats ; sont des obligations implicites et leur non-respect constitue une faute professionnelle de nature à engager la responsabilité contractuelle de leur auteur.[282].

[282] Fra Conseil d'État, 5 février 1988, n° 35687, Ville de Paris c/ Société Linville

On définit généralement les règles de l'art techniques par le concept du savoir-faire attendu du professionnel en qualité d'homme de l'art qu'il soit d'ailleurs ingénieur, architecte ou entrepreneur. Les règles de l'art sont comprises comme l'ensemble des pratiques, procédures et règles techniques expérimentées et admises par le corps des professionnels du BTP. Elles ne sont pas toujours écrites mais reconnues comme références par les professionnels. Actuellement, ces règles de l'art évoluent dans le sens de les répertorier[283] et les rendre connues de tous puisqu'elles émanent d'organismes scientifiques, techniques ou de laboratoires reconnus tels que LPEE ou CETEMCO au Maroc et CSTB ou CNPP en France. Ces entités ont le rôle d'uniformiser ces règles et de les diffuser afin qu'elles soient accessibles aussi bien aux professionnels qu'aux donneurs d'ordre. Cette procédure de diffusion de l'information permet une meilleure connaissance des règles et normes techniques et propose en fait une meilleure garantie aux parties contractantes quant à l'aboutissement du projet dans les meilleures conditions aussi bien techniques que financières.

Cette situation fait naitre une grande difficulté à cerner ces règles avec précision. C'est pour cette raison que la référence aux règles de l'art dans un contrat d'assurance n'est pas suffisante et même peut être vu comme une clause abusive. On retrouve d'autres jugements prohibant l'utilisation d'expressions imprécises. Ainsi est déclarée nulle, toute clause qui exclut de la garantie les travaux non conformes « aux règles en vigueur »[284]ou « exécutés en infractions avec des textes réglementaires régissant les opérations de construction »[285]

A. Les risques d'effondrement de construction et les règles de l'art
En matière d'assurance des risques de construction et industriels, la référence aux règles de l'art est nécessaire voir fondamentale tant au niveau des polices d'assurance qu'au niveau des expertises de sinistres. Mais si les règles de l'art apparaissant revêtir en général un caractère universel, leur spécificité apparait dans les règles techniques de chaque pays. L'exemple frappant qui relate ces difficultés de l'universalisme

---

283 Normes marocaines NM, Normes françaises NF, DTU ou AFNOR, Règles de calcul du béton armée tel le BAEL de la France, Règlement parasismique RPS 200 du Maroc, les EUROCODES ou encore les règles Neige et Vent, etc.

284 Fra Cass. 1re civ.16 juin 1987, Bull. Civ 1, n° 194.

285 Fra Cr Cass Ch Civ 1 Ar du 28 Avril 1981, RGAT 1982.52.

est celui de la reprise de l'effort tranchant produit dans une poutre : Cet effort doit-il être repris par des barres verticales, ou par l'association de barres horizontales et verticales ou bien encore par des barres inclinées ? D'ailleurs l'apparition des EUROCODES n'est que la preuve de cette volonté délibérée de l'instauration d'une universalité des règlements techniques en Europe. Si les européens essaient par tous les moyens d'unifier les règlements, c'est justement pour arriver à l'uniformisation des règles de l'art en Europe.
Mais il y a lieu de remarquer que cette unification et coordination n'ont de sens et ne peuvent être efficaces que si elles portent sur l'ensemble de la chaîne de production de la construction :

- Calcul et dimensionnement des structures ;
- Matériaux de construction utilisés ;
- Méthodes d'exécution des travaux et les moyens matériels utilisés.

Le risque d'effondrement des constructions a été traité par l'homme depuis longtemps et a connu une importance depuis l'antiquité au point de le voir intégré dans des textes législatifs très anciens[286].
Or, face à la notion d'effondrement total ou partiel, la démarche de normalisation est primordiale pour gérer au mieux ce risque tant présent dans les constructions. Dans un pays déterminé, la qualité de l'eau, du ciment, des graviers et des aciers sont des facteurs de détermination du niveau des coefficients de sécurité retenus dans le calcul des structures. D'ailleurs, l'assureur sera en mesure d'apprécier ses risques à travers les conseils et avis du contrôleur technique.

Il y lieu de nuancer l'effondrement lorsqu'une des causes se trouve liée aux forces de la nature. Les hypothèses d'efforts induits par les forces de la nature nécessitent une définition précise pouvant mettre en cause les responsables face à l'effet d'une force majeure. Nous donnons l'exemple de la charge de neige pour laquelle la toiture sera calculée, la hauteur de la houle significative pour le calcul d'une digue ou encore l'intensité du vent à partir de laquelle la force majeure sera reconnue. Tous ces facteurs revêtent une importance essentielle pour la prise en charge ou non du sinistre par l'assureur.

[286] V. Code Hammourabi 2.250 ans avant J.C

Les paramètres géophysiques, climatiques, hydrologiques seront des facteurs importants d'appréciation des risques nécessaires à l'assureur pour tarifer la garantie des événements naturels dans la police Tous Risques Chantiers ou Tous Risques Montages.
En définitive, la chaîne de construction ou de montage et des risques qui leur sont liés est fonction des paramètres locaux suivants :

- Efforts naturels induits par les forces de la nature ;
- Nature des matériaux ;
- Les hypothèses de calculs des structures ;
- Les méthodes d'exécution des travaux ;
- Les moyens matériels et humains engagés pour la réalisation des travaux.

B. Les règles de l'art ont-elles un caractère obligatoire ?
Les règles de l'art ne sont pas toujours mentionnées explicitement dans les contrats[287]. Mais leur utilisation est implicitement obligatoire d'utilisation. La dérogation à utiliser ces normes et DTU sera considérée comme une faute professionnelle et la responsabilité du constructeur peut être retenue en cas de problème.
Contrairement au CCAG-T marocain (décret des marchés publics) qui ne fait pas référence à l'obligation d'utilisation des règles de l'art par les constructeurs, la réglementation française les rend obligatoires et ce par l'article 8.1[288] de la norme NF 03-001 applicable aux marchés publics ainsi que par l'article 39-2 du CCAG.

C. Comment distinguer les règles de l'art des autres notions tel l'usage et la coutume ?

[287] L'article 4.2.2 de la norme NF 03-001 dispose :
« Les clauses techniques générales applicables aux travaux de bâtiment (normes, DTU) sont réputées connues des parties et ne sont pas jointes matériellement aux pièces du marché »
[288] L'article 8.1 de la norme 03-001 relative aux marchés publics dispose :
« Les documents particuliers du marché définissent les conditions d'exécution des travaux.
En l'absence de dispositions spécifiques figurant dans les documents particuliers du marché :
8.1.1 - L'exécution et le dimensionnement des ouvrages (ou parties d'ouvrage) traditionnels sont soumis aux dispositions des normes françaises NF référencées DTU de mise en œuvre et règles de calcul.
8.1.2 - Les fournitures doivent répondre aux spécifications des normes françaises existantes. »

La coutume se caractérise par les facteurs suivants :

- Elle est fonction du lieu géographique où elle est utilisée ;
- Elle n'est pas écrite
- Elle n'est détenue et connue que par quelques personnes du domaine : elle n'est donc pas diffusée.

Alors que la norme se distingue de la coutume par les facteurs suivants :

- Elle est tout d'abord écrite ;
- Se caractérise principalement par sa performance ;
- Elle n'est ni figée, ni statique : Elle évolue avec le temps en fonction de l'avancée de la science et de la connaissance ;
- Elle est codifiée dans le cadre de normes, règles, etc. ;
- Elle détermine et délimite les conditions techniques de son utilisation ;
- Elle tend à être précise ;
- Elle peut même être universelle ;
- Elle est utilisée par les juridictions et experts comme référentiel en cas de litige.

Mais on peut constater aussi que les normes ne couvrent pas tous les domaines techniques, laissant ainsi la place dans certaines situations aux us et coutumes du secteur.

D. Quelle est l'incidence des évolutions techniques sur les règles de l'art ?

On peut considérer qu'actuellement, l'évolution technique et technologique des procédés de fabrication des matériaux a rendu en quelque sorte les règles de l'art obsolètes. En effet, des techniques des procédés de fabrication de certains constructeurs et fabricants mis en place, ont parfois dépassé de loin les normes techniques traditionnelles rédigées par les pouvoirs publics à travers les organismes techniques ou laboratoires publics ou privés (NM pour le Maroc et les NF pour la France). Malgré ce développement, les magistrats font toujours référence à ces normes et DTU pour déterminer la responsabilité présumée d'un constructeur en cas de sinistre ou en cas de litige.

E. Qui est responsable en cas de non-respect d'une ou plusieurs règles de l'art ?

Le respect des règles de l'art est une obligation à la charge de l'entreprise et leur non utilisation engagerait la responsabilité du constructeur. Il y a lieu de noter que le cahier de charge qui lie l'entreprise au maître d'ouvrage ne mentionne pas tous les moyens que doit utiliser l'entreprise pour réaliser les travaux contractuels : Le cahier de charge ne mentionne pas par exemple le type de matériel que devrait utiliser l'entreprise pour réaliser un remblai ou encore une excavation. Mais, l'entreprise n'est pas la seule à qui les règles de l'art s'imposent. Les architectes ainsi que les ingénieurs sont concernés par cette exigence plus que les entreprises de construction : La violation d'une règle d'urbanisme ou encore la non utilisation d'un DTU ou une norme NM propre à un procédé de construction peut être à l'origine de l'engagement de la responsabilité de ces concepteurs. D'ailleurs, ces constructeurs ne doivent nullement céder au souhait et volonté du maître d'ouvrage à déroger à une règle de l'art et doivent lui signifier cette position de refus par écrit, soit par lettre recommandée, soit la consigner dans un PV de réunion de chantier. D'ailleurs cette immixtion du maître d'ouvrage à vouloir imposer sa volonté par une dérogation à une règle de l'art peut atténuer, voire dégager la responsabilité du constructeur de sa responsabilité surtout si le maître d'ouvrage est lui-même professionnel tel un promoteur immobilier.

3.2 - Les clauses abusives dans le contrat d'assurance

Les clauses abusives ont pour rôle de vider le contrat de son contenu et laisser l'assuré assis sur un porte-à-faux favorisant ainsi l'assureur et ce en lui laissant la libre interprétation des clauses en question. Ces clauses peuvent être des clauses d'exclusion ou encore des clauses qui vident totalement ou partiellement le contrat de sa substance.

Au niveau de la législation marocaine, la clause abusive n'est définie que dans le code de consommation dans son article 15 et suivant définit la clause abusive dans un contrat de consommation. D'ailleurs, l'article Article 19 prohibe l'insertion des clauses abusives dans un contrat de consommation et les rend nulles par les termes « Sont nulles et de nul effet les clauses abusives contenues dans les contrats conclus entre fournisseur et consommateur. »

Quant au code des assurances, il n'y a nullement une définition ou à la limite une quelconque allusion au concept de clause abusive. La seule prohibition imposée à l'assureur est relative à l'interdiction imposée à l'assuré de ne pas appeler en cause l'assureur et ce à travers l'Article

19 qui dispose « Est prohibée toute clause par laquelle l'assureur interdit à l'assuré ou à son représentant de le mettre en cause ou de l'appeler en garantie à l'occasion du règlement des sinistres. ». Nous pouvons comprendre que cette clause d'interdiction d'appeler en cause l'assureur est implicitement comprise comme clause abusive mais sans néanmoins utiliser l'expression de « clause abusive ». En d'autres termes, le code des assurances n'a absolument pas abordé la notion de clause abusive d'une façon claire pouvant être contenue dans une police d'assurance ou faisant foie d'exclusions de garanties.

Contrairement à son homologue marocain et afin de protéger l'assuré, le législateur français a prohibé l'insertion de ce type de clauses dans les polices d'assurance et leur utilisation pour le traitement des sinistres et ce à travers l'article L. 113-1 du code des assurances qui dispose clairement « Pour être efficaces, ces clauses doivent être formelles et limitées ».

Pour être formelle, la clause d'exclusion doit être expresse, claire et précise. Elle doit donc se référer à des faits, circonstances ou obligations bien déterminées, de façon à permettre à l'assuré de connaître exactement l'étendue de la garantie à la charge de l'assureur. Par définition, une exclusion ambiguë est une clause susceptible d'avoir deux ou plusieurs sens différents. Elle n'est pas formelle au sens de l'article L. 113-1 du code des assurances dès lors qu'elle ne puisse avoir la même interprétation des deux parties et de ce fait devrait être interprétée par le juge[289]. Une clause d'exclusion doit être satisfaire à deux qualifications. Elle doit être d'une part explicite, clairement exprimée et non implicite[290] et de l'autre doit être nettement délimitée. D'ailleurs, dans un arrêt du 6 octobre 2011, la Cour de cassation approuve les juges du fond qui ont refusé de faire application d'une exclusion ne se référant pas à des critères précis d'exclusion limitativement énumérés[291].

Depuis lors, le contrôle judiciaire de validité des clauses d'exclusion en fonction de ces deux critères qualifiants s'exerce avec une attention sourcilleuse tant sur la forme que sur le fond[292].

---

[289] Fra Cass, Ch Civ 2, Ar N° 08-19646 du 8 octobre 2009.
[290] Fra Cass, Ch Civ 1 Ar du 13 Nov. 1980, RGAT 1981.371.
[291] Fra Cass Ch Civ 2, Ar N° 10-10001 du 6 octobre 2011.
[292] FAVRE ROCHEUX (A), COURTIEU (G), Le droit du contrat d'assurance terrestre, Paris, L.G.D.J - DELTA, 1998, P 96.

A - Sur la forme : la censure frappe les clauses d'exclusion utilisant des adverbes ou expressions comme « notamment », « en particulier », « tels que », etc.[293].

B - Sur le fond, seront sanctionnées de nullité, par application de l'article L. 113-1, les clauses d'exclusion se référant à des notions génériques telles que celles de « faute », de « réglementation en vigueur », de « règles de l'art », etc., ou à des comportements insuffisamment caractérisés, ou encore à des normes indéterminées ou non spécifiées. Par ailleurs, la référence au degré de gravité de la faute est inopérante. L'exclusion de la « faute inexcusable » est taxée de généralité et de flou et donc frappée de nullité[294]. Si l'exclusion de la faute inexcusable ne trouve pas grâce auprès des juges, il en va de même, *a fortiori,* de celle qui frappe « la faute lourde «[295]. Ainsi la Cour de cassation a-t-elle censuré un arrêt ayant fait jouer l'exclusion « des dommages résultant d'une faute lourde ou intentionnelle » au motif que cette exclusion ne se réfère pas, pour ce qui concerne la faute lourde, à « des critères précis et à des hypothèses limitativement énumérés »[296].

Est aussi nulle, l'exclusion des dommages « résultant de façon normalement prévisible de la nature même de l'activité de l'assuré »[297] ou « de ceux qui sont la conséquence inévitable et prévisible des modalités d'exécution du travail que l'assuré s'est engagé à effectuer »[298].

---

293 Fra Cr Cass Ch Civ 3 Ar du 21 Fév. 1990, RGAT 1990.857, note J. Bigot ; Cr Cass Ch Civ 1ère Ar du 9 Avr. 1991.

294 Fra Cr Cass Ch Civ 1 Ar du 8 Octobre. 1974, RGAT 1975.378; lCP 1975, éd. G.II.18133, note J. Bigot ; D. 1975.313, note Berr et Grautel ; 15mars 1977 ; lCP 1977, éd. G.IV.126.

295 FAVRE ROCHEUX (A), COURTIEU (G), Le droit du contrat d'assurance terrestre, Paris, L.G.D.J - DELTA, 1998, P 96.

296 Fra Cr Cass Ch Civ 1 Ar du 29 Novembre 1988, Bull. Civ l, n°336, D. 1989, Somm. 248, note Berr et Groutel ; RGAT 1989.114, note R. Bout.

297 Fra Cr Cass Ch Civ 1 Ar du 9 mai 1979, RGAT 1980.53 ; D. 1980, IR 28, JCP 1979, éd. G.IV.22413 mars 1996, Resp. Civ et assur. 1996, comm. 187.

298 FAVRE ROCHEUX (A), COURTIEU (G), Le droit du contrat d'assurance terrestre, Paris, L.G.D.J - DELTA, 1998, P 97

Dans son rapport de 1996[299], la cour de cassation proscrit ce type de dispositions en considérant qu' « une telle clause, que l'on retrouve avec quelques variantes dans de nombreux contrats, est d'une telle généralité et d'une telle imprécision, au point d'en devenir caricaturale, qu'elle est à l'évidence contraire à la double exigence, d'une part, de garantie de principe de la faute, d'autre part, de l'indispensable précision d'une exclusion famille et limitée ». Mais en réalité, la persistance de ces clauses continue d'être présente dans les polices d'assurance en dépit de leur condamnation par la loi ainsi que par la justice, vu qu'elles jouent un rôle préventif et sélectif pour l'assureur.

On retrouve d'autres jugements prohibant l'utilisation d'expressions imprécises. Ainsi est déclarée nulle, toute clause qui exclut de la garantie les travaux non conformes « aux règles en vigueur »[300]ou exécutés « en infractions avec des textes réglementaires régissant les opérations de construction »[301] ou encore à des « normes professionnelles » non rappelées[302]. Il en va pareillement d'exclusions liées à « l'inobservation des règles de l'art »[303] ou « des consignes édictées par les organismes compétents »[304]. D'autres exclusions sont réputées nulles par l'utilisation de termes tels « utilisation de procédés techniques non usuels »[305] ou de « matériaux et procédés non traditionnels ou non normalisés »[306]. Par ailleurs, les références ou renvois purs et simples à des documents techniques[307] tels que les

---

[299] Fra.Cr Cass Ch Civ 1 Ar du 10 Février 1993, Resp. Civ et assur. 1993, comm. 177 ; Fra.Cr Cass Ch Civ 3 Ar du 30 Juin 1992, Resp. Civ et assur. 1992, comm. 370.
[300] Fra Cass. Ch Civ 1 Ar du 16 Juin 1987, Bull. Civ 1, n° 194.
[301] Fra Cr Cass Ch Civ 1 Ar du 28 Avril 1981, RGAT 1982.52.
[302] Fra Cr Cass Ch Civ 1 Ar du 17 Novembre 1987, RGAT 1988.64, note J. Bigot.
[303] Fra Cr Cass Civ 1ère Ar du 17 Nov. 1987, RGAT 1988.64, note J. Bigot.
[304] Fra Cr Cass Ch Civ 1 Ar du 20 Juillet 1994, Resp. Ch Civ et assur. 1994, comm. 385, RGAT 1994.1114,
note Kullmann, Gaz. Pal. 1995.1, Somm. 135 ; 25Oct. 1994, RGAT 1994.1114.
[305] Fra Cr Cass Ch Civ 1 Ar du 17 Octobre 1984, Gaz. Pal. 1985.1, Pan. jur. 34, note Jestaz
[306] Fra Cr Cass 3e Civ. 21 févr. 1990, RGAT 1990.857, note J. Bigot ; 10 déco 1991. Resfi. Civ assur. 1992, comm. 110.
[307] FAVRE ROCHEUX (A), COURTIEU (G), Le droit du contrat d'assurance terrestre, Paris, L.G.D.J - DELTA, 1998, P 98.

« DTU », « normes AFNOR », « normes CSTB » ou autres sont sans effets[308].

Il faut tout de même noter qu'à l'inverse de la France, le Maroc n'a mis aucun dispositif législatif interdisant ces clauses abusives. Les polices d'assurance marocaines regorgent de ce genre de clauses et principalement dans les polices qui couvrent la responsabilité civile professionnelle des prestataires de service tels les architectes, les médecins, les ingénieurs, etc.

[308] Fra Cr Cass Ch Civ 1 Ar du 20 Juin 1978, Bull. Civ 1, n° 232, RD imm. 1979.225. obs. G. Durry : 4 avr. 1984, Bull. Civ n° 129 ; 10 déc. 1991, Resfi. Civ et assur. 1992, comm. 110.

Section 2 - Les assurances couvrant les sinistres

De nos jours, les assurances présentent une nécessité absolue aux ouvrages en cours de construction. En effet, et en l'absence de couverture d'assurance des constructeurs, un seul sinistre peut être à l'origine de l'arrêt du chantier. Les intervenants dans l'acte de construire n'ont pas toujours les moyens financiers pour faire face aux dépenses engendrées par un accident et de ce fait, le maître d'ouvrage se trouve face à des entreprises insolvables et incapables financièrement à procéder aux réparations nécessaires.

Afin de présenter les couvertures d'assurance proposées par les assureurs marocains aux constructeurs tels la TRC, la RCP ou la RCD, il sera nécessaire de procéder en premier lieu à une classification des assurances et présenter ensuite les différentes polices et les garanties qu'elles offrent tout en faisant ressortir aussi leurs limites.

§ 1 - La classification des branches d'assurance

Tout ouvrage à construire ou à monter est exposé aux périls les plus divers. Tout investisseur, promoteur, organisme de crédit ou maître d'ouvrage, doit pouvoir être certain que son engagement financier ne soit pas mis en péril par la destruction totale ou partielle de l'ouvrage projeté. Il va donc exiger des entreprises de construction et des intervenants en général sur chantier de se protéger en achetant une couverture TRC ou TRM [309] selon la nature du projet.

Ces couvertures interviennent en phase de construction. Mais, le maître d'ouvrage ou le promoteur peut exiger la souscription d'une assurance couvrant la responsabilité civile dite d'exploitation de l'entreprise et/ou la responsabilité civile décennale des concepteurs du projet et entreprises de construction après réception de l'ouvrage.

Selon le type de maître d'ouvrage, cette assurance de responsabilité peut être obligatoire (cas des marchés publics) ou non (cas des maîtres d'ouvrages privés).

Avant de définir les polices d'assurance souscrites par les professionnels du BTP au Maroc, il serait utile de définir la

---

[309] Nous rappelons que la police d'assurance TRC est utilisée pour des projets qui ne renferment que de la construction alors que la police TRM est plutôt utilisée pour des projets mixtes renfermant en même temps de la construction et du montage (Exemple des centrales thermiques où le montage des équipements représente plus de 70 % par rapport à la partie GC).

classification des assurances dans le secteur industriel en général ainsi que le mécanisme d'indemnisation des sinistres dans le cadre des polices d'assurances dommages.
Le secteur d'assurance est divisé en deux grandes classes d'assurance, divisées elles-mêmes en sous classes :

- Les assurances dites « Vie ou Life » coiffent toutes les couvertures de personnes telles l'assurance maladie, la retraite, etc. ;
- Les assurances dites « Non Vie ou Non Life » sont les assurances autres que les assurances « vie » et sont elles-mêmes divisées en deux grandes sous classes :
- Les assurances dites « Dommages » regroupent toutes les polices qui couvrent en général des choses matérielles telles des machines, des chantiers et qui ne s'intéressent qu'au sinistre touchant les choses assurées et ce sans recherche de responsabilité (sauf si l'assureur souhaite faire un recours contre le responsable non assuré) ;
- Les assurances dites de Responsabilité Civile ou RC et qui couvrent les différentes responsabilités qui peuvent être mises en jeu tant des individus que celles des entreprises : RC Générale, RC Exploitation, RC Travaux, RC Décennale, RC Professionnelle, RC Chasse, etc.

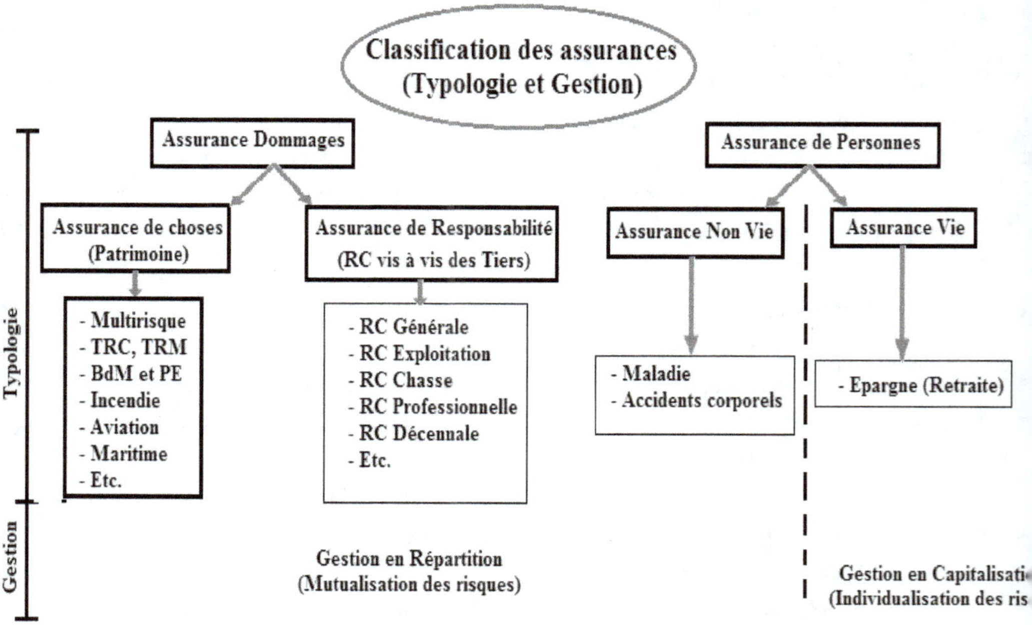

Figure 9 : Classification des branches d'assurance vie et non vie

§ 2 - Les intervenants dans le secteur d'assurance

Très souvent, l'assuré ne peut concevoir que son risque fasse intervenir une dizaine ; voir plus ; d'intervenants et qui ne sont pas nécessairement visibles pour lui et installés au Maroc. La couverture d'une usine, d'un chantier, d'une machine, ou même d'une voiture passe nécessairement par plusieurs intervenants et dont le rôle de chacun est de gérer au mieux le déroulement de l'opération d'assurance et de garantir au mieux sa réussite.

2.1 - Souscription des Risques

Le secteur d'assurance est un secteur complexe tant par ses procédures que par la multitude de ses acteurs mais reste très organisé et très solidaire en matière de gestion du même risque.

Chaque intervenant dans l'opération d'assurance qu'il soit assureur conseil, assureur ou réassureur, a un rôle précis à jouer et une obligation traduite par une responsabilité précise vis-à-vis des assurés ou vis-à-vis

de son partenaire contractant (cas de la relation commerciale pouvant exister entre l'assureur et son réassureur à travers un traité de réassurance).
Lorsqu'une affaire ; désormais appelée « Risque » ; arrive dans le marché d'assurance, elle passe par des étapes que nous allons essayer de schématiser par le graphique ci-dessous (Voir **Erreur ! Source du r envoi introuvable.**).

Par ailleurs, la loi 77-99 portant code des assurances précise dans son article 162 précise « Les risques situés au Maroc, les personnes qui y sont domiciliées ainsi que les responsabilités qui s'y rattachent doivent être assurés par des contrats souscrits et gérés par des entreprises d'assurances et de réassurance agréées au Maroc. »
En d'autres termes, seules les compagnies d'assurance installées au Maroc et agréées par le ministère de l'économie et des finances peuvent couvrir les risques situés au Maroc.

A - L'assureur Conseil et son rôle

L'assuré consulte un assureur conseil (un courtier ou un agent général d'une compagnie d'assurance) pour lui trouver la meilleure tarification ainsi que les meilleures conditions de garantie de son risque. Cet intermédiaire est appelé communément « Assureur Conseil » puisqu'il conseille l'assuré. Mais il ne faut pas perdre de vue que malgré son nom, l'assureur conseil n'est pas un assureur et ne participe en aucune manière à la couverture du risque :

- Il n'encaisse pas de prime d'assurance : il ne l'encaisse pas pour son propre compte mais pour le compte de l'assureur. Il récupère la prime d'assurance de l'assuré et la transmet à l'assureur. Mis à part son rôle de conseiller auprès de l'assuré, il est donc aussi gestionnaire du dossier. ;
- Il n'indemnise pas l'assuré. Il sert d'intermédiaire entre l'assuré et son assureur pour la gestion des dossiers sinistres et défend de ce fait les intérêts de l'assuré auprès de la compagnie d'assurance. Il récupère l'indemnité de sinistre de l'assureur et la transmet à l'assuré.

Il est donc clair, que le rôle de l'assureur conseil est primordial pour la réussite d'une affaire tant au niveau de la compagnie d'assurance qu'au niveau de l'assuré. Par conséquent, la bonne couverture, la meilleure tarification et la gestion efficace des dossiers sinistres dépendent en grande partie de la qualité et de la notoriété de l'assureur conseil ainsi que de sa compétence dans les branches qu'il souscrive.

Contrairement à l'agent général d'une compagnie d'assurance, le courtier d'assurance travaille avec toutes les compagnies d'assurance et n'est tributaire d'aucune d'elle. En effet, l'agent de la compagnie d'assurance ne travaille qu'avec la compagnie d'assurance qui l'a mandaté pour la représenter dans une ville précise.

Il y a lieu de préciser que les agréments et autorisations d'exercer le métier d'assureur conseil au Maroc (courtier ou agent de compagnie d'assurance) sont délivrés par le Ministère de l'économie et des finances et sont réglementés par la loi 77-99 portant code des assurances (Livre IV - Articles 289 à 330).

B - La coassurance et apérition des risques

Il arrive assez souvent que ; pour des risques d'une certaine importance ou présentant une certaine complexité ; plusieurs assureurs se mettent ensemble dans le cadre de la coassurance[310] pour couvrir le même risque et sous les mêmes conditions de garantie. Ces assureurs mis ensemble seront appelés coassureurs. La compagnie d'assurance qui va arrêter les conditions d'assurance du risque ; à savoir la tarification, le taux de prime, les franchises, les conditions de garantie et les exclusions ; représente le chef de file des assureurs qui vont participer derrière elle. Cet assureur s'appelle « l'assureur apériteur »[311]. Dès que les conditions de garantie du risque sont arrêtées et acceptées par l'assuré, l'assureur apériteur peut proposer à d'autres assureurs de participer à la couverture du Risque et de ce fait ils auront la qualité de coassureurs.

---

[310] Fra Art L121-4 du code des assurances – Alg Art 3 Ordonnance du 25 Janvier 1995

[311] Dictionnaire-juridique.com définit le mot apériteur par :

Mot qui vient du verbe latin « *aperire* » qui signifie ouvrir. Dans la pratique des assurances, lorsque les risques à couvrir sont jugés trop importants pour être supportés par une seule entreprise d'assurances, la société d'assurances pressentie par l'assuré, convient avec d'autres sociétés d'assurances de partager les profits et les risques mais, sans solidarité entre elles. L'assureur qui prend la tête du groupe, qui est généralement celui qui a négocié le contrat avec l'assuré, prend le nom d'« apériteur ». On dit « l'assureur apériteur » ou au féminin, « la compagnie apéritrice ». Lorsqu'un banquier prend l'initiative de réunir un syndicat de banques ou d'organismes financiers pour réaliser une opération financière importante dont il ne souhaite pas assurer seul les risques ou parce qu'il ne dispose pas de la totalité des fonds nécessaires à l'exécution de l'opération, on désigne cet établissement comme étant « l'apériteur » ou encore « l'arrangeur ».

Mais il faut préciser que les coassureurs ne sont pas solidaires entre eux[312]. En d'autres termes, si l'un des coassureurs est défaillant, la part indemnitaire due par ce dernier à l'assuré ne sera en aucun cas remboursée par les autres coassureurs et dans ce cas seuls les tribunaux vont trancher sur l'affaire. Malgré que ce cas de défaillance d'un coassureur est extrêmement rare et ne s'est produit à notre connaissance qu'une seule fois durant la période de liquidation (survenue le 17 octobre 1995[313]) des cinq compagnies d'assurance REMAR, VICTOIRE, CADA, RENAISSANCE et ARABIA et qui participaient dans le temps en coassurance avec d'autres assureurs sur des risques avant leur liquidation, il nous parait nécessaire de le signaler. D'ailleurs, la disposition de solidarité des coassureurs ne peut être retenue par l'assuré contre ces derniers que si elle est stipulée clairement dans le contrat d'assurance et bien entendu acceptée par toutes les parties contractantes (coassureurs et assuré).
Un assuré a le droit de refuser la participation d'un coassureur précis sur son risque et peut aussi intéresser un autre assureur de son choix pour participer à la couverture de son risque.
Dans l'exemple du schéma de souscription des risques ci-dessous, l'assureur apériteur participe à hauteur de 60 %, le coassureur A à hauteur de 30 % et le coassureur B participe sur le risque à hauteur de 20 %.

Il y a lieu de rappeler que les autorisations d'exercer ainsi que le contrôle des sociétés d'assurance et de réassurance exerçant au Maroc sont réglementés d'une part par la loi 77-99 portant code des assurances (Livre III - Articles 158 à 284) ainsi que par l'Arrêté du ministre des finances et de la privatisation n° 1548-05 du 6 ramadan 1426 (10 octobre 2005) relatif aux entreprises d'assurances et de réassurance.

C - La réassurance

Quel que soit l'importance du risque et la taille de la compagnie d'assurance, cette dernière a généralement recours à la réassurance. Dans toutes les polices d'assurance où l'assureur se réassure contre les risques qu'il a assurés, il reste seul responsable vis-à-vis de l'assuré. D'ailleurs la police d'assurance en tant que contrat commercial lie

[312] Fra L172-30 du code des assurances

[313] V Arrêtés du ministère des finances et de la privatisation N° 2999/-95 et suivants du 12 septembre 1995, publiés au BO N° 4326 du 27 Septembre 1995.

l'assuré à l'assureur et non au réassureur. En d'autres termes, il n'existe aucun lien juridique liant l'assuré au réassureur. Mais, en cas de défaillance du réassureur ; tel un redressement judiciaire par exemple ; va certainement nuire ; même indirectement ; aux intérêts de l'assureur en premier lieu et à l'assuré en second lieu. Pour cette raison, la convention de réassurance prévoit, généralement, que le réassureur représentera, dans les actifs de la cédante, sous forme de dépôts affectés d'un droit de gage opposable à ses créanciers, sa part contributive dans les provisions techniques que doit constituer la dépositaire. Les assurés sont ainsi protégés contre la défaillance du réassureur[314]. Cette crainte de défaillance des réassureurs pousse les assurés ; particulièrement les grandes sociétés ; à être plus regardant sur la qualité et solvabilité des réassureurs[315] au point que la liste des réassureurs est appelée dans le jargon d'assurance « sécurité ».
Le réassureur est tout simplement l'assureur au second degré de la compagnie d'assurance. On va parler dans ce cas de figure de cession de risque aux réassureurs. Dans le cas de notre exemple, le coassureur A va garder pour son propre compte 5,00 % (donc sa rétention est de 5,00 %) et va céder 18,00 % au réassureur 1, 1,50 % au réassureur 2 et 5,50 % au réassureur 3.
Le réassureur *leader* est le réassureur principal du risque et c'est lui qui a proposé les conditions tarifaires et de garantie à l'assureur apériteur. Au niveau des assureurs, on parle d'apériteur et au niveau des réassureurs on parle de leader qui est tout simplement le chef de file. Les autres réassureurs vont le suivre dans les décisions qu'il va prendre au niveau du suivi du risque et s'appelleront de ce fait réassureurs suiveurs : tarification, prise en charge ou rejet d'un sinistre, changement de conditions de couverture, etc.
On peut constater dans notre exemple aussi que l'assureur apériteur a souscrit pour 60,00 % de l'affaire mais ne va garder pour son propre compte que 4,00 % et céder à la réassurance 56,00 % dont 40,00 % sont placés auprès du réassureur 4 (réassureur *leader* du risque).
Voyant qu'il lui reste un découvert de 16,00 %, l'assureur apériteur va contacter un courtier de réassurance qui va lui proposer les 16,00 % à couvrir par d'autres réassureurs. Le courtier de réassurance va contacter de son côté un ou plusieurs réassureurs pour participer à l'affaire aux

---

[314] FAVRE ROCHEUX (A), COURTIEU (G), Le droit du contrat d'assurance terrestre, Paris, L.G.D.J - DELTA, 1998, P 23

[315] La qualité du réassureur est évaluée sur la base de la notation suivant les normes Type Standard & Poor's ou Mody's : AAA, Aaa, AA, ..., BBB+, BBB, etc.

conditions tarifaires du réassureur *leader* (réassureur 4). Le courtier de réassurance va trouver un réassureur preneur, le réassureur 5 ; à hauteur de 16,00 %. Ce dernier, voyant qu'il n'a pas la capacité financière de garder la totalité des 16,00 % ou tout simplement constate que sa politique de souscription de ce genre de risque ne lui permet pas de garder les 16,00 % en totalité, il va contacter à son tour 2 autres réassureurs (réassureurs 5 Bis et 5 Ter) qui vont participer à leur tour à hauteur de 4,50 % pour le réassureur 5 bis et 1,50 % pour le réassureur 5 ter. Dans ce cas précis, on va parler de rétrocession : le réassureur 5 garde pour son propre compte 10,00 % et rétrocède 6,00 % aux 2 autres réassureurs 5 bis et 5 ter.

Comme le courtier d'assurance (l'assureur conseil), le courtier de réassurance ne participe pas à la couverture du risque. Son rôle se limite à l'intermédiation entre assureurs et réassureurs ou encore entre réassureurs et réassureurs moyennant une commission de rémunération. Le rôle de ces courtiers de réassurance devient de plus en plus grandissant vu qu'ils maitrisent bien en général les différents marchés et établissent de ce fait des relations commerciales avec les réassureurs tels la Munich-Ré (Allemagne), Suisse de Ré (Suisse), SCOR (France), Hanover Ré (Allemagne), Lloyd's (Grande Bretagne), SCR (Maroc), CCR (Algérie), Tunis Ré (Tunisie), Sen Ré (Sénégal), etc.

Remarque :

- Les taux de participation tant des assureurs que des réassureurs relatés dans le schéma ci-dessous ne sont que des exemples et peuvent bien sûr varier selon les risques et leur nature.
- Ce schéma fait ressortir les 3 principaux concepts de participation sur un risque : l'assurance directe, la réassurance et l'intermédiation.

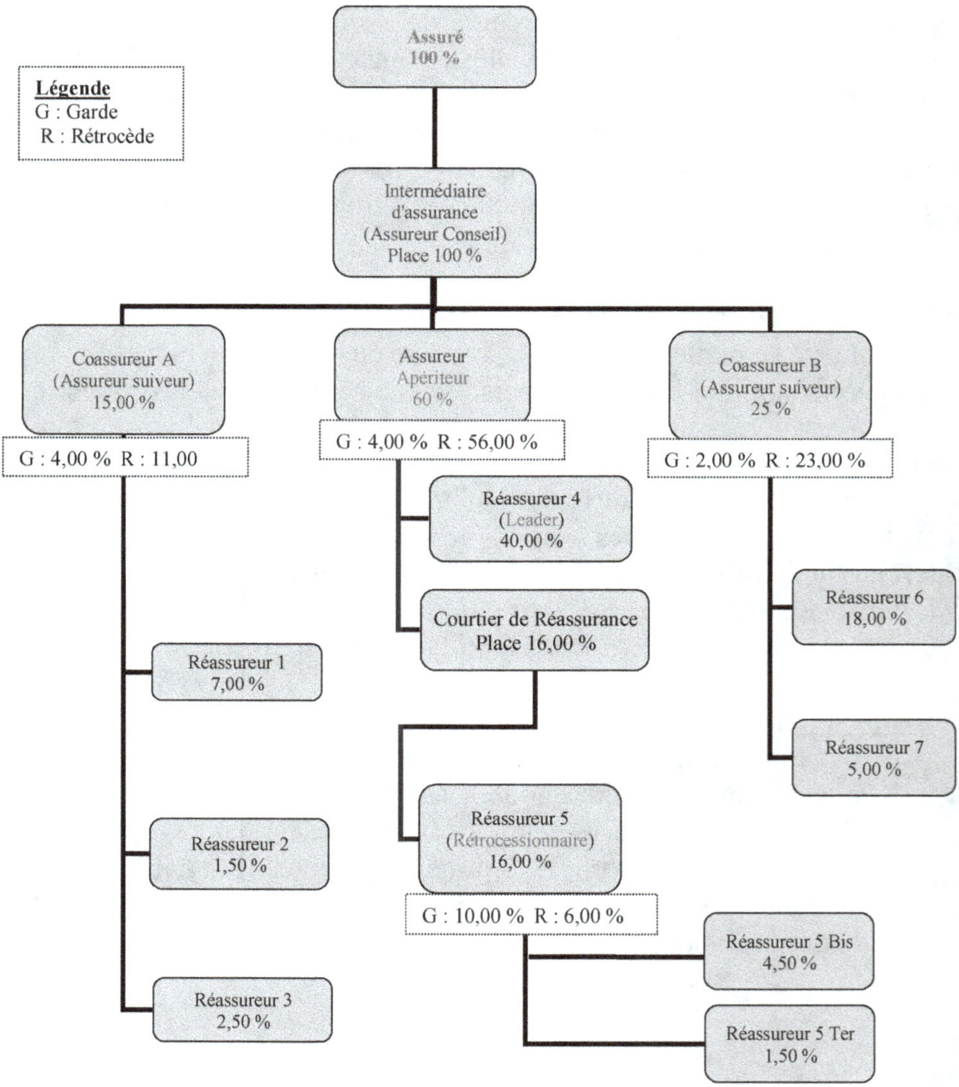

Figure 10 : Schéma de souscription assurance d'un risque

2.2 - Interprétations de l'exemple de souscription

Cet exemple nous permet de faire les constats suivants :

A - Les intervenants sur le Risque

Sur une affaire donnée, on peut avoir plusieurs intervenants méconnus de l'assuré. Ce dernier ne voit en général que l'Assureur Conseil et l'Assureur Apériteur.

Sur ce risque ; mis à part l'assuré ; il existe 12 intervenants :

- 1 Courtier d'assurance (l'assureur conseil qui est l'apporteur de l'affaire)
- 3 Assureurs dont un est apériteur de l'affaire et 2 coassureurs (Assureurs A et B)
- 7 Réassureurs dont 1 est leader (Réassureur 4) de l'affaire et 1 rétrocessionnaire (Réassureur 5 qui rétrocède 6 % en faveur de deux réassureurs 5 Bis et 5 Ter).
- 1 Courtier de Réassurance qui place 16 % de l'affaire auprès du Réassureur 5.

Certaines affaires importantes ; demandant des capacités de réassurance importantes ; peuvent renfermer plus d'une vingtaine d'intervenants que l'assuré ne voit même pas.

Le lecteur doit savoir que lorsqu'il assure sa voiture à Casablanca ou à Marrakech par exemple, elle est probablement réassurée en Suède, en France, en Allemagne, en chine, en Inde ou dans plusieurs pays à la fois. L'assuré n'est pas censé être au courant de ces mécanismes d'atomisation de son risque.

<u>Remarque</u>

Les courtiers de réassurance (comme ceux de l'assurance directe) ne couvrent pas les risques mais aident au placement de l'affaire auprès des assureurs ou réassureurs internationaux.

B - Le rôle de l'intermédiation

L'intermédiation est importante dans la chaîne de l'assurance. L'assureur conseil a un rôle important dans la bonne marche de l'affaire et de sa gestion. Ses conseils sont vitaux pour l'assuré. En fait, l'assureur conseil a un rôle tout d'abord de Risque Management en identifiant les types de risques qui peuvent être encourus par l'assuré et qui sont spécifiques au type d'activité de l'assuré, de son organisation ainsi que de la taille de l'entreprise dans le secteur où elle opère. Cette analyse permettra à l'assureur conseil de proposer une police d'assurance adéquate et les garanties nécessaires permettant à l'assuré d'être couvert dans les meilleures conditions possibles. L'assureur conseil a la responsabilité de connaître toutes les couvertures d'assurance existantes dans le marché ainsi que leurs spécificités ce qui lui permettra de trouver la ou les polices d'assurance nécessaires et utiles à la couverture du risque.

C - L'atomisation des risques

Le secteur d'assurance et de réassurance est un secteur très vigilant en matière d'évaluation des risques. Les assureurs et réassureurs ne gardent jamais à eux seuls un risque à 100 % mais font participer avec eux d'autres assureurs ou réassureurs, d'où le concept d'atomisation des Risques :

- Cas de la Coassurance : Plusieurs assureurs se mettent ensemble pour couvrir un même risque ;
- Cas de la Rétrocession au niveau des réassureurs : un réassureur peut céder une partie du risque à un ou à plusieurs autres Réassureurs.

Ce système de partage des risques, est basé sur l'échange d'affaires entre assureurs et réassureurs ou entre différents réassureurs. Cet échange d'affaires permet ; tant aux assureurs qu'aux réassureurs ; le développement de leurs chiffres d'affaires ainsi que la diversification tant des types de risques et branches d'assurance que des ressources de souscription des risques. Le secteur d'assurance et surtout celui de la réassurance est un secteur qui se caractérise par l'internationalisation et de ce fait se caractérise davantage par l'enchevêtrement des affaires souscrites par les uns et les autres.

D - Le rôle de la réassurance

La réassurance ; appelée encore « l'assurance de l'assurance » ; est d'une importance capitale pour la couverture des risques. Elle a un rôle technique puisque le réassureur va apporter à la compagnie d'assurance (désignée par « la cédante du réassureur » vu qu'elle cède des affaires au réassureur) un soutien technique tant au niveau de la tarification, appréciation des risques qu'au niveau de la gestion des sinistres. Par ailleurs, le réassureur apporte à l'assureur un soutien financier puisqu'il met à sa disposition une capacité financière pour la couverture des risques qui dépassent sa rétention. En d'autres termes, on ne peut pas imaginer le secteur d'assurance sans les réassureurs.

Les réassureurs participent dans le monde entier sur les différents risques ce qui les aident à avoir des bases de données importantes sur le comportement des risques au niveau international.

Au Maroc, il existe une seule compagnie de réassurance : la Société Centrale de Réassurance (SCR). Cette société joue un rôle important en matière de rétention des primes au Maroc. Par ailleurs, le Maroc a instauré un système de participation obligatoire en faveur de l'État par le biais de la SCR sur tous les risques marocains à hauteur de 10,00 % appelé la cession légale. Certes, les assureurs marocains peuvent bien sûr intéresser la SCR au-delà des 10,00 % obligatoires par le canal des traités ou par le biais des cessions facultatives de réassurance.
Il y a lieu de noter que la suppression de cette cession légale ; initiée en 2006 ; prendra fin en 2013.
Le réassureur joue parfois aussi le rôle du courtier tout en étant réassureur en plaçant une part de son engagement auprès d'un autre réassureur : cas du réassureur 5 qui garde 10 % et place 6 % auprès du réassureur 5 bis. Cette procédure s'appelle la rétrocession : le réassureur 5 est un rétrocessionnaire vis-à-vis du réassureur 5 bis).
Le réassureur 5 ; en tant que rétrocessionnaire ; perçoit une commission de rétrocession auprès des réassureurs 5 bis et 5 ter.

E - Rôle de l'expert dans le secteur d'assurance

Dans le chapitre précédent, nous avons énuméré les intervenants directs dans une opération de souscription d'une police d'assurance et avons défini aussi leurs rôles. Après signature de la police d'assurance par l'assuré et la compagnie d'assurance et après détermination aussi de la date d'effet de la couverture, le rôle de l'expert conseil intervient après survenance d'un sinistre. La compagnie d'assurance nomme dans ce cas un expert qui va traiter le dossier. Toutes les compagnies d'assurance établissent une liste d'experts conseils préétablie à partir de laquelle elles vont choisir l'expert conseil qui sera chargé du traitement du sinistre.
Si la police de l'assuré renferme la garantie « Honoraires d'expert », ce dernier peut nommer un expert de son choix qui va le représenter auprès de l'expert nommé par la compagnie d'assurance. De ce fait, les deux experts vont travailler ensemble et dresser un procès-verbal signé par

les deux et qui va faire ressortir leur accord ou leur désaccord sur le quantum des pertes subies par l'assuré.

L'expert choisi par la compagnie d'assurance, agit dans le cadre amiable. En d'autres termes, il agit dans la neutralité absolue même s'il est rémunéré par la compagnie d'assurance. Un assuré peut nommer bien sûr son propre Expert qui va défendre ses intérêts auprès de l'Expert de la Compagnie d'assurance.
L'expert est un homme de l'art qui va renseigner l'assureur sur le sinistre en lui fournissant des d'informations telles que :

- Origine et circonstances du sinistre ;
- Description des dommages subis par l'assuré ;
- Moyens de prévention et de protection mis en place pour la protection du risque ;
- Éléments d'aggravation du sinistre ;
- Les moyens de sauvetage du matériel et marchandises mis en place par l'assuré après survenance du sinistre ;
- Éléments d'appréciation des garanties ;
- Estimation et évaluation des pertes subies par l'assuré dans le cadre de l'application des conditions tant générales que particulières de la police d'assurance ;
- Application des franchises contractuelles ;
- Vérification de la suffisance ou insuffisance des capitaux assurés et application de la règle proportionnelle si nécessaire ;
- Conseiller l'assuré sur les moyens d'amélioration de son système de prévention et de protection du risque ;
- Attirer l'attention tant de l'assureur que de l'assuré des manquements ou insuffisance de ce dernier au niveau de son système de prévention et de protection du risque.

Il est clair que l'expert conseil ; comme son nom l'indique ; doit veiller à conseiller et émettre des recommandations à l'assuré afin de l'inciter à améliorer les moyens de prévention et de protection du risque.
Par ailleurs, les procédures d'expertise dépendent en grande partie de la branche d'assurance dans laquelle l'expert va opérer. Il est évident qu'une expertise de Responsabilité Civile ne sera pas menée de la même manière qu'une expertise incendie par exemple. Cette différence trouve son explication dans la nature même des garanties contenues dans la police d'assurance et du risque à analyser.

Il est donc nécessaire que l'expert connaisse tout d'abord les types de polices d'assurance existantes et sur lesquelles il sera amené à travailler dans leur cadre. Il ne faut surtout pas oublier que l'expertise d'assurance est faite dans le cadre de la police d'assurance ; contrat à caractère commercial ; qui lie l'assureur à l'assuré.
Certes, l'expert n'est pas un assureur, mais a l'obligation de connaître les couvertures, garanties et exclusions de la police d'assurance qui garantissent l'assuré contre les risques énumérés et spécifiés dans la police d'assurance.

Comme il a été dit plus haut, l'expert renseigne l'assureur et rassemble les différentes informations citées ci-dessus mais ne se prononce pas sur la prise en charge ou le rejet du sinistre. C'est à l'assureur de prendre de telles décisions.

§ 3 - Le mécanisme d'indemnisation en assurance

Le mécanisme d'indemnisation des assurés se base sur la notion de dommage quelle que soit la branche d'assurance. Or techniquement, un dommage matériel se définit comme une atteinte ou une altération de la substance d'une chose qui diminue la valeur ou l'utilité de cette chose.
En cas de dommage matériel, deux seules alternatives se présenteraient : l'altération de la substance avec diminution de la valeur de la chose endommagée ; ou bien l'altération de la substance avec diminution de l'utilité de la chose endommagée.

Ce concept de dommage mène à définir la notion de substance telle qu'elle est comprise et interprétée dans le secteur des assurances. La substance d'une chose correspond à la qualité physique et chimique de ses composants, obtenue lors de la fabrication, du montage ou de l'exploitation de ces derniers, ainsi qu'à la capacité de fonctionnement de ceux-ci.

Par conséquent, une simple incapacité de fonctionner sans altération de la substance ne constitue pas un dommage matériel et n'est pas considérée comme sinistre indemnisable. Exemples : la solidification du béton dans une bétonnière, le gel des fours, etc.
Par contre, il y a dommage matériel lorsque des tâches dues à l'action d'un produit chimique se forment par exemple sur le revêtement de la façade d'un immeuble et que la valeur de l'immeuble s'en trouve diminuée.
Or une substance n'est altérée que si son état actuel diffère de son état antérieur. Il y a donc lieu de faire une comparaison entre la situation antérieure à la survenance du sinistre et celle après sinistre.
Par ailleurs, on entend par défaut, tout écart ; volontaire ou non ; par rapport à l'état actuel de la technique et de la technologie. La référence à l'état de la technique et de la technologie est essentielle : la technique se développe et ce qu'on considère aujourd'hui comme défaut correspondait encore hier aux règles de l'art. D'où l'importance du terme « actuel » dans l'expression « l'état actuel des choses ».

Si le défaut est connu de l'assuré, on dit qu'il s'agit d'un vice. L'assuré est tenu d'éliminer le vice afin d'éviter qu'il ne provoque un dommage matériel. Les frais d'élimination des vices ne sont pas remboursables puisqu'il s'agit de frais qui sont de toute façon considérés comme frais inévitables à l'assuré.

Les règles de l'art sont définies comme les derniers développements pris en compte dans les nouveaux procédés, équipements et conditions d'exploitation qui répondent, d'après les experts, au but recherché notamment au plan de la sécurité. Les aspects commerciaux peuvent être pris en considération. Une bonne application technique est celle qui a fait ses preuves après différents tests et longue utilisation. D'où l'importance du recul observé dans le secteur du BTP pour juger la fiabilité et la qualité de nouveaux matériaux ou procédés de construction.

Section 3 - Secteur des assurances au Maroc

Le secteur d'assurance a connu un grand développement ces derniers temps. Les compagnies se sont regroupées dépassant ainsi une situation caractérisée par une atomisation du secteur.
Depuis la liquidation de 5 compagnies d'assurance, le Maroc a renforcé le contrôle du secteur d'assurance.

§ 1 - Les caractéristiques du secteur d'assurance marocain

L'industrie marocaine a connu un tel développement ces dernières décennies que les Entreprises ont pris conscience de l'importance que revêt la gestion rationnelle du risque et par conséquent la protection de leur patrimoine et outil de travail.

1.1 - Caractéristiques du secteur des assurances au Maroc

L'entreprise se trouve face à un choix de taille : garder le risque ou le transférer sur un tiers tel qu'une compagnie d'assurance. À notre sens, il n'existe pas de solution absolue pour toutes les entreprises. Chaque société vit dans un environnement qui lui est propre ce qui lui donne une identité et une façon d'être propres à elle engendrant par l'occasion une situation particulière demandant une analyse appropriée et des solutions sur mesure. D'où la fonction du Risk Manager dans l'entreprise de pouvoir dresser une check liste de tous les risques inhérents et propres à la société, les évaluer et les classer selon leur importance et ampleur afin de les réduire ou les éliminer si c'est possible. À titre d'exemple, une petite machine (tel qu'un transformateur) peut s'avérer la pièce maîtresse dans le processus de production et sa destruction peut produire un arrêt partiel ou total de la chaîne. Or un arrêt de ce genre peut engendrer une perte d'exploitation d'un coût insupportable pour l'entreprise et lui faire perdre partiellement ou totalement sa place sur le marché dans lequel elle opère.
Actuellement, les entreprises marocaines possèdent généralement des staffs techniques hautement qualifiés et qui ne demandent qu'une collaboration avec leurs assureurs afin de mieux protéger leurs biens et rationaliser au mieux les moyens de prévention contre les sinistres.
Face à cette mutation technologique, le secteur des assurances doit répondre à cette nouvelle situation.

Le marché des assurances connaît une mutation dans les mentalités et par conséquent dans sa façon d'être. Malgré la réticence encore ressentie chez certains dirigeants, le comportement des sociétés d'assurance a beaucoup changé depuis les années 90 grâce aux facteurs suivants :

- Complexité des techniques et de la science en général exige des compagnies de plus en plus de vigilance en matière de souscription des risques ; d'où le recours de certaines compagnies d'assurance et de réassurance à la recherche ou le recrutement de cadres spécialisés dans différents domaines ;
- Essai de réorganisation chez certaines compagnies en procédant à une refonte complète de la division traditionnelle par services et l'adoption d'une division par marchés (Marché des entreprises et marché des particuliers) et même parfois une division par produits ;
- L'amélioration de la transparence de produits dans certaines compagnies a permis l'élargissement du choix de la clientèle.

Il est à noter que l'évolution de ce marché a engendré une diminution des marges de profits et une focalisation sur la baisse des taux de prime (cas de l'incendie par exemple).
D'autre part, on constate une consolidation progressive de l'activité du courtage engendrant par l'occasion une prise de conscience juridique de l'assuré et le renforcement par conséquent de ses droits. D'ailleurs, nous sommes convaincus que la régulation du marché de l'assurance passe obligatoirement par le renforcement des droits des assurés.

Afin de clarifier le rôle joué par les compagnies d'assurance dans le secteur industriel et généralement dans la société marocaine, il est nécessaire de définir les 2 principaux marchés existants à savoir le marché des entreprises et le marché des particuliers.

A - Le Marché des entreprises

Ce marché comprend les grandes entreprises et possède ses propres caractéristiques :

- Les interlocuteurs dans ce marché sont en général hautement qualifiés et très spécialisés. Ce qui demande à la compagnie d'assurance une maîtrise parfaite de la technique ;

- La concurrence de plus en plus prononcée et aiguë a favorisé une baisse abusive des taux de prime. Cette concurrence est beaucoup plus apparente dans ce marché que dans celui des particuliers. Mais ne perdons pas de vue que cette baisse exagérée n'est nullement dans l'intérêt des assurés : La prime d'assurance correspond normalement au prix minimum que doit coûter la couverture d'un risque incertain. Or cette prime doit pouvoir couvrir ; au minimum ; le coût d'un sinistre moyen dans la branche. Si d'un côté la compagnie d'assurance n'encaisse pas ce prix minimum et de l'autre côté doit payer un ou plusieurs sinistres dépassant le coût moyen estimé d'un sinistre, cette dernière peut se trouver en difficulté de paiement. Ce raisonnement est d'autant plus valable pour les compagnies d'assurance de petite taille ;
- L'évolution technologique très rapide et la concentration d'unités de production importantes dans des espaces de plus en plus réduits ont aidé et favorisé l'aggravation du risque d'entreprise.

Cette situation montre à quel point la prévention doit être prise au sérieux afin de réduire la vulnérabilité et l'exposition de l'entreprise à d'éventuels sinistres : les exemples de sinistres graves d'incendie d'unités de production ou d'écroulement d'ouvrages en cours de construction ne manquent pas ces derniers temps.

B - Le Marché des risques des particuliers

C'est un marché de personnes et des petites entreprises. Les principales caractéristiques qui le font distinguer du marché des entreprises peuvent s'énoncer comme suit :

- Il renferme un nombre important de polices ce qui pose le problème de gestion d'une grande masse d'informations ;
- C'est un marché où beaucoup de risques sont de même type ce qui doit faciliter les rédactions de police. D'ailleurs, c'est un marché caractérisé par l'existence de contrats d'adhésion ;
- Dans ce marché, les compagnies d'assurance cherchent l'équilibre technique sur la globalité du portefeuille ainsi que sur chaque risque ;
- La stratégie commerciale est primordiale dans ce marché vu que l'assuré n'est autre que le grand public.

1.2 - Le secteur d'assurance en chiffres en 2013 et 2014

A - Pénétration et densité de l'assurance au Maroc en 2013[316]

Mesurée en pourcentage du PIB, la pénétration de l'assurance au Maroc en 2013 est de 3,1% pour l'ensemble des primes, ce qui représente un taux de 1% pour l'assurance vie et 2,1% en assurance non vie. Le Maroc est au 47ème rang mondial. Au niveau du monde Arabe, le Maroc occupe la deuxième place après le Liban.

Quant à la densité (primes par tête), en moyenne 97 dollars ont été dépensés en assurance, dont 31 dollars en assurance vie et 66 dollars en assurance non vie. Ainsi, le Maroc est à la 71ème place au niveau mondial et occupe le 9ème rang au niveau du monde Arabe après les Émirats Arabes Unis, le Qatar le Bahreïn, le Koweït, le Liban, Oman, l'Arabie Saoudite et la Jordanie.

B - Réseau de distribution en 2013[317]

En 2013, le nombre des intermédiaires d'assurances agréés (en exercice au 31/12/2013) s'est élevé à 1 740 contre 1 600 en 2012. Ce nombre est réparti comme suit :

- 1 332 agents d'assurances ;
- 408 courtiers d'assurances.

Le nombre des agents d'assurances agréés a augmenté de 9,72%, passant de 1214 en 2012 à 1332 en 2013.

Le nombre des courtiers en activité a connu une augmentation de 5,70% par rapport à 2012 s'établissant à 408 contre 386.

C - Les données statistiques du secteur durant l'exercice 2014

Les données de l'exercice 2014 du secteur d'assurance[318] fournies par la DAPS[319] révèlent ce qui suit :

---

[316] Rapport d'activité du secteur d'assurance 2014 (relate les données d'activité de 2013).

[317] Rapport d'activité du secteur d'assurance 2014 (relate les données d'activité de 2013).

[318] Situation liminaire du secteur des assurances au Maroc éditée et publiée par la DAPS : Elle précède le rapport d'activité du secteur d'assurance édité annuellement par la DAPS.

[319] Direction des Assurances et de la Prévoyance Sociale : Organisme de contrôle

- Le montant des émissions a atteint, en 2014 un total de 28 420,9 Millions de Dirhams contre 26 733,9 millions en 2013, soit une progression de 6,3% ;
- Le taux de pénétration (la part des primes dans le PIB) a enregistré 3,1% en 2014 ;
- Le montant des émissions se répartit comme suit :
  - ✓ Les opérations vie et capitalisation avec 9 397,7 millions de dirhams (33,1% du total), contre 8 590,5 millions en 2013, soit une progression de 9,4% ;
  - ✓ Les opérations non-vie avec 18 821 millions de dirhams (66,2% du total), contre 18 011,4 millions en 2013, soit une hausse de 4,5% ;
  - ✓ Les acceptations en réassurance avec 202,3 millions de dirhams contre 131,9 millions en 2013, enregistrant ainsi une nette amélioration de 53,4%.

La répartition des primes émises par catégories et branches d'assurances ; comme signalée dans le tableau ci-dessous ; montre que la branche vie et capitalisation a consolidé sa place prépondérante en termes des émissions totales en accaparant une part de 33,1% du total (contre 32,3% en 2013), suivie par la catégorie véhicules terrestres à moteur (31,8% contre 31,9% en 2013).

En termes de dispersion, le marché marocain continue de connaître la même concentration des émissions. En effet, les assurances « automobile », les assurances « accidents de travail » et les assurances de personnes (accidents corporels - maladie-maternité et assurances vie et capitalisation) représentent, à elles seules, 84% de l'ensemble.

Les primes cédées en réassurance se sont élevées en 2014 à 2 770,2 millions de dirhams, soit 9,7% de l'ensemble des émissions, contre 2 757,7 millions de dirhams en 2013, soit 10,3% de l'ensemble des émissions.

Ces cessions sont réparties entre les opérations d'assurances vie et capitalisation avec 305,9 millions de dirhams (11%) et les opérations d'assurances non vie pour 2 464,3 millions de dirhams (89%).

2014	Millions DH	%
ˌérations non-vie :	**18 820,99**	**66,20%**
hicules terrestres à moteur	9 033,65	31,80%
cidents corporels - Maladie - maternité	3 223,96	11,30%
cidents du travail et maladies ɔfessionnelles	2 213,51	7,80%
ansport	568,54	2,00%
endie et éléments naturels	1 159,26	4,10%
surances des risques techniques	416,02	1,50%
sponsabilité civile générale	509,28	1,80%
sistance	964,41	3,40%
surance crédit	126,04	0,40%
tres opérations	606,32	2,10%
ɔérations vie et capitalisation :	**9 397,66**	**33,10%**
surances en cas de vie	5 155,14	18,10%
surances en cas de décès	2 510,91	8,80%
pitalisation	1 368,21	4,80%
ntrats à capital variable	326,64	1,10%
tres opérations	36,76	0,10%
tal des primes émises directes	**28 218,65**	**99,30%**
ceptations en réassurance	**202,3**	**0,70%**
semble des opérations	**28 420,95**	**100,00%**

Tableau 4 : Opérations réalisées par le secteur d'assurance marocain en 2014

Source :
http://www.finances.gov.ma/Docs/2015/DAPS/Brochure_Fr-2014_liminaire_ass.pdf

Il y a lieu de constater que les parts des branches d'assurance construction (TRC, TRM et RC Décennale) n'apparaissent pas dans le tableau ci-dessus. Ces données sont malheureusement diluées dans l'item « Risques techniques » alors que la DAPS recueille les données distinctes relatives à ces trois branches des compagnies d'assurance marocaines[320].

Malgré cette absence de précision, le groupe des risques techniques ; qui regroupe entre autres les trois branches d'assurance construction TRC, TRM et RC Décennale ; ne représente qu'une part très faible de 1,50 % de la part totale du marché marocain d'assurance. En d'autres termes, l'assurance construction ne devrait pas ; à notre sens ; représenter plus de 1,00 % du marché d'assurance marocain. Ce constat montre à quel point ces branches d'assurance sont très peu développées et génèrent très peu de primes comparativement à d'autres branches telles les branches vie, Accidents de travail ou encore la branche l'automobile.

§ 2 - Les Caractéristiques prévisibles du Marché d'assurance à moyen terme

La mutation technologique vécue ces derniers temps ne peut que donner naissance et favoriser la concurrence qualitative sur les grosses affaires. Seules les compagnies d'assurances les mieux équipées et outillées en compétences humaines pourront participer à cette concurrence : le cas des risques de construction est très significatif.

Actuellement, les conditions tarifaires du marché mondial restent très compétitives et les assureurs deviennent, très sélectifs dans tous les secteurs et cherchent surtout à retenir des affaires de marque. Les secousses dramatiques qui ont frappé le marché ont eu comme conséquence que seuls les souscripteurs de meilleure qualité restent opérants dans ce marché.

D'autre part, ces prémisses de concurrence ont déjà poussé les compagnies d'assurance à dissoudre ou geler les associations inter-compagnies : cas des pools par exemple.

---

[320] Voir Art 55 de l'arrêté du ministre des finances et de la privatisation n° 1548-05 du 6 ramadan 1426 (10 octobre 2005) relatif aux entreprises d'assurances et de réassurance tel qu'il a été modifié et complété dispose : « 'Pour les besoins de la communication des états, comptes rendus, tableaux ou autres documents, les opérations effectuées par les entreprises d'assurances et de réassurance sont réparties en branches (un chiffre), catégories (deux chiffres) et sous-catégories (trois chiffres et plus) suivantes : [ ] » En d'autres termes TRC a le code 261, TRM a le code 262 et la RC Décennale le code 266.

Malgré que jusqu'à présent le taux de commissionnement des courtiers est invariant, il le sera moins dans un proche avenir : L'apparition de groupes capables de proposer des taux compétitifs est fort probable. D'autre part, le changement des compétences des agents et courtiers parait nécessaire et impératif dans un marché devenu très professionnel et technique.
D'un autre côté, on ressent de plus en plus la nécessité d'une relation plus étroite et plus régulière entre agents et compagnies d'assurance. La formation et l'encadrement technique de ces agents devient une priorité préoccupante pour certaines compagnies d'assurance.

Tous les facteurs relatés ci-dessus montrent à quel point les composantes techniques et commerciales joueront un rôle de plus en plus important voire déterminant dans un proche avenir. La haute technicité observée ces derniers temps chez les assurés exige des compagnies d'assurance un suivi technique du risque rigoureux ainsi qu'une présence plus confirmée.

§ 3 - Contrôle du secteur d'assurance

La Direction des assurances et de la prévoyance Sociale (DAPS) ; remplacée dernièrement par une agence intitulée ACAPS ; et dépendant du ministère des finances, est chargée de la réglementation et du contrôle de l'activité des organismes d'assurances, de la réassurance et de capitalisation. Elle surveille le placement des fonds recueillis par ces organismes et contrôle leur gestion technique et financière. Elle veille au respect des droits des assurés et bénéficiaires de contrats d'assurances. Elle participe à l'élaboration de la réglementation et au contrôle des organismes de prévoyance sociale.
Son rôle s'est considérablement renforcé après l'événement malheureux qui a frappé le Maroc par la défaillance de 5 compagnies d'assurance[321] et de la décision du gouvernement de procéder à leur liquidation.
En fait, le 17 octobre 1995 marqua la date du retrait d'agrément et de liquidation de cinq compagnies d'assurances décidés par arrêtés du ministère des Finances et de la Privatisation du 12 septembre 1995, publiés au Bulletin Officiel N° 4326 du 27 septembre 1995. Cette mesure s'intégrait dans le processus de restructuration du capital

[321] REMAR, CADA, VICTOIRE, RENAISSANCE et ARABIA

financier au Maroc ; c'est en 1995 qu'a été privatisée la Banque Marocaine du Commerce Extérieur (BMCE), cédée en partie au groupe de M. Othman Benjelloun. Ce fut aussi un prélude à la campagne d'assainissement de 1996, lancée conjointement par les ministères de l'Intérieur et de la Justice. Il convient de préciser que les compagnies liquidées étaient constituées d'entreprises marocanisées après 1973, mais aussi de sociétés de création récente dont les dirigeants prétendaient avoir des protecteurs et des couvertures au sein de l'appareil d'État.

Par ailleurs, l'article 13-1 de la loi anti-blanchiment désigne la DAPS (remplacée par l'ACAPS – Autorité de Contrôle des Assurances et de la Prévoyance Sociale) aussi comme autorité de contrôle et de supervision des personnes assujetties relevant de son domaine de compétences.
À ce titre, elle est chargée ; à l'égard de ces personnes assujetties ; de :

- Veiller au respect, par les personnes assujetties, des dispositions édictées par la loi anti-blanchiment ;
- Fixer les modalités d'exécution des dispositions des articles 3 à 8 et 12 de ladite loi.

L'ACAPS a un rôle primordial en matière de diffusion d'informations relatives à l'activité du secteur d'assurance au Maroc et publie à ce titre un rapport annuel intitulé « Rapport d'activité des entreprises d'assurances et de réassurances au Maroc » relatant l'état de santé du secteur.

TITRE IV - Les mécanismes de couvertures des assurances Dommages et assurances de Responsabilité Civile en BTP

Introduction

Le contrat d'assurance[322] ; qu'il soit de type « Dommage » ou de type « Responsabilité civile » est une convention par laquelle l'assureur s'engage à verser à l'assuré une somme d'argent nécessaire à la réparation du préjudice subi en cas de survenance d'un sinistre défini (cas des polices dommages), ou constituant une prestation pécuniaire, en échange du paiement d'une somme versée soit à l'origine soit périodiquement (cas des polices vie).

Il est régi par la réglementation particulière prévue par le code des assurances ou par le code de la mutualité s'il a été conclu par une mutuelle. C'est un contrat qui a trois caractéristiques :

- Le contrat d'assurance est consensuel, dont la conclusion résulte donc de l'accord de volontés. C'est un contrat synallagmatique ;
- C'est un contrat aléatoire, où les risques sont assumés par l'assureur en fonction de probabilités conformément aux lois de la statistique ;
- Il s'agit d'un contrat d'adhésion, dont les stipulations sont définies par l'assureur, avec généralement des conditions générales et des conditions particulières. Il est réglementé puisque soumis au Code des assurances. C'est un contrat à titre onéreux, puisqu'il est souscrit en contrepartie d'une prime, et successif car il s'échelonne dans le temps.

Le contrat doit faire l'objet d'une information précontractuelle définie par le code des assurances. Il s'agit d'un contrat consensuel qui est constaté dans un document appelé « police ». Nous insistons sur ce point relatif à l'information car le constat relatif à la relation liant l'assuré et l'assureur-conseil montre malheureusement le contraire. Combien de fois, l'assuré ne prend connaissance des termes contractuels de la police d'assurance qu'au moment de la survenance d'un sinistre.

---

[322] Art 1 de la loi 17-99 portant code des assurances définit les termes techniques d'assurance comme suit :
« Contrat d'assurance : convention passée entre l'assureur et le souscripteur pour la couverture d'un risque et constatant leurs engagements réciproques. »
Avenant : accord additionnel entre l'assureur et l'assuré modifiant ou complétant une police d'assurance dont il fait partie intégrante
Franchise : somme qui, dans le règlement d'un sinistre, reste toujours à la charge de l'assuré. »

Chapitre I - Les police d'assurance dommages et polices de Responsabilité Civile en BTP

Section 1 – Polices Dommages

Dans le secteur de la construction, il existe plusieurs types de police d'assurance de type « Dommages » : TRC, TRM et l'OGT.

§ 1 - La police TRC

En construction, il faut distinguer trois périodes relevant tant de l'organisation et coutumes du secteur BTP, que de la législation. En effet ces trois périodes sont différentes et doivent bénéficier de garanties spécifiques.

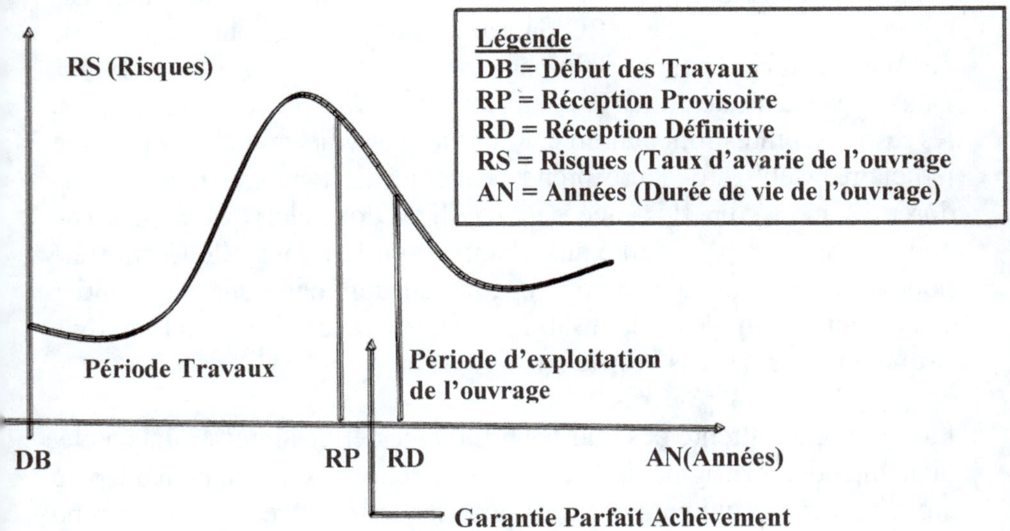

Figure 11 : Évolution du risque depuis le début des travaux jusqu'à l'exploitation

En période des travaux ; outre la responsabilité contractuelle encourue par le constructeur vis à vis de son mandant à savoir le maître d'ouvrage ; responsabilité régie par le contrat liant les deux parties ; le constructeur peut commettre des fautes en dehors de ses obligations contractuelles pouvant générer des risques extra-contractuels.

L'assurance Tous Risques Chantiers est ; comme l'assurance Tous Risques Montage ; une branche d'assurance Engineering relativement jeune. Elle est conçue pour les projets de constructions de tout genre.

Les progrès techniques réalisés dans le secteur B.T.P, la valeur de plus en plus grande de chaque projet et l'accroissement du risque technique et commercial qui en résulte, ont fait augmenter dans le monde entier, la demande de l'assurance TRC. La concurrence, de plus en plus vive, a contraint les entreprises de construction à ne plus majorer leur prix de façon suffisante pour tenir compte des risques auxquels elles sont exposées. D'autre part, les assureurs calculent leurs primes d'une façon plus rigoureuse. D'une manière indirecte, l'assurance TRC contribue à faire baisser le coût de construction tout en offrant aux parties intéressées une protection financière.

Contrairement aux polices de Responsabilité Civile appelées communément les polices RC, la police TRC rentre dans la catégorie des polices dites « polices dommages ».
Dans le cadre d'une police RC, un sinistre ne sera pris en charge que si les responsabilités sont clairement définies par voie amiable ou par voie judiciaire. Cette procédure prend beaucoup de temps et peut parfois durer des mois voire des années même. Il est donc clair que ce genre de couverture n'est pas adapté aux chantiers vu le temps alloué et arrêté pour réaliser l'ouvrage. Si on réparait un dommage sur un chantier seulement lorsque les responsabilités ont été déterminées, cet ouvrage risquerait de ne jamais voir le jour.

La réponse à l'attente des maîtres d'ouvrages et des intervenants a été, bien entendu, à l'origine de la création de cette couverture bien adaptée aux chantiers et qui consiste à indemniser les sinistres sans recherche préalable des responsabilités à condition bien sûr que la police couvre le dommage et qu'aucune clause ne s'oppose à sa prise en charge.

C'est une police ; comme son nom l'indique « Tous Risques Chantiers » ; qui doit garantir tous les risques inhérents à l'activité de réalisation d'un ouvrage qui peut aller d'un simple bâtiment à un barrage ou un tunnel. Elle couvre aussi tous les intervenants sur chantier. Mais il arrive que certaines entreprises s'assurent séparément. Ce schéma est des plus fâcheux scénarios pour le maître d'ouvrage qui peut se trouver dans une situation inconfortable entre deux assureurs qui se rejettent mutuellement la prise en charge du sinistre.

La police TRC est une assurance qui couvre les dommages imprévus et soudains pouvant avoir deux origines différentes :

A - Dommages dus au facteur humain

Tous les dommages subis par l'ouvrage en cours de construction pouvant arriver à l'effondrement total ou partiel de l'ouvrage. Une erreur humaine, tel qu'un décoffrage prématuré, peut être à l'origine de l'effondrement d'une partie ou de la totalité de l'ouvrage.

L'incendie est le résultat de l'utilisation de matériaux inflammables dans les chantiers et la non observation, par le personnel des entreprises des règles élémentaires de prévention contre les incendies ce qui s'avère à la base d'incendies parfois catastrophiques.

Le vol sur chantier est assez fréquent notamment pour le petit matériel ou pour les matériaux de construction tels que les sacs de ciment ou les barres d'acier.

L'inondation par le fait de l'homme tel le fait d'oublier un robinet ouvert peut causer des dommages importants et particulièrement aux matériaux de construction stockés et pouvant être sensibles à l'eau.

B - Dommages dus aux événements naturels :

Les tremblements de terre sont néfastes pour les constructions. Les ingénieurs concepteurs connaissent bien les méfaits des tremblements de terre sur les ouvrages et particulièrement sur ceux qui sont en cours de construction.

Les tempêtes peuvent causer des dommages très graves et particulièrement dans les régions réputées exposées à ce genre d'événement naturel.

La foudre peut être à l'origine de défaillances de matériels électriques, électroniques ou téléphoniques montés dans l'ouvrage. Elle peut provoquer aussi des incendies.

L'inondation naturelle peut rendre le chantier inaccessible, endommager les matériaux et matériels et mettre en péril l'ouvrage,

Le raz de marée dans des régions où ces phénomènes sont fréquents peut causer des dommages très importants aux ouvrages en construction. L'énergie libérée par l'eau peut être très néfaste à l'ouvrage et peut provoquer l'affouillement des fondations par exemple.

Il est fort regrettable que cette police d'assurance ne soit pas obligatoire pour les marchés privés (elle est devenue obligatoire qu'en 2016 à travers la loi 59.13 mais seulement pour les travaux de bâtiments). Elle ne l'est que pour les marchés publics tel qu'il est précisé dans l'article 24 du CCAG-T version 2000 ou encore l'article 25 version 2016.
On peut constater que plus de 60 % des chantiers ne sont pas assurés en TRC. Cette situation génère des arrêts de chantiers très longs à cause de l'insolvabilité des entreprises à réparer les dommages subis par l'ouvrage. Il serait vraiment temps que le prochain code de construction (encore en gestation) rende cette couverture d'assurance obligatoire.

1.1 - Les garanties apportées par la T.R.C

La TRC est une police qui couvre tous les intervenants sur un chantier. Cette situation offre une réelle protection au maître d'ouvrage et le met à l'abri de tout aléa accidentel pouvant menacer la réalisation de son ouvrage.

- Le maître d'ouvrage **:** c'est le propriétaire de l'ouvrage à construire. Il peut avoir la qualité d'une personne morale ou physique. En d'autres termes, une société privée ou publique, une collectivité locale, un office, un ministère, l'état, etc. peuvent avoir la qualité de maître d'ouvrage au même titre qu'une personne physique.
Le maître d'ouvrage est donc la personne pour le compte de laquelle, les différents intervenants vont être rémunérés pour accomplir une ou plusieurs tâches dans la conception et/ou la réalisation du projet. Les intervenants vont être payés soit directement ou indirectement (c'est le cas notamment des sous-traitants) par le maître d'ouvrage.
Le maître d'ouvrage peut être le souscripteur de la police (le preneur d'assurance) pour le compte de tous les intervenants auquel cas il déduit le montant de la prime d'assurance au prorata de la quote part du marché de l'intervenant en question.
Il existe des cas où le maître d'ouvrage intervient dans la réalisation de l'ouvrage en fournissant des matériaux, des prestations de service tels que des études, etc. C'est pour cette raison qu'il est généralement assuré au même titre que les intervenants. Cependant, le maître d'ouvrage ; et contrairement aux autres intervenants ; n'a plus la qualité d'assuré et donc ne fait plus partie des assurés pendant la période de maintenance.

- Le maître d'œuvre : C'est la personne physique ou morale qui est déléguée par le maître d'ouvrage pour suivre le chantier et veiller au respect du marché contracté par ce dernier avec les différents participants à la réalisation de l'ouvrage. Il a un rôle très important en matière de respect des normes et règlements techniques en vigueur. La qualité d'exécution des travaux dépend énormément de la qualification technique, professionnelle, ainsi que du savoir-faire de la maîtrise d'œuvre.

D'autre part, la maîtrise d'œuvre organise et préside des réunions hebdomadaires sur le chantier afin de faire respecter les clauses du marché et le planning des travaux. À la fin de chaque réunion, elle dresse un procès-verbal de réunion et qui sera remis au maître d'ouvrage. D'ailleurs, en cas de difficulté ou litige pour le règlement d'un sinistre, on peut toujours consulter ces P.V. de chantier afin d'éclaircir le problème et déterminer les responsabilités éventuellement.

- L'architecte **:** c'est la personne qui conçoit l'ouvrage et détermine son programme selon sa destination. Il a un rôle primordial dans la conception, la fonctionnalité et l'intégration de l'ouvrage dans son environnement. Il fait partie des premières personnes contactées par le maître d'ouvrage en vue d'arrêter les premières esquisses et le choix de l'option définitive de l'architecture de l'ouvrage. L'architecte est généralement maître d'œuvre pour les ouvrages qui ne posent pas de difficultés techniques majeures. Dans le cas contraire, deux possibilités peuvent être envisagées :

- Soit que la maîtrise d'œuvre est déléguée conjointement à l'architecte et au Bureau d'Études ;
- Soit que l'ouvrage pose des difficultés techniques qui peuvent dépasser les compétences de l'architecte ainsi que celles du Bureau d'Études, auquel cas le maître d'ouvrage fait appel dans ce cas à un groupement d'ingénieurs appelés en général Ingénieurs conseils et qui possèdent les moyens humains et techniques pour suivre de tels chantiers.

On tient à rappeler au lecteur que la loi marocaine exige de l'architecte un engagement écrit vis-à-vis du maître d'ouvrage pour suivre les travaux de construction. D'ailleurs le permis de construire n'est délivré à l'intéressé que si les plans réalisés par l'architecte comportent tous cet engagement écrit et signé. L'architecte est un prestataire de service et ne participe pas à l'exécution des travaux.

- Le Bureau d'Études : Le Bureau d'Études est l'organisme clé pour la solidité et la stabilité de l'ouvrage. Il comprend un ou plusieurs ingénieurs qui seront chargés par le maître d'ouvrage d'étudier les structures de l'ouvrage et de dresser les plans d'exécution (plans de coffrages et les plans de ferraillages). Les plans réalisés par le Bureau d'Études sont faits et conçus sur la base des plans de l'architecte. Le Bureau d'Études essaie de respecter l'idée architecturale avancée par l'architecte tout en veillant à la solidité et la stabilité de l'ouvrage. Comme l'architecte, le Bureau d'Études est un prestataire de service et ne participe pas à l'exécution des travaux.

- Le Laboratoire Géotechnique : Il est actuellement impensable de réaliser un ouvrage important sans faire appel à un laboratoire géotechnique. Son rôle est d'étudier le sol et de déterminer ses principales caractéristiques afin de dégager, cerner et contrecarrer les difficultés de construction liées à la nature et morphologie du sol et proposer par-delà un système de fondations adéquat. Certes, l'appel à ce genre d'organisme n'est pas toujours automatique dans toutes les constructions mais néanmoins son association aux grands projets n'est plus discutable. Le laboratoire géotechnique est aussi un prestataire de service et ne participe donc pas à l'exécution des travaux.

- Les Sociétés de Coordination : Leur rôle est de veiller à la coordination entre les différents corps d'état dans un chantier. Le déroulement des différentes tâches dans le temps est d'une importance capitale afin de respecter le planning arrêté lors de l'ouverture du chantier. Les sociétés de coordination sont généralement gérées par des ingénieurs qui ont une grande et longue expérience dans la construction. Mais on peut noter que les maîtres d'ouvrages ne font appel à ces sociétés que dans le cas d'ouvrages assez importants.
Ces sociétés sont aussi des prestataires de service et ne participent donc pas à l'exécution des travaux.

- Le Bureau de Contrôle : Le contrôleur technique a pour mission de contribuer à la prévention des différents aléas techniques susceptibles d'être rencontrés dans la réalisation des ouvrages.
Il intervient à la demande du maître de l'ouvrage et donne son avis à ce dernier sur les problèmes d'ordre technique. Cet avis porte notamment sur les problèmes qui concernent la solidité de l'ouvrage et la sécurité

des personnes. D'ailleurs, en assurance décennale, son intervention est obligatoire.
À travers son intervention, le rôle du Bureau de Contrôle est donc de minimiser le risque et diminuer par conséquent les accidents sur chantier ainsi qu'après la réception des travaux.
Le Bureau de Contrôle est aussi un prestataire de service et ne participe donc pas à l'exécution des travaux.

- L'Entreprise de Gros œuvre : C'est l'entreprise de construction proprement dite. C'est elle qui va réaliser l'ouvrage sur la base des différents plans et coupes de l'architecte et du Bureau d'Études. Elle doit suivre les recommandations du maître d'œuvre en cas de difficulté d'exécution d'une tâche. Elle doit aussi respecter les clauses du marché conclu avec le maître d'ouvrage et se conformer aux spécifications techniques de réalisation portées sur le cahier de prescriptions spéciales (C.P.S). Son expérience et son savoir-faire sont primordiaux pour la réalisation de l'ouvrage. Elle détient en général la plus grosse part du marché. Théoriquement, elle devrait donc être la première à être intéressée par la souscription d'une police TRC plus que tout autre intervenant.
Il existe des chantiers où l'entreprise réalise tous les travaux et délivre un ouvrage clef en main. Dans ce cas, on parlera d'entreprise générale.

- Les Entreprises de Second œuvre : Ces sociétés ont pour tâche d'exécuter des travaux autres que la construction. Leur liste n'est pas exhaustive et leur intervention dépend de la nature de l'ouvrage. Ces sociétés peuvent avoir le statut de sous-traitant de l'entreprise générale ou travailler pour leur propre compte et avoir dans ce cas un contrat direct avec le maître d'ouvrage. Ces entreprises peuvent réaliser les travaux tels que : plomberie, électricité, montage d'ascenseur, électricité, travaux d'étanchéité, pose de carrelage, etc.

Quels sont les types d'ouvrage pouvant être couverts par la police TRC ?

L'assurance T.R.C peut être souscrite pour tous les bâtiments et travaux publics tels que :

- Habitations / Immeubles à usage de bureau - Édifices publics. - Bâtiments industriels.	« Bâtiments »
- Tours, cheminées, silos. - Routes, voies ferrées, piste d'aérodrome - Barrages, ports, aménagements fluviaux - Tunnels, métros. - Murs de soutènement, ponts. - Égouts, conduites enterrées.	« Génie civil »

Que couvre-t-elle la police TRC ?
Comme il a été précédemment mentionné, l'assurance T.R.C couvre les dommages imprévus et soudains pouvant avoir deux origines différentes :

Dommages dus au facteur humain :

- L'effondrement total ou partiel de l'ouvrage : Une erreur humaine, tel qu'un décoffrage prématuré, peut être à l'origine de l'effondrement d'une partie ou de la totalité de l'ouvrage ;
- Accident causé par un engin de chantier : Dans un chantier, il est assez fréquent de voir des dommages causés à l'ouvrage en construction par les engins de chantier tels que les grues par exemple ;
- L'incendie : l'utilisation de matériaux inflammables dans les chantiers et la non observation, par le personnel des entreprises, des règles élémentaires de prévention contre les incendies sont à la base d'incendies parfois catastrophiques ;
- Le vol : le vol sur chantier est assez fréquent notamment pour le petit matériel ou pour les matériaux de construction tels que les sacs de ciment ou les barres d'acier ;
- L'inondation : le fait d'oublier un robinet ouvert peut causer des dommages importants et particulièrement aux matériaux de construction stockés et pouvant être sensibles à l'eau.

Les dommages dus aux événements naturels :

- Le tremblement de terre : Les ingénieurs concepteurs connaissent bien les méfaits des tremblements de terre sur les ouvrages et particulièrement sur ceux qui sont en cours de construction ;
- La tempête : Elle peut causer des dommages très graves et particulièrement dans les régions réputées exposées à ce genre d'événement naturel ;
- La foudre : Elle peut être à l'origine de défaillances de matériels électriques, électroniques ou téléphoniques montés dans l'ouvrage. Elle peut provoquer aussi des incendies ;
- L'inondation : L'inondation naturelle peut rendre le chantier inaccessible, endommager les matériaux et matériels, mettre en péril l'ouvrage ;
- Le raz de marée : Dans des régions où les raz de marées sont fréquents, les dommages causés aux ouvrages en construction sont toujours très importants. L'énergie libérée par l'eau peut être très néfaste à l'ouvrage : elle provoque l'affouillement des fondations par exemple.

1.2 - Les composantes de la police

La garantie de base TRC couvre toutes les composantes suivantes :

A - L'ouvrage

L'ouvrage comprend tous les travaux prévus au contrat et exécutés par l'entreprise de construction et ses sous-traitants y compris les travaux préparatoires sur le chantier tels que terrassements, ouvrages provisoires ainsi que tous les matériaux entreposés sur le chantier nécessaires à l'exécution des travaux.

Il y a lieu de constater que seuls les travaux prévus dans le contrat sont couverts en cas de sinistre. En d'autres termes, si des travaux supplémentaires sont réalisés par l'entreprise sans être déclarés à l'assureur, ils ne seront pas couverts par la police d'assurance TRC en cas de sinistre.

Il faut noter que normalement[323] les phénomènes naturels sont couverts par la police de base TRC Dans le cas où l'assuré souhaite leur exclusion

[323] Certains assureurs excluent à tort les événements naturels de la garantie TRC.

de la couverture, il bénéficie d'un rabais sur la prime d'assurance. Mais cela est à déconseiller fortement.

B - Les matériels et installations provisoires

Tous les équipements, utilisés pour l'exécution de l'ouvrage, rentrent dans le cadre de la TRC tels que baraques d'habitation, magasins, échafaudages, coffrages, etc. mais à condition de les déclarer à l'assureur au moment de la souscription de la police TRC. Dans ce cas précis, un capital assuré leur sera réservé et transcrit dans la police d'assurance.

Il est d'une importance capitale pour l'entreprise d'assurer ces matériels et équipements car ils ne rentrent pas dans le cadre de l'ouvrage et sont donc indépendants des travaux contractuels entre le maitre d'ouvrage et l'entreprise.

Le cas le plus fréquent est celui des travaux de construction des ponts. La crue peut ne pas endommager l'ouvrage en construction mais peut emporter les matériels de travail tels les coffrages.

C - Les frais de démolition et de déblaiements

Après la survenance d'un sinistre sur chantier, il est très fréquent que l'entreprise soit obligée d'engager des frais de démolition et/ou des frais de déblaiement avant ou après les travaux de réparation des dommages et détériorations subis par l'ouvrage en construction. La police d'assurance T.R.C peut prévoir la garantie de ces frais de déblaiement et démolition et les couvrir ainsi après un sinistre garanti par la police TRC pour effectuer les réparations nécessaires.

Le montant assuré au titre des frais de démolition et de déblaiements est généralement limité dans une fourchette de 10 à 20 % du montant des travaux.

On peut prévoir aussi une limite par sinistre comprise entre 5 et 10 % du montant du sinistre.

Il y a lieu de constater que ces frais doivent être nécessaires pour engager des travaux de réparation et réfection des dommages subis par l'ouvrage et couverts par la police d'assurance TRC. En d'autres termes, ces frais ne doivent pas être engagés pour palier à un manquement contractuel ou une obligation prévue par le contrat.

D - Les sommes assurées

Les sommes assurées sont différentes pour les différents postes concernés par la garantie :

- Les sommes assurées : Pour l'ouvrage lui-même ainsi que pour les ouvrages provisoires, la somme assurée est égale à la valeur définitive des travaux à laquelle s'ajoute la valeur des matériaux de construction et/ou des prestations fournis par le maître d'ouvrage. Si le marché a été conclu à un prix fixe, la hausse du prix des matériaux et des salaires n'entraîne aucune augmentation de la somme assurée, mais par contre et en cas de sinistre, les frais de réparation se voient augmentés. La fixation des primes et franchises adéquates résout ce genre de problème ;
- Les postes faisant l'objet d'une limite de garantie par sinistre sont : les existants, la RC et les autres extensions classiques. De même, les périls naturels (tremblements de terre, crues, inondations) peuvent faire l'objet d'une assurance au premier risque pour contrôler le cumul des engagements. Les bâtiments existants, les frais de déblaiement et la garantie de responsabilité civile doivent bénéficier de montants assurés suffisants ;
- Les sommes assurées pour les équipements ainsi que pour les engins de chantiers doivent correspondre à la valeur à neuf (y compris les frais

de transport, de montage et de douane) de ces derniers à la date où l'assurance a été conclue.

E - Primes et franchises : Compte tenu des particularités techniques et locales qui diffèrent d'un projet à l'autre, chaque ouvrage doit être en effet tarifé séparément. À proprement dit, il n'existe pas pour cette assurance de tarif général indiquant des taux fixes.
Sur chaque assurance T.R.C, l'assuré supporte en outre une franchise qui varie suivant la nature, les dimensions de l'ouvrage et suivant les dangers locaux. On fixe en général des franchises distinctes pour l'ouvrage, pour les événements naturels ainsi que pour les engins de chantier.

F - Les exclusions
Sont exclus de la garantie les dommages dus entre autres à l'une des causes suivantes :
- Tous les périls de nature politique tels que la guerre, les mesures émanant des forces armées, etc. ;
- Les périls nucléaires ;
- Négligence grave ou acte commis intentionnellement ;
- Arrêt des travaux ;
- Pertes indirectes quelles que soit leur nature ;
- Frais d'amélioration de la construction ;
- Perte ou détérioration imputable à une erreur de conception ;
- Conditions atmosphériques normales, dommages internes de fonctionnement, Bris de machines des engins de chantier.

G - Période de garantie et indemnisation des sinistres
La période de garantie de la police TRC est divisée en deux périodes : La période des travaux et la période de maintenance.

Période des travaux
L'assurance T.R.C couvre la période s'étendant depuis le début des travaux (installation de chantier) jusqu'à la réception provisoire de l'ouvrage. Cette période dépend du planning des travaux soumis par l'entrepreneur, et avant souscription, à l'assureur.
Néanmoins, une prolongation de cette période est envisageable moyennant une surprime. L'exemple ci-dessous illustre la méthode de calcul du taux relatif à cette prolongation

Période de maintenance
Il est fréquent de prévoir une période de maintenance d'une année, après réception. Dans le cadre de l'assurance T.R.C, il est possible d'accorder une couverture de maintenance pour cet intervalle de temps.

Il existe deux variantes de cette couverture :
- La couverture maintenance visite (ou standard) est limitée aux pertes ou dommages subis par les objets assurés et occasionnés par une erreur humaine pendant les opérations dites de « maintenance » ;
- La couverture maintenance étendue : en plus de ce qui est couvert par la garantie maintenance visite, s'ajoute l'indemnisation des dommages accidentels dont l'origine remonte à la période de construction).

Les exclusions de cette garantie maintenance sont l'incendie, le vol et les phénomènes naturels. Le maitre d'ouvrage n'a plus la qualité d'assuré pendant la période de maintenance.
Chaque règlement de sinistre doit se faire sur présentation des factures et autres documents justificatifs. La base de chaque règlement repose sur le fait que tout dommage survenu à l'ouvrage et couvert par la police doit être réparé si possible ou indemnisé dans le cas contraire.
L'assureur TRC s'engage à remettre l'ouvrage dans l'état où il se trouvait immédiatement avant le sinistre. En d'autres termes, ils ne donnent pas lieu à indemnisation tous les frais exposés par l'assuré pour d'éventuelles modifications, consolidations, compléments et/ou améliorations des travaux.
En définitive, l'assureur n'indemnise les sinistres qu'à l'identique lui permettant ainsi de remettre l'assuré dans la situation précédant la survenance du sinistre.

1.3 - Les principales extensions de garantie en TRC

La police d'assurance TRC de base peut être renforcée par la souscription optionnelle de plusieurs extensions de garantie selon les risques qu'encourent les assurés sur chantier. On peut en citer les plus utilisées :

A - La garantie responsabilité civile (RC)

Cette composante est très importante vu qu'elle couvre les dommages matériels et corporels causés aux tiers par suite de l'exécution des travaux.

Les accidents de travail ne sont pas couverts par cette police et font l'objet d'une assurance Accidents de Travail (A.T).

La notion de tiers est définie dans un chantier par toute personne se situant à l'extérieur du chantier. Cela veut dire en d'autres termes que sur un chantier, les entreprises ne se considèrent pas comme tierces entre elles.

Vu le nombre d'intervenants de plus en plus grand sur les chantiers et le chevauchement des différentes tâches à réaliser dans des espaces de plus en plus réduits, on constate que les entreprises se créent des dommages entre elles. Afin de remédier à ce problème, il existe une variante de la garantie responsabilité civile vis à vis des tiers dénommée « RC Croisée » qui considère les entreprises au sein d'un même chantier comme tierces les unes par rapport aux autres.

La garantie responsabilité civile est toujours octroyée avec une limite d'indemnisation soit par sinistre soit épuisable pour la durée du contrat.

La RC aux tiers, simple ou Croisée, n'est jamais acquise durant la période de maintenance.

Les couvertures de RC font toujours référence à la notion d'accident et le définissent comme événement fortuit, soudain et extérieur à la victime ou à l'objet endommagé. Il est recommandé de préciser ce caractère en adjoignant à la couverture de base certaines exclusions.

La somme assurée est difficile à déterminer au préalable. C'est pour cette raison, qu'on se limitera à un pourcentage du montant des travaux et qui ne dépasserait pas les 30 %. Il est possible de prévoir l'une des deux formes de la somme assurée :

- soit que la somme assurée est une somme épuisable pendant la durée de la police ;
- soit que la somme assurée est exprimée sous forme de limite par événement.

B - La maintenance

La période de maintenance correspond à la période qui suit l'achèvement des travaux. Elle ne dépasse pas en général 12 mois. C'est la période située entre la réception provisoire et la réception définitive. Durant cette période, les entreprises reviennent sur le chantier pour la maintenance ou faire de petits travaux afin que l'ouvrage soit conforme au marché conclu entre les entreprises et le maître de l'ouvrage.
L'objectif de la maintenance est de couvrir et garantir les dommages imputables à un assuré lorsqu'il revient sur le chantier pour l'accomplissement des seules obligations contractuelles qui lui incombent au titre du marché.

Cette garantie est octroyée moyennant certaines conditions de restriction ou d'exclusion :

- Les dommages dus à un incendie sont exclus ;
- Le maître d'ouvrage perd la qualité d'assuré pendant la période de maintenance ;
- La RC est généralement exclue mais peut être couverte pendant la période de maintenance.

Il existe 2 variantes de la garantie maintenance au niveau de la TRC :

1 - La maintenance limitée

Cette garantie permet d'indemniser les pertes ou dommages à l'ouvrage :

- Causés par l'assuré au cours des travaux qu'il accomplit conformément à ses obligations contractuelles de maintenance ;
- Survenant en période de maintenance, à condition que le fait générateur de ces pertes ou dommages ait pris naissance sur le chantier au cours de la période de maintenance, autrement dit exclut tous les dommages ayant un fait générateur avant la période de la maintenance.

2 - La maintenance étendue

Cette deuxième variante de la garantie maintenance permet l'indemnisation des pertes ou dommages à l'ouvrage :

- Causés par l'assuré au cours des travaux qu'il accomplit conformément à ses obligations contractuelles de maintenance ;
- Survenant en période de maintenance, à condition que le fait générateur de ces pertes ou dommages ait pris naissance sur le chantier au cours de la période construction (ou de montage), autrement dit avant la date de réception de la partie endommagée.

C - Heures supplémentaires, travail de nuit et transport à grande vitesse (TGV)

Cette garantie indemnise l'assuré pour les frais supplémentaires, travail de nuit, travail pendant les jours fériés et pour expédition en grande vitesse qu'il aurait engagés suite à un sinistre couvert par la police TRC. Cette garantie est accordée avec une limite épuisable.

D - Les existants

Cette garantie intervient lorsqu'un un intervenant dans le chantier cause des dommages aux existants (ouvrages existant avant le commencement des travaux neufs objets de la police d'assurance TRC) et qui sont la propriété du maître d'ouvrage qui n'est pas considéré comme tiers au titre de la responsabilité civile. La police TRC ne prendra pas en charge ce dommage en l'absence d'une couverture adéquate et propre aux existants. Pour cette raison, la police TRC offre une extension de garantie aux existants et peut les couvrir à hauteur d'une limite épuisable. C'est ce qu'on appelle une couverture au premier risque. Cette forme de couverture donne l'avantage de pouvoir abandonner l'application de la règle proportionnelle en cas de sinistre.
Les assureurs font très attention avec cette couverture et demandent le maximum d'informations sur les ouvrages existants afin d'évaluer le risque avec le plus de rigueur possible. Ils font notamment attention aux points suivants lors de l'octroi de cette garantie :

- Définissent clairement et avec exactitude dans la police ce que l'on entend par existants ;
- L'incendie est exclu de la couverture des existants ;
- Cette couverture ne représente pas la garantie principale au détriment de la TRC. L'assureur limite toujours le montant des existants à couvrir à 20 % du montant des travaux au maximum ;
- Seuls les dommages matériels sont garantis au titre de cette couverture.

E - Grèves, émeutes et mouvements populaires

Cette garantie peut être d'un grand secours pour les entreprises de construction si le climat social se détériorerait. Elle aura pour rôle d'indemniser l'assuré des pertes et dommages matériels directement causés aux biens assurés et qui peuvent résulter des facteurs suivants :

- Actes commis par toute personne qui participe avec d'autres personnes à des manifestations portant atteinte à l'ordre public ;
- Actes prémédités commis par des grévistes pour faire aboutir une grève ;
- Mesures prises par les autorités légales en vue de mettre fin ou de tenter de mettre fin à des manifestations de ce genre ou d'en atténuer les conséquences.

Par contre, cette garantie ne couvre pas les dommages suivants :

- Les pertes ou dommages résultant d'une cessation totale ou partielle du travail, de l'ajournement, de l'interruption ou de la cessation d'une opération quelconque ;
- Les pertes ou dommages occasionnés par une dépossession permanente ou temporaire résultant d'une confiscation, d'une saisie ordonnée par les autorités légales ;
- Les pertes ou dommages résultant directement ou indirectement de la guerre, l'invasion ou de mouvements populaires prenant la proportion d'une révolte populaire ou militaire.

À travers ces exclusions, on voit clairement que cette garantie ne pourra jouer qu'en temps normal et non pas en temps de guerre.

F - Clause des 72 Heures

Cette garantie a une grande utilité dans les zones où le risque des événements naturels est prépondérant. Elle est utilisée plus particulièrement pour les séismes, vu que plusieurs secousses telluriques peuvent survenir successivement. Elle donne l'occasion à l'assuré de considérer les dommages résultant d'un phénomène naturel pendant une période de 72 heures comme un seul sinistre. De cette manière, l'assuré n'aura à sa charge qu'une seule franchise au lieu de plusieurs.

Il y a lieu de préciser qu'après toute secousse tellurique, une tempête, un cyclone, etc., l'assureur appliquera une franchise par secousse, par tempête, par cyclone, etc. En d'autres termes, l'assuré aura à sa charge autant de franchises que de secousses telluriques survenues même

pendant un temps très court. En fait, la clause des 72 heures permet de palier à cette situation. Pendant 72 heures, l'assureur n'appliquera qu'une seule et unique franchise même si pendant les 72 heures, 3 ou 4 secousses se sont produites. C'est une clause à l'avantage de l'assuré. Le texte de la clause est le suivant :
« Il est convenu que les pertes ou dommages aux biens assurés, survenant pendant une période de 72 heures, consécutifs et causés par une tempête, un ouragan, un cyclone, une inondation, un glissement de terrain, un effondrement, ou un tremblement de terre, constitueront un seul événement pour l'application de la franchise prévue dans la police. Pour l'application de ce qui précède, la fixation du commencement d'une telle période de 72 heures sera laissée à la discrétion des Assurés étant entendu cependant qu'il ne peut y avoir de chevauchement de deux (ou plus) périodes de 72 heures. »

G - Frais et honoraires d'experts
Après survenance et déclaration d'un sinistre, normalement la compagnie d'assurance nome un expert en vue d'évaluer les dommages et de déterminer les causes et réparations des ouvrages sinistrés (selon la mission). Les conclusions de l'expertise deviennent donc applicables aux deux parties (assureur et assuré). Mais il arrive que l'assuré ne soit pas d'accord avec ces conclusions, auquel cas il engage un expert à ses frais. Cette garantie est là justement pour indemniser l'assuré des honoraires d'experts, d'architectes, d'ingénieurs conseils ou de consultants chargés des études indispensables à la réparation ou à la reconstruction des ouvrages sinistrés pour autant que le sinistre soit couvert par la police TRC.
Par cette clause, l'assuré aura donc le droit d'engager des experts, des ingénieurs ou architectes pour le représenter devant l'expert désigné par l'assureur ou pour le conseiller sur les méthodes techniques de réparation de l'ouvrage endommagé et ce à la charge de l'assureur. Ces honoraires sont généralement limités par sinistre et assujettis à une limite épuisable pour la durée de la police d'assurance. Le texte de cette clause peut s'énoncer comme suit :
« L'assurance est étendue aux frais et honoraires d'Architectes, d'Ingénieurs-Conseils, de Consultants ou d'Experts des assurés raisonnablement exposés par les assurés pour la reconstruction, la réparation ou le remplacement des biens assurés sinistrés.

Limite : 5 % du coût du sinistre avec une limite de DH XXXX épuisables. »

H - Erreur de conception, défaut de matière

Dans les polices TRC, les conséquences d'une erreur de conception font partie des risques spéciaux formellement exclus de la garantie. Mais il est possible de racheter cette exclusion et de couvrir les dommages résultant d'une erreur de conception, de calcul, de plan ou de mise en œuvre défectueuse tout en excluant toutefois la partie viciée : c'est à dire la partie (généralement c'est un matériau) qui est à l'origine du dommage. Toutefois, il arrive parfois (rarement quand même) que les assureurs acceptent de couvrir la partie viciée et prennent ainsi en charge un risque d'entreprise.

Afin d'illustrer comment peut jouer cette garantie, on donnera l'exemple suivant :

On suppose que le laboratoire a conçu et établi une formule de confection du béton. Après réalisation de certaines parties de l'ouvrage et après avoir réalisé les essais de résistance sur les éprouvettes de béton prélevé lors du coulage de ces parties, on s'aperçoit que le béton utilisé n'atteint pas la résistance requise. L'expertise montre que l'erreur vient du fait que la formule de confection du béton était entachée d'une erreur sur la nature du ciment.

Dans ce cas précis, la garantie « Erreur de conception » indemnisera tous les dommages résultant de l'erreur commise sur la formule de confection du béton à l'exclusion du ciment qui se présente comme la partie viciée.

I - Sue and labour

Cette extension de garantie offre une réelle protection permanente à l'assuré de son ouvrage pour éviter un éventuel et imminent sinistre. En d'autres termes, l'assureur met à la disposition de son assuré une somme d'argent contractuelle pour engager des frais en vue d'éviter ou de limiter les dommages prévisibles (dommages qui seraient couverts par la police TRC s'ils se produisaient) en raison d'un péril imminent pour autant que la nécessité d'exposer ces frais ne résulte en aucune manière de la carence de l'assuré à se conformer à ses obligations contractuelles. Cette extension de garantie exclut notamment tous les travaux de confortement ou de consolidation prévus par le marché.

J - Perte d'exploitation anticipée (P.E.A)
Cette garantie couvre l'assuré pour les pertes effectives résultant du retard dans la mise en exploitation de l'ouvrage ou de l'installation assurés, imputable à un sinistre couvert au titre de la police TRC. La garantie comprend la perte de bénéfice brut résultant de la non réalisation d'un chiffre d'affaires.
La période de garantie coïncide généralement avec la période de travaux et la franchise est exprimée en jours et est communément appelée délai de carence.
On peut noter que cette garantie est plutôt utile pour des installations industrielles que pour des immeubles courants : c'est une garantie qui est relativement chère et difficilement octroyée par les assureurs.

H - Clauses Complémentaires en faveur de l'assuré
Certaines clauses peuvent être introduites dans la police d'assurance. Elles ont pour rôle de donner plus de force à la police d'assurance et favoriser ainsi l'assuré à être mieux garanti et mieux couvert par le contrat d'assurance qu'il a souscrit. Les clauses les plus utilisées dans la police TRC sont les suivantes :

a - L'arbitrage - Clause compromissoire
L'arbitrage est une procédure consensuelle entre les parties. Le litige est soumis, par convention[324] entre les parties, à un ou plusieurs arbitres qui rendent une décision contraignante. En décidant de recourir à l'arbitrage, les parties optent pour une procédure de règlement des litiges privée en lieu et place d'une procédure judiciaire classique devant les tribunaux du pays.

Les principales caractéristiques de l'arbitrage sont les suivantes :

- L'arbitrage est une procédure consensuelle

  L'arbitrage ne peut avoir lieu que si les deux parties y ont consenti. S'agissant de litiges futurs découlant d'un contrat, les parties insèrent une clause d'arbitrage dans la police d'assurance. Un litige existant peut faire l'objet d'un arbitrage au moyen d'une convention[325] *ad hoc* ou institutionnelle[326] conclue entre les parties. À la différence de la médiation, l'arbitrage ; d'une part ; est

[324] Art 306 du code de la procédure civile
[325] Art 319 du code de la procédure civile
[326] *i.e.* devant une institution d'arbitrage tel un centre d'arbitrage

opposable aux deux parties et d'autre part, aucune partie ne peut se retirer unilatéralement de la procédure d'arbitrage.

- Les parties choisissent le ou les arbitres

  Conformément à la loi marocaine[327], les parties peuvent choisir d'un commun accord un collège arbitral en nombre impair composé d'un arbitre unique ou de 3 arbitres. La procédure de choix des arbitres est précisée dans la clause compromissoire sinon le président du tribunal se chargera de le faire.

- L'arbitrage est neutre

  Outre qu'elles peuvent choisir les arbitres neutres de la nationalité appropriée, les parties peuvent décider d'éléments aussi importants que la législation applicable[328], la langue et le lieu de la procédure. Cela leur permet de s'assurer qu'aucune partie ne bénéficie d'un avantage lié au déroulement de la procédure dans son pays[329].

- L'arbitrage est une procédure confidentielle

  Les différents règlements des centres d'arbitrage protègent expressément la confidentialité de l'existence de l'arbitrage, de toute divulgation faite au cours de la procédure et de la sentence. Dans certaines circonstances, une partie peut restreindre l'accès aux secrets d'affaires ou aux autres renseignements confidentiels présentés au tribunal arbitral ou à un conseiller en confidentialité auprès du tribunal.

- La décision du tribunal arbitral est définitive et facile à exécuter

  Selon le code de la procédure civile, les parties conviennent d'exécuter la décision du tribunal arbitral sans délai. Les sentences arbitrales sont exécutées par les tribunaux nationaux en vertu de la convention de New York, qui n'autorise les dérogations à cette règle que dans un nombre de cas très restreint.

Il y a lieu de noter que le Maroc a ratifié les conventions d'arbitrage internationales suivantes :

- Convention de New York du 10/6/1958 ;
- Convention de Washington du 18/3/1956 ;
- Convention arabe d'Amman du 4/4/1987.

---

327 Art 327-2 du code de la procédure civile

328 Art 327-18 du code de la procédure civile

329 Art 327-10 du code de la procédure civile

Afin de régler leurs litiges, l'assureur et l'assuré peuvent introduire une clause compromissoire ; dans le contrat d'assurance qui les lie ; leur permettant ainsi de régler leurs différends d'inexécution ou d'interprétation de la police d'assurance par le biais de la procédure d'arbitrage. Mais la loi 17-99 portant code des assurances à bien précisé dans son article 35 que toute clause d'arbitrage à laquelle l'assuré n'a pas donné son accord exprès à la souscription du contrat est réputée nulle et non avenue.

Plusieurs textes de la clause compromissoire sont proposés, et retiendrons le texte suivant que nous considérons le mieux adapté :

« Toutes contestations, différends ou litiges relatifs à ce contrat, portant sur son interprétation, son exécution ou son inexécution, à quelque moment qu'il survienne, et qui ne pourra pas être résolu à l'amiable entre les parties, sera définitivement tranché par voie d'arbitrage tant que cela n'est pas contraire à l'article 306 et suivants de la loi N° 08-05 promulguée par Dahir N° 1-07-169 du 19 Kaada 1428 (30 novembre 2007) et intégrée dans le code de procédure civile et selon la procédure suivante :

Chacune des parties sera tenue de désigner un arbitre.

Cette désignation s'effectue par lettre recommandée contenant sommation à l'autre partie de designer le sien.

Faute de désignation de son arbitre par une partie dans les huit jours de la sommation ainsi faite, l'arbitre non désigné sera nommé par le tribunal de commerce de Casablanca à la requête de la partie la plus diligente.

En cas de décès, de démission ou d'empêchement d'un arbitre, la partie qui l'aurait désigné devra procéder aussitôt à son remplacement, au plus tard dans les huit jours de la sommation qui lui en aura été faite par l'autre partie à défaut de quoi l'arbitre remplaçant sera également désigné par ordonnance de référé rendue dans les mêmes conditions sus indiquées.

Si les deux arbitres ne peuvent se mettre d'accord sur la désignation d'un 3ème arbitre, il leur sera adjoint un troisième arbitre choisi sur une liste de trois noms préalablement agrées, par tirage au sort en présence des deux parties, par l'arbitre le plus

âgé. La liste des trois arbitres sera arrêtée lors de la première réunion d'arbitrage.
Si la procédure de désignation du 3ème arbitre échoue, les parties saisiront le président du tribunal de commerce de Casablanca afin de désigner le 3ème arbitre.
Le collège arbitral devra rendre sa sentence à la majorité au plus tard dans les trois mois à partir du jour de la nomination du 3ème arbitre.
Les arbitres appliqueront au fond la loi marocaine.
Le collège arbitral appliquera le règlement du centre de médiation et d'arbitrage de Casablanca.
L'arbitrage aura lieu à Casablanca au siège choisi par le collège arbitral.
La langue de travail utilisée sera la langue française. »

b - Avaries occultes des fournitures de chantiers (Clause 50/50)
Il arrive souvent que les fournitures de matériaux ou de matériels destinés au chantier soient avariées au moment de leur réception. Cette clause permet de couvrir ce genre de situation :
« Dans la limite des garanties respectives des polices mentionnées ci-après, il est convenu que les avaries dites occultes, c'est à dire celles qui ont échappé à la reconnaissance de l'état de la marchandise lors du déchargement sur le site et dont l'origine est inconnue, seront :

- Prises en charge par les assureurs de la police transport s'il peut être établi à dire d'expert que ces dommages sont imputables au transport ;
- Prises en charge par les Assureurs de la présente police TRC s'il peut être établi à dire d'expert que ces dommages sont imputables au déchargement ou au stockage sur le site.

Dans le cas où l'expert ne pourrait se prononcer, les avaries seront prises en charge à 50 % par les assureurs de la police transport et à 50 % par les Assureurs de la présente Police, chaque assureur réglant sa quote-part sous déduction de 50 % de sa franchise. »

c - Préfinancement des sinistres - Paiement d'acomptes
Cette clause permet à l'assuré de recevoir ; de la part de l'assureur ; un préfinancement à hauteur d'un pourcentage contractuel de l'indemnité lui permettant de commencer les réparations nécessaires. Le texte de la clause s'énonce comme suit :

« Les Assureurs s'engagent à payer aux Assurés, dans les deux mois (2 mois) qui suivront la remise par eux d'un état de pertes provisoire, un acompte de quarante pour cent (40%) du montant du sinistre estimé, déduction faite de la franchise, à condition toutefois, que le sinistre soit considéré comme pris en charge par les Assureurs.
En cas de désaccord sur l'estimation du sinistre, l'acompte sera calculé à raison de quarante pour cent du montant mis en réserve technique par les Assureurs. »

d - Dessins et Plans

Cette clause a pour objet de garantir les pertes et détérioration des plans et dessins sur chantier. Le texte de la clause s'énonce comme suit :
« L'assurance est étendue aux frais engagés par les assurés pour la reconstitution de plans, dessins ou autres documents contractuels perdus ou endommagés lorsqu'ils se trouvent sur le site des travaux à la suite d'un événement garanti par la présente police. Limite : DH XXXXX épuisables »

e - Transports aériens, transports en grande vitesse, heures supplémentaires

Cette clause permet de garantir les frais afférents aux heures supplémentaires engagés par l'assuré pour réparer les dommages conséquents d'un sinistre couvert par la police d'assurance.
Par ailleurs, cette garantie permet aussi d'indemniser l'assuré des frais de transport rapides (avions, trains rapides) qu'il a engagés pour transporter du matériel ou matériaux nécessaires à la réparation des dommages conséquents au sinistre couvert par la police d'assurance. Il y a lieu de noter qu'en l'absence de cette garantie, l'assureur ne paiera que les frais de transport par le moyen le moins cher tel le transport maritime ou routier par exemple. Le texte de cette clause s'énonce comme suit :
« L'assurance est étendue, à la suite d'un sinistre indemnisable, aux frais supplémentaires raisonnablement engagés par les assurés pour les transports aériens et transports en grande vitesse, ou pour les travaux effectués en heures supplémentaires, de nuit, ou pendant les dimanches et jours fériés.

Le surcoût maximum indemnisable par les assureurs au titre des transports aériens et/ou transports en grande vitesse, ou pour les travaux effectués en heures supplémentaires, de nuit ou pendant les dimanches et jours fériés, ne pourra cependant excéder 25 % des coûts normalement indemnisables au titre de la présente couverture. »

f - Engins de guerre

Cette clause permet à l'assuré d'être indemnisé en cas de dommages causés par des engins de guerre mais à condition que la situation du pays ne relève pas de l'état de guerre. Le texte de cette clause s'énonce comme suit :

« Il est convenu que l'exclusion de guerre énoncée dans les exclusions générales de la police ne s'appliquera pas aux pertes ou dommages aux biens assurés causés par des engins ou des munitions de guerre qui se trouveraient sur ou à proximité du site des travaux assurés et ce, pour autant que la présence de ces engins ou munitions ne résulte pas d'un état de guerre à la date de survenance du sinistre. »

g - Frais de reconstitution des sols

La police TRC ne garantit que les dommages subis par l'ouvrage en construction. Si l'ouvrage en cours de construction est endommagé et qu'une partie du sol s'effondre, la police TRC ne couvrira que les dommages subis par l'ouvrage en construction même si sa réparation nécessite la reconstitution du sol effondré tels par des renforcements par des tirants ou injections de coulis. Cette clause permet notamment de palier à cette situation et de permettre à l'assuré de reconstituer son sol effondré en toute quiétude. Son capital assuré est toujours limité au premier risque[330].

---

[330] L'assureur propose un montant garanti maximum pour chaque sinistre d'un module d'assurance précis et qui est donc beaucoup plus bas que le montant d'assurance réel. Afin d'illustrer cela, nous donnons l'exemple suivant :

- Le capital assuré pour la totalité des machines s'élève à 600.000 DH.
- Le capital assuré au premier risque est de 200.000 DH.

Effets de la couverture au premier risque :

- Avec la couverture au premier risque, il n'y a pas de sous-assurance possible.
- En cas de sinistre, contrairement à une situation de sous-assurance où la règle proportionnelle est applicable (telle qu'elle est rappelée à l'article 13 du code des assurances) ; les

« Sont garantis, les frais de reconstitution des sols et terrains se trouvant sous, à coté ou sur les travaux assurés et qui ne font pas partie intégrante de ces travaux, pour autant que cette reconstitution soit nécessaire à la réparation des travaux assurés.

Toutefois l'indemnité due au titre de cette extension ne pourra excéder XXXX DH pour la durée de la Police. »

h - Réparation à l'identique impossible

L'assureur indemnise toujours à l'identique. Mais il arrive ; à la suite d'un sinistre couvert ; que la réparation à l'identique ne soit pas possible ou non raisonnable. Cette clause permet à l'assuré de réparer autrement mais sans dépasser un pourcentage des travaux normalement nécessaires à entreprendre une réparation à l'identique. L'exemple le plus courant est celui des tunnels construits dans des sols marneux et nécessitant une consolidation par l'utilisation de cintres HEB tous les 1,50 m. La réparation à l'identique après effondrement d'une partie du tunnel supposerait la remise du tunnel en l'état en remettant des cintres tous les 1,50 m. Mais les études de réparation révèlent qu'il faut ramener la distance entre cintres de 1,50 à 1,00 m ce qui augmente le montant des travaux de réparation. Cette clause va permettre à l'assuré de réparer aisément son sinistre selon la méthode proposée par ses ingénieurs et de dépasser le montant à l'identique d'un certain pourcentage contractuel. Le texte de cette clause est le suivant :

« Si, à la suite d'un sinistre indemnisable, la réparation ou la reconstruction à l'identique n'est pas possible, les Assureurs indemniseront tous les travaux et/ou études qui doivent être réalisés pour que l'ouvrage, ou la partie d'ouvrage, sinistré(e) redevienne conforme à sa destination d'origine, avec un niveau de qualité équivalente à ce qu'elle était.

---

prestations ne sont pas réduites pour une assurance au premier risque.

Il y a lieu de rappeler que la règle proportionnelle est définie par l'Art 1 du Code des assurances comme suit :

« Principe en matière d'assurance de dommages en vertu duquel, en cas de sinistre, l'indemnité est réduite dans la proportion :

- du rapport entre la somme garantie et la valeur de la chose assurée, s'il y a sous-assurance ;
- du rapport entre la prime effectivement payée et celle due par l'assuré, s'il y a insuffisance de prime par rapport aux caractéristiques du risque. »

Toutefois l'indemnité des Assureurs ne pourra pas excéder 115 % de l'indemnité qui aurait été due si la réparation à l'identique avait été possible. »

i - Délai de règlement de sinistre

Le code des assurances précise bien dans son article 12 que le contrat d'assurance doit prévoir les délais dans lesquels l'indemnité, le capital ou la rente seront payés par l'assureur. En d'autres termes, le délai de paiement de l'indemnité doit être précisé dans la police d'assurance et cette disposition fait partie des obligations de l'assureur envers l'assuré. Afin de concrétiser cette disposition réglementaire, le texte de cette clause peut être rédigé dans les termes suivants :

« En vertu de l'article 13 de la loi 17-99 portant code des assurances, la compagnie d'assurance s'engage à indemniser l'assuré des pertes couvertes par la police d'assurance et ce dans un délai de XXXX jours à compter de la date de dépôt du rapport d'expertise établi par l'expert désigné pour l'instruction du dossier sinistre »

Mais nous pouvons constater que très peu de polices au Maroc renferment cette obligation de délai prédéterminé dans le contrat. En d'autres termes, ces polices ne respectent pas les dispositions réglementaires de l'article 12 du code des assurances.

j - Remplacement sur la base de la valeur à neuf

Cette clause est intéressante pour les matériels utilisés par l'entreprise pour la réalisation des travaux de construction. En effet, au moment de l'expertise en cas de détérioration de ces matériels couverts par la police TRC (échafaudages, coffrages, etc.), l'expert sera amené à appliquer un taux de vétusté sur ce matériel. Si la clause est insérée dans la police d'assurance, l'assureur indemnisera sur la base de la valeur à neuf et non pas sur la base de la valeur vénale. Le texte de la clause peut être rédigé dans les termes suivants :

« En cas de perte ou dommage aux biens assurés, le montant des dommages indemnisables sera calculé sur la base des frais de réparation ou de remplacement à neuf des biens assurés sinistrés. Ces frais de réparation ou de remplacement comprennent les frais généraux et/ou fixes liés au prix de revient ainsi que le coût des essais et/ou épreuves qui doivent être faits ou refaits après un sinistre indemnisable.

Les frais de réparation ou de remplacement sont estimés au jour de la réparation ou du remplacement étant entendu que cette réparation ou ce remplacement devra intervenir dans un délai de 12 mois à compter de la date du sinistre (dans le cas contraire, les frais seront estimés sur la base des coûts évalués à la date du deuxième anniversaire de survenance du sinistre). »

k - Garanties d'assurance en Période de Garantie du Constructeur
Cette clause est utilisée en général en cas de montage d'équipement sur la construction. Elle est donc plutôt applicable dans le cadre de la police TRM. Elle garantit les dommages qui mettent en cause la responsabilité contractuelle de l'assuré. Son texte s'articule comme suit :
« Pendant la période de garantie constructeur après réception provisoire, l'assurance est étendue :
a) pour l'ensemble des biens assurés : À tous les dommages, pertes ou destructions, atteignant les biens assurés, lorsque ceux-ci sont occasionnés par les représentants des assurés, pris ensemble ou individuellement, alors qu'ils sont présents sur le site pour l'exécution des opérations nécessitées par leurs obligations contractuelles,
b) pour les seuls ouvrages de Génie Civil: À tous les dommages, pertes ou destructions, atteignant les ouvrages de Génie Civil, qui incombent aux assurés, pris ensemble ou individuellement, et dont le fait générateur se situe sur le site pendant la période de travaux et/ou mettent en cause la responsabilité contractuelle des assurés, pris ensemble ou individuellement, et résultent en particulier de vice, défaut ou erreur de conception, de construction, de fabrication, de mise en œuvre, de matière, d'erreur commise en atelier, d'erreur de plan, de calcul ou de dessin. ».

l - Réceptions ou mise en exploitation partielle
Il arrive très souvent que le maître d'ouvrage ; par nécessité ; souhaite exploiter partiellement son ouvrage avant la fin des travaux (cas par exemple de plusieurs bâtiments). Cette clause permet la couverture des ouvrages exploités par la police TRC comme ils ne l'étaient pas encore. Le texte de cette clause peut se traduire comme suit :
« En cas de réception partielle ou de mise en exploitation par phase ou par lot des travaux assurés, les garanties Tous Risques Chantiers de la présente police continueront à s'appliquer pour l'ensemble des biens assurés, jusqu'à la réception de la dernière phase ou du dernier lot. »

m - Reconstitution de la somme assurée
Après plusieurs sinistres importants ou un sinistre total produit par un événement naturel tel un tremblement de terre, il peut arriver que le

capital assuré soit réduit de façon substantielle et de ce fait l'assuré se trouve à découvert pour une grande part de son capital assuré initial. Cette clause permet la reconstitution automatique du capital assuré initial. Le texte de cette clause peut se traduire comme suit :
« La somme assurée précisée aux conditions particulières demeure valable pour toute la période d'assurance et ne sera pas réduite à la suite de l'indemnisation par les assureurs d'un sinistre garanti. En contrepartie, et à la demande de l'assureur, une surprime calculée au prorata temporis du taux de base apparaissant aux conditions particulières sera d'application pour la période à dater du ou des sinistres jusqu'à l'expiration de la police et calculée sur le montant du ou des sinistres.
Si l'assuré préférait ne pas reconstituer le capital assuré, celui-ci serait réduit du montant du ou des sinistres et la limite de l'engagement de l'assureur deviendrait un premier risque en ce qui concerne les sinistres survenant ultérieurement. »

n - Augmentation du montant des travaux

En construction, il arrive assez souvent que le montant des travaux connaisse une augmentation en raison en général des sous-évaluations des quantités estimées initialement dans le contrat avant le commencement des travaux. Dans ce cas, cette clause permet ce dépassement sans application de surprime et de ce fait, le capital assuré devient le nouveau montant des travaux mais sans dépasser pour autant un pourcentage du montant des travaux initialement déclaré dans la police d'assurance (généralement 120 à 125 %). Le texte proposé de cette clause est le suivant :
« Si au cours de la période d'assurance, la valeur du projet assuré venait à dépasser le montant prévisionnel des travaux à la date d'effet de la police, la somme assurée au titre de la présente police serait automatiquement accrue dans la même proportion sans pouvoir toutefois excéder XXX % du montant de la somme assurée précisée aux conditions particulières, et, devenant l'engagement maximum de l'assureur toutes garanties confondues. »

o - Frais de déblais

Comme expliqué plus haut, il arrive très souvent que la réparation de dommages couverts par la police d'assurance nécessite la réalisation de travaux nécessaires avant la réparation proprement dite : démolition, évacuation de déblais, pompage d'eau, séchage des lieux sinistrés, nettoyage, etc. Cette clause permet de définir les conditions d'application de cette garantie très utile en cas de sinistre. Son texte s'intitule comme suit :

« L'assurance est étendue, à la suite d'un sinistre indemnisable, aux frais de déblaiement ou d'enlèvement des matériaux, de démolition, de nettoyage, de retirement, de sauvetage, de séchage, de dévasage qui sont nécessaires à la réparation ou au remplacement des biens sinistrés endommagés.

Limite : 5 % de l'indemnité, maximum DH XXXXX pour la durée de la police. »

p - Frais d'enlèvement de matériaux et de nettoyage

Suite à des sinistres liés à des travaux de réalisation d'ouvrages maritimes ou suite à des inondations de sites des travaux, l'assuré serait dans l'obligation d'engager des frais d'extraction de matériaux, frais de pompage d'eau, de séchage de sol ou tout simplement de l'enlèvement de vase, etc. qui ne sont pas prévus dans le montant des travaux représentant le capital assuré et donc non assurés. Cette clause permet à l'assuré d'être indemnisé en cas de survenance de sinistre et la nécessité d'engager les frais précédemment mentionnés. Les termes de la clause s'expriment comme suit :

« Il est convenu dans les limites ci-dessus que sont bien indemnisables dans le cadre de cette extension, les frais d'enlèvement de matériaux, de pompage, de dévasage, de séchage pour la remise en état des sols et des surfaces qui sont nécessaires à la poursuite des travaux assurés, à la suite de l'inondation, du comblement total ou partiel ou de l'envasement d'ouvrages en déblais ou «en creux» tels que tranchées, puits, bassins qui seraient consécutifs à un événement accidentel tel que pluies torrentielles, crues, inondations, éboulement, affaissement, effondrement ou glissement de terrain.

Limite : DH XXXX par sinistre, maximum DH XXXXX pour la durée des travaux, en excédent d'une franchise de DH XXX. »

q - Stockages et Transports à l'intérieur du site

En l'absence de cette clause, aussi bien la police TRC que la police TRM n'indemnise que les matériaux ou équipements devant être incorporés aux travaux objets de la couverture et situés dans l'enceinte du chantier. Par l'introduction de cette clause dans la police d'assurance, les dommages touchant ces matériaux et équipements stockés en dehors du chantier seront indemnisés par l'assureur. Le texte proposé de cette clause s'intitule comme suit :

« Il est précisé que la police garantit bien les pertes ou dommages survenant aux biens assurés lorsqu'ils sont stockés dans les divers lieux de stockage du site d'aménagement et pendant leur transport entre ces lieux de stockage et le lieu de leur mise en œuvre et/ou montage. »

§ 2 - La police d'assurance Tous Risques Montages « TRM » en cours de travaux

Suite aux progrès énormes et rapides de la technologie industrielle, l'assurance Tous Risques Montage (TRM) a acquis de plus en plus d'importance dans la vie économique au point qu'elle est devenue pratiquement indispensable dans tous les pays.

2.1 - Intérêt de la TRM

En effet, vu l'importance des ouvrages à exécuter tels que la construction de centrales d'énergie ou l'installation d'usines complètes, les entreprises de montage ainsi que les maîtres d'ouvrage sont en mesure de faire face financièrement aux risques auxquels ils s'exposent durant les périodes de montage et d'essais de ces ouvrages en souscrivant une telle assurance.

L'acceptation d'une telle assurance par une compagnie d'assurance présente certaines difficultés d'ordre technique ;

- Appréciation et tarification du risque ;
- Inspection du risque pendant le montage ;
- Élaboration de recommandations en matière de prévention ;
- Formulation d'avis en cas de sinistre.

À toutes ces difficultés, vient s'ajouter celle d'adaptation de l'assurance TRM aux nouveaux besoins créés par l'évolution rapide de la technologie.
Il arrive souvent que des établissements de crédits exigent une assurance TRM au promoteur immobilier. De cette manière, les prêts qu'ils consentent se voient garantis dans une large mesure.

L'assurance TRM est destinée aux personnes ou entreprises pour lesquelles les opérations de montage constituent un risque :

- Le fabriquant ou le fournisseur de l'objet à monter dans le cas où le montage est sous leur responsabilité ;
- Les entreprises de montage ;
- L'acquéreur de l'objet à monter ;
- L'établissement qui a consenti un crédit.

Il est évident qu'il n'est pas nécessaire d'établir une police par partie intéressée. Il est plus simple et raisonnable d'émettre une seule police rassemblant toutes les parties intéressées en qualité d'assuré.

2.2 - Type d'installations assurables et étendue de la couverture

On distingue trois catégories d'objets assurables dans le cadre de la TRM :

- Les machines et appareils de toutes sortes ;
- Certaines constructions de génie civil tels que conduits, halls, réservoirs, récipients et ponts métalliques, etc. devant faire l'objet d'essais avant exploitation ;
- Les installations de production d'énergie privées ou publiques.

Remarque

Les ouvrages de génie civil ne sont assurés par la TRM que si la valeur des parties à monter est supérieure à celle des travaux de génie civil.

Outre les machines ou installations à monter, peuvent être compris dans l'assurance :

- Les machines, appareils et équipements nécessaires à l'exécution du montage ;
- Les biens se trouvant sur le lieu de montage et qui sont placés sous la garde de l'assuré ;
- Les frais de déblaiement occasionnés à la suite d'un sinistre ;
- L'excédent de frais dus aux heures supplémentaires de travail ou expédition en grande vitesse (transport aérien étant exclu) moyennant une surprime ;
- La responsabilité civile (avec une limite d'indemnisation par événement).

Les installations prototypes ne sont pas assurables et les assureurs les excluent toujours de la police TRM vu le manque de données sur leur sinistralité.

L'assurance TRM offre une protection très étendue. Elle couvre tous les dommages accidentels causés aux matériels assurés pendant la durée de l'assurance. Les dommages garantis peuvent provenir de plusieurs causes : naturelles, humaines ou internes aux matériels (court-circuit, surtension, etc.).

Les sinistres dus à des défauts de fabrication ne sont pas pris en charge par l'assurance TRM.
Il est conseillé d'établir des conditions particulières à l'entreposage de matériel avant montage : en effet, l'entreposage des matériels à monter peut aggraver le risque s'il n'est pas réalisé dans de bonnes conditions.

2.3 - Les paramètres de l'assurance TRM

A - Sommes assurées
Les sommes assurées correspondent à la valeur définitive des installations à monter telles qu'elles figurent au contrat de fourniture ; y compris les frais de transport, les droits de douane, les taxes et les frais de montage. Si au moment où survient un sinistre, les sommes assurées sont inférieures aux montants qui auraient dû être assurés, l'indemnité payable à l'assuré en vertu de la police sera calculée de manière proportionnelle.

Exemple de sous assurance :
On suppose que :

La somme assurée déclarée	:	1.000.000,00 DH
Montant qui aurait dû être assuré	:	1.250.000,00 DH

Après survenance d'un sinistre, les dommages s'élèvent à 200.000,00 DH. L'assureur aura donc à indemniser à l'assuré la somme de :

$$200.000\ x\ \frac{1.000.000}{1.250.000} = 160.000\ \text{DH}$$

Dans ce cas, la R.P se voit appliquée à l'indemnisation de l'assuré.
Il serait donc judicieux de tenir compte d'une hausse possible du coût des matériaux et des salaires pendant la période de garantie afin de réajuster les sommes assurées ainsi que les franchises correspondantes.
Le montant de la garantie de responsabilité civile doit être fixé séparément et assujetti d'une limite d'indemnisation par sinistre.
En raison des cumuls qui peuvent se produire en raison de l'existence de plusieurs chantiers assurés dans une même région, les risques

catastrophiques devraient bénéficier d'un maximum d'attention et de prudence par les assureurs.

B - Primes et franchises

Les taux de prime appliqués varient généralement d'un genre d'industrie à un autre. Ils dépendent de la nature de la machine, de l'installation, de l'ouvrage à monter, de la situation géographique du chantier ainsi que du montant de la franchise restant à la charge de l'assuré.

Chaque compagnie d'assurance arrête dans son tarif la prime et la franchise minimales pour ce genre de couverture.

Quant aux franchises, elles varient suivant deux critères : les capitaux assurés et la nature du risque.

Deux types de risques favorisent une augmentation du montant de la franchise : ce sont les essais et les événements naturels. La franchise peut ainsi varier de 1 à 5 % des capitaux assurés.

C - Les exclusions de la TRM

Les exclusions générales de cette assurance peuvent être formulées comme suit :

- Les dommages dus aux défauts de construction, de matière ou d'atelier ;
- Les dérangements mécaniques ou électriques survenant aux machines et appareils servant au montage ;
- Les dommages résultant d'une faute intentionnelle ;
- Les amendes contractuelles ou pénalités ;
- Les dommages dus aux périls nucléaires ;
- Les dommages causés par des événements politiques tels que la guerre, la grève, l'émeute, etc.

D - Période de garantie

L'assurance TRM prend effet après déchargement du matériel au lieu de montage et cesse lorsque l'objet assuré est complètement monté et les essais terminés. Cela veut dire que, dans le temps, la TRM couvre deux périodes : une de montage proprement dit et une autre d'essais.

Il faut noter deux points importants :

- La police TRM couvre le risque de stockage du matériel à monter durant la période de montage ;
- La police TRM couvre une période d'essais généralement courte ne dépassant pas 4 semaines. En effet, l'expérience

montre que la durée des essais a une grande influence sur la sinistralité.

L'assurance TRM peut prévoir une période de maintenance une fois les essais terminés. L'assurance TRM peut accorder l'une des trois types de maintenance :

La garantie « maintenance limitée » : Comme en TRC, elle indemnise les pertes ou dommages à l'ouvrage :

- Causés par l'assuré au cours des travaux qu'il accomplit conformément à ses obligations contractuelles de maintenance ;
- Survenant en période de maintenance, à condition que le fait générateur de ces pertes ou dommages ait pris naissance sur le chantier au cours de la période de maintenance, autrement dit exclut tous les dommages ayant un fait générateur avant la période de la maintenance.

La garantie « maintenance étendue » indemnise les pertes ou dommages à l'ouvrage :

- Causés par l'assuré au cours des travaux qu'il accomplit conformément à ses obligations contractuelles de maintenance ;
- Survenant en période de maintenance, à condition que le fait générateur de ces pertes ou dommages ait pris naissance sur le chantier au cours de la période de construction (ou de montage), autrement dit avant la date de réception de la partie endommagée.

La garantie « maintenance constructeur » : Cette variante de maintenance ne concerne pas les constructions mais intéresse plutôt les machines et équipements industriels. Elle intéresse donc les risques de montage et par-delà la police TRM. Cette couverture garantit, au cours de la période de maintenance, les seuls dommages aux objets assurés résultant :

- D'une erreur de montage : à condition qu'il y ait un dommage ;
- Exemple : monter un plafond avec vis et écrous et oublier les rondelles. Ce genre de sinistre ne sera pas pris en charge par la police TRM puisqu'il y a absence de dommages proprement dit.

Ce cas de figure est assez courant et n'a rien à voir avec une mise en œuvre défectueuse ;

- D'une erreur de conception ;
- D'un vice de matière ou de fonte ;
- D'une mise en œuvre défectueuse.

Les exclusions de cette garantie sont les suivantes :

- Les frais engagés par l'assuré pour la rectification de défauts d'origine découverts et connus avant que le dommage ne survienne ;
- Les pertes et dommages dus directement ou indirectement aux événements suivants : l'incendie, l'explosion, un acte de force majeure ou encore un engagement en responsabilité civile.

La garantie de « maintenance constructeur » est difficilement octroyée aux entreprises de montage. La franchise qui lui est appliquée est généralement très élevée (de l'ordre de 15 à 20% du dommage qui restera à la charge de l'assuré).

E - Indemnisation des sinistres

En cas de sinistre, tous les frais nécessaires à la reconstitution de l'état dans lequel l'objet endommagé se trouvait avant la survenance du sinistre sont remboursés. Ils comprennent, entre autres, les frais de démontage, de transport et de remontage. Le procédé est le même que pour la TRC.

§ 3 - L'assurance des ouvrages de génie civil terminés « OGCT » - Après l'achèvement des travaux

Les ouvrages de génie civil sont généralement peu exposés au risque d'incendie ; ce sont plutôt les risques inhérents aux phénomènes naturels, aux conditions géologiques, à l'exploitation et à l'utilisation des installations qui prédominent.

3.1 - Intérêt de la police d'assurance OGCT

En dehors de l'assurance TRC, il existe une assurance des ouvrages de génie civil terminés (OGCT). Cette police ne fait pas double emploi avec d'autres polices, comme la police incendie, et n'est pas non plus destinée à les remplacer. Elle garantit les dommages imprévus et soudains entraînant une réparation ou un remplacement des installations assurées. Les risques couverts par l'OGCT sont exactement définis dans la police. Les principaux ouvrages pouvant bénéficier d'une assurance OGCT sont les suivants : routes, pistes d'aéroports, ponts, tunnels, digues, canaux, barrages, installations portuaires, cales sèches, conduites aériennes, mâts d'antennes émettrices, *pipe lines* (uniquement pour substances ininflammables), systèmes d'irrigation, réservoirs d'eau, système d'évacuation des eaux usées.

Vu la nature des risques couverts, il est intéressant de donner quelques exemples de sinistres pouvant survenir à des ouvrages de Génie Civil :

- Quai endommagé par un pétrolier à la suite d'une erreur de navigation ;
- Dommages causés par la tempête au brise-lames d'un port d'un canal de navigation ;
- Rupture d'une digue quelques mois après la mise en service d'un canal de navigation ;
- Le barrage en béton d'une retenue destinée à l'alimentation en eau est submergé et cède ;
- Un navire entre en collision avec le pilier d'un pont qui s'effondre.

Cette police n'est ni un contrat de maintenance, ni un contrat d'entretien ou de réfection de son ouvrage. En d'autres termes, l'assuré doit veiller à l'entretien régulier et habituel de son ouvrage. D'autre part, l'assureur doit faire très attention à l'anti sélection des ouvrages et installations.
Avant l'acceptation d'un risque, il est recommandé d'étudier avec beaucoup d'attention les points suivants :

- La durée initiale de construction et le coût de l'ouvrage ;
- Des photos de l'ouvrage et de son environnement ;
- La situation géographique du risque ;
- La topographie du site ;
- Les dangers particuliers : les glissements de terrain, l'inondation, la tempête, le tremblement de terre, le tsunami, etc. ;

- La nature et l'état de l'ouvrage avant souscription de la garantie : l'âge de l'ouvrage et la destination et l'utilisation de l'ouvrage ;
- L'ouvrage assuré bénéficie-t-il d'un programme d'entretien régulier et suivi ?
- Le vieillissement ou l'usure sont-ils supérieurs à la normale ? ;
- Y a-t-il eu dans le passé des risques analogues à ceux qui seront couverts par la police ? Si oui, quelles mesures étaient prises pour éviter leur répétition ? ;
- Expériences des entreprises pendant la période de construction ;
- Des méthodes de construction spéciales étaient-elles utilisées ? ;
- Y a-t-il eu des complications ou des dommages pendant la période de construction ?

D'autre part, il est connu de tout le monde que l'exploitation d'un ouvrage ou d'une installation est liée à un certain nombre de risques spécifiques à la nature et utilisation de l'ouvrage qu'il faudrait étudier avant acceptation :

- Destination et utilisation de l'ouvrage à assurer ;
- Danger d'incendie, d'explosion, de tirs de mines ou autres ;
- Qualification et présence du personnel d'exploitation.

3.2 - Étendue de la couverture, sommes assurées et exclusions de la police OGCT

La police OGCT garantit les dommages imprévus et soudains entraînant une réparation ou un remplacement des biens assurés. C'est une police appelée police « *named perils* » dans laquelle les risques couverts sont nommés explicitement. Les dommages couverts par cette police doivent provenir de l'une des causes suivantes :

- Choc ou collision avec des véhicules terrestres et aquatiques ou avec des appareils de navigation aérienne ou parties d'entre eux ;
- Tremblements de terre, volcanisme, tsunami ;
- Tempête (à partir du chiffre 8 sur l'échelle Beaufort) ;
- Crues et inondations ;

- Affaissement ou glissement de terrain, chute de rochers ou autres déplacements des terres ;
- Gel, glace, neige, avalanches ;
- Actes de vandalisme commis individuellement ;
- Incendie, foudre, explosion.

Il faut noter que l'assureur doit limiter ses engagements au niveau des événements naturels (tremblements de terre, volcanisme, tsunami, tempête, crues et inondations) afin de contrôler au mieux les cumuls auxquels il doit s'attendre en cas de sinistre majeur.
La police OGCT garantit aussi les dommages causés par une tierce personne. Dans ce cas, l'assureur indemnisera l'assuré, et engagera une procédure amiable ou judiciaire contre l'auteur du dommage.

D'après les conditions d'assurance, l'ouvrage doit être assuré à sa valeur à neuf. En d'autres termes, la somme assurée ne doit pas être inférieure aux frais engagés pour remplacer l'ouvrage assuré par un ouvrage ayant les mêmes caractéristiques et pouvant générer le même rendement et capacité.
Il faut noter que cette valeur à neuf (somme assurée) doit comprendre tous les frais car sinon, l'indemnisation des sinistres ferait appel à l'application de la règle proportionnelle :

- Les frais de matériaux ;
- Les frais de main œuvre ;
- Les frais de transport ;
- etc.

D'autre part, il est souhaitable de prévoir dans la police un montant séparé pour les frais de déblaiement après sinistre garanti.

Malgré que la police OGCT soit une police à périls dénommés, il est nécessaire de définir dans la police, et cela d'une façon explicite, les risques exclus de la couverture :

- Actes ou négligences commis intentionnellement par l'assuré ou ses représentants ;
- Dommages ou frais causés par des vices inhérents à l'ouvrage, par l'usure ou une détérioration progressive, par dilatation ou contraction par suite de variations de la température ;
- Dommages causés ou aggravés par un manque de soins ;
- Dommages indirects de tous genres ;

- Faits de guerre et risques atomiques ;
- Grèves, émeutes et mouvements populaires ; ces derniers peuvent être compris dans la garantie moyennant convention spéciale.

L'idée de la police OGCT est de protéger l'installation de tous les dommages d'origine externe et qui ne sont imputables :

- Ni à l'entrepreneur qui a réalisé l'ouvrage ;
- Ni à l'exploitant de l'ouvrage ou à son propriétaire en tant qu'assurés.

D'autre part, ces dommages ne doivent être ni causés ni même influencés par des vices inhérents à l'ouvrage ou par un manque de soins. Ce qui veut dire en d'autres termes, que cette police offre une protection contre les dommages imprévisibles et soudains dus à une cause extérieure et ne libère pas l'assuré de la responsabilité qui lui incombe de prendre soin des installations et de les entretenir régulièrement.

3.3 - Difficulté de souscription de ces polices d'assurance

Afin d'illustrer la difficulté de souscrire de tels risques par les assureurs, il est nécessaire d'avoir présent à l'esprit les statistiques suivantes :

- Dans un rapport publié récemment sur l'état des ponts d'un pays déterminé, il est dit que chaque année « à peu près 150 ponts s'affaissent, se déforment ou même s'effondrent et qu'un pont routier sur six présente un défaut de structure ou n'est plus adapté à la circulation actuelle »[331] ;
- Citons comme autre exemple une étude faite en 1976 à la suite de la rupture d'une digue. D'après les chiffres publiés au milieu de 1980, sur 4.906 digues examinées, 32 % ne remplissaient pas les conditions de sécurité nécessaires. Pour plus de 70 digues, des mesures immédiates de consolidation ont dû être prises[332].

Souvent, lorsqu'un ouvrage terminé est endommagé, le sinistre a un caractère spectaculaire et il est largement commenté par les médias : ce qui fait ressortir la nécessité de l'assurance OGCT.

On peut conclure que le nombre de dommages causés à des ouvrages auxquels convient cette assurance OGCT n'est pas très élevé mais il ne faut pas perdre de vue qu'en cas de sinistre, les indemnités peuvent être extrêmement importantes du fait que les sinistres totaux sont possibles.

D'autre part, les assureurs doivent faire très attention au problème de cumuls et principalement dans des régions susceptibles d'être touchées par des événements naturels tels que les tremblements de terre ou des inondations. Il est donc utile que la compagnie d'assurance procède à un contrôle des cumuls possibles.

---

[331] Revue MUNCHENR RUCK, Assurance des ouvrages de génie civil terminés.

[332] Revue MUNCHENR RUCK, Assurance des ouvrages de génie civil terminés.

Section 2 - La couverture de Responsabilité Civile Professionnelle

La police RC professionnelle garantit les fautes quasi délictuelles des prestataires de service pouvant survenir durant l'exercice de leur profession. Cette police couvre ces derniers dans tous les chantiers ouverts pendant la durée de la police.

§ 1 - A qui s'adresse la garantie de responsabilité civile professionnelle ?

Cette garantie s'adresse à tous les métiers prestataires de service intellectuel tels qu'ingénieurs, architectes, géomètres-topographes, avocats, médecins, notaires, intermédiaires d'assurance, experts, mandataires sociaux, etc.
Cette assurance suppose que celui qui conçoit et projette soit parfaitement indépendant de la fabrication, de la construction, de la livraison et du montage. C'est pourquoi cette catégorie d'assurance s'est plus particulièrement développée dans le secteur de la construction où les prestations de service sont réalisées par des architectes et des ingénieurs telles que :

- Conception des plans ;
- Appel d'offres ;
- Surveillance des travaux ;
- Travaux de métré ;
- Maîtrise d'œuvre ;
- Contrôle technique ;
- Coordination des travaux ;
- Etc.

La catégorie la plus concernée par la police RC professionnelle est celle des professions libérales et c'est là où l'assurance concertiste s'est avant tout développée.

Les professions libérales sont regroupées en général par un statut de personnes dont la qualification professionnelle est contrôlée par des diplômes, un titre ou un agrément professionnel. Elles exercent de manière indépendante une activité de prestations de services personnelles.

On peut les classer en 3 groupes :

A - Les professions de la santé : leur exposition est surtout représentée par des dommages corporels ;

B - Les professions techniques : Ingénieurs, architectes, topographes, experts d'assurance. Il s'agit dans ce cas de figure surtout de dommages matériels ou immatériels consécutifs. Cela n'empêche pas que certaines erreurs de conception dans le secteur du bâtiment et du G.C[333] ont conduit à des dommages corporels (Effondrement d'un bâtiment à Kenitra en cours de construction en date du 16 Janvier 2008 engendrant 18 morts et 25 blessés) ;

C - Les professions juridiques, comptables et financières : Le risque potentiel dans cette catégorie de profession est surtout d'ordre économique dénommé « dommages immatériels purs »[334].

Il existe d'autres professions qui peuvent être concernées elles aussi par la RC professionnelle telles que. :

- Coiffeurs et esthéticiens ;
- Professeurs de sport ;
- Guides de montagne ;
- Interprètes ;
- Journalistes ;
- Informaticiens ;
- Etc.

§ 2 - Fonctions des diverses professions

En regroupant les professions concernées par la RC professionnelle en 3 principales classes ; on peut constater que les mêmes préoccupations se retrouvent et se conjuguent dans presque toutes les professions :

- Conseiller le client ;
- Représenter le client ;

---

[333] G.C : Génie Civil

[334] Les dommages immatériels purs sont des dommages immatériels (perte de clientèle par exemple suite à une erreur de prévision) mais non conséquents à un dommage matériel (contrairement aux dommages immatériels consécutifs à un dommage matériel).

- Exécuter la mission.

2.1 – Conseiller le client

La mission de conseil d'un client ne rentre pas dans la catégorie d'obligation de résultat mais d'une obligation de moyen, dite encore de prudence et de diligence. En d'autres termes, le concept « conseil » ne signifie pas promesse de succès :

- Guérison d'un malade ;
- Profit chiffré d'une opération boursière ;
- Investissement immobilier ;
- Procès gagné ;
- Etc.

L'assureur ne garantirait en aucun cas un conseiller pour les conséquences d'une obligation de résultat.

La faute couverte par la police RC professionnelle est une faute commise par omission
Exemple : Un chirurgien omet de prévenir son patient sur les risques d'une opération qui ne pressente pas un caractère vital et urgent.

2.2 - Représenter le client

Il arrive très souvent que des particuliers ou des entreprises engagent une personne ou un cabinet pour les représenter devant une institution, une juridiction, une entreprise, etc. C'est par exemple la fonction des professions suivantes :

- L'expert pour le compte d'une entreprise ou une compagnie d'assurance : représente son client devant un expert judiciaire, détermine les responsabilités d'un tiers responsable d'un dommage et le convoque pour constatation contradictoire ;
- L'avocat pour le compte d'une victime : défend les intérêts de son client ;
- Le notaire pour le compte d'un client : vérifie les biens fondés de la propriété et rédige l'acte d'achat ;
- Le gérant d'immeuble pour le compte du propriétaire de l'immeuble : récupère les loyers, le représente au moment d'une expertise ;
- Le syndicat de copropriétaires agissant en tant que mandataires pour le compte de copropriétaires ;

- L'architecte ou l'ingénieur en tant que maître d'œuvre pour le compte du maître d'ouvrage : ils dressent les plans de la construction, choisissent les entreprises, dirigent les travaux ;
- Etc.

L'architecte assuré agissant en tant que mandataire vis-à-vis du maître d'ouvrage, engage obligatoirement sa responsabilité vis-à-vis de son client.

2.3 - Exécution de la mission

Chacun des prestataires est tenu d'accomplir dans son domaine propre des actes spécifiques à sa profession.
Il peut de ce fait, commettre des fautes, négligences ou omissions : termes que nous retrouvons dans la police RC professionnelle.

<u>Erreurs dues à des omissions ou négligences</u> :
Ces erreurs sont involontaires mais caractérisées par l'oubli ou la négligence mais sans intention de nuire :

- Un avocat égare des documents que le client lui a confiés ;
- Un dentiste oublie un tire-nerf dans une dent creuse ;
- Un chirurgien oublie une compresse dans l'abdomen recousu d'un patient opéré ;
- Etc.

<u>Erreurs dues à l'ignorance</u> :
Ces erreurs sont caractérisées par l'ignorance d'un procédé ou technique ou par l'imprudence tel un comptable condamné pour avoir laissé prescrire des délais de déclarations fiscales d'une entreprise.

<u>Erreurs professionnelles proprement dites</u> :
Ces erreurs sont caractérisées par la maladresse :

- Un métreur se trompe dans un devis estimatif ;
- Un dentiste casse une seringue hypodermique dans la mâchoire d'un client.

En fait, l'homme de l'art doit non seulement agir selon les normes en usage dans sa profession mais doit également prévoir les risques inhérents à son intervention ; sinon le tribunal le condamnerait pour

manquement aux règles élémentaires de prudence que ses clients sont en droit d'attendre de lui. D'ailleurs, la jurisprudence marocaine évolue dans ce sens et se montre de moins en moins indulgente envers les commettants de fautes professionnelles.
Dans cet esprit également, est jugé pour négligence :

- Le notaire qui omet de vérifier les énonciations cadastrales ou les servitudes à propos d'une vente d'immeuble ou encore celui qui n'a pas contrôlé les titres de propriété avant l'octroi d'un un prêt hypothécaire ;
- Le dentiste qui, ne prêtant pas attention aux lamentations de son client dont une dent saine voisine de la dent traitée avait été fracturée et entraîna au bout de quelques jours une arthrite suppurée de la hanche (invalidité permanente).

§ 3 - Objet de la garantie de responsabilité civile professionnelle

L'acceptation de garantir des professionnels en RC professionnelle obéit à une étude de risque très stricte. Par ailleurs, la réassurance pose beaucoup de conditions avant l'acceptation du risque. En d'autres termes, cette police d'assurance trouve encore beaucoup de difficulté à sa généralisation.
La RC Professionnelle garantit l'assuré contre les conséquences pécuniaires de la responsabilité civile légale pouvant lui incomber en raison des dommages corporels, matériels et immatériels consécutifs causés aux tiers, y compris le maître d'ouvrage, qu'entraînent les fautes, erreurs de fait ou de droit, omissions ou négligences commises par lui ou par les personnes dont il est civilement responsable dans l'accomplissement des missions précisées aux conditions particulières.

Sont notamment compris dans la garantie, les dommages matériels causés aux ouvrages qui sont édifiés selon les plans, documents et calculs réalisés par l'assuré, dans la mesure où la cause du dommage réside dans la violation fautive des règles reconnues de la technique.

Par ailleurs, rappelons qu'il est d'usage de couvrir par une même police la RC Exploitation et la RC professionnelle.

3.1 - La couverture de sinistre

La couverture est limitée par événement et par année d'assurance pour une durée de couverture limitée à une année en général.
La limite d’engagement s’entend par sinistre pour l'ensemble des réclamations se rattachant à un même fait générateur.

La limite d'engagement par année d'assurance s'entend pour la réparation de l'ensemble des dommages survenus au cours d'une même année quelle que soit la date de présentation des réclamations sous réserve que toutes les réclamations soient présentées pendant que la police soit en cours de validité. Il existe des cas particuliers où l'assuré doit prendre quelques précautions pour se protéger contre l'absence de couverture :

- En cas de changement d'assureur : La reprise du passé est à prévoir dans le nouveau contrat ;
- En cas d'association : En cas de responsabilité commune avec des associés, la garantie ne sera acquise à l'assuré qu'au prorata de sa participation dans l'association.

Constitue un seul et même sinistre, l'ensemble des réclamations qui concernent les dommages d'une même cause initiale, même s'ils surviennent dans des ouvrages séparés.

3.2 - Les exclusions

Les exclusions généralement retenues dans une police RC professionnelle sont les suivantes :
- Les dommages engageant la responsabilité personnelle des sous-traitants de l’assuré ;
- Conséquences d'une responsabilité assumée contractuellement ;
- Plans ou calculs refaits en cas de mauvaise exécution ;
- Dommages immatériels consécutifs : perte de production ou de performances (qualificatives ou quantitatives) ;
- Dommages immatériels résultant du choix de l'emplacement de l'ouvrage ou de la machine ;
- Prétentions résultant des faits suivants :
  - Atteinte à la protection des brevets et cession de licences ;
  - Dépassement de devis ;
  - Non-respect des délais pour l'achèvement des travaux ;

- Opérations financières ou conseils financiers (investissement, rentabilité, amortissement) ;
- Processus fondamentalement nouveaux (procédé de construction nouveau, matériaux non traditionnels) ;
- La violation délibérée ; par l'assuré ; des lois, règlements et usages auxquels il doit se conformer dans l'exercice des activités garanties ;

- Dommages résultant de l'inexécution d'un examen géologique ou géotechnique approfondi ;
- Dommages résultant de l'inapplication des mesures de sécurité ;
- La responsabilité solidaire ;
- Toute réclamation pour atteinte à l'environnement sauf si l'événement est accidentel ou non voulu et non prévisible par l'assuré.

3.3 - La sinistralité liée à la RC professionnelle des ingénieurs et architectes

Les ingénieurs et architectes ne sont pas à l'abri de fautes professionnelles. En tant que prestataires de service, ils peuvent être à la base de fautes de calcul ou de conception du projet. Ces dernières peuvent se traduire par des pertes financières au maitre d'ouvrage

A - Fautes liées à la conception

Il est difficile pour un ingénieur ou un architecte non expérimenté ou non averti d'imaginer qu'un jour sa responsabilité puisse être retenue et que des poursuites judiciaires soient engagées contre lui. Pourtant, l'expérience a montré que tous les métiers de service ; qui ont un caractère intellectuel ; peuvent être à l'origine de fautes graves menant à la ruine d'entreprises (c'est le cas des conseillers fiscaux), ou à la mort de personnes (c'est le cas des médecins, ingénieurs ou architectes). Il est donc utile d'illustrer ces situations par des cas réels de fautes et qui ont conduit leurs auteurs parfois jusqu'à l'emprisonnement.
Les fautes de conception les plus fréquentes sont les suivantes :

- Faute d'implantation d'ouvrage ;
- Omissions d'ouvrages ;
- Omissions d'études techniques ;
- Non-prise en compte de données physiques ou d'études existantes ; ouvrages ou parties d'ouvrages mal conçus ;
- Insuffisance des études ;
- Choix des matériaux inadaptés ;
- Défaut de conseil ;
- Etc.

Les fautes de conception sont rarement isolées, s'y ajoutent d'autres fautes de l'architecte, du maître d'ouvrage ou des constructeurs[335].

La sensibilisation des collègues architectes et ingénieurs est nécessaire afin de les pousser à penser à souscrire une police d'assurance pouvant couvrir leur responsabilité professionnelle en cas de sinistre.
Dans ce qui suit, on exposera des cas de sinistres réels.

---

[335] GRELIER WYCKOFF (P), Pratique du droit de la construction - Marchés publics et privés, Paris, ÉDITIONS P 53.

a - Faute de dimensionnement

Dans un ouvrage, les fautes les plus graves sont celles qui touchent les dimensions de certains éléments de l'ouvrage et particulièrement ceux qui concourent à sa stabilité tels que les éléments porteurs. Afin d'illustrer cette situation, nous avons choisi quelques exemples vécus de faute de sous dimensionnement :

- Le risque d'écroulement d'un centre de cardiologie d'un hôpital pour enfants malades, nouvellement construit a contraint les responsables de le faire évacuer de ses occupants. Par ailleurs, d'autres parties de cet hôpital, mitoyennes au centre en question, étaient-elles aussi menacées et sont devenues donc inutilisables. Le maître d'ouvrage s'est retourné contre les ingénieurs-conseils auxquels il a reproché des erreurs dans le calcul des piliers de soutien. Le nouveau bâtiment fait actuellement l'objet d'un examen afin d'établir s'il existe des possibilités de sauver ce bâtiment neuf en procédant à certaines modifications, ou s'il faut au contraire le démolir.

- Pendant la construction d'une centrale thermique, une cheminée de 275 m, conçue et calculée par l'ingénieur assuré, s'est effondrée. Après expertise, il s'est avéré que ses fondations étaient trop faibles et de ce fait n'ont pas résisté aux fortes rafales de vent qui ont sévi des jours durant.

b - Faute sur le choix d'un système

- Les canalisations d'écoulement des eaux pluviales ont été bouchées par du feuillage et ce qui a eu pour effet d'inonder l'intérieur des bâtiments. L'architecte assuré avait fait recouvrir les bouches des canalisations d'écoulement des eaux pluviales par un système de treillis.

- L'assuré s'était chargé de l'étude d'un complexe de bâtiments qui devait abriter un centre culturel. Après la pose dans le sol d'un système d'évacuation des fumées, on s'est rendu compte que ce système n'était pas suffisamment efficace. Il a donc fallu le retirer et le remplacer par un nouveau système monté cette fois dans le plafond.

c - Faute de conception

- Un barrage a été mal conçu par l'assuré. Plusieurs portes n'étaient plus étanches du fait de l'érosion subie et les bassins présentaient des défauts.

B - Fautes liées aux matériaux

Il arrive que l'origine d'un sinistre soit liée soit à la nature du matériau utilisé, soit au choix du type de matériau à utiliser dans la construction.

a - Faute d'inadaptation de matériaux ou de matériels

Le Bureau d'Études en tant qu'assuré était chargé du développement et de la fabrication des aiguillages, des rails de croisement et d'autres pièces annexes. Par suite des fautes commises dans le développement, les rails étaient instables et les aiguillages non adaptés, ce qui a provoqué la rupture des blocs de fonte.

b - Défectuosité de matériaux

L'assuré devait surveiller la mise en place d'une installation de liquéfaction du gaz. Il n'a pas remarqué que des brides importées avaient été montées dans l'installation alors qu'elles étaient parfois défectueuses et non adaptées au fonctionnement à basse température. Ce n'est qu'après l'avertissement de l'un des fournisseurs qu'il a été procédé à des tests qui ont confirmé les défauts de ces pièces. Il a donc fallu changer les brides, ce qui a retardé la mise en service de l'installation.

c - Poursuite pour négligence

Des architectes et des ingénieurs qui étaient assurés ont été poursuivis en justice pour négligence à la suite de réparations effectuées sur un réacteur nucléaire. Le réacteur a été immobilisé pendant un long moment.

La réclamation du maître d'ouvrage était de 385 Mio $ environ. L'expert désigné par l'assuré a estimé les pertes à $ 230 Mio $ environ alors que l'assuré étant couvert à hauteur $ 75 Mio $. Ce montant a été exigé par le demandeur à titre de règlement à l'amiable. Il faut noter que rien que les frais engagés pour la défense, s'élevaient à 10 Mio $ environ.

d - Diverses fautes

- À l'issue de la construction d'un centre commercial, les architectes se sont vus reprocher les faits suivants : conception fausse, violation du contrat, abus de confiance et non-respect des délais.
- À la suite de l'écroulement d'un bâtiment et la mort de plusieurs ouvriers, l'architecte était poursuivi par la justice pour non suivi des travaux sur chantier et non-respect des normes techniques. La peine

prononcée contre l'architecte (qui n'était pas assuré) était de 5 ans d'emprisonnement ferme.

Toute entreprise, qu'elle soit civile ou commerciale, individuelle ou sociale, encourt une responsabilité civile relative à la profession qu'elle exerce (RC exploitation, RC après livraison, etc.).

Mais le terme de RC professionnelle est utilisé plutôt pour les prestataires de service ayant une activité intellectuelle, là où l'inexécution ou la mauvaise exécution de la prestation est susceptible de causer des préjudices d'ordre économique et qui ne sont pas nécessairement des dommages corporels ou matériels.

La RC professionnelle peut être définie comme étant une assurance qui garantit les conséquences pécuniaires de la responsabilité civile légale contractuelle et extra-contractuelle de l'assuré :
- En raison des dommages corporels, matériels, et immatériels causés à autrui ;
- Par suite d'omissions, fautes ou négligences commises dans l'exercice de la profession décrite dans la police.

Dans l'exercice de leurs métiers, les professionnels prestataires de service peuvent commettre des fautes ou omissions pouvant engager leur responsabilité civile vis-à-vis de leurs clients :

- Un médecin qui prescrit un mauvais médicament à un patient[336] ;
- Un avocat qui néglige une procédure empêchant de faire valoir les droits de son client [337] ;
- Un ingénieur qui commet une faute de conception[338] ;
- Un architecte qui commet une faute qui empêche le maître d'ouvrage d'obtenir son permis de construire [339] ;

---

336 Mar Trib Inst Marrakech Jugement N° 3812 21-5-1992 du 21 Mai 1992 Dossier N° 899-90 : La prescription de médicaments inadéquats engendrant la cécité de la victime constitue une faute professionnelle engageant la responsabilité du médecin

337 Mar Sup Arrêt n° 64 du 16 Janvier 2008 Un commerçant qui perd la propriété de son fonds de commerce du fait de la négligence de son avocat, qui a omis d'effectuer une procédure impérative.

338 Fra Cr Cass Ch Civ 3 2 Novembre 1982 N° 81-12.651 Ingénieur concepteur responsable des désordres affectant les canalisations qu'il a conçues.

339 Fra Cr Cass Ch Civ 3 du 26 Septembre 2007 Ar N° 06-16420 Non obtention de permis de construire à cause d'une faute Professionnelle de l'architecte.

- Etc.

Dans ce genre de situation, la question qui se pose d'elle-même : « Qui va payer les dommages subis par les clients dans ces circonstances ? ». Les dommages peuvent s'avérer si importants et élevés que le prestataire ne soit en mesure d'y faire face et se trouvera dans l'incapacité financière d'indemniser le tiers lésé. C'est pour cette raison que l'assurance dite « Responsabilité Civile Professionnelle » est proposée par les assureurs aux prestataires de service. Elle s'adresse aux professionnels qui exercent un métier intellectuel et qui ne participent pas à l'exécution des travaux. Cette assurance vie est en complément à l'assurance de responsabilité civile générale visant à assurer une couverture complète.

La doctrine précise qu'une personne qui rend des services professionnels à ses clients, a un devoir de prudence et de diligence[340]. Le professionnel doit aussi faire preuve de compétence dans son travail. Si le professionnel n'exerce pas sa profession avec un degré de compétence attendue, il est considéré comme ayant été négligent et s'expose à des poursuites de ceux qui se déclarent lésés par le fait de ses fautes.

Il parait donc indispensable pour les ingénieurs et architectes ainsi que les entreprises qui les emploient de souscrire une assurance couvrant leur responsabilité civile professionnelle. Au vu des réclamations qui s'amplifient, de la conscience de plus en plus protestataire du citoyen ainsi que des affaires portées devant les différentes juridictions du Maroc, les professionnels se voient contraints de plus en plus à se couvrir contre de tels risques.

À ce jour, peu de professions se voient obligées par la loi de souscrire de telles assurances :

- Architectes : loi 016-89 Article 26 ;
- Ingénieurs géomètres topographes : Loi 30-93 Article 19 ;
- Intermédiaires d'assurance : Code des assurances Loi 17-99 Art 303.

---

[340] Art 78 du D.O.C dispose « … La faute consiste, soit à omettre ce qu'on était tenu de faire, soit à faire ce dont était tenu de s'abstenir, sans intention de causer un dommage. »

Hormis les ingénieurs géomètres topographes, aucune loi marocaine n'oblige les ingénieurs de souscrire une police d'assurance couvrant leur responsabilité civile professionnelle. Il est fort regrettable que cette exigence ne puisse pas encore voir le jour au vu des risques grandissants que commencent à vivre ces métiers.

e - Poursuite pour négligence

Des architectes et des ingénieurs qui étaient assurés ont été poursuivis en justice pour négligence à la suite de réparations effectuées sur un réacteur nucléaire. Le réacteur a été immobilisé pendant un long moment.

La réclamation du maître d'ouvrage était de 385 Mio $ environ. L'expert désigné par l'assuré a estimé les pertes à $ 230 Mio $ environ alors que l'assuré étant couvert à hauteur $ 75 Mio $. Ce montant a été exigé par le demandeur à titre de règlement à l'amiable. Il faut noter que rien que les frais engagés pour la défense, s'élevaient à 10 Mio $ environ.

Notons que la faute du maître d'ouvrage, traduite en général par une imprudence ou négligence est de nature à atténuer la responsabilité du maître d'œuvre, voire à exonérer celui-ci de toute responsabilité[341] dans le cas d'immixtion du maitre d'ouvrage dans les études réalisées par le concepteur.

[341] GRELIER WYCKOFF (P), Pratique du droit de la construction - Marchés publics et privés, Paris, ÉDITIONS P 55.

Section 3 - La police RC Décennale

Nous exposerons la démarche et la pratique de souscription de la police RC Décennale au Maroc et ce jusqu'à aujourd'hui. C'est à dire avant l'entrée en application de la nouvelle loi 59.13 non encore appliquée (en attente encore du décret d'application).

§ 1 - Le cadre juridique de la responsabilité civile décennale au Maroc

L'article 769 du D.O.C. dispose : « l'Architecte ou Ingénieur et l'Entrepreneur chargés directement par le Maître sont responsables lorsque, dans les dix années à partir de l'achèvement de l'édifice ou autre ouvrage dont ils ont dirigé ou exécuté les travaux, l'ouvrage s'écroule, en tout ou en partie, ou présente un danger évident de s'écrouler, par défaut de matériaux, par le vice de la construction ou par le vice du sol. L'architecte qui n'a pas dirigé les travaux ne répond que des défauts de son plan.
Le délai de dix ans commence à courir du jour de la réception des travaux. L'action doit être intentée dans les trente jours à partir du jour où s'est vérifié le fait qui donne lieu à la garantie ; elle n'est pas recevable après le délai. »

Cet article a vu le jour en 1913 et a été modifié en 1959. Il fait ressortir les idées principales suivantes :

- La responsabilité incombe à trois principaux intervenants à savoir l'architecte, l'ingénieur et l'entrepreneur ;
- Cette responsabilité dure dix ans (d'où l'adjectif de décennale attribué par les assureurs) à compter de la réception des travaux ;
- La responsabilité des intervenants directs est retenue dans deux cas :
- L'effondrement total ou partiel de l'ouvrage ;
- La menace d'effondrement total ou partiel de l'ouvrage ;
- L'action contre le responsable doit être intentée dans un délai de trente jours.

§ 2 - Principes de l'assurance décennale et difficultés de son acceptation par les assureurs

L'assurance décennale a pour rôle de couvrir la responsabilité des intervenants dans l'acte de construire telle qu'elle est définie dans l'article 769 du D.O.C. Il en résulte que tous les intervenants directs liés au maître d'ouvrage par un contrat doivent figurer parmi les assurés à l'exception du Bureau de Contrôle (voir Section sur les bureaux de contrôle). Le maître d'ouvrage peut bénéficier de la qualité d'assuré vu qu'il fournit dans certains cas des prestations de services ou/et des matériaux de construction (c'est le cas notamment des promoteurs immobiliers).

Partant de l'article 769 du D.O.C, cette police doit couvrir les 4 rubriques suivantes :

- La faute de conception ;
- La faute d'exécution ;
- Le défaut des matériaux ;
- Les pathologies de l'ouvrage dues au sol.

Tel que le dispose l'article 769 du D.O.C, la responsabilité des intervenants (durant dix ans après la réception des travaux) se voit retenue et engagée dans deux cas précis à savoir l'effondrement et la menace d'effondrement. En d'autres termes, seuls les éléments porteurs (éléments qui concourent à la solidité et stabilité de l'ouvrage : fondations, poteaux, poutres, dalles, murs de refend, cages d'escaliers, etc.) sont concernés par cet article. Par conséquent, l'assurance décennale ne couvre en principe que les éléments porteurs qu'on appelle communément le gros œuvre : le second œuvre est exclu de cette couverture.

Néanmoins, le second œuvre peut être couvert par répercussion dans le cadre de la police décennale : les désordres propres du second œuvre seront exclus mais par contre les dommages subis par ce dernier suite à un effondrement d'un élément porteur (sinistre de type décennal) seront pris en charge par la police contractée.

La couverture généralement octroyée est décennale, non résiliable et avec prime unique. On peut imaginer néanmoins des cas où la garantie délivrée est annuelle et donc renouvelable : non conseillée aussi bien pour l'assuré que pour l'assureur.

Le coût de l'assurance décennale s'élève à environ 1 % du montant de la construction et la franchise à la charge de l'assuré varie en général pour des ouvrages courants et des fondations classiques entre 1 et 4 Pourmille du montant de la construction. La franchise a pour effet de réduire la gestion de contrat d'assurance et donc d'en diminuer la prime pour l'assuré, de moraliser le risque et elle est opposable au bénéficiaire de la couverture.

L'assurance décennale offre une réelle protection et sécurité au maître d'ouvrage en cas d'effondrement ou menace d'effondrement de son ouvrage. Cette couverture est valable même en cas de disparition des constructeurs de l'ouvrage et les maîtres d'ouvrage sont indemnisés pour réparer le préjudice subi par leur ouvrage.
Cette couverture est adéquate pour prendre en charge les sinistres graves engendrant des coûts insupportables pour l'assuré.

Par contre, elle ne les dispense pas de participer de manière active et permanente à l'entretien de leurs ouvrages. L'expérience a d'ailleurs montré que la pérennité des constructions dépend en grande partie de leur entretien.
Quant à l'acceptation des risques en garantie décennale par les assureurs marocains suppose que certaines conditions soient remplies avant la souscription :

2.1 - Le contrôle technique

Le contrôleur technique a pour mission de contribuer à la prévention des différents aléas techniques susceptibles d'être rencontrés dans la réalisation des ouvrages. Il intervient à la demande du Maître de l'ouvrage et donne son avis à ce dernier sur les problèmes d'ordre technique. Cet avis porte notamment sur les problèmes qui concernent la solidité de l'ouvrage et la sécurité des personnes.

Le contrôle technique doit être pris au sens large du terme, non comme une sanction ou une pénalité pour les mauvais travaux, mais comme :
- Une aide à la décision ;
- Une réduction du risque de l'investissement ;
- Une recherche de compatibilité entre l'économie et la sécurité ;
- Une recherche de la qualité pour la durabilité de l'ouvrage.

L'activité de contrôle technique est incompatible avec l'exercice de toute activité de conception, d'exécution ou d'expertise d'un ouvrage.
Le personnel auquel est fait appel pour les contrôles, doit agir avec impartialité et n'avoir aucun lien de nature à porter atteinte à leur indépendance avec les organismes et entreprises qui exercent une activité de conception, d'exécution ou d'expertise dans le domaine de la construction.

En cas de sinistre, l'assureur est tenu de réclamer le contrat liant le maître d'ouvrage et le Bureau de Contrôle. La lecture du contrat renseignera l'assureur sur la (es) mission (s) confiée(s) par le maître d'ouvrage au Bureau de Contrôle. Cette démarche sert à mieux cerner les responsabilités.

L'objectif du contrôle technique en vue de l'assurance consiste à réduire la fréquence et la gravité des sinistres garantis par l'assureur : on ne saurait garantir un risque en décennale qui n'a pas bénéficié d'un contrôle technique. De ce fait, la souscription d'une garantie décennale nécessite l'établissement d'un ou plusieurs rapports (suivant la nature de l'ouvrage et les garanties demandées) rédigés par un Bureau de Contrôle agrée par les assureurs :

- D0 : Rapport de définition du risque (RDR) ;
- D1 : Note complémentaire « clause fondations spéciales » ;
- D2 : Note complémentaire « Procédés non traditionnels, matériaux nouveaux » ;
- D3 : Note complémentaire « défaut d'étanchéité » ;
- D4 : Note complémentaire « travaux neufs sur existants, en sous-œuvre, en surélévation » ;
- D5 : Rapport de cours travaux ;
- D6 : Rapport de fin de travaux.

Dans tous les cas, le rapport D0 est obligatoire pour l'appréciation du risque.
Il est important de savoir que les assureurs au Maroc ne couvrent jamais un ouvrage qui n'a pas bénéficié du contrôle technique tant au niveau de la conception que de l'exécution. Le contrôle doit être réalisé par un Bureau de Contrôle agrée par l'assureur.
Par conséquent, il faut retenir que le contrôle technique est nécessaire et non suffisant pour l'octroi d'une couverture décennale.

Il faut noter que les assureurs et réassureurs refusent un grand nombre de risques dans cette branche, même contrôlés.

2.2 - Considérations relatives à la nature du sol de fondation

L'incidence de fondations déficientes doit, par ailleurs, attirer l'attention des souscripteurs quant aux conséquences fâcheuses que peut engendrer leur insuffisance. D'ailleurs dans certains cas, on peut atteindre le sinistre maximum possible (voire le sinistre total - voir Section sur la sinistralité en décennale : sinistre de fondation).

IL faut noter que, dans un certain nombre de cas difficiles dont on peut ; à priori, cerner les caractéristiques, le risque attaché à des fondations est relativement élevé. C'est pour cela, que pour des ouvrages particuliers, il est nécessaire de demander à l'assuré de fournir le rapport des sols établi par le laboratoire géotechnique et d'étudier les solutions de fondations préconisées par ce dernier. Les franchises doivent être adaptées en fonction de la nature des fondations :

- En Belgique par exemple, pour les fondations profondes la franchise pendant la période cours travaux est fixée à 20 % alors qu'elle est de 10 % pendant la période de garantie décennale ;
- En France, dans les mêmes conditions citées ci-dessus, la franchise est fixée à 80 % du montant du sinistre concernant les pieux de fondations, à l'exception des dommages consécutifs pour l'ouvrage lui-même ; cette condition est valable à la fois en cours de travaux et pendant la première année qui suit la réception provisoire des travaux. Cette franchise est ramenée à 10 % au-delà de ce délai.

Il ressort de ce qui est dit ci-dessus qu'une clause « fondations spéciales » devrait être jointe à la police dans le cadre des ouvrages fondés dans des conditions difficiles.
Cette clause doit être associée à des justifications particulières de stabilité de la part du Bureau de Contrôle intervenant sur l'opération.

À titre d'exemple, on indiquera dans ce qui suit certaines clauses susceptibles d'être retenues :

- Cas particulier d'une construction réalisée sur un mauvais sol de forte épaisseur dans un contexte urbain avec voisinage, et à laquelle peuvent être accolés des ouvrages neufs moins élevés :
« Compte tenu de la nature du sol susceptible de tassement, ne sera considéré sinistre relevant du présent contrat, que tout désordre affectant tout ou partie de la construction garantie et non son seul tassement d'ensemble qui ne porterait pas atteinte à son intégrité ou à son utilisation. Ne sont pas couverts les risques en relevant pour les bâtiments voisins susceptibles d'être intéressés, y compris les ouvrages neufs accolés. »

- Cas particulier d'un ensemble industriel sur un mauvais sol, comportant des ouvrages lourds (réservoirs, silos, bâtiments), mais aussi des caniveaux, canalisations, regards, etc. Le laboratoire géotechnique a signalé la possibilité d'un tassement :
« Le tassement admis par le Bureau d'Études des sols étant de .... cm, sont exclus tous les dommages qui pourraient être causés par la manifestation effective de ce tassement, les ouvrages devant être conçus pour tenir compte de cette déformation. En particulier toutes les dispositions devront être prises pour réaliser des joints souples sur tuyauteries, caniveaux de liaison. N'est pas considéré comme sinistre, le seul tassement d'ensemble des ouvrages qui ne porterait pas atteinte à leur intégrité ou à leur utilisation. »

- Cas particulier d'un ouvrage pour lequel a été admis un tassement possible des structures, absolu ou différentiel et des dispositifs de recalage ont été envisagés pour corriger le mouvement :
« Un tassement ayant été envisagé et considéré comme inévitable pour la construction, sera exclu tout sinistre trouvant son origine dans des déformations du sol qui n'auraient pas été suivies d'un recalage des points d'appui, suite à vérification périodique. »

- Cas particulier de terrains en pente :
« Se trouvent exclus du présent contrat, tous les désordres pouvant trouver leur origine dans un manque de protection des talus ou des surfaces inclinées susceptibles d'être dégradés soit par les eaux de ruissellement, soit par les eaux d'infiltration. En particulier, aucun déboisement ou défrichage ne sera exécuté, pouvant aggraver les phénomènes d'érosion ou d'instabilité sans qu'une protection de remplacement n'ait été apportée au préalable en conséquence. Sont

également exclus les désordres susceptibles d'être associés aux mouvements des eaux souterraines ayant pu être rompues par les terrassements entrepris à flanc de coteau et non réinsérées dans un réseau de substitution. Est également exclue de la police, la stabilité des murs de soutènement pour lesquels n'auraient pas été prévues des barbacanes permettant l'évacuation des eaux recueillies dans les drains, à la partie arrière de ces derniers. »

- Cas particulier de pieux, puits, parois moulées :
« La garantie portera pendant le délai d'un an suivant la réception provisoire des travaux, sur les seuls désordres aux structures portées, pouvant trouver leur origine dans un mouvement des pieux, puits ou parois de fondations.
Sont donc exclus les désordres intéressant les pieux eux-mêmes et les travaux confortatifs à envisager pour leur réparation.
La garantie ne portera sur les pieux eux-mêmes que pour les sinistres dont la première manifestation se révèle au moins un an après la réception. »

2.3 - La durabilité et vieillissement des matériaux

Dans le domaine de la construction et pendant de nombreuses années, les matériaux de base utilisés (pierre, bois, métal), ont conservé des qualités de durabilité compatibles avec les garanties de longue durée. Les matériaux traditionnels n'ont pas posé de problèmes de durabilité majeurs, sinon des problèmes d'insuffisances accidentelles.

À notre époque, il semble que l'activité de la construction fasse appel de plus en plus à un volume impressionnant de matériaux insuffisamment expérimentés et pour lesquels l'insuffisance de durabilité peut ne pas avoir de caractère accidentel mais au contraire, un caractère systématique
Si ce problème n'est pas posé au travers des polices T.R.C. d'une part par le fait que les matériaux à l'origine de désordre sont exclus des garanties et que d'autre part l'effet du vieillissement est relativement mineur dans le délai limité apparaît tout différent dans le cas des polices de garantie de longue durée et des précautions très particulières doivent être prises dans ce domaine dans le cadre des contrats.

2.4 - Problèmes et difficultés de l'assurance décennale

L'assurance décennale telle qu'elle est pratiquée au Maroc ne couvre que la responsabilité des intervenants ; ce qui pose bien entendu un problème au maître d'ouvrage : le sinistre n'est indemnisé qu'après avoir défini les responsabilités des différents intervenants. Cette démarche fait perdre beaucoup de temps au maître d'ouvrage en aggravant d'ailleurs la situation.

La souscription des risques dans cette branche doit faire appel à une attention particulière et cela pour deux raisons :

- La police d'assurance de responsabilité civile décennale est une garantie de responsabilité donc fait appel à une connaissance parfaite des lois qui la définissent ;
- Cette garantie intéresse un domaine très technique qu'est celui de la construction.

Affronter ces difficultés dépend en grande partie de la formation des souscripteurs dans les compagnies d'assurance ainsi que de leur expérience :
Un seul sinistre peut déséquilibrer ou mettre en périls tout le portefeuille de la Compagnie.
Il faut remarquer que les assureurs s'engagent généralement à couvrir des capitaux très élevés moyennant des primes relativement basses et pour une période de longue durée. Pour cette raison, les souscripteurs des compagnies d'assurance doivent exiger des bureaux de contrôles des rapports très détaillés et leur demander des explications et/ou vérifications complémentaires en cas de nécessité.

Les problèmes fréquemment rencontrés ; lors de la souscription d'une telle garantie ; peuvent être résumés comme suit :

- Comme c'est une police cas par cas, les assureurs craignent l'antiselection ;
- Assurer des technologies et techniques nouvelles méconnues ou peu connues ;
- N'avoir aucune information sur les différents intervenants ;
- L'inflation peut dépasser les prévisions faites au moment de la souscription de l'assurance.

Si l'inflation augmente, l'assuré est tenu à demander une réactualisation de ses capitaux car sinon, les sinistres ne lui seront réglés que par rapport à l'indexation précisée dans la police.

2.5 - Extensions de garantie et exclusions de la police décennale

Les extensions de garantie accordées au titre de la police marocaine sont au nombre de quatre :

A - L'indexation automatique des capitaux

Cette extension de garantie a pour but de protéger l'assuré contre l'inflation ainsi que contre l'augmentation des prix de matériaux au cours des dix années d'assurance. En d'autres termes, elle offre une évolution automatique du capital assuré selon un indexe variant entre 5 et 10 Pourcent.

L'évolution du capital assuré est une suite géométrique de raison l'index choisi et de premier terme le montant des travaux à la souscription de la police.

Si on appelle C_0 le montant des travaux assurés et i est l'index choisi, le capital assuré à la $n^{ième}$ année sera donc calculé de la manière suivante :

$$\text{Cn} = \text{Co x} (1 + i)^n$$

L'utilisation de l'indexation automatique sur l'indemnisation des assurés en cas de sinistre a une incidence sur la souscription par l'assureur de cette garantie sur ses traités de réassurance et qui peut être illustrée par l'exemple suivant :

Soit un bâtiment dont le coût de construction est de 10.000.000 DH à l'année 2010. La franchise à la charge de l'assuré étant de 30.000 DH. L'index prévu dans la police est de 5 %. En 2016, le bâtiment a connu une menace d'effondrement total suite à un tassement spectaculaire du sol. L'assureur devra indemniser non pas 10.000.000 DH mais plutôt 10.000.000 x $(1,05)^6$ c'est à dire 13.400.956 DH. La franchise sera indexée de la même manière que les capitaux assurés :

30.000 x $(1,05)^6$ c'est à dire 40.202 DH.

Il faut noter que la franchise est toujours indexée au même titre que les capitaux assurés.

B - Les existants

Lorsqu'on fait des travaux en sous œuvre, en surélévation ou tout simplement au voisinage d'ouvrages préexistants, il est intéressant de prévoir une couverture pour ces ouvrages existants. Cette extension de couverture ne jouera son rôle que dans le cas où les ouvrages existants sont endommagés suite à un sinistre de type décennal couvert par la police de base. En d'autres termes, les dommages propres des existants sont expressément exclus par la police.
La difficulté rencontrée par l'assureur pour ce genre de couverture réside dans le fait que les plans (et principalement les plans de recollement qui donnent une image vraie et réelle de l'existant) et les notes de calcul pouvant aider à l'appréciation du risque sont généralement inexistants.

C - L'étanchéité des toitures

De tous les temps, la défaillance de l'étanchéité reste la principale cause d'accidents graves dans les constructions. Ce sont plutôt les conséquences de la défaillance du système d'étanchéité sur la structure ainsi que sur le second œuvre qui sont à craindre. C'est pour cette raison que l'acceptation d'une telle garantie par les assureurs était toujours source de réticence et son octroi est toujours assujetti d'un certain nombre de gardes fous.
Cette garantie n'est délivrée que si le système mis en place a été contrôlé par le Bureau de Contrôle au niveau de la conception ainsi qu'au niveau de l'exécution. Par ailleurs une mise à l'eau est nécessaire pour tester le comportement du système mis en place. La garantie ne devient définitive qu'après une ou deux années d'observation (appelée communément par les assureurs période de carence) du comportement de l'étanchéité. Le Bureau de Contrôle revient sur le site après écoulement de cette période de carence et établit un nouveau rapport D_3 bis relatant la situation de l'étanchéité. L'accord définitif de la couverture de l'étanchéité n'est exprimé qu'après examen de ce rapport par l'assureur.

D - La responsabilité civile vis à vis des tiers

Il arrive souvent que l'écroulement de tout ou une partie de l'ouvrage cause des dégâts aux tiers (passants, avoisinants, etc.). Ces dommages peuvent être de différentes natures :

- Dommages matériels : c'est le cas par exemple de l'écroulement d'un porte-à-faux (un balcon par exemple) sur une voiture ;

- Dommages corporels : écroulement d'une dalle sur une tierce personne ;
- Dommages immatériels consécutifs : c'est le cas de l'écroulement d'un mur sur la porte d'un commerce avoisinant. L'accident ne lui cause aucun dommage matériel proprement dit mais lui cause par contre des dommages immatériels tels que la perte de clientèle, etc.

Le rôle de la garantie dite responsabilité civile aux tiers est justement de palier à ce genre de situation et offre par conséquent une couverture à l'assuré pour réparer le préjudice causé à un tiers suite à un sinistre de type décennal couvert par la police de base. On peut noter que la garantie de responsabilité civile (appelée communément par les assureurs RC aux tiers) est toujours accordée avec une limite épuisable pour la période de couverture.
Les deux premières extensions ; à savoir l'indexation automatique des capitaux et les existants ; ne sont délivrées par l'assureur qu'après une étude approfondie du dossier technique.

L'assurance décennale est une garantie de résultats. Elle exclut notamment un certain nombre de risques qui sont rachetables moyennant l'établissement de rapports spécifiques avant la souscription du risque. D'autres risques ne sont jamais couverts par les assureurs.

Certaines exclusions ne sont pas rachetables et de ce fait sont des exclusions absolues :
- La fraude, les faits intentionnels de l'assuré ;
- L'incendie, l'explosion sauf si elles sont la conséquence d'un sinistre indemnisable au titre du contrat décennal ;
- Mouvement non naturel du sol (par exemple : les exploitations minières) ;
- Événements naturels (inondations, cyclone, tremblement de terre, etc.) ;
- La guerre étrangère et civile ;
- Effets directs ou indirects d'explosions, de dégagement de chaleur, d'irradiations, etc. ;
- Les biens autres que la construction ;
- Second œuvre affecté et dont l'origine du sinistre ne se trouve pas dans le gros œuvre ;

- Défaut d'entretien, usage anormal, usure, vieillissement normal ;
- Modifications ultérieures (rajout d'étages par exemple) ;
- Réserves émises et non levées du BCT ;
- Équipements autres que les équipements du bâtiment (exemple : machines de production, outils, équipements ménagers, etc.) ;
- Matériaux nouveaux non acceptés par l'assureur.

D'autres exclusions peuvent être rachetables sous conditions
- L'étanchéité et ses conséquences : une extension à cette exclusion est envisageable moyennant l'examen minutieux des rapports D3 et D3 bis ;
- Les travaux de pieux de fondations, puits en terrain difficile, parois moulées, ouvrages sur remblais, ouvrages sur pente de terrain supérieure à 30 % : exclusion rachetable après examen du rapport « fondations spéciales » ;
- Les existants : le rapport D4 doit être établi par le Bureau de Contrôle et examiné minutieusement par l'assureur ;
- La RC vis-à-vis des tiers.

§ 3 - Les sinistres en période décennale

Au niveau du marché d'assurance, la branche de couverture décennale pourrait dégager de bons résultats et de ce fait, on peut considérer que cette branche est à encourager.

Cependant, ne perdons pas de vue qu'un certain nombre de facteurs peuvent influencer la sinistralité dans cette branche :

- Le cycle du risque construction est par nature très long, de l'ordre de la quinzaine d'années et parfois plus ;
- Les fluctuations climatiques peuvent perturber considérablement l'observation de la sinistralité en courte période en retardant ou en accélérant la survenance de certains types de désordres ;
- L'évolution de la sinistralité dépend d'un nombre considérable de facteurs très complexes.

À cet effet, nous pouvons avancer quelques facteurs non exhaustifs qui influencent la sinistralité en période décennale. Certes, depuis une cinquantaine d'années, on a pu noter ; dans les pays Européens ; une nette diminution des grands sinistres de caractère décennal tels qu'on avait pu les observer entre les deux guerres mondiales. Mais cela n'empêche que de grands sinistres se produisent de temps à autre et trouvent leur explication principalement dans les facteurs suivants :

- L'emploi de techniques ou de matériaux nouveaux pour lesquels le recul n'est pas suffisant pour pouvoir porter une appréciation rigoureuse sur leur pérennité ;
- L'industrialisation du bâtiment et de la fabrication en grande série de certains éléments lourds ;
- Un contexte financier peu favorable à la maîtrise de la qualité : marge bénéficiaire des entreprises très faible, réalisation d'ouvrages de plus en plus économiques, encadrement de chantier moins qualifié par économie ;
- La construction de bâtiments dans des zones auparavant réputées inconstructibles (zones marécageuses, anciennes décharges publiques, etc.) nécessitant des techniques de fondations très pointues.

En France, SECURITAS a étudié la pathologie de la construction et les études ont porté sur 10 à 20 % des sinistres déclarés. Ces études ont permis de déterminer la répartition suivante :

- Les sinistres relatifs au défaut de solidité des différents éléments constitutifs d'une construction représentant 50 % de la sinistralité totale dont :

Fondations	3 %
Structures	12 %
Clos et couverts	25 %
Revêtements Intérieurs et plafonds	10 %

- Les causes de ces mêmes sinistres se décomposent ainsi :

Conception	40 %
Exécution	40 %
Matériaux	10 %
Divers	10 %

- Leur survenance s'établit en période décennale comme suit :

3 premières années après la réception	60 %
3 années suivantes	25 %

4 dernières années 15 %

Pour illustrer cette situation, des sinistres représentatifs ont été sélectionnés selon leurs causes ou leurs situations[342].

3. 1 - Types de sinistres en période décennale

Il existe des milliers de types de sinistres pouvant se produire en période décennale. Nous examinerons les plus courants d'entre eux pouvant constituer une base légale de l'application de l'article 769 du D.O.C.

A - Sinistre de fondation

Un prévaut avait été construit sur un terrain fortement en pente (20 %). Afin de réaliser une plate-forme horizontale, on avait terrassé en amont et utilisé les déblais pour mettre à niveau la partie avale en réalisant des remblais.

Cette plate-forme hétérogène servait donc de sol de fondations à l'ensemble de l'ouvrage. Elle reposait, de ce fait, d'un côté sur le terrain naturel, de l'autre sur le remblai.

La structure de l'ouvrage était relativement légère et les constructeurs n'avaient pas jugé utile de descendre les fondations avales au bon sol.

De plus les eaux de ruissellement venant de l'amont n'étaient pas drainées et s'infiltraient donc dans les remblais. Suite à une période particulièrement pluvieuse, ils se mirent à glisser entraînant avec eux les fondations du bâtiment et la ruine totale de l'ouvrage.

Il s'agit ici d'un sinistre essentiellement d'exécution puisque l'entreprise aurait dû fonder l'ouvrage sur le sol naturel par des puits remplis de béton et surtout réaliser un réseau de caniveaux récupérant les eaux de pluie de la partie supérieure du terrain.

B - Sinistre de structure

Un silo à blé comportant 8 cellules en béton armé et pouvant contenir 800 tonnes de grains avait été réalisé et réceptionné sans incident.

Dans ce cas, l'exécution des fondations était correcte puisque les semelles s'appuyaient directement sur le bon sol situé à - 12 m par rapport au terrain naturel, la couche supérieure étant de mauvaise qualité.

---

342 Source : Société de réassurance SCOR

Des poteaux de 15 m de hauteur reliaient les fondations à la superstructure des silos. Malheureusement ils étaient trop fins par rapport à leur hauteur et un soir, alors que les silos n'étaient qu'à moitié remplis, les poteaux ne purent résister au phénomène de flambement. Leur rupture se produisit en série et l'extrémité Ouest du bâtiment s'affaissa de 2,50 m par rapport à l'extrémité Est.
Ce sinistre nécessita la reconstruction complète des silos. Ici le concepteur commit une grave faute en sous-dimensionnant la section des poteaux de 15m.

C - Sinistre répétitif des structures

Afin d'accélérer la construction des bâtiments on a eu très tôt recours à la préfabrication. C'est ainsi qu'en plus de celles des murs de façades des planchers, on préfabriqua des volées d'escalier. Ces éléments en béton armé venaient s'appuyer sur les bords des paliers par l'intermédiaire de petits becquets.
Malheureusement, les concepteurs avaient perdu de vue que les tolérances de fabrication dans le bâtiment sont loin d'être celles que l'on peut avoir dans d'autres secteurs d'activité où des précisions de l'ordre du micro peuvent être atteints car en bâtiment l'unité reste encore le centimètre.
Cet oubli conduisit à mettre en place des volées d'escalier qui ; du fait par exemple de leur longueur trop courte ne reposaient que sur 1/2 cm là où elles auraient dû reposer sur 4 cm minimum, ou lorsque la largeur de l'appui était bien de 4 cm, les armatures noyées dans le béton des becquets et des paliers ne se recouvraient pas et ne pouvaient ainsi reprendre les efforts pour lesquels ils avaient été conçus.
Il s'en suivit une série de ruptures de ces becquets qui entraînèrent la chute des volées d'escalier avec souvent des dommages corporels consécutifs.

Afin d'éviter ces sinistres, les règles de construction furent modifiées. Notamment, on imposa un système constructif qui permet maintenant :

- De contrôler la largeur de l'appui du becquet sur l'escalier ;
- De vérifier sur chantier, la position des armateurs.

En est en présence ici d'un sinistre dû à une faute d'exécution qui a conduit les professionnels à imposer de nouvelles règles de construction.

D - Sinistre de matériaux

Ces sinistres affectent en général le clos et le couvert des bâtiments. Dans ces ouvrages, on utilise très souvent des produits manufacturés (tuiles, briques, blocs de ciment creux) dans les usines qui fabriquent en très grandes quantités d'autres produits (acier pour B.A, ciment, etc.) et qui n'ont pas toujours un autocontrôle suffisant. Ces produits, par ailleurs, génèrent une très faible valeur ajoutée et l'industriel peut avoir tendance à économiser sur leur fabrication.

E - Un grand sinistre dû à l'innovation

Dans les années 60, on réalisa 8 Réfrigérants à la Centrale Thermique de FERRYBRIDGE en Grande-Bretagne.

Ces réfrigérants étaient les premiers de ce type construits dans le monde avec de semblables dimensions : diamètre à la base 88 m, hauteur 115 m.

Le problème le plus important à résoudre au niveau de la conception était celui de la stabilité de la coque en béton armé sous l'effet des rafales de vent. Les règles de calculs ne traitaient pas le sujet et ils n'avaient pas été procédés à des essais de soufflerie.

En 1965, 3 des coques de ces réfrigérants s'effondrèrent sous l'action d'un vent qui n'avait rien d'extraordinaire. Des photos ont été prises au moment du sinistre et elles montrent bien le vrillage de la coque de béton avant que celle-ci ne s'effondre.

Depuis, les règles de calculs ont été modifiées et on n'a plus noté de sinistres similaires sur de tels ouvrages.

G - Risques liés à l'étanchéité

La garantie complémentaire octroyée pour couvrir la défaillance des travaux d'étanchéité ainsi que la conséquence de cette dernière est accordée difficilement par les assureurs au vu des mauvais résultats qu'elle engendre.

En décennale, la garantie d'étanchéité est souvent demandée par les assurés. D'ailleurs, pour certains ouvrages tels que les piscines, bassins ou réservoirs, il est inconcevable d'octroyer la garantie décennale sans couvrir le risque d'étanchéité car sinon la couverture serait « vide » puisque les problèmes liés à l'étanchéité pour ces ouvrages figurent parmi les principales préoccupations des maîtres d'ouvrages et entreprises de construction.

Les causes de sinistres liés à l'étanchéité ne trouvent plus leur explication dans les matériaux utilisés. Ils trouvent leur origine plutôt dans d'autres facteurs :

- La conception des toitures : pentes insuffisantes ;
- Les fautes d'exécution : perforation, relevés d'étanchéité défaillant, raccordement d'eau pluviale mal exécuté ;
- L'utilisation non conforme à la conception : c'est le cas des toitures conçues initialement comme inaccessibles et qui deviennent accessibles ;
- Le manque d'entretien ;
- Les joints de dilatation inexistants ou mal exécutés ;
- La mauvaise mise en œuvre de la protection.

Nous pouvons donner quelques exemples de sinistres vécus :

1. Mise en œuvre de la protection défaillante

Les désordres constatés sont imputables à la mauvaise mise en œuvre de la protection.

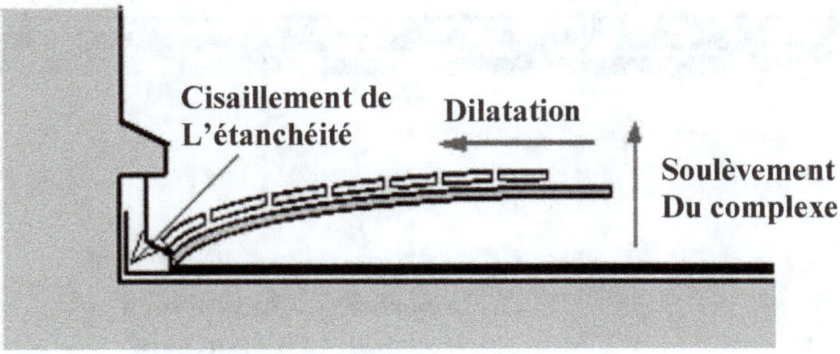

Figure 12 : Sinistre dû à une mise en œuvre défaillante de la protection

2. Planéité des supports

Le contact entre l'étanchéité et la surface non plane a engendré la déchirure de l'étanchéité. Dans ce cas, l'étanchéité ne peut plus jouer son rôle.

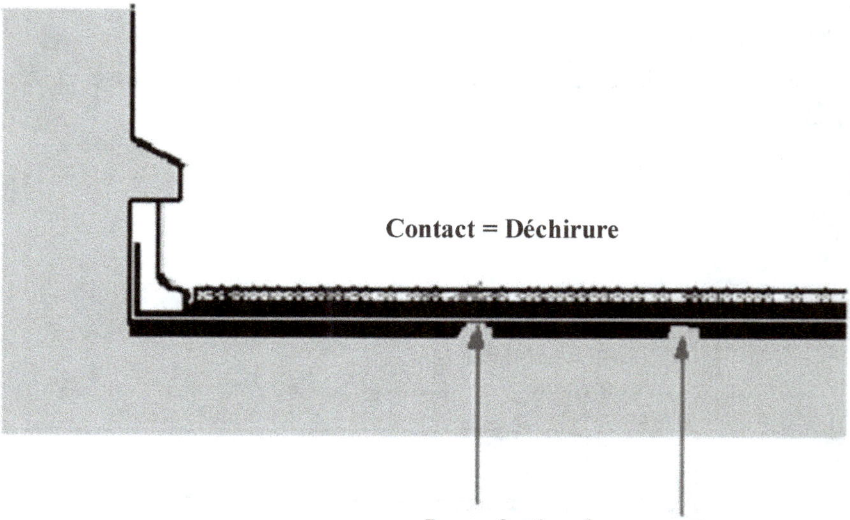

Figure 13 : Conséquences de la mauvaise planéité des surfaces

G - Exemples de sinistres exclus des polices décennales

Les sinistres exclus de la garantie décennale relèvent de plusieurs causes telle la force majeure, le mouvement de sol provenant d'une exploitation minière, etc.

1. Force majeure

Les polices décennales ne sont concernées que par les sinistres dus à une mauvaise conception ou mise en œuvre des constructeurs. On ne peut, en effet, rechercher leur responsabilité dans le cas de force majeure.

Un lycée, venant d'être réceptionné lorsqu'une tornade d'une extrême violence arrache 30 % des bacs d'aluminium de la couverture.

À l'expertise, on n'a pu déceler aucun défaut de mise en œuvre particulier, mais on remarqua sur le passage de cette tornade des constructions de plus de 50 ans et qui étaient également touchés et ce pour la première fois.

Ceci permit de conclure à la force majeure et d'exonérer les constructeurs de leur responsabilité.

Remarque :

On pourrait imaginer la possibilité de construire des bâtiments résistants à ces phénomènes naturels. Mais des considérations techniques et économiques s'y opposent.

En général les autorités politiques concernées se contentent d'exiger uniquement la protection des personnes en cas de cataclysme.

C'est ainsi que les règles parasismiques ne sont conçues que pour protéger les personnes et éviter ainsi les accidents corporels.

2. Mouvement du sol provenant d'exploitation minière

On est ici dans le cas d'un risque connu du Maître d'ouvrage et devant l'impossibilité, pour les constructeurs, de garantir le vice de sol qui peut être constamment remanié pendant la vie du bâtiment.

Les mines acceptent d'ailleurs d'indemniser les victimes de leurs activités. Les besoins d'assurances Décennales pour ces causes n'existent donc pas.

3. Dommages résultant d'une modification ultérieure à l'achèvement de la construction

Il est clair qu'un Maître d'Ouvrage ne peut rechercher la responsabilité d'un de ses constructeurs pour un sinistre survenu suite à des modifications de l'ouvrage réalisées à l'insu de ceux-ci. Deux sinistres nous ont paru particulièrement bien illustrer cette exclusion :

- La rampe d'accès d'un garage à ses deux sous-sols s'était révélée à l'usage peu pratique, sa pente étant trop importante.

Sans consulter l'Entrepreneur d'origine, ni vérifier que la structure pouvait supporter une quelconque modification, l'entrepreneur fit réaliser une surélévation de la première rampe.

Ceci eut pour effet d'alourdir notablement les charges que les poutres initiales sur lesquelles on allait s'appuyer avaient déjà du mal à supporter.

Il en résultait un effondrement total de l'ensemble du garage par écrasement de 18 voitures.

- Un bâtiment en pierres de taille avait une couverture en tuiles qui isolait thermiquement la dernière dalle en béton sous toiture.

Suite à des travaux de rénovation, il fut décidé de remplacer cette couverture par une étanchéité horizontale appliquée directement sur la dalle en béton, sans isolation thermique.
Cette dalle se trouva, du coup, soumise à des changements de température qui la firent se dilater et se contracter.
Les murs de façades étant liés à cette terrasse, il se créa dans les angles du bâtiment des fissures de dilatation de plus mauvais effet qu'il fallut reboucher après avoir renforcé l'isolation thermique de la terrasse.

4. Sinistre résultant d'un défaut d'entretien du bâtiment
L'exemple le plus frappant est celui de ce hangar destiné au stockage de blé qui s'effondra une nuit, 4 ans après sa mise en service.
Les experts trouvèrent au niveau des fondations superficielles de l'eau qui provenait d'une descente d'eau pluviale cassée.
Le sol de fondation ramolli par l'infiltration de cette eau ne peut continuer à supporter ; sans tassement important ; les charges qui lui étaient transmises par les semelles. Il se produisit alors des enfoncements de certaines d'entre elles qui désorganisèrent complètement la structure et entraînèrent la ruine totale de l'ouvrage.

5. Sinistre résultant d'une explosion
Ce sinistre a fait grand bruit à l'époque : L'explosion de la tour de RONAN POINT en Angleterre (22 étages). Cet ouvrage était habité depuis plusieurs années, sans problème. IL avait été réalisé à partir d'éléments préfabriqués suivant les normes existant à ce moment-là. Une fuite de gaz par un raccord mal serré entraîna une explosion dans un des appartements de l'angle du 2ème étage. Elle souffla complètement ses façades. Celles des logements supérieurs n'étant plus soutenues, s'effondrèrent comme un château de cartes.
Ce sinistre amena les autorités à interdire l'utilisation du gaz dans les immeubles de grande hauteur et surtout à modifier les règles de construction en préfabriqué.
Jusqu'à cette époque, il n'existait aucune liaison rigide entre les éléments préfabriqués, ce qui explique l'effondrement de tous les logements supérieurs. Depuis, les panneaux préfabriqués doivent être cintrés par des chaînages bétonnés après leur mise en place, rendant monolithiques l'ensemble des éléments.

6 - Sinistres résultants du manque d'entretien des immeubles

De tous les temps, le problème de l'entretien des bâtiments a posé de sérieux problèmes à leurs propriétaires ou à leurs gestionnaires. Le manque d'entretien des immeubles contribue à leur dégradation et par conséquent porte atteinte à leur solidité et pérennité. On peut être étonné de confirmer que certains effondrements étaient dus principalement au manque d'entretien. Certes les polices TRC ne sont pas concernées par ce genre de problèmes. Par contre les polices décennales sont intéressées par ces pathologies : c'est le cas notamment de l'étanchéité des terrasses.

Les défauts ou les manques d'entretien peuvent être liés soit à la structure propre de l'ouvrage soit aux équipements du bâtiment. On ne s'intéressera par la suite qu'aux dommages liés à la garantie décennale et qui sont limités à ceux affectant les structures. Nous donnerons quelques exemples liés à ce genre de sinistres :

Les défauts d'entretien et de maintenance affectant la structure de l'ouvrage sont liés aux facteurs suivants :

- Fuites des canalisations enterrées ;
- Corrosion d'armatures ;
- Corrosion des structures métalliques ;
- Défaillance du système d'étanchéité ;
- Modification des sollicitations prises en compte dans le calcul de l'ouvrage.

a - Fuites des canalisations enterrées

La détérioration des canalisations suite à un mouvement du sol peut être à l'origine de fuites d'eau affectant le sol d'assise des fondations en changeant ses caractéristiques ce qui peut mener dans certains cas à des fissurations préjudiciables, à un dysfonctionnement de toute la structure ou à un effondrement partiel ou total du bâtiment. Cette détérioration des canalisations enterrées est à l'origine d'apport d'eau au pied des fondations ce qui peut provoquer des accidents graves et particulièrement dans les types de sols suivants :

- Sol pulvérulent : dans ce genre de sol, on peut observer un affouillement du sol qui engendre le tassement des fondations ;
- Argiles gonflantes : comme il a été expliqué par ailleurs, les gonflements de ces argiles peuvent être à l'origine de soulèvement des fondations.

b - Corrosion des armatures

La corrosion des armatures d'aciers peut être à l'origine de déformations prononcées des structures, de leur chute, voir leur effondrement. Ce phénomène est dû en général à la mise à nu de ces aciers dans les angles droits de certains éléments : enrobage insuffisant ou dégradation du béton.

On peut citer quelques exemples courants :

- Armatures des poteaux et poutres ;
- Armatures des balcons, corniches ou auvents.

c - Corrosion des structures métalliques

Le manque d'entretien des constructions métalliques se traduit en général par l'absence de la couche de peinture protectrice de l'acier et faisant écran au phénomène d'oxydation : phénomène observé surtout dans les organes d'assemblage (rivets, boulons, cornières, etc.) formant des pièges à eau. La corrosion est d'autant plus accentuée lorsque l'élément attaqué est de petite dimension. En milieu agressif par exemple, le phénomène de corrosion est très accentué.

En décennale, même si la corrosion est exclue de la couverture, il est impératif de veiller à une bonne appréciation du risque en s'assurant que les films de peinture appliqués correspondent aux prescriptions techniques requises dans ce domaine.

d - Défaillance du système d'étanchéité

Un grand nombre de souscripteurs assureurs ne perçoivent pas encore les risques liés à la défaillance du système d'étanchéité dans les constructions. Les risques liés à cette défaillance sont de deux sortes :

- L'infiltration des eaux dans les éléments de la structure de l'ouvrage est à l'origine de la corrosion des aciers provoquant ainsi l'éclatement du béton ;
- La mauvaise évacuation des eaux pluviales due à une obstruction des entrées d'eau (sable, graviers, poussières, etc.) conduit à une surcharge des terrasses.

Les deux cas de figures peuvent conduire à un effondrement partiel ou total de la construction ou du moins conduire à l'apparition de fissures préjudiciables à l'ouvrage.

e - La modification des sollicitations initiales

Il arrive souvent que certains phénomènes ne sont pas pris en compte par le concepteur alors qu'ils peuvent générer des charges supplémentaires que l'ouvrage doit encaisser. Afin d'illustrer ces cas de figures, nous citerons deux exemples typiques :

- Les murs de soutènement ne sont calculés que pour supporter le poids des terres. Si par malheur le système de drainage des eaux derrière le mur était défaillant, le mur se voit sollicité par le poids des terres et par la pression interstitielle : la ruine du mur est imminente ;
- Utilisation des fermes de toiture comme moyen d'accrochage de charges alors que ces dernières ne sont pas calculées à cet effet.

Ces modifications de sollicitations trouvent leur origine dans les situations suivantes :

- Réseau de drainage défaillant ou inexistant ;
- Surcharge des toitures ;
- Modification de la destination des locaux : transformation d'un local pour bureaux en une usine utilisant des machines lourdes produisant des vibrations ou la transformation d'un bureau en une salle d'archives.

3.2 - Le facteur humain et son influence sur la sinistralité

Le facteur humain est déterminant dans la survenance des sinistres tant en période des travaux qu'en période de garantie décennale. Les réassureurs estiment à plus de 40 % les sinistres dus à des fautes humaines.

A - Les fautes de mise en œuvre

Dans les constructions, beaucoup de sinistres trouvent leur explication dans l'intervention erronée de l'homme. Ces malfaçons sont justement la cause de fissurations des bétons et autres désordres de la construction qui provoquent la mise à nu des armatures ; ce qui entraîne évidemment leur corrosion prématurée. Les fautes courantes commises par les entreprises de construction sont les suivantes :

- L'excès d'eau de gâchage facilite la mise en œuvre du béton mais entraîne une chute de résistance anormale du béton ;

- Les fautes de vibration du béton :
  - L'excès de vibration provoque des nids de graviers ;
  - L'insuffisance de vibration est à l'origine des vides dans le béton.

- L'insuffisance de dosage en ciment va à l'encontre de la compacité du béton et rend ce dernier poreux ;
- Quant aux aciers eux-mêmes, ils peuvent être mal positionnés, n'ayant pas un recouvrement conforme aux prescriptions du concepteur ou leur enrobage dans l'acier insuffisant.

B - La pathologie du béton

Durant des siècles, les ouvrages construits en pierre de taille ont résisté aux agressions extérieures d'ordre naturel. Avant l'ère industrielle, les agents agresseurs avaient un caractère naturel (vent, pluie...) alors qu'aujourd'hui on voit apparaître de nouveaux types d'agents agresseurs tels que les oxydes émanant des fumées, les pluies acides : l'exemple typique de ces agressions est celui de la dégradation du Sphinx en Égypte. Ces différents agents agresseurs, qu'ils soient naturels ou non, agissent sur les bétons et favorisent leur dégradation ; ce qui accélère leur vieillissement.

Les différents types de dégradations des bétons (fissuration, carbonatation, déshydratation, etc.), ont un effet direct et néfaste sur les armatures d'acier incorporées dans le béton. Ces dégradations entraînent en fait la corrosion de ces armatures ce qui provoque l'augmentation de leur volume pouvant atteindre dans certains cas 400 %. Cette expansion de volume induit des sollicitations de traction que le béton ne peut encaisser (la résistance du béton à la traction est tellement faible qu'elle est considérée nulle dans les calculs de béton armé).

Ce phénomène engendre les situations suivantes :

- Une diminution des sections des éléments composant la structure ;
- Une augmentation du linéaire des aciers en contact avec l'atmosphère extérieure.

Afin d'illustrer ces agressions, on décrira ci-dessous les agissements de certains facteurs sur les bétons.

Les agressions industrielles :

Ces agressions dépendent de plusieurs paramètres tels que densité du tissu industriel, des types d'industrie, les types de déchet ou fumées

rejetés, etc. Il est donc difficile de délimiter les problèmes et d'en donner une définition générale. Mais néanmoins, on délimitera les méfaits des pluies acides : le fuel brûlé par les industries (fours, centrales thermiques, chauffages domestiques, etc.), contient quelques pourcents de soufre qui en se brûlant, produit de l'anhydride sulfureux. Ce dernier réapparaît avec la pluie sous forme d'acide sulfurique dilué.
D'ailleurs, dans certaines régions du globe, le pH de ces pluies peut atteindre 2,5.

Agressions des agents naturels :
Plusieurs agents naturels peuvent être à la base de la dégradation du béton tels que le soleil, le vent, la pluie ou encore le gel :

- Action du soleil
La chaleur apportée par le soleil produit dans le temps un phénomène de déshydratation du béton et favorise ainsi son vieillissement : Gradient thermique, fissuration, rayons ultraviolets.

- Action du vent
Sur les bétons frais, le vent peut provoquer une évaporation accélérée entraînant par la suite des fissurations (dues au retrait du béton). Ce phénomène peut même conduire à une dessiccation du béton.

- Action de la pluie
La pluie agit doublement sur les bétons :

- Par effet mécanique du fait de l'impact des gouttes sur la paroi de béton ;
- Par effet chimique en agissant comme un solvant sur les sels minéraux contenus dans les matériaux composant le béton.

- Action du gel
En se transformant en glace, l'eau contenue dans les vides du béton ou les ports des pierres, s'expanse et provoque leur éclatement.

- Le béton dans l'environnement marin
En atmosphère marine, le béton subit des dégradations importantes et l'air a une influence considérable sur l'oxydation des matériaux métalliques (tôles pour couvertures, gardes corps, etc.). Dans ce genre d'environnement, les constructions subissent des chocs thermiques à

cause de la chaleur et de l'humidité : l'usure et le vieillissement des constructions se voient accélérés dans cette ambiance.

Chapitre II - Étude de régimes d'assurance RC Décennale : 4 régimes européens et 3 régimes Africains

En matière de protection contre les défauts et vices de construction, les études menées à ce jour sur les régimes de responsabilité et assurances de construction dans divers pays, ont montré qu'il n'existe pas de modèle de référence qui rassemblerait une large majorité des pays[343].

Par ailleurs et afin de limiter les coûts globaux du système de protection contre les défauts et vices de construction ; et par conséquent des primes d'assurance demandées aux assurés pour cette protection ; deux principaux moyens sont utilisés par les assureurs :

- La limitation de l'étendue des garanties offertes : C'est l'exemple de limitation de la longueur d'excavation ouverte dans le cas de réalisation des travaux d'un réseau d'assainissement ;
- L'exclusion des risques graves tels les événements naturels, la pollution, etc. ;
- L'insertion de franchises fixes ou proportionnelles au sinistre permettant de faire participer l'assuré sur une partie de la couverture du risque ;
- L'introduction de limites contractuelles d'indemnisation (LCI) dans les polices d'assurance permettant de limiter l'engagement de l'assureur sur la totalité du risque ou sur certaines garanties.

---

[343] Source : Philippe DUMAS, Jean-Jacques BRYAS, Alexandre MACAIRE, Jacques FRIGGIT, Isabelle VAULONT, Rapport particulier sur les régimes d'assurance construction dans une vingtaine de pays étrangers, Inspection générale des finances, Conseil général des ponts et chaussées, Octobre 2006.

Section 1 – Étude de 4 régimes européens d'assurance RC Décennale

Nous avons choisi d'analyser 4 régimes européens d'assurance RC Décennale. Ce choix n'est pas fortuit mais basé sur la nette différence entre ces quatre régimes formant ainsi quatre grandes classes distinctes. Le choix des quatre pays à savoir la France, l'Espagne, la Grande Bretagne et l'Allemagne constitue à notre humble avis un bon échantillon de la variété des dispositifs mis en place en Europe[344] :

L'analyse faite par différents organismes[345] intéressés par la diversité des systèmes législatifs de responsabilité des constructeurs européens fait ressortir 3 grands groupes distincts :

- Groupe rassemblant des pays où la responsabilité des constructeurs est définie par la législation assujettie d'une obligation d'assurance telle la France, l'Espagne, l'Italie, Finlande et la Suède ;
- Groupe rassemblant des pays où la responsabilité des constructeurs est définie par le contrat et l'absence d'obligation d'assurance mais l'usage de cette dernière est très fréquent. C'est le cas notamment de la Grande Bretagne et le Pays Bas. Ces deux pays sont caractérisés par l'existence d'organismes qui rassemblent aussi bien les constructeurs que les consommateurs : NHBC pour la Grande Bretagne depuis 1936 et la Fondation des Pays Bas depuis 1990 ;
- Groupe rassemblant des pays où le système de responsabilité est contractuel et absence d'obligation d'assurance comme pour le groupe ci-dessus mais dont la souscription des polices d'assurance construction n'est pas coutumière. Cette situation est très présente en Allemagne.

---

[344] Sources : Philippe DUMAS, Jean-Jacques BRYAS, Alexandre MACAIRE, Jacques FRIGGIT, Isabelle VAULONT, Rapport particulier sur les régimes d'assurance construction dans une vingtaine de pays étrangers, Inspection générale des finances, Conseil général des ponts et chaussées, OCTOBRE 2006

[345] Sources :

- Philippe DUMAS, Jean-Jacques BRYAS, Alexandre MACAIRE, Jacques FRIGGIT, Isabelle VAULONT, Rapport particulier sur les régimes d'assurance construction dans une vingtaine de pays étrangers, Inspection générale des finances, Conseil général des ponts et chaussées, OCTOBRE 2006
- Ministère de l'égalité du territoire et du logement, Ministère de l'écologie du développement durable et de l'écologie, Groupe de travail « obstacles au développement économique des filières de matériaux et produits de construction biosourcés, Action 18c, « Mise en place d'une enquête comparative sur les systèmes d'assurances construction en Europe » Rapport final, Novembre 2012
- http://www.developpement-durable.gouv.fr/IMG/pdf/Rapport-etude-comparative-assurance-EU.pdf

§ 1 - La France

Le système législatif français en matière de responsabilité civile des constructeurs et son assurance a connu une nette évolution depuis la promulgation de la loi du 4 Janvier 1978. En effet, la présomption de responsabilité des constructeurs se trouve nettement affirmée avec cette loi. Si sous l'empire de l'ancienne législation, la jurisprudence et la doctrine marquaient quelques hésitations à ce sujet, l'ambigüité est désormais levée[346].

1.1 - L'obligation d'assurance construction dans le code civil français

La loi française gérant les responsabilités des intervenants dans l'acte de construire a connu un développement[347] ce qui a été traduit par la promulgation de la loi du 4/1/1978 dite « loi SPINETTA » du nom de son auteur. Cette loi avait pour objectif de protéger le consommateur français et en même temps améliorer la qualité de la construction à travers l'obligation de contrôle technique pour certains ouvrages.

A - Contexte de la loi SPINETTA

Avant l'établissement de cette loi, les constats du rapport SPINETTA établi en 1975 font ressortir les points suivants :

a - Accroissement des sinistres en fréquence et en coûts moyens dus à des causes techniques et professionnelles (préfabrication des éléments lourds, les immeubles sont de plus en plus hauts, sous-sols de plus en plus profonds, etc.).
Les statistiques montrent que le coût moyen des sinistres progresse de 50 % plus vite que le coût de la construction : les réparations coûtent plus chères que les constructions neuves en raison de la main œuvre.

---

[346] LE MONITEUR, Responsabilités, contrôle et assurances de la construction, ACTUALITÉ JURIDIQUE PROPRIÉTÉ IMMOBILIÈRE (AJPI), 1980, P 3

[347] Ce développement est considéré par certains comme une révolution

b - Les délais de règlement des sinistres par les assureurs sont longs
L'enquête menée a montré la répartition des délais de règlement des sinistres comme suit [348]:

Sinistralité %	**Période observée Ans**
25,00	2 ans
25,00	Entre 2 et 4 ans
25,00	Entre 4 et 8 ans
25,00	Au-delà de 8 ans et peut arriver à 20 ans

Tableau 5 : Sinistralité en France dans le temps en période décennale

c - La sous assurance du secteur de la construction est constante laissant les victimes ainsi sans recours. L'enquête du rapport SPINETTA a conclu à la répartition de la sous assurance dans le secteur de la construction comme suit :

Type de constructeurs non assurés		**Proportion %**
- Ingénierie et maîtrise œuvre.		50,00
- Entreprises de construction.		40,00
- Fournisseurs, fabricants des matériaux et équipements utilisés dans la construction.		90,00

Tableau 6: Proportion des constructeurs non assurés en France avant la loi SPINETTA

d - Contexte de la loi SPINETTA

Ces constats ont conduit à la création d'un système légal d'obligation d'assurance sans pour autant imposer un bouleversement des règles de la responsabilité en la matière. Ce système a été bâti sur la base de la loi n° 78-12 du 4 janvier 1978 dite loi SPINETTA applicable aux chantiers ouverts au 1er janvier 1979 et complétée par une ordonnance du 8 juin 2005.

En fait, la loi SPINETTA a instauré un régime de garantie relatant deux fonctionnalités d'origines différentes :

- Une fonctionnalité dépendante des dommages liés à la construction propre de l'ouvrage. En d'autres termes, elle vise les éléments qui concourent à la stabilité et solidité de l'ouvrage (Structures porteuses

348 Lambert-Faivre (Y), Risques et assurances des entreprises, Paris, Éditions DALLOZ, 1991

telles les fondations, les murs porteurs, dalles, poutres, poteaux, etc.) mais en y incluant le clos et le couvert du bâtiment ;
- La seconde fonctionnalité s'adresse plutôt aux équipements tant intérieurs (ascendeurs, climatiseurs, etc.) que extérieurs (transformateurs, pompes de relevage, système d'aération, etc.) intégrés à la construction assurée.

De ce fait, on peut constater que selon le régime SPINETTA, la garantie décennale s'applique dans trois cas de figure de dommages matériels subis par l'ouvrage construit :
- Le dommage compromet la stabilité et la solidité de l'ouvrage [349] ;
- Le dommage affecte l'un des éléments constituant l'ouvrage ou un équipement qui lui est associé et le rendant impropre à sa destination ;
- En dernier lieu, les dommages touchant l'un des équipements considérés comme indissociables des éléments considérés comme viable à la construction tels les fondations ou clos et couvert[350].

Il faut noter que le vice de construction ou d'équipement ne peut être retenu que s'il revêt un certain degré de gravité pour pouvoir entraîner une impropriété à destination de l'ouvrage mais ce degré de gravité est sans commune mesure avec l'importance de la gravité exigée pour l'atteinte à la solidité (écroulement ou menace d'écroulement) qui met l'ouvrage en péril.
Ces deux concepts nous font passer d'un critère matériel pouvant être considéré de critère objectif qu'est la solidité de l'ouvrage à un critère purement fonctionnel qu'est celui de l'impropriété à destination de l'ouvrage et qui est laissé à l'appréciation des juges du fond.

Le cratère d'impropriété à destination d'un ouvrage tel qu'il est stipulé dans la loi française, ne devrait être pas être apprécié ; à notre sens ; par rapport à l'un de ses éléments constitutifs mais devrait l'être plutôt par rapport à la fonctionnalité totale de l'ouvrage comparativement à sa destination initialement prévue dans les études tant architecturales que techniques. En d'autres termes, les pathologies, dysfonctionnements, imperfections ou encore malfaçons d'une manière générale, ne devraient pas être analysées de façon individuelle par équipement de

---

[349] Art 1792, Cd Civ Fra
[350] Art 1792-2, Cd Civ Fra

l'ouvrage mais devraient l'être par rapport à l'ensemble de la construction concernée.

Il faut constater que la législation française ne renferme nullement de définition précise au concept d'impropriété à destination qui ouvre la voie à la mise en jeu de la garantie décennale à la charge des constructeurs en cas de réclamation du maître d'ouvrage relativement à une malfaçon constatée. En présence de cette lacune juridique, la jurisprudence a essayé tant bien que mal de définir ce concept tout en protégeant le maitre d'ouvrage.
D'ailleurs, l'étude de la jurisprudence a révélé que l'impropriété à destination a pu être retenue même en l'absence de dommage matériel à l'ouvrage tel le cas d'erreur d'implantation de l'ouvrage ; le non-respect d'application des règlements para sismiques, etc.[351]

Au niveau de l'impropriété à destination de l'ouvrage, deux grandes catégories peuvent être distinguées :

- La première qui se réfère au risque de dangerosité tel l'écroulement ou la menace d'écroulement de l'ouvrage. D'ailleurs, il n'est pas nécessaire que l'ouvrage soit affecté d'un dommage matériel pour que la condition de gravité soit considérée comme remplie ;
- La seconde se réfère plutôt à l'inaptitude de l'ouvrage à fonctionner correctement.

Ce critère d'impropriété à destination a été introduit dans la loi pour protéger les droits des maîtres d'ouvrage et futurs acquéreurs de l'ouvrage construit.

Dans le sens de l'impropriété à destination, on peut citer l'exemple d'erreur d'implantation due à un mauvais étalonnage de la station topographique ou encore une erreur humaine de levés topographiques. Ce genre de faute peut conduire à la nécessité de démolir l'ouvrage partiellement ou totalement et lui donner ainsi le caractère d'impropriété à destination[352].
Nous citerons ci-dessous d'autres types de défauts permettant la mise en jeu de la garantie décennale pour impropriété à destination de l'ouvrage :

---

[351] http://www.smabtp.fr consulté le 21 Août 2015
[352] Fra Cr Cas Ch Civ 3 Ar N° 13-24032 du 16 Décembre 2014

- Le défaut d'isolation thermique est considéré aussi défaut rendant l'ouvrage impropre à destination[353] ;
- La non-conformité aux règles d'urbanisme[354] ;
- Les nuisances sonores dues aux bruits aériens : pourtant l'isolation était conforme aux normes techniques[355] ;
- Le défaut d'isolation phonique est considéré lui aussi comme facteur pouvant être le générateur d'une impropriété à destination de l'ouvrage ;
- Bruits causés aux voisins[356].

Nous constatons que ce n'est nullement la loi qui est l'instigatrice de la définition du concept d'impropriété à destination, mais c'est plutôt la jurisprudence qui en a donné le sens ou plutôt les sens dans le temps.
Au vu de ces arrêts rendus par la cour de cassation française, il apparait clairement que le respect des normes et règlements techniques ne constituent nullement une cause d'exonération de responsabilité des constructeurs. De ce fait, le caractère d'impropriété à destination s'est élargi d'une façon à inquiéter réellement les professionnels de la construction.

L'impropriété à destination peut concerner aussi les désordres affectant le clos et le couvert de l'ouvrage. On peut citer à titre d'exemple les cas suivants :

- La présence d'insectes en sous face d'une couverture ; des désordres affectant des tuiles ou des ardoises de nature à produire des infiltrations[357] ;
- La cour d'appel de Pau, par un arrêt du 7 Juin 2011 « relève que les travaux de ravalement ont pour objet de maintenir l'étanchéité nécessaire à la destination de l'immeuble, ...que ces travaux participent de la réalisation d'un ouvrage au sens de l'article 1792 du code civil. »[358].
- L'absence de protection d'un dispositif d'étanchéité de seuils de portes ;

---

[353] Fra Cr Cas Civ 3 Ar N° 15-16115 du 2 Juin 2016
[354] Fra Cr Cas Ch Civ 3 Ar N° 13-19-867 du 07 Octobre 2014
[355] Fra Cr Cas Ch Civ 3 Ar N° 13-18-965 du 8 Juillet 2014
[356] Fra Cr Cass Ch Civ 3 Ar N° 13-12-244 du 20 Janvier 2015
[357] Fra Cr Cass Ch Civ 3 Ar N° 12-26-588 du 19 Novembre 2013
[358] Fra Cr Cas Ch Civ 3 Ar N° 11-25198 du 4-avril-2013 Publié au bulletin.

- Les juges ont même condamné les constructeurs à une indemnisation du préjudice moral suite à un sinistre de type décennal[359].

Mais il faut reconnaitre aussi que l'impropriété à destination n'était pas toujours retenue par les juridictions françaises. C'est le cas par exemple du rejet de pourvoi par la cour de cassation introduit par le maitre d'ouvrage contre les locateurs d'ouvrage et ce en soutenant l'arrêt de la cour d'appel d'Aix-en-Provence du 29 Novembre 2012 : « Ayant relevé que les tâches et auréoles qui affectaient le dallage en marbre du salon n'avaient qu'un caractère inesthétique, ni la solidité du sol ni l'impropriété du carrelage à sa destination n'étant en cause. »[360].

e - Les caractéristiques de la réparation décennale

Le constructeur présumé responsable en décennale doit une réparation complète du préjudice subi par le maitre de l'ouvrage. Cette réparation peut être réalisée soit en nature consistant en la réalisation de travaux de réparation sur l'ouvrage sinistré par le constructeur ou par un sous-traitant aux frais du constructeur soit ou en argent sous forme d'indemnisation numéraire.

Par ailleurs, les travaux de suppression de la cause du dommage sont à la charge du constructeur responsable ainsi que des coûts de reprises des embellissements et les dommages mobiliers conséquents au sinistre de type décennal. Les dommages immatériels certains et qui sont en lien direct avec le sinistre sont également à la charge du constructeur responsable.

D'ailleurs on peut lire dans un arrêt rendu par la cour d'appel de Lyon « Il a pu légitimement en déduire la responsabilité de la SCI PETITE CHAMPAGNE DES ALPES et son obligation à compléter les réparations dans ses rapports avec l'ensemble des demandeurs à l'instance ès qualités de constructeur responsable de plein droit sur le fondement des dispositions des articles 1792 et suivants du code civil. »[361].

---

[359] Fra Cr Ap Toulouse Ar N° 05-04844 du 11 Juin 2007

[360] Fra Cr Cas Ch Civ 3 Ar N° 13-13.543 du 25 Novembre 2014

[361] Fra Cr Ap Lyon Ar N° 08-086091 du 30 Novembre 2010

Exemple 1 (Réparation complète y compris les dommages immatériels)[362] :
Une maison d'habitation est affectée d'une fuite en toiture en raison de la défectuosité d'une noue. Le responsable doit :

- La réfection de la noue en plomb, sur la toiture ;
- La remise en peinture du plafond mouillé ;
- La réparation du buffet et autres meubles tachés par l'eau de pluie ;
- Le montant des frais d'hôtel si l'importance de la fuite a rendu le logement momentanément totalement inhabitable.

Exemple 2 (Travaux complémentaires) [363] :
Les fonctions d'un ouvrage sont insuffisantes en regard des qualités mécaniques médiocres du sol d'assise, ce qui a produit des fissures infiltrantes sur les murs extérieurs. Le responsable doit non seulement la reprise des fissures mais aussi les confortements en sous œuvre tels que micropieux, plots en béton, etc. Dans l'hypothèse où les travaux supplémentaires ne constituent pas une modalité indispensable du dommage décennal, la règle applicable est celle de l'enrichissement sans cause.

Cette jurisprudence va à l'encontre de la pratique des assureurs qui se base sur le concept de « l'indemnisation à l'identique » et qui refuse tout simplement l'indemnisation des travaux de confortement non prévus dans le contrat qui lie le constructeur au maitre d'ouvrage.
Notons que si les travaux sont réalisés à l'identique avant sinistre, ce dernier risque d'être répétitif puisque l'origine et la cause du sinistre n'ont pas été éliminées.

1.2 - Le mécanisme d'assurance construction

La loi SPINETTA a défini deux assurances différentes et qui se veulent complémentaires :

---

362 PONCE (C), Droit de l'assurance construction, Paris, GUALINO LEXTENSO ÉDITIONS, 2ème éd, 2011, P 84

363 PONCE (C), Droit de l'assurance construction, Paris, GUALINO LEXTENSO ÉDITIONS, 2ème éd, 2011, P 85

- L'assurance « Dommages » devant être souscrite par le maître d'ouvrage ;
- L'assurance de « Responsabilité » devant être souscrite par les intervenants dans l'acte de construire.

Cette obligation est définie par deux articles :

L'article 1792-3 : Garantie biennale pour les équipements
Outre les assurances Dommages (Maître d'ouvrage) et l'assurance de Responsabilité décennale des intervenants, le législateur français a conçu deux autres garanties à savoir la garantie biennale et la garantie de parfait achèvement : Les équipements dissociés de l'ouvrage doivent bénéficier d'une garantie de bon fonctionnement pour une durée de deux années. Cette garantie connue sous le nom de « garantie biennale ». Par le biais de cet article, on comprend que le législateur français voulait protéger au maximum le consommateur *in fine* par le truchement de cette garantie biennale.

Le code de la consommation marocain loi 31.08 ; récemment adopté ; applique ce principe de garantie ; dans son article 65 ; de deux ans pour les biens immeubles et une année pour les biens meubles. Mais notons que cet article ne peut s'appliquer qu'à un consommateur défini par l'article 2 ; du même code ; par une personne physique ou morale qui achète une marchandise, un équipement ou un service pour un usage non professionnel. Les entreprises de construction ne peuvent être considérées comme des consommateurs puisqu'ils acquièrent des équipements à des fins purement professionnelles et en vue de les intégrer dans une construction. Même si encore le D.O.C précise dans son article 549 que « le vendeur garantit les vices de la chose qui en diminuent sensiblement la valeur, ou la rendent impropre à l'usage, etc. », ne résout nullement les problèmes liés à la garantie des équipements incorporés dans la construction puisqu'il ne définit pas une durée rédhibitoire (durée de vie minimale pour un fonctionnement normal) pour ces derniers.

L'article 1792-6 : Garantie de parfait achèvement
Comme on l'avait dit précédemment, le législateur a prévu une garantie supplémentaire appelée la garantie de parfait achèvement. En fait, l'entrepreneur est tenu par une garantie de pérennité de sa construction pour une durée d'un an. L'idée étant de donner ; durant une année ; au

maître d'ouvrage la possibilité de constater les défauts et vices pouvant se manifester durant cette période dans son ouvrage et de les déclarer à l'entrepreneur. Ce dernier sera tenu de les réparer durant cette année dite période de parfait achèvement. Enfin de compte, cette période coïncide avec la période de maintenance pour les chantiers couverts par une police d'assurance du type TRC avec la garantie supplémentaire appelée garantie de maintenance. En effet, la garantie maintenance offre deux variantes : la maintenance limitée et qui ne prend en charge que les sinistres survenus pendant la maintenance et ayant leur origine pendant la période de maintenance. Quant à la maintenance étendue, elle couvre tous les sinistres survenus pendant la période de maintenance que leur origine soit en période de travaux ou en période de maintenance. Il est clair que la maintenance étendue offre plus de garantie et propose un éventail d'indemnisation plus intéressant que celui de la maintenance limitée. [364]
La loi précise que ces défauts constatés par le maître d'ouvrage doivent être mentionnés sur le procès-verbal établi lors de la réception de l'ouvrage ou notifiés par voie écrite à l'entrepreneur (après réception).

L'Obligation d'assurance :

- Le législateur a rendu obligatoire deux types d'assurances différentes et distinctes mais complémentaires :

A - L'assurance de responsabilité est obligatoire pour tous les intervenants dont la responsabilité peut être engagée sur le fondement de la présomption établie par les articles 1792 et suivants du code civil à propos de travaux de bâtiments ;

- En effet, l'article L24-1 du code des assurances français dispose dans son premier paragraphe : « Toute personne physique ou morale, dont la responsabilité décennale peut être engagée sur le fondement de la présomption établie par les articles 1792 et suivants du Code civil, doit être couverte par une assurance ».

B - L'assurance dommage à l'ouvrage: Tout propriétaire d'ouvrage, vendeur ou mandataire du propriétaire de l'ouvrage doit souscrire cette assurance avant l'ouverture du chantier, pour son compte ou pour celui des propriétaires successifs, une assurance garantissant, en dehors de

---

[364] BENNOUNA (M.J), Pathologie et Management de la construction, Mohammedia, IMPRIMERIE FEDALA, 1998, P 173 et 174

toute recherche de responsabilité, le paiement des travaux de réparation des dommages de la nature de ceux dont sont responsables les constructeurs au sens de l'article 1792 et suivants relatifs aux responsabilités des constructeurs, fabricants, importateurs et bureaux de contrôle.
Cette assurance a pour but de favoriser les réparations rapides des ouvrages endommagés. La recherche des responsabilités et les recours envisagés viennent ensuite. Certes, cette démarche évite les dégradations des ouvrages endommagés et donne la possibilité au maître d'ouvrage de réparer son édifice juste après la survenance du sinistre.

Dans le cadre de l'explication des mécanismes de l'application de cette loi, la circulaire N° 79 - 38 du 5 avril 79 du ministère de l'environnement français précise que ces assurances (responsabilité et dommages) ne sont pas obligatoires pour les ouvrages de génie civil et ; implicitement ; ne concernent donc que les travaux de bâtiment. Par ailleurs, l'article L243-1-1 précise les ouvrages non concernés par l'obligation de ces deux assurances.

Le législateur marocain ne précise nullement pour quel type d'ouvrage la responsabilité décennale doit être retenue. Ce problème se pose avec acuité au niveau technique. Le cas flagrant est celui des routes. La pérennité de ces ouvrages ne peut pas être garantie pour une durée de dix ans au vu des risques naturels auxquels ils doivent faire face. À ce niveau il faut remarquer que rien que le phénomène de gel et de dégel par exemple peut être à la base de dommages importants qui peuvent apparaitre dès la première année et sans attendre les dix ans.
Certes avec l'entrée en vigueur de la loi 59.13, cette difficulté disparaitra partiellement puisque l'obligation d'assurance ne concernera que les travaux de bâtiments et non les ouvrages Génie Civil.

Art. L242-2 : Dans les cas prévus par les articles 1831-1 à 1831-5 du Code civil relatifs au contrat de promotion immobilière, ainsi que par les articles L. 222-1 à L. 222-5 du Code de la construction et de l'habitation les obligations définies aux articles L. 241-2 et L. 242-1 incombent au promoteur immobilier.

Art. L243-1 : Les obligations d'assurance ne s'appliquent pas à l'État lorsqu'il construit pour son compte.

Art. L243-1-1 : Le législateur français a défini avec précision les ouvrages qui ne sont pas soumis à l'obligation d'assurance décennale. Ces ouvrages rentrent en général dans le cadre des travaux de Génie Civil et d'ouvrages d'art. En d'autres termes, cette obligation d'assurance vise plutôt les travaux de bâtiment et exclut les travaux de Génie Civil.

a - Ne sont pas soumis aux obligations d'assurance édictées par les articles L. 241-1, L. 241-2, et L. 242-1 les ouvrages maritimes, lacustres, fluviaux, les ouvrages d'infrastructures routières, portuaires, aéroportuaires, héliportuaires, ferroviaires, les ouvrages de traitement de résidus urbains, de déchets industriels et d'effluents, ainsi que les éléments d'équipement de l'un ou l'autre de ces ouvrages.
Les voiries, les ouvrages piétonniers, les parcs de stationnement, les réseaux divers, les canalisations, les lignes ou câbles et leurs supports, les ouvrages de transport, de production, de stockage et de distribution d'énergie, les ouvrages de stockage et de traitement de solides en vrac, de fluides et liquides, les ouvrages de télécommunications, les ouvrages sportifs non couverts, ainsi que leurs éléments d'équipement, sont également exclus des obligations d'assurance mentionnées au premier alinéa, sauf si l'ouvrage ou l'élément d'équipement est accessoire à un ouvrage soumis à ces obligations d'assurance.

b - Ces obligations d'assurance ne sont pas applicables aux ouvrages existants avant l'ouverture du chantier, à l'exception de ceux qui, totalement incorporés dans l'ouvrage neuf, en deviennent techniquement indivisibles.

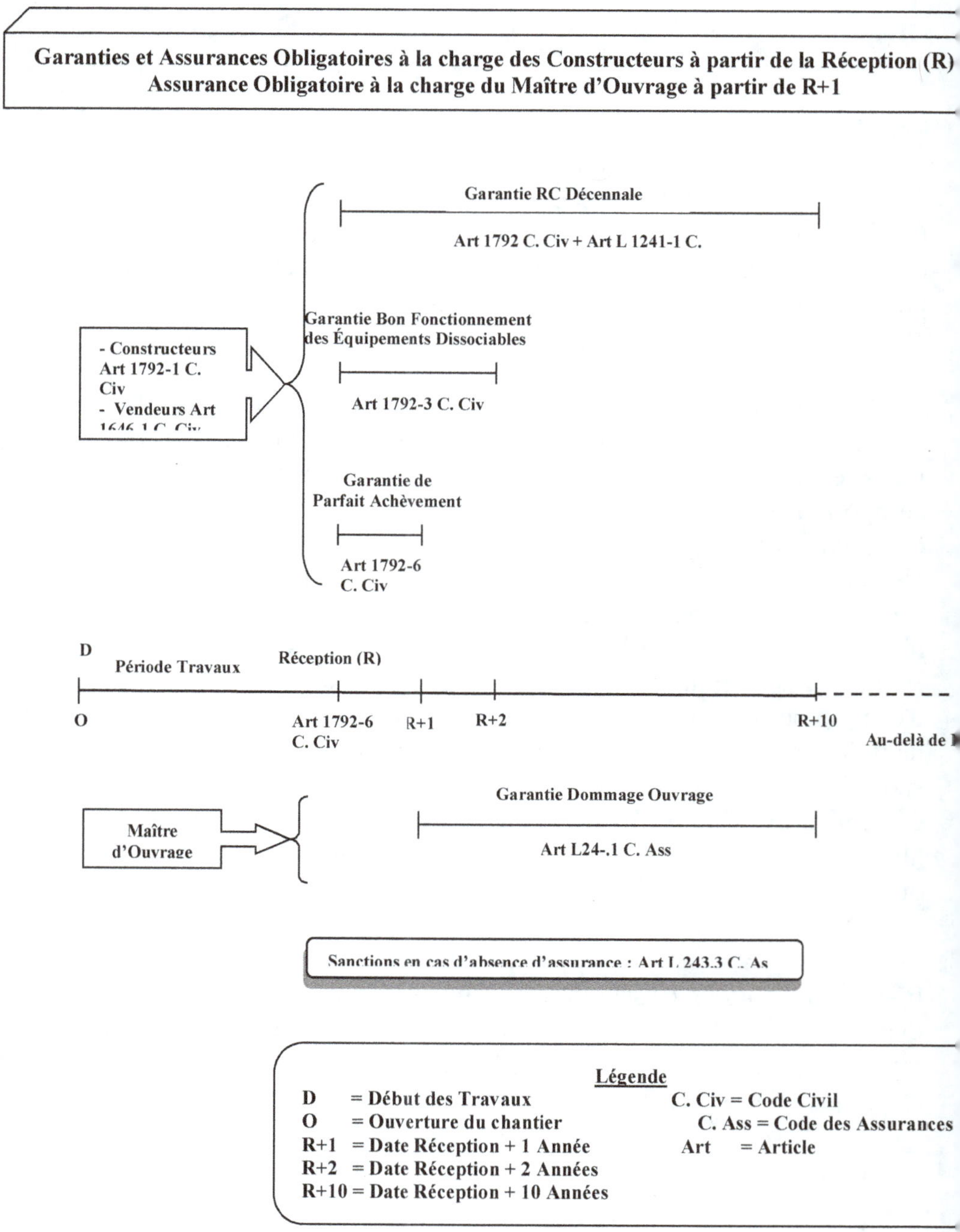

Figure 14 : Garanties à la charge des constructeurs dans le temps

Le contrôle technique

La loi SPINETTA a clairement défini les obligations ainsi que le champ d'action du contrôle technique en précisant les points suivants :

- Les missions du Bureau de Contrôle ;
- Les cas d'obligation de contrôle technique[365] ;
- Les conditions d'agrément des bureaux de contrôle.

La loi SPINETTA (Titre II article 9) précise que le Bureau de Contrôle est soumis lui aussi au régime de la présomption de responsabilité au titre de l'article 1792.
Par ailleurs, la loi a clairement précisé l'incompatibilité du contrôle technique avec la conception, l'exécution ou l'expertise d'un ouvrage.

Le décret du ministère de l'environnement et du cadre de vie n° 78 - 1146 du 7/12/78 a précisé les types d'ouvrages soumis à l'obligation du contrôle technique (article R.111.38) :

- Les établissements recevant du public ;
- Les bâtiments hauts (dépassement du plancher bas du dernier niveau de 28 m les engins des pompiers) ;
- Les bâtiments autres qu'à usage industriel et ayant les caractéristiques spéciales suivantes :
- Les portes à faux > 20 m ;
- Les poutres ou arcs de portée > 40 m ;
- Les parties enterrées de profondeur > 15 m ;
- Les fondations de profondeur > 30 m ;
- Les reprises en sous œuvres ;
- Les travaux de soutènement d'ouvrages voisins sur une hauteur > 3 m.

En d'autres termes, la responsabilité décennale ne concerne pas tous les ouvrages mais s'intéresse qu'à une catégorie de construction dont la liste est exhaustive.

Passage d'un régime de gestion des primes à un autre

La loi SPINETTA a permis le passage du régime de gestion des primes en semi-répartition à un régime de gestion des primes en semi-capitalisation.

[365] Décret 78-1146 du 7 décembre 1978

Le passage du régime de gestion en semi répartition au régime de gestion en semi-capitalisation a été fixé par l'arrêté du 27/12/1982 pour tous les chantiers ouverts à partir du 1/1/1983.

A - Le principe de la mesure
Le but de ce passage est le maintien des garanties des contrats d'assurance décennale, après leur résiliation, pour la durée de la responsabilité pesant sur l'assuré en vertu des articles 1792 et 2270 du code civil, sans paiement de prime subséquente. Ce changement de régime a marqué un bouleversement profond du mécanisme financier des assurances de construction.

- Le régime en semi-répartition : les primes acquittées par les assurés au titre de leurs polices de responsabilité servaient à constituer des provisions pour régler les sinistres de l'année.

De ce fait, lorsque l'assuré résiliait son contrat, il devait acquitter une prime subséquente pour permettre le maintien des garanties de son contrat, après cette résiliation.

- Le régime en semi-capitalisation : Les primes versées pour une année déterminée vont être capitalisées et servir à constituer les provisions pour le règlement de tous les sinistres à venir pendant 10 ans sur les travaux exécutés au cours de cette année. Le paiement d'une prime subséquente ne sera donc plus nécessaire pour assurer le maintien des garanties après la résiliation.

B - Le domaine d'application
Le domaine d'application de cette mesure est limité aux garanties obligatoires pour les ouvrages de bâtiments (articles 1792 1792.2)

C - Le but de la mesure
Le but de cette mesure est d'atteindre 2 résultats :

- Une remise à zéro au 1/1/1983 des comptes de l'assurance construction ;
- Un maintien certain, dans le temps, des garanties des polices de responsabilité devant entraîner une baisse du coût de l'assurance dommages par la réduction de l'aléa du recours.

Art 1792.4 : La responsabilité des fabricants :
Cette responsabilisation solidaire des fabricants répond à la nécessité de fonder juridiquement une démarche de production industrielle génératrice d'une qualité de construction, composante prioritaire de cette qualité de vie espérée de tous ;
Par ailleurs, le fabricant ne peut plus désormais se désintéresser de l'utilisation finale de son produit et des conséquences de cette utilisation.

L'article 1792.5 précise que la garantie décennale est d'ordre public ce qui veut que l'on ne puisse réduire ni sa durée ni sa portée à travers une convention telle qu'une police d'assurance ou un traité de réassurance.

Le contrôle technique est obligatoire en vue de la sécurité des personnes dans les constructions : R 111.39

Le mécanisme de la loi SPINETTA
Afin de faciliter la compréhension du mécanisme de fonctionnement de cette loi, nous avons dressé le diagramme suivant :

Mécanisme de la loi SPINETTA

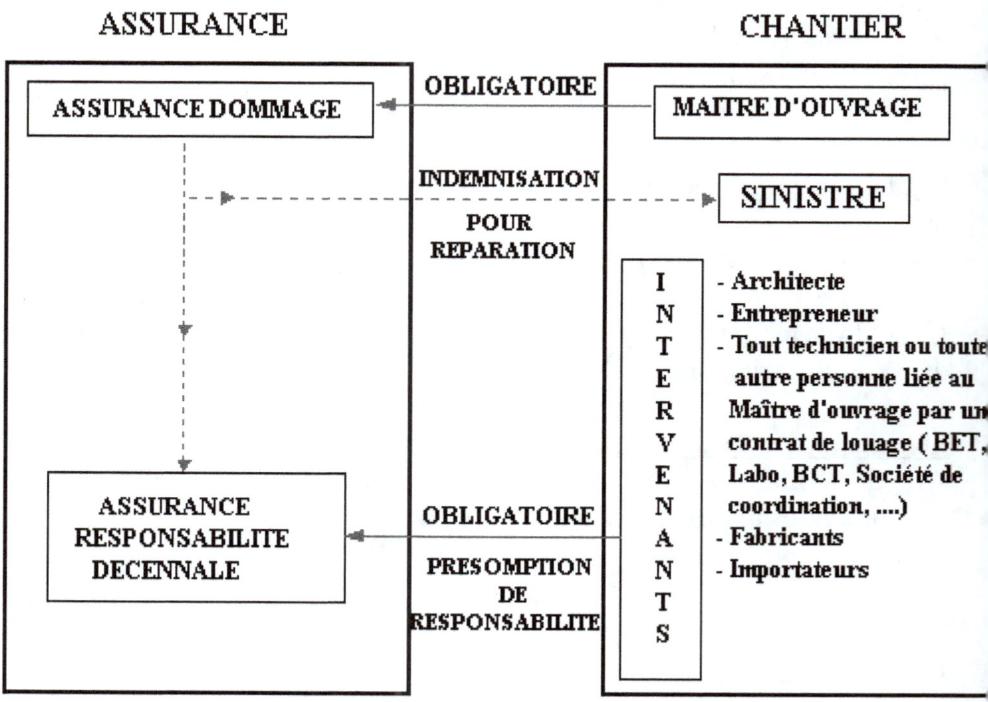

Figure 15 : Schéma du mécanisme de la loi dite « SPINETTA »[366].

---

[366] BENNOUNA (M.J), Pathologie et Management de la construction, Mohammedia, IMPRIMERIE FEDALA, 1998, P 261

1.3 - La sinistralité en RC Décennale

Selon les résultats rapportés dans le rapport de la table ronde organisée en Mars 2005[367] sur le thème « Ingénierie, Assurance et Qualification » par l'organisme de qualification OPQIB en France, la sinistralité n'a pas connu d'aggravation majeure ces dernières années. Elle a été caractérisée par les constats suivants en France[367] :

- Par an, 130.000 sinistres sont déclarés dans le cadre de la garantie « dommage ç l'ouvrage » contre 160.000 déclarée sous la garantie « responsabilité décennale » ;
- La majeure partie des sinistres concernent les logements représentant ainsi 80 % des sinistres déclarés ;
- Les coûts de réparation des sinistres compris entre 750 et 150.000 € représentent 60% des sinistres déclarés et seuls 300 sinistres étaient indemnisés à des montants supérieurs à 150.000 € ;
- En matière d'éléments porteurs, les fondations représentent 25% des montants de réparations ;
- Contrairement à ce qu'on peut penser, les sinistres dus aux erreurs de conception ne représentent que 14%.

La fréquence de sinistralité de l'ingénierie française trouve son origine dans plusieurs facteurs caractérisés par une non maitrise des missions qui se traduisent généralement par une mauvaise communication entre intervenants sur chantier ainsi qu'un morcellement et fractionnement des missions confiées aux ingénieurs par les maitres d'ouvrage.

Par ailleurs, L'ARGUS de l'assurance.com publie un article le 22 Décembre 2017 qui relate les difficultés de cette garantie en France :

- « Au lendemain de la sanction sur le courtier SFS Europe, la Fédération Française de l'Assurance rappelle que ce marché est toujours impacté par une forte sinistralité et des taux bas. ».
- Il continue dans le même sens « Critique pour l'économie, atypique de par la particularité de ses garanties (RC décennale), le marché de l'assurance construction en France - un des premiers au monde – peine à se redresser depuis la crise de 2008 ».
- « Parallèlement, **la sinistralité a, elle, fortement augmenté : + 52%** entre 2008 et 2016, soit une hausse de 5,3% par an en moyenne. Une hausse due aux défaillances ou difficultés

[367] https://www.opqibi.com/multimedia/File/pdfnews/programme-tr-2005.pdf

rencontrées par les entreprises du bâtiment (franchises à la charge de l'assureur, moindres interventions des services après-ventes…), à la hausse des coûts dans le secteur sous l'effet des nouvelles technologies et réglementations et à l'augmentation de contentieux et de sinistres graves. »

Notons que la SCOR, déjà en 2007, avait tiré la sonnette d'alarme par l'analyse de la crise :

- Élargissement de la couverture ;
- Deux exemples de jurisprudence élargissant la couverture :
- Absence de travaux couverts par l'assurance décennale : système d'étanchéité non réalisé mais payé par les assureurs lorsque surviennent des infiltrations
- Dommage de nature esthétique couvert par l'assurance décennale lorsque le dommage est étendu et rend la construction impropre à destination
- Taux de prime trop bas ;
- Réduction des taux d'intérêt ;
- Évolution de la jurisprudence élargissant la couverture de la décennale ;
- Consumérisme de la part des propriétaires et utilisation abusive de l'assurance : 50% des réclamations ne conduisent pas à indemnisation mais induisent des frais d'expertise et de gestion ;
- Pas de franchise pour la police de dommage

1.4 -Difficultés et contraintes de cette police RC Décennale

L'assurance décennale bâtiment se distingue par son caractère obligatoire et par la notion de présomption de responsabilité. L'ingénieur est présumé responsable sans démonstration nécessaire de la faute.

Le régime français est l'un des plus lourds au niveau européen pour les constructeurs.

La loi SPINETTA est une loi faite d'abord pour protéger le consommateur. La jurisprudence qui en a résulté a fait qu'elle a dû être révisée à deux reprises. Beaucoup de compagnies françaises se sont vues retirées du marché à cause de l'énorme déficit enregistré par cette branche d'assurance. Il semble donc que ce n'est pas la meilleure solution. D'ailleurs, les responsables du réassureur français SCOR[368] reconnaissent les difficultés suivantes :

- Les propriétaires abusent de cette assurance ;
- Le développement et la souscription de cette police décennale s'étalent sur une longue période allant de 20 à 25 ans ;
- La jurisprudence française a façonné et impactée la couverture d'assurance d'une façon très importante ;

368 V. Jean Paul PIROG, Jean TUCCELLA, Expérience Européenne en Assurance et Réassurance de Responsabilité Décennale, SCOR, Alger 8 Juin 2009

§ 2 - L'Espagne[369]

La seule assurance obligatoire par la loi espagnole LOE se limite à l'assurance décennale devant être souscrite par le maitre d'ouvrage. De ce fait, l'obligation d'assurance décennale n'incombe pas aux constructeurs tel l'architecte, l'ingénieur ou encore l'entrepreneur mais incombe plutôt au maître d'ouvrage. Enfin de compte, cette police d'assurance obligatoire ne couvre pas la responsabilité civile des constructeurs mais couvre plutôt le maitre d'ouvrage ; en qualité de propriétaire ; contre les dommages pouvant toucher son édifice. Mais contrairement à la loi 59.13 marocaine, la souscription de cette police d'assurance est à la charge du maitre d'ouvrage mais sans pour autant abandonner la possibilité de recours contre les constructeurs présumés responsables des dommages atteignant la construction. En fait, c'est une police de type « Dommage » et non de type « RC » puisqu'elle concerne le maitre d'ouvrage et non pas les constructeurs. Son rôle apparait comme un moyen de préfinancement offert au maitre d'ouvrage lui permettant ainsi d'entamer les réparations nécessaires des dommages rapidement et de ce fait évite la lenteur habituelle d'indemnisation des polices de type RC.

Cette couverture s'apparente de très près à l'assurance « Dommage Ouvrage (DO) » française obligatoirement souscrite par le maitre d'ouvrage. Par ailleurs, cette obligation d'assurance n'intéresse qu'un seul type de construction qu'est celui destiné au logement.

Il y a lieu de noter que l'instauration de cette obligation d'assurance avait pour but de défendre le consommateur contre la lenteur d'indemnisation des assureurs dans le cadre des polices de type RC d'une part, et d'autre part contre la défaillance de certains promoteurs espagnols.

Notons aussi que malgré que le contrôle technique ne soit pas obligatoire par la loi LOE, les assureurs l'exigent pour l'acceptation et la souscription de la police couvrant la responsabilité civile décennale.

---

[369] Sources :
- Philippe DUMAS, Jean-Jacques BRYAS, Alexandre MACAIRE, Jacques FRIGGIT, Isabelle VAULONT, Rapport particulier sur les régimes d'assurance construction dans une vingtaine de pays étrangers, Inspection générale des finances, Conseil général des ponts et chaussées, OCTOBRE 2006
- www.cea-assurances.fr

§ 3 - La Grande Bretagne[370]

Le système juridique anglais ne renferme pas d'obligation d'assurance, mais contrairement à l'Allemagne, l'assurance est très fréquemment souscrite par les constructeurs. D'ailleurs, le secteur d'habitation est très suivi et contrôlé par un organisme indépendant NHBC (*National House Building Concil*) regroupant aussi bien les architectes, les ingénieurs, les entreprises de construction que les associations de consommateurs de la construction. Cet organisme joue plusieurs rôles essentiels et prépondérants dans le secteur de l'habitation collective :

- Édicte et impose des normes et règles techniques de la construction ;
- Contrôle les constructions en cours de réalisation ;
- Réalise des tests d'acoustique, énergie, matériel de sécurité, etc. ;
- Améliore la qualité de construction tant au niveau de la conception que des procédés d'exécution des travaux ;
- Assure les constructions.

Au vu de ces différents rôles joués par le NHBC, on constate que ce système montre l'implication active des assureurs anglais dans la réalisation des constructions en Grande Bretagne. D'ailleurs, à ce propos, on peut citer la recommandation émise par la commission française qui a réalisé l'étude de l'assurance construction en Europe et qui a fortement recommandé aux assureurs français de s'impliquer davantage dans la gestion des risques de construction à l'instar des assureurs anglais[371].

Par ailleurs, la police du NHBC offre une garantie aux éléments de la construction suivants :

- Structures porteuses : Fondations, murs, poutres, planchers, murs de soutènement, cheminées, etc. ;
- Éléments du second œuvre : Revêtement extérieur, vitrage double ou triple de fenêtres, réseau de drainage enterré, etc.

---

[370] Sources :
- www.nhbc.co.uk
- www.qualiteconstruction.com
- www.institut-numerique.org

[371] V Philippe DUMAS, Jean-Jacques BRYAS, Alexandre MACAIRE, Jacques FRIGGIT, Isabelle VAULONT, Rapport Assurance Construction Synthèse et Recommandations - 20 Pays Européens, Inspection générale des finances, Conseil général des ponts et chaussées, OCTOBRE 2006, P Résumé 2.

§ 4 - L'Allemagne[372]

Le contraste observé en Allemagne, est le fait que ce pays renferme la première Compagnie d'assurance Européenne à savoir Allianz ainsi que le premier réassureur international à savoir la Munchener Rück et pourtant la souscription de police d'assurance construction reste très faible se caractérisant paradoxalement par l'exception facultative de souscription des polices d'assurance et ce en comparaison à d'autres pays Européens tels que la France ou l'Espagne. Mais cette situation ; malgré son apparence contrastée ; reflète la précision et l'exactitude des contrats allemands au point que les parties contractantes ne voient pas l'utilité de souscrire une police d'assurance construction.

Le mécanisme d'assurance allemand se caractérise par une absence totale d'obligation d'assurance. Il se distingue de tous les autres systèmes législatifs européens par une volonté délibérée de considérer que le contrat établi entre le maitre d'ouvrage et les constructeurs est l'unique, et de ce fait le meilleur garant pour une réalisation « parfaite » des travaux. Les allemands considèrent que les vices de la construction ne peuvent provenir aucunement d'une défaillance extra contractuelle mais ne peuvent se produire que suite à une inexécution ou une mauvaise exécution du contrat établi entre le maitre d'ouvrage et le constructeur.

Par ailleurs, les concepteurs tels les architectes et ingénieurs sont toujours couverts par une police de type RC professionnelle.

- Aussi bien les constructeurs que les assureurs allemands rejettent en bloc tout mécanisme de responsabilité du genre de l'article 1792 du code civil français ou 769 du D.O.C marocain. À ce propos, le réassureur allemand Munchener Rück participe rarement aux polices RC Décennale régies par des législations francophones généralement originaires du droit romain.

Nous pouvons constater que l'Allemagne fait partie des grands marchés d'assurance en Europe et renferme le premier réassureur mondial alors que l'assurance construction est peu développée en comparaison avec d'autres pays européens telle la Grande Bretagne ou encore la France.

---

[372] Sources :
- www.institut-numerique.org
-

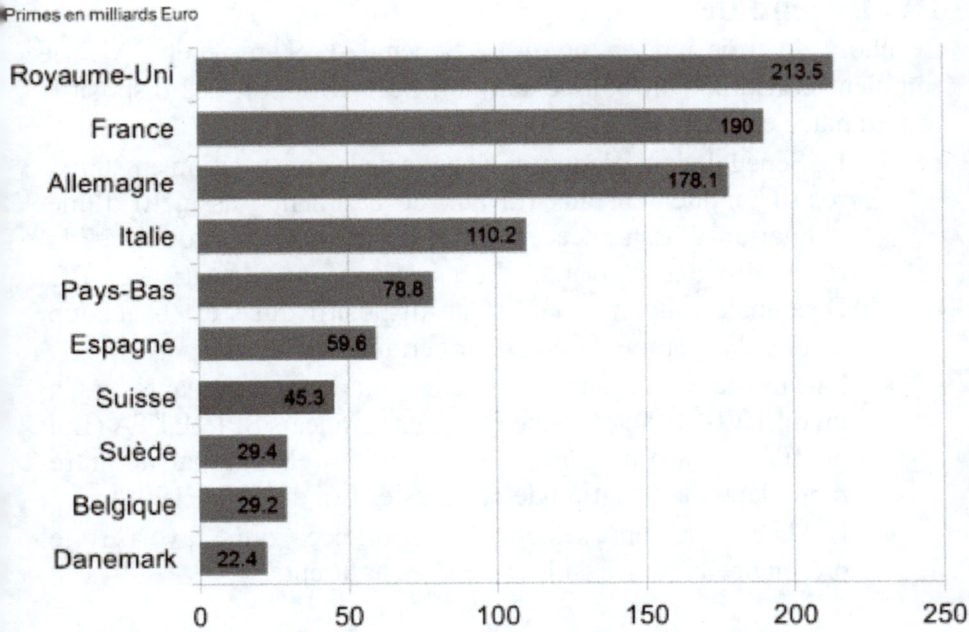

Figure 16 : Volume des primes d'assurance en € par pays

Source : Insurance Europe, État 2011

Section 2 - Étude de 3 régimes africains d'assurance RC Décennale

Le choix de trois pays à savoir le Sénégal, la Tunisie et l'Algérie semblent constituer un bon échantillon de l'évolution des dispositifs mis en place en Afrique :

- Le Sénégal vient d'adopter un code de la construction en 2009 ; relatif uniquement aux travaux de bâtiment ; assujetti d'une obligation d'assurance en cours de travaux ainsi qu'après la réception des travaux. Le système de l'assurance RC Décennale mis en place est un dispositif qui s'est beaucoup inspiré du système français sur certains aspects ;
- La Tunisie a opté pour un système ; en premier lieu à travers la loi du 10/10/1986 ; proche du régime français SPINETTA (Loi du 10/10/1986) mais rapidement elle l'a changé par un autre répondant à la situation de la Tunisie (Loi du 31/01/1994) ;
- L'Algérie a un système d'assurance qui favorise le préfinancement des sinistres par les assureurs.

§ 1 - Le Sénégal

Le manque d'organisation du secteur du BTP au Sénégal et la faible assurance des constructions sénégalaises ont poussé le gouvernement sénégalais à instaurer un système d'obligation d'assurance par le biais de la promulgation d'un code de la construction en 2009.

1.1 - Garanties à la charge des constructeurs et obligations d'assurance

Le code sénégalais définit les différentes obligations et garanties restant à la charge des constructeurs après l'acte de réception des travaux et leurs assurances.

A - Garanties prévues après réception

Le code de la construction a défini trois types de garantie restant à la charge des constructeurs après la réception provisoire [373] des travaux :

- Une garantie de parfait achèvement ; définie par l'article L 19 ; à la charge de l'entrepreneur durant une année à compter de la réception provisoire et dont la finalité est de réparer les vices et pathologies (levée des réserves émises) signalés dans le procès-verbal de la réception provisoire ;
- Une garantie de bon fonctionnement pour les équipements dissociables du bâtiment pour une durée minimale d'une année définie par l'article L 16 ;
- Une garantie de dix ans, courant à compter de la réception provisoire pour tous les dommages ; résultant même d'un vice du sol ; qui compromettent la solidité et la stabilité du bâtiment.

La dernière garantie est similaire à celle retenue par le législateur marocain à travers l'article 769 du D.O.C.

B - Obligations d'assurance

Le code de la construction prévoit les dispositions principales suivantes :

[373] Le code de la construction sénégalais reprend un concept organisationnel du secteur du BTP et qui garde les deux réceptions à savoir la réception provisoire et la réception définitive.

- L'Assurance de responsabilités des constructeurs ; telles qu'elles sont définies par les articles L 13 et suivants ; est obligatoire par l'article L 28 ;
- L'obligation des assurances Tous Risque Chantiers et l'Assurance RC Décennale s est définie par l'article L30

Au sens de l'article L 28 du code, l'assurance est obligatoire pour toute personne physique ou morale, dont la responsabilité peut être engagée sur le fondement de la présomption établie par les articles L 13 à L 19 à propos de travaux de bâtiment. La personne visée ; qu'elle soit personne physique ou morale ; doit être en mesure de justifier qu'elle a souscrit un contrat d'assurance la couvrant pour les responsabilités encourues.
Contrairement à l'Espagne, l'obligation d'assurance est effective pour les assureurs. D'ailleurs, l'article L 35 précise bien que toute entreprise d'assurance qui maintient son refus de garantir un risque dont la prime a été fixée par l'autorité compétente est considérée comme ne fonctionnant plus conformément à la réglementation et encourt des sanctions prévues par le code des assurances.
Mais à ce niveau, le Sénégal n'a pas encore mis au point un mécanisme organisationnel pouvant tarifer les affaires refusées par un assureur tel le Bureau Central de Tarification instauré par le législateur français.

Les obligations d'assurance Tous Risques Chantiers et RC Décennale au sens du code ne s'appliquent qu'aux ouvrages suivants :

- Bâtiments neufs recevant du public
- Bâtiments anciens ou neufs nécessitant
  - ✓ Des travaux de reprises en sous œuvre ;
  - ✓ Des travaux de soutènement d'ouvrages voisins sur une hauteur supérieure à 5m ;
  - ✓ Aux opérations de construction et ouvrage soumis à l'obligation de contrôle technique[374] ;

Notamment :

- Les immeubles à Rez de Chaussée de plus de 3 étages ;
- Les Bâtiments à usage industriel et commercial ;
- Les bâtiments comportant des portes à faux supérieurs à 2m ou des poutres ou arcs de portée supérieure à 10 m.

[374] V. Art R 53 du Code de la Construction

Le code de la construction prévoit l'assurance des bâtiments construits à deux niveaux : la TRC pendant les travaux et l'assurance décennale après la réception des travaux :

<u>Assurance Tous Risques Chantiers (TRC)</u>
Cette assurance est obligatoire pour les constructeurs en phase des travaux de réalisation de l'ouvrage et devrait garantir les risques suivants :

- les dommages matériels occasionnés accidentellement à l'ouvrage en construction ;
- les biens se trouvant sur le chantier appartenant au maitre d'ouvrage ou qui lui sont confiés ;
- Les dommages accidentels affectant tout ou une partie de l'ouvrage consécutives à une négligence, maladresse ou fautes imputables aux intervenants durant les (12) mois qui suivent la réception provisoire. En d'autres termes, l'extension de garantie « Maintenance » correspondant à la garantie de parfait achèvement devrait normalement faire partie des garanties de base des polices TRC sénégalaises ;

Cette obligation ne s'applique pas à l'État lorsqu'il construit pour son propre compte.

<u>L'assurance RC Décennale</u>
Cette garantie est souscrite pour le compte du propriétaire ou de son mandataire avant l'ouverture du chantier et garantissant en dehors de toutes recherches de responsabilités le paiement des travaux de réparations des dommages provoqués par les constructeurs au sens du code.
Elle prend effet à l'expiration du délai de garantie de parfait achèvement qui dure un an à partir de la date de réception provisoire mais peut aussi prendre effet avant dans les deux cas suivants :

Avant la réception après mise en demeure infructueuse et que le contrat de louage passé avec l'entrepreneur est résilié pour inexécution par celui-ci de ses obligations ;

Après réception après mise en demeure restée infructueuse, si l'entreprise n'a pas exécuté ses obligations.

La contradiction dans le code de la construction apparait ainsi :

- Selon l'article L 30 alinéa 2, l'assurance décennale garantissant les responsabilités des constructeurs définies par les articles 13 et suivants, doit démarrer un an après la garantie de parfait achèvement *i.e.* à compter de la réception définitive alors que l'article 451 du Code des obligations civiles et commerciales du Sénégal dispose que cette responsabilité débute à la réception définitive.

<u>Dispositions communes aux assurances de Bâtiments</u>

Concernant les acteurs :

- Être en mesure de justifier sa conformité avec les obligations d'assurance tous risques et décennales pour toutes les personnes concernées par cette obligation (un arrêté interministériel entre le ministère chargé de la construction et celui chargé des assurances devra fixer les formalités relatives à ces obligations/ L33)
- Obligation pour les entreprises d'assurance d'assurer les personnes assujetties à cette obligation (Art L 34) ;
- Toute entreprise d'assurance refusant de garantir un risque dont la prime a été fixée par l'autorité compétente est considérée comme non conforme à la règlementation en vigueur et encourt les sanctions prévues dans le code des assurances (Art L 35) ;
- Possibilité pour les victimes de dommages d'agir directement contre l'assureur du responsable desdits dommages si ce dernier est en règlement judiciaire ou en liquidation de biens (Art L 36).

<u>Contrôle technique des ouvrages</u>

Les contrôleurs jouent le rôle de prévention des différents aléas techniques susceptibles de survenir en cours de réalisation et exploitation, en émettant leur avis après avoir été consultés par le maitre d'ouvrage ou les assureurs.

Leur profession est régie par un décret qui leur donne un agrément d'exercer accordé pour deux ans.

Leur responsabilité est engagée en tant que contractant du maitre de l'ouvrage au sens de l'article L13 du code.

Le contrôle technique est obligatoire[375] pour les constructions qui présentent des risques et notamment pour les établissements recevant du public et tous les bâtiments comportant plus de deux étages. Nous

---

[375] Art L 27 du code de la construction

comprenons implicitement que le législateur sénégalais a bien fait de lier l'assurance des ouvrages au contrôle technique. Nous rappelons que les réassureurs internationaux conditionnent leur acceptation des risques ; tant au niveau acceptation « Facultatives » qu'au niveau des traités de réassurance ; au contrôle techniques des constructions à réassurer.

§ 2 - La Tunisie

En matière de législation gérant les responsabilités des intervenants dans l'acte de construire (après réception des ouvrages), la Tunisie a connu une série de lois intéressantes et qui ne manquent pas d'enseignement pour d'autres pays, tel que le Maroc, qui souhaiteraient généraliser l'assurance décennale par le biais de l'obligation.

En matière décennale, la Tunisie a connu une évolution au niveau de sa législation.

- L'article 876 du C.O.C[376] qui date du début du siècle précise que la responsabilité est quinquennale et se limite à l'effondrement ou la menace de l'effondrement. En d'autres termes c'est l'équivalent de l'article 769 du D.O.C marocain ;
- Loi du 10/10/1986 : Loi qui a été faite en dehors des parties concernées par l'obligation d'assurance. Les assureurs ; et plus particulièrement les réassureurs ; ont refusé d'assurer les risques tunisiens sur la base de cette loi. Elle est donc restée mort née et par conséquent non applicable. Mais néanmoins, elle a apporté certains points positifs qui seront examinés dans ce qui suit ;
- Loi du 31/01/1994 : Loi qui est venue remplacer la loi précédente du 10/10/1986. Contrairement à la précédente loi, elle a été faite entre les juristes et les concernés à savoir les assureurs et les intervenants dans l'acte de construire. Malgré son apparence de loi innovatrice, elle renferme néanmoins des lacunes qui posent des problèmes entre les assureurs et les assurés.

2.1 - Dispositions de la loi du 31/01/1994

En plus des responsabilités des intervenants (y compris le Bureau de Contrôle), le législateur a retenu la responsabilité décennale des promoteurs immobiliers. Ce point revêt une importance capitale aux yeux du consommateur vu que ce dernier, à l'achat d'un logement, ne connaît et n'a de contact direct enfin de compte qu'avec le promoteur qui lui a vendu l'appartement. Il faut reconnaître que cet article de la loi est une innovation dans le sens de la protection du consommateur.

[376] Code des Obligations et Contrats - Tunisie

L'article 3 a essayé ; tant bien que mal ; de définir la notion d'ouvrage soumis à l'obligation d'assurance au titre de cette loi.

Par ailleurs, Le législateur a rendu le contrôle technique obligatoire là où il y a obligation de l'assurance RC décennale. Il est nécessaire de rappeler que l'assurance décennale ne peut être accordée que si l'ouvrage a bénéficié d'un contrôle technique tant au niveau de la conception qu'au niveau de l'exécution.
La loi a défini avec exactitude le rôle du Bureau de Contrôle Technique pour préserver la solidité de l'ouvrage ainsi que la sécurité des personnes. Elle a fait ressortir aussi l'incompatibilité entre l'exercice du contrôle technique et celui de la conception (Art 7).
En matière de souscription de la couverture décennale c'est le maître d'ouvrage qui est tenu de souscrire une garantie décennale pour le compte de tous les intervenants : obligation d'assurance Responsabilité Civile Décennale.
Le délai de présenter l'action de Responsabilité Civile Décennale est de 1 an (Art 5), délai qui est tout à fait raisonnable lorsqu'on sait que les pathologies dans les constructions ne sont jamais instantanées (sauf dans des cas très rares) mais évoluent dans le temps.
L'article 98 dispose qu'à l'exclusion des dommages causés uniquement au complexe d'étanchéité, l'assureur répond, avant toute recherche de responsabilité, des dépenses relatives aux travaux de réparation des dommages. Si les 2 parties se mettent d'accord pour le montant des réparations, l'assureur est tenu d'indemniser dans les 100 jours à compter de la date du sinistre. S'il n'y a pas accord, l'assureur doit verser 75 % du montant en attendant que le montant définitif de l'indemnité soit fixé par le tribunal. C'est une sorte de préfinancement des réparations en attendant que le tribunal départage les deux parties : assureur et assuré. C'est presque une assurance dommages.
Contrairement à la loi du 10/10/1986, il n'y a qu'une seule assurance Responsabilité Civile souscrite par le maître d'ouvrage, (l'assurance dommages n'existe plus en tant que telle).

2.3 - Reproches faits à la loi du 31/01/1994

Même les ouvrages bâtis sur l'eau (en particulier les digues) ainsi que les routes sont concernés par la Responsabilité Civile Décennale. Or on sait combien ce genre d'ouvrage est soumis à des aléas climatiques qui peuvent les agresser à tout moment. Si on prend le cas des ouvrages maritimes tels que les digues, leur conception se fait à travers des études de simulation dans les laboratoires vu que l'hydraulique maritime n'est pas encore totalement maîtrisée du fait que la réaction de la houle ainsi que celle des courants marins n'est pas encore suffisamment connue et maîtrisée.

D'ailleurs les sinistres dans ce domaine ne manquent pas. Il est vraiment difficile de responsabiliser les entreprises de construction pour ce genre d'ouvrages pendant une durée aussi longue que 10 ans.

La responsabilité des fournisseurs n'est pas explicitement retenue comme l'a fait la loi du 10/10/1986. D'ailleurs l'article 1 précise que tous les intervenants sont responsables ainsi que la personne liée au maître d'ouvrage par un contrat : En dehors des intervenants habituels (architectes, Ingénieurs, Experts, BCT, etc.), la responsabilité d'un intervenant n'est établie ; aux yeux de cette loi ; que s'il y a un contrat direct qui lie ce dernier au Maître d'ouvrage. En d'autres termes, les sous-traitants ne sont pas concernés par ce régime de responsabilité.

La Tunisie est passée par trois phases comme il a été dit précédemment. Cette belle expérience nous enseigne qu'une loi doit prendre en considération l'état d'évolution de la société. En d'autres termes, la même loi n'est pas nécessairement valable et applicable dans deux sociétés de niveaux de développement et de culture différents.

§ 3 - L'Algérie

La responsabilité civile des constructeurs est définie aux termes des articles 554 et 555 du code civil algérien. L'obligation d'assurance des constructeurs en Algérie est définie par l'article 178 et suivant du code des assurances algérien (Ordonnance N° 95-07 du 23 Chaabane 1415 correspondant au 25 Janvier 1995 relative aux assurances et ses textes d'application)[377].

3.1 - Mécanisme de l'assurance obligatoire RC Décennale

Le contrat d'assurance RC Décennale en Algérie a pour objet de garantir, avant toute recherche de responsabilité, le paiement des dépenses relatives aux travaux de réparation des dommages dont les assurés sont responsables lors de la construction d'un ouvrage. Ce contrat couvre essentiellement les dommages liés à l'effondrement partiel ou total de l'ouvrage, et ce, suite à des fautes d'exécution des travaux ; les catastrophes naturelles, ainsi que les dommages liés à l'exploitation de l'édifice restent exclus. La notion d'impropriété à la destination n'est pas assurable en Algérie.

Les garanties prennent effet à compter de la réception définitive des ouvrages, laquelle est fixée par le procès-verbal de réception définitive. Elles expirent dix années après cette date.

Les bénéficiaires de l'assurance sont le maître de l'ouvrage ou les propriétaires successifs de cet ouvrage.

L'ouvrage est tout ce qui est édifié à demeure par l'utilisation des matériaux de construction, soit au-dessus du sol ou à son niveau, soit sous le sol, soit au-dessus de l'eau. On distingue le gros œuvre, le second œuvre et les équipements.

On entend par gros œuvre les éléments porteurs concourant à la stabilité ou à la solidité de l'ouvrage (tels que fondations, poteaux et murs, planchers, poutres, volées et paliers d'escaliers, voûtes, charpentes) et

---

377 Art 178 Cd Ass Alg dispose:
« La responsabilité décennale prévue à l'article 554 du code civil, doit faire l'objet, de la part des architectes, des entrepreneurs et des contrôleurs techniques, d'une souscription d'assurance qui prend effet à compter de la réception définitive. Cette garantie bénéficie au maître et/ou aux propriétaires successifs de l'ouvrage, jusqu'à l'expiration de la garantie. »

les éléments assurant le clos et le couvert du bâtiment à l'exclusion des parties mobiles et du complexe d'étanchéité.

Par second œuvre, tout complexe d'étanchéité, revêtements, carrelages, canalisations, tuyauteries, conduites, gaines, voies et réseaux divers, faux plafonds, cloisons fixes, huisseries des portes, éléments mobiles assurant le clos et le couvert tels que portes, fenêtres, persiennes ou volets.

Par équipements du bâtiment, les éléments relevant des installations courantes : thermiques, électriques, phoniques, mécaniques, hydrauliques, aérauliques, téléphoniques, télévisuelles, installations fixes et sécurité.

3.2 - Les risques garantis et risques exclus

Les risques garantis par la police d'assurance algérienne s'énoncent comme suit :

1. Les conséquences pécuniaires de la responsabilité civile décennale incombent aux assurés aux termes des articles 554 et 555 du code civil. L'indemnisation des frais de remise en état des dommages matériels à l'ouvrage ayant pour origine le gros œuvre, compromettant la stabilité ou la solidité de l'ouvrage et engageant la responsabilité décennale des assurés.
2. Les frais de démolition et de déblaiement découlant des sinistres garantis au titre de l'article 554 du code civil.
3. Les conséquences pécuniaires des responsabilités encourues par les assurés aux termes des articles 124 et suivants du code civil en raison des dommages corporels, matériels et immatériels causés aux tiers, au propriétaire de l'ouvrage et au propriétaire successif de celui-ci, à la suite d'un sinistre garanti.
4. Les frais de procès engagés, en cas de sinistre garanti, dans le cadre de la défense des intérêts communs devant les juridictions civiles et même pénales. Le montant de ces frais, concernant les intérêts civils seulement, est pris en charge par l'assureur en sus du montant de la limite de garantie fixé par les conditions particulières du contrat.

Quant aux exclusions, elles se résument comme suit :

1. Les dommages résultant des exclusions absolues : fait intentionnel, dol, fraude, cyclone, inondation ou tremblement de terre, incendie ou explosion, guerre étrangère, guerre civile, acte de terrorisme ou sabotage, rébellion, révolution, émeute, mouvement populaire.
2. Les dommages ne rentrant pas dans le champ d'application de la responsabilité décennale et ne pouvant en aucun cas ouvrir droit à une indemnité au titre de l'assurance décennale objet du contrat.
3. Les dommages subis par l'assuré dans les biens autres que la construction, objet du contrat.
4. Tout dommage affectant le second œuvre et/ou les équipements ne trouvant pas son origine dans le gros œuvre ou le vice de sol.
5. Les travaux de parachèvement auxquels sont tenus contractuellement les entrepreneurs, et dont l'exécution n'aurait pas été réalisée, ainsi que les conséquences résultant de cette inexécution.
6. Les dommages résultant exclusivement d'un défaut d'entretien, de l'usure normale ou d'un usage non approprié de l'ouvrage.

7. Les modifications ultérieures à l'achèvement de l'ouvrage ainsi que les conséquences dommageables pouvant en résulter à son égard.
8. Les dommages ayant leur origine dans l'objet même des réserves techniques notifiées antérieurement à la réception des travaux ou lors de celle-ci par le contrôleur technique agréé tant que celui-ci ne les aura pas levées au moyen d'un rapport complémentaire après constat des réparations.
9. Les dommages aux équipements mécaniques et électriques autres que ceux définis dans les équipements du bâtiment.
10. Tous dommages immatériels non couverts.
11. Tous dommages à des tiers et/ou au maître de l'ouvrage non prévus dans les conditions générales.
12. Les fissurations ne compromettant pas, à dire d'expert, la stabilité et la solidité des éléments qu'elles affectent.

Certaines exclusions peuvent être rachetées et de ce fait deviennent garanties :
1. Tout dommage affectant le complexe d'étanchéité.
2. Tout dommage matériel aux existants : les parties anciennes de l'ouvrage existantes avant l'ouverture du chantier sur, ou sous, ou dans lesquelles sont exécutés les travaux neufs de construction.
3. Tout dommage dû aux matériaux ou procédés nouveaux non éprouvés et non agréés par les organismes habilités.

Chapitre III - Évolution de la législation en matière d'obligation d'assurance construction au Maroc

Dans le cadre d'un contrat programme entre le gouvernement marocain et le secteur d'assurance, une loi instaurant l'obligation d'assurance construction a été votée au parlement en 2016 sous le N° 59.13 et promulguée par Dahir 1.16.129 du 25 Aout 2016 modifiant et complétant la loi 17-99 portant code des assurances parue au B.O N° 6501 du 19 Septembre 2016 en version arabe et parue aussi au B.O N° 6506 du 6 Octobre 2016 en version française.

Cette évolution va dans le sens de protection du consommateur en l'occurrence le maitre d'ouvrage et le futur acquéreur d'un bien immobilier.

Section 1 - L'obligation d'assurance de construction dans le contexte législatif d'avenir

Au Maroc, la garantie des constructeurs après l'achèvement des travaux est restée intimement liée au seul article 769 du Dahir des Obligations et des Contrats, du 12 août 1913, dans sa pure expression juridique et technique qui remonte au début du XXème siècle. Après l'avènement du protectorat français, cet article va connaître une seule modification édictée par le Dahir N° 1-59-225 du 8 décembre 1959. Cette modification n'a porté ; enfin de compte ; que sur la durée de la garantie, fixée auparavant à cinq ans avant d'être prolongée à dix ans. Cette garantie tire ses sources de l'ancien code civil français de 1804, au sein duquel le législateur marocain est resté prisonnier[378], sans apporter de modification ou d'élargissement à son étendue et ce malgré l'évolution marquant l'évolution et le développement du secteur du BTP, le rythme très soutenu de l'urbanisation ainsi que l'explosion démographique vécue ces dernières décennies au Maroc.

Au niveau des assurances et jusqu'à l'année 2016, aucune obligation d'assurance des intervenants dans le secteur du BTP n'existait en dehors de l'obligation de souscription d'une assurance « Dommages à l'ouvrage » pour les marchés publics. En fait l'article 24 du CCAG-T dispose que l'entrepreneur est tenu de souscrire une police couvrant tous les dommages pouvant survenir à l'ouvrage pendant la période de construction. Quant à la garantie décennale, le même article ne la rend obligatoire si le CPS l'exige. En d'autres termes, il revient à l'administration ; en qualité de maître d'ouvrage ; de la rendre obligatoire ou non dans son contrat la liant à l'entreprise de construction.

Par ailleurs, le secteur privé et jusqu'à l'an 2016, le législateur ne lui impose la souscription d'aucune police d'assurance en dehors des assurances classiquement obligatoires telles la couverture des accidents de travail (AT) ou encore la Responsabilité Civile automobile.

C'est seulement en 2016 que le parlement marocain a voté une loi (loi 17-99) instaurant l'obligation d'assurance construction pour les travaux de bâtiment.

---

[378] MOUTMIR (F), المسؤولية المعمارية للمقاول بين أزمة النص ومتطلبات الإصلاح, Traduction Libre : La responsabilité de l'entrepreneur entre la crise de la loi et les besoins de réformes, Rabat, IMPRIMERIE AL OUMNIA, 2010, P 34

Au niveau législatif, la responsabilité décennale des constructeurs (Entrepreneur, architecte et ingénieur) est d'ordre public tel qu'il le dispose l'article 769 du D.O.C.
Globalement, la souscription des polices d'assurance couvrant les travaux de construction reste largement volontariste jusqu'en 2016 sauf si le maitre d'ouvrage l'exige contractuellement avec les intervenants.
L'évolution du secteur du BTP ainsi que le développement des risques générés par les travaux de construction, l'État marocain (à travers Ministère de l'Habitat, de l'Urbanisme et de la Politique de la ville) et les professionnels de l'assurance ont pu mettre en place une loi instaurant l'obligation d'assurance construction. Le projet de cette loi a été longuement réfléchi et discuté entre différentes instances.

§ 1 - Structure de la loi 59.13

La loi 59.13 a été intégrée dans le code des assurances (loi 77-99) et est venue apporter des modifications, l'introduction de nouveaux types d'assurance telles que les assurances Takaful (finances islamiques) ou encore l'instauration d'obligation d'assurance construction :

- Révision de certaines dispositions du code des assurances ;
- Mise en place d'un cadre légal pour l'assurance Takaful[379] ;
- Instauration de l'obligation de certaines assurances relatives à la construction.

La partie réservée à l'obligation d'assurance construction a bénéficié d'un titre sous le numéro IV et intitulé « Assurances construction » et renfermant trois chapitres :

- Chapitre I : consacré à la garantie Tous Risques Chantiers (TRC) et Responsabilité civile et renfermant 9 articles numérotés de 157-1 à 157-9 ;
- Chapitre II : consacré à la garantie Décennale (RCD) et renfermant 8 Articles numérotés de 157-10 à 157-17 ;
- Chapitre III : consacré aux dispositions communes et renfermant 8 articles numérotés de 157-18 à 157-25.

---

[379] Takaful (التكافل) peut être traduit par « Prise en charge » intégrant implicitement la notion de solidarité.

§ 2 - L'assurance Tous Risques Chantiers (TRC)

L'assurance Tous Risques chantiers a pour rôle de garantir aux constructeurs ainsi qu'au maître d'ouvrage la couverture des dommages touchant l'ouvrage en cours de construction. La souscription de cette garantie est à la charge du maitre d'ouvrage et non pas aux intervenants. Il faut reconnaitre que c'est une première dans le domaine d'obligation d'assurance puisqu'on oblige un propriétaire à assurer son propre bien.

2.1 - Dispositions relatives à la TRC

L'obligation d'assurance «dommages à l'ouvrage » permet la garantie des dommages affectant la construction pour le propriétaire de l'ouvrage. En revanche, l'assureur indemnisera le maitre d'ouvrage et non pas les intervenants. La loi l'a déclarée d'ordre public[380] et de ce fait, toute clause ayant pour objet ou pour effet de réduire l'étendue des garanties objet de la police TRC est considérée nulle et non avenue.
La loi a exonéré l'état et les collectivités locales de cette obligation[381]. Par ailleurs, il a imité le champ d'application de cette obligation d'assurance aux travaux de bâtiments destinés[382] à l'habitation comportant plus de 3 étages ou une superficie couverte totale dépassant 800 m^2, les bâtiments à usage hôtelier, industriel, commercial, bureaux, lieux de culte, établissements d'enseignement, etc.

Une question reste tout de même posée : La loi dispose dans son article 157-2 que la garantie « Dommages à l'ouvrage » s'applique à la réparation des dommages à l'ouvrage. Or les exclusions de cette police sont limitées dans l'article et ne mentionne nullement l'exclusion des dommages dus à une faute de conception. Partant de ce constat, on est en mesure de se poser la question si les conséquences de la faute de conception seraient elles aussi couvertes par la police de base sans recourir à la souscription d'une extension de garantie à l'erreur de conception comme on a l'habitude de le faire avant la promulgation de cette loi ?
Nous rappelons que la police TRC (dénommée dans la loi « Garantie dommages à l'ouvrage » ; telle qu'elle est pratiquée actuellement au Maroc ; ne garantit pas les conséquences d'une faute de conception. En

---

380 Art 157-7
381 Art 157-19
382 Art 157-18

d'autres termes, actuellement la police TRC ne couvre pas les prestataires de service ; qui produisent un travail purement intellectuel et qui ne participent pas à l'exécution des travaux ; et de ce fait ne sont en fait pas assurés sauf au cas où l'extension de garantie « Garantie de l'erreur de conception » est souscrite dans la police TRC. Or la loi indique dans son texte que la TRC garantit tous les dommages à l'exclusion. Doit-on comprendre que les assureurs intégreront la garantie « erreur de conception » parmi les garanties de base de la police TRC obligatoire et de ce fait ne fera plus partie des exclusions ? La pratique de ces dispositions sera seule à pouvoir apporter un éclaircissement à cette situation.
Par ailleurs, la loi oblige les entreprises d'assurances et de réassurance à garantir toute personne assujettie à l'obligation de cette assurance.

2.2 - Contrôles et sanctions en cas de non souscription de la police TRC par le maitre d'ouvrage

La souscription des polices d'assurance « Garantie dommages à l'ouvrage » et « Responsabilité civile » doit être faite par le maitre d'ouvrage.
Par ailleurs, la loi a prévu une sanction sous forme deux formes :
- Une sanction d'ordre pénal : L'agent d'autorité qui constate l'infraction de non souscription de ces polices d'assurance ou l'une d'elles, devrait établir un procès-verbal conformément à l'article 24[383] de la procédure pénale et qu'il devrait transmettre au procureur du Roi dans un délai maximum de 3 jours. Une copie du même procès-verbal sera transmise au président du conseil de la commune ainsi qu'au contrevenant.
- Une amende (forfaitaire et non proportionnelle au montant des travaux comme elle a été prévue dans le projet de loi initial) est prévue en cas de non présentation des attestations d'assurance au montant allant de 500 à 1000 DH.

[383] Art 24 du code de la procédure pénale dispose : « Sont agents de police judiciaire :
1. Les khalifas de pachas ;
2. les fonctionnaires des services actifs de police et les gendarmes qui n'ont pas la qualité d'officiers de police judiciaire.

2.3 - Exclusions importantes et franchise prévues par la loi

La loi a prévu des exclusions[384] devant être introduites dans la police d'assurance TRC. Ces exclusions concernent les dommages dus aux événements suivants :

- Les événements naturels tels les tremblements de terre, les ouragans, les éruptions volcaniques, les crues ou inondations ;
- La guerre étrangère ou civile, les émeutes et mouvements populaires, ainsi que les actes de terrorisme ou de sabotage ;
- Les risques atomiques ;
- La corrosion, l'oxydation ou l'usure ;
- La tempête et ses conséquences en matière de dégâts des eaux ;
- Les réparations provisoires de l'ouvrage qui n'ont pas bénéficié de l'accord préalable de l'assureur ;
- Les manquements constatés à l'occasion d'un inventaire des matériaux et matériels de construction autres que ceux résultant du vol par effraction.

La loi précise bien que d'autres exclusions peuvent être introduites dans la police TRC par voie réglementaire.

Il y a lieu de constater que ces exclusions ne sont probablement pas absolues et peuvent être levées en cas de consentement entre assureur et assuré (particulièrement pour tempête par exemple ou encore les émeutes et mouvements populaires).

Mais en comparaison avec les pratiques actuelles des assureurs marocains dans le domaine de souscription des polices d'assurance TRC, la formulation de ces exclusions dans la présente loi pose néanmoins une question importante : Le vol n'est garanti que dans le cas de « vol par effraction » : Nous considérons que tous les chantiers ne sont pas toujours clôturés de par la nature des travaux réalisés par l'entreprise : Comment peut-on prouver un vol par effraction de matériaux déposés dans un chantier de construction et non pas dans un magasin de stockage fermé à clef ? Il y a lieu d'attirer l'attention à ce sujet que le vol peut être le fait du personnel travaillant sur chantier avec la connivence des gardiens par exemple.

---

[384] Art 157-19

Quant au montant de la somme assurée (montant minimum à assurer) ainsi que la franchise à appliquer dans les polices TRC, la loi a précisé qu'ils seront précisés par voie réglementaire.

§ 3 - Garantie Responsabilité Civile vis-à-vis des tiers

La loi a prévu l'obligation de souscription d'une police couvrant la responsabilité civile vis à vis des tiers et vis à avis aussi de l'ouvrage (dénommée dans la loi « garantie responsabilité civile chantier ») de l'architecte, l'ingénieur ainsi que toute personne ayant passé un contrat de louage d'ouvrage ou de services avec le maitre d'ouvrage[385] (ce qui exclut implicitement les sous-traitants).
La loi a exigé aussi du maitre d'ouvrage de souscrire une police couvrant sa responsabilité civile vis à vis des tiers.
Cette garantie devra être souscrite pour un capital assuré ne pouvant être ni inférieur à 4.000.000 DH, ni supérieur à 40.000.000 DH.
La loi a prévu aussi des exclusions spécifiques à cette garantie dont voici les deux plus importantes[386] :

- Les dommages consécutifs aux caractéristiques du sol, lorsque l'étude de sol n'a pas été effectuée avant le démarrage des travaux ou lorsque ces dommages résultent du non-respect des recommandations figurant dans ladite étude ;
- Les dommages résultant des vibrations, de la suppression ou de l'affaiblissement des points d'appui des ouvrages mitoyen à l'ouvrage assuré comportant cinq étages ou plus et ayant un niveau de sous-sol inférieur aux niveaux des sous-sols des ouvrages mitoyens, lorsque l'étude de mitoyenneté n'a pas été effectuée ou lorsque ces dommages résultent du non-respect des recommandations de ladite étude.

En analysant la première exclusion relative aux vices du sol, on comprend que l'étude de sol ne concerne que les dommages provoqués par ceux assujettis à la souscription de cette garantie, à savoir les constructeurs et le maitre d'ouvrage. En d'autres termes, l'existence d'une étude de sol ainsi que son respect, ne seraient vérifiés et contrôlés que dans le cas de survenance d'un sinistre subi par les tiers. À notre humble avis, le législateur aurait pu saisir cette occasion de

---

[385] Art 151-1, Alinéa 2
[386] Art 157-4

l'instauration de cette loi par une obligation de réalisation d'une étude de sol et la lier à la délivrance d'une police TRC ou RC Décennale par exemple. Nous confirmons d'ailleurs que les sinistres liés au sol ; particulièrement en période d'exploitation de l'ouvrage après achèvement des travaux ; donc en l'occurrence en période décennale ; sont les sinistres les plus couteux et les plus difficiles à réparer. D'ailleurs, nous rappelons que le Maroc renferme des sols de type argileux et compressibles dans plusieurs régions du royaume et qui sont à la base de sinistres importants. En d'autres termes, nous considérons que les dommages liés au vice du sol sont très présents dans le domaine de la construction au Maroc et de ce fait, les études géotechniques sont nécessaires avant la réalisation des travaux.

Par ailleurs, la seconde exclusion est nécessaire et adéquate puisqu'elle se présente comme une clause de prévention invitant ainsi l'entreprise de construction ainsi que le BET à mettre en place une étude de mitoyenneté aidant à la prévention de l'impact des excavations en milieu urbain sur les constructions mitoyennes au chantier.

Mais relativement à la garantie « Responsabilité civile chantier », la question qui se pose d'elle-même : le maître d'ouvrage sera-t-il obligé de souscrire cette police en lieu et place des intervenants ?
Nous rappelons à ce sujet que ; pendant la réalisation des travaux ; la garde du chantier est à la charge de l'entreprise et la responsabilité civile vis-à-vis des tiers incombe à cette dernière et non au maître d'ouvrage sauf au cas où ce dernier s'immisce dans les travaux de réalisation des travaux, situation très rarement rencontrée.
Et en ce cas, la loi n'essaie-t-elle pas de réaliser un transfert de responsabilité civile de l'entreprise sur le maître d'ouvrage ?

§ 4 - Assurance Responsabilité Civile Décennale (RCD)

L'assurance RCD a pour rôle d'indemniser les tiers bénéficiaires de la garantie des dommages survenus en cours d'exploitation de l'ouvrage. Cette garantie, a été déclarée par la loi d'ordre public[387], et de ce fait, toute clause ayant pour objet ou pour effet de réduire l'étendue des garanties objet de la police RCD est considérée nulle et non avenue

[387] Art 157-14

Cette assurance a pour rôle essentiel de protéger le maître d'ouvrage des sinistres graves touchant la structure porteuse de la construction pendant 10 ans à compter de l'achèvement des travaux.

4.1 - Dispositions prévues pour la police RCD

La loi a défini l'assurance décennale sur la base de l'article 769 du D.O.C. Il a par ailleurs délimité les responsables comme l'a fait l'article 769 du D.O.C à savoir l'architecte, l'ingénieur et l'entrepreneur. Cette loi n'a rien changé en fait aux dispositions relatives aux responsabilités telles qu'elles étaient définies en 1913[388].

Les souscripteurs de cette police sont les personnes désignées par l'article 769 du D.O.C à savoir l'architecte, l'ingénieur et l'entrepreneur.

La loi a défini aussi les travaux concernés par cette obligation à savoir les ouvrages réalisés en béton armé, béton précontraint, acier, ou encore en maçonnerie moellons[389]. En d'autres termes, elle a exclu du champ d'obligation d'assurance tous les travaux réalisés en pisé ou en bois. La destination de ces ouvrages soumis à l'obligation va de l'habitation, à l'industrie en passant par l'hôtellerie, les bureaux, les commerces, les lieux de culte ou encore les hôpitaux et cliniques.

Par ailleurs la loi a clairement exclu du champ d'obligation d'assurance les ouvrages spéciaux tels les ouvrages d'art, les ouvrages de génie civil, les infrastructures routières ou portuaires, les ponts, les barrages, les silos, les stations d'épuration des eaux usées, les éoliennes, les usines chimiques ou pétrochimiques, etc.[390] Il a par ailleurs exclut du champ d'obligation d'assurance tous les travaux modificatifs aux constructions existantes.

Comme l'a fait l'article 769 du D.O.C au niveau de la durée de la responsabilité, cette loi a limité la durée de garantie apportée par la police à 10 ans et la réception des travaux est considérée comme date de départ de la garantie décennale et donc comme date d'effet de la police mais sans préciser pour autant laquelle des deux réceptions est visée : La réception provisoire ou la réception définitive.

---

[388] Il y a lieu de rappeler que le D.O.C a été établi en 1913. L'article a connu une révision en 1959 en allongeant la durée de garantie de 5 à 10 ans.

[389] Art 157-19, Alinéa 5

[390] Art 157-19

Cela n'empêche que le problème soulevé par l'existence de ces deux réceptions et les difficultés engendrées par leur existence n'est nullement résolu.
Comme pour la police TRC, les compagnies d'assurance et de réassurance sont obligées d'assurer les personnes assujetties à cette obligation d'assurance[391].
La police garantit la réparation de tous les dommages à la construction sous réserve des exclusions et des déchéances fixées par voie réglementaire[392]. Le plafond de garantie ainsi que la franchise seraient définis par voie réglementaire et ce en fonction du montant des travaux, de la nature de l'ouvrage ainsi que de sa destination.
La loi a exigé que tout acte de transfert de propriété ou de jouissance d'un ouvrage soumis à l'obligation d'assurance RCD, intervenant avant l'expiration du délai de dix ans, doit faire mention de l'existence ou de l'absence de cette assurance[393]. Cette disposition ne précise pas si le nouvel acquéreur du bien jouira de la garantie décennale souscrite ou non. En d'autres termes, le transfert automatique de l'assurance au nouvel acquéreur n'est pas garanti.
Comme pour la police TRC, la loi a prévu des sanctions en cas d'absence de la couverture décennale. En fait, le permis d'habiter est assujetti à la production d'attestation d'assurance RCD datant de moins de 3 mois délivrée par une compagnie d'assurance et de réassurance. En cas de non satisfaction à cette obligation, la loi a prévu notamment deux types de sanctions :

- Une sanction d'ordre pénal : À défaut de présentation de l'attestation d'assurance RCD (implicitement par le maitre d'ouvrage), le président de la commune dresse un procès-verbal qu'il transmet au procureur du Roi pour procéder ou faire procéder à tous les actes nécessaires à la recherche et à la poursuite des auteurs des infractions aux dispositions de la loi ;
- L'application d'une amende forfaire (et non proportionnelle égale à 0,5% du montant définitif des travaux de construction comme elle a été prévue initialement dans le projet de loi) allant de 10.000 à 100.000 DH pour toute personne qui n'aurait pas satisfait à l'obligation d'assurance RCD (en d'autres termes,

[391] Art 157-25
[392] Art 157-11
[393] Art 157-17

l'architecte, l'ingénieur et l'entrepreneur définis par l'article 769 du D.O.C).

4.2 - Exceptions, exclusions et franchise

Toutefois, la loi a exonéré l'État et les collectivités locales de cette obligation et a écarté les ouvrages d'art, les ouvrages de Génie Civil ainsi que les travaux de modifications apportées aux ouvrages existants. Nous rappelons aussi que les constructions réalisées en pisé ou en bois ne sont pas non plus concernées par cette obligation d'assurance décennale.
La franchise n'est pas opposable aux tiers bénéficiaires. En d'autre terme, la franchise ne sera pas opposable au maitre d'ouvrage puisqu'il a la qualité de tiers bénéficiaire.
La franchise maximale à appliquer dans la police d'assurance ainsi que les exclusions relatives aux dommages couverts seront fixées par voie réglementaire.

Contrôles et sanctions en cas de non souscription de la police RCD :
La vérification sur chantier de la satisfaction de l'obligation d'assurance peut être réalisée par les personnes chargées de constater les infractions[394].
Toute demande de permis d'habiter ou de certificat de conformité concernant un ouvrage soumis à l'obligation d'assurance au titre des articles 157-1 (police TRC et police RC chantier) 157-10 (police RC Décennale) doit être accompagnée d'une attestation d'assurance datant de moins de trois mois faisant présumer que cette obligation a été satisfaite[395].

Qu'en est du cas où l'entreprise et/ou l'architecte et/ou l'ingénieur soumis à l'obligation d'assurance RC Décennale[396] ne souscrivent pas cette police ? Le maitre d'ouvrage resterait privé de son permis d'habiter et donc de l'exploitation de son ouvrage ? À notre sens, ce cas de figure pourrait se présenter et la loi ; dans son texte actuel ; n'a rien prévu pour le dépasser.

---

[394] Art 157-22
[395] Art 157-22
[396] Art 157-10

En matière d'exclusions, la loi a prévu la réparation de tous les dommages à l'ouvrage à l'exclusion des dommages dus à la guerre et émeutes ainsi qu'aux dommages et pertes dus à l'inobservation des réserves techniques émises par le bureau de contrôle[397]. Partant de ce constat, on est en mesure de se poser les questions suivantes :

- Les dommages subis par le second œuvre seraient-ils aussi couverts par la police de base sans recourir à la souscription d'une extension de garantie habituelle intitulée « Dommages au second œuvre en répercussion » ?
- Peut-on comprendre que la notion d'écroulement et menace d'écroulement ne sera donc plus limitée aux seuls éléments porteurs qui concourent à la solidité et stabilité de l'ouvrage et sera de ce fait étendue aux autres éléments de l'ouvrage tels les seconds œuvres y compris les équipements nécessaires au fonctionnement de l'édifice ?

Nous pensons que seule la pratique de souscription et l'acceptation de cette police seront en mesure de répondre à ces questions à l'avenir.

[397] Art 157-11

Section 2 - Difficultés probables d'application de la loi 59.13

Sans prétendre d'être en mesure de prévoir toutes les difficultés d'application de cette loi, néanmoins certaines contraintes vécues par le secteur d'assurance marocain et parfois imposées par le secteur de la réassurance nous poussent à nous poser des questions quant à l'efficience et l'efficacité de cette loi.

Globalement, son application est intimement liée à la relation commerciale liant les assureurs marocains aux réassureurs internationaux.

Par ailleurs, le corps du texte de la loi présente un aspect de non clarté. Celui qui fait la loi a le devoir d'être clair[398]. Le conseil constitutionnel français s'est exprimé d'une façon claire à ce sujet en énonçant : « La clarté concernerait la répartition entre les domaines de la loi et du règlement, tandis que l'objectif d'intelligibilité serait plus substantiel et concernerait les modes d'expression de la règle. ». Dans le même sens, Gérard Cornu écrivit, « La législation est, fondamentalement, une science de réflexion »[399].

En effet, ce concept d'intelligibilité du droit, ou encore la lisibilité, la clarté ou la compréhensibilité fait partie des trois piliers de la sécurité juridique et qui sont l'accessibilité, la prévisibilité et la stabilité du droit. L'accessibilité du droit suppose d'une part qu'elle soit formelle se traduisant par la possibilité et facilité de prendre connaissance de la loi et d'autre part, qu'elle soit substantielle se traduisant ainsi par la compréhension du sens des règles juridiques (intelligibilité du droit). Notons que le fond du droit est directement en jeu lorsque le législateur a par exemple oublié d'apporter une précision importante[400].

Le code des assurances marocain ne respecte malheureusement pas cette répartition entre les domaines de la loi et du règlement.

---

[398] Linguistique juridique, Montchrestien, Collection Domat droit privé, 3ème éd, 2005, N° 6, P 24

[399] « Rapport de synthèse », in Les mots de la loi, sous la direction de N. Molfessis, Economica. Collection Études Juridiques, T 5, 1999, P 99.

[400] PIAZZON (T), La sécurité juridique, Paris, ÉDITIONS DEFERNOIS LEXTENSO, 2010, P 203

§ 1 - Difficultés probables d'obligation de la garantie Tous Risques Chantiers (TRC)

Globalement l'application de cette loi se heurtera ; à notre avis ; soit à des pratiques liées au secteur d'assurance au Maroc, soit à des contradictions avec d'autres lois.

1.1 - La garantie « Erreur de conception »

La loi dans son article 157- précise que la garantie TRC s'applique à la réparation des dommages à l'ouvrage ainsi qu'aux matériaux de construction et aux matériels destinés à être incorporés dans l'ouvrage à l'exclusion de certains phénomènes classiquement exclus de la plupart des polices d'assurance dommages comme la guerre, la corrosion, l'usure normale, etc. Par ailleurs, la loi exclut les événements naturels de la garantie.

La question qui se pose d'elle-même : Qu'en est-il des fautes de conception qui sont toujours exclues de la police TRC et qui ne peuvent être garanties que par le rachat de l'extension de garantie « erreur de conception » ?
Les assureurs marocains vont-ils inclure la garantie « erreur de conception » comme garantie de base ?

1.2 - Exonération de l'État et des collectivités locales

L'article 157-19 indique que tout ouvrage construit pour le compte de l'État ou des collectivités locales n'est pas soumis à cette obligation d'assurance. Mais en même temps, l'article 24 du CCAG-T en tant que décret qui gère les marchés publics oblige les entreprises à souscrire une police couvrant les dommages à l'ouvrage.
Cette contradiction soulève bien entendu des questions quant à l'uniformisation des lois et leur complémentarité.

1.3 - Organisme de tarification indépendant

En cas de refus d'assurance ou de désaccord entre l'assureur et l'assuré, le texte ne prévoit pas la mise en place d'un organisme indépendant de tarification indépendant pouvant départager les deux parties. Nous rappelons que la tarification n'est pas réglementée et la police TRC n'est pas homologuée par la ACAPS (nouvelle structure et héritière de la DAPS).

§ 2 - Difficultés probables d'application d'obligation d'assurance de la responsabilité civile décennale (RCD)

La souscription des polices RC Décennale a toujours posé quelques soucis aux entreprises de construction au Maroc. En effet, la capacité financière des compagnies d'assurance marocaine dans cette branche reste très faible et de ce fait le secteur d'assurance a eu toujours recours à la réassurance internationale. Or, le nombre de réassureurs qui accepteraient de réassurer ce genre de risques est très limité dans le monde. En d'autres termes, la police RCD reste très liée à la réassurance internationale qui dicte ses propres règles d'acceptation de ces risques. Par ailleurs, les sinistres de type décennal pouvant être couverts par la police RCD sont généralement très graves, onéreux en termes de réparations et couteux en termes d'indemnisations. De ce fait, leur réparation doit être faite rapidement de peur d'aggravation des pathologies touchant l'ouvrage. Il parait donc nécessaire d'accompagner cette obligation d'assurance RCD d'un mécanisme permettant aux maitres d'ouvrages d'être indemnisés rapidement pour qu'ils interviennent à temps sur leur ouvrage sinistré.

2.1 - Délai d'indemnisation des sinistres et acompte

Toutes les législations des pays voisins qui ont connu un développement d'obligation d'assurance, ont introduit un délai légal maximal d'indemnisation des sinistres et/ou le déblocage d'un acompte exprimé en pourcentage du montant de l'indemnité permettant ainsi aux assurés d'entamer les réparations nécessaires à la sauvegarde de l'ouvrage. Malheureusement, la loi n'a pas abordé cette question et est restée muette. Il faut rappeler que la non réparation rapide d'une pathologie touchant la construction ne fait qu'aggraver la situation et développer les risques d'écroulement dans certains cas.

Le projet n'a prévu ni un délai maximal d'indemnisation des sinistres couverts ni un acompte pour entamer les réparations nécessaires.

2.2 - Réception des travaux

Rappelons que contrairement à la livraison[401] qui n'entraîne qu'un simple transfert de la garde, la réception[402] décharge le constructeur de sa responsabilité contractuelle, tout en faisant courir le délai de la garantie décennale. De surcroît, si la livraison est un simple acte matériel, la réception est, en revanche, un acte juridique produisant des effets juridiques. En effet, le prononcé de la réception des travaux marque en principe la fin des travaux et de ce fait l'achèvement des travaux exécutés par les constructeurs et le transfert de propriété de l'ouvrage au maitre d'ouvrage. L'ouvrage construit et achevé, n'est plus sous la garde de l'entreprise de construction mais passe sous la garde du maitre d'ouvrage. La réception des travaux se présente par conséquent comme un acte juridique très important et de fait devrait bénéficier d'une définition et d'une réglementation claire.

---

[401] La livraison est l'acte par lequel le vendeur remet l'ouvrage à son acquéreur. Cette technique ne peut intervenir qu'après l'achèvement des travaux et leur réception par le vendeur auprès de l'entrepreneur. La livraison n'est juridiquement définie par aucun texte. Elle emporte le transfert de la chose en la puissance de l'acquéreur. Pour plus de détail, voir MALINVAUD Philippe ET JSTAZ Philippe, La loi du 4-1-1978 relative à la responsabilité et à l'assurance dans le domaine de la construction, Jurisclasseur périodique, 1978, P 97.

En outre, la livraison ne doit pas être confondue avec l'obligation de délivrance visée aux articles 498 à 531 du D.O.C et qui consiste en la mise en possession d'un bien par le vendeur. Les deux notions sont cependant assez proches. La différence entre la livraison et la délivrance consiste dans le fait que le procédé de livraison est indifférent (remise des clés de l'immeuble, abandon du vendeur, etc.) même sans que l'acquéreur en ait pris possession. Au contraire, la délivrance implique la mise en possession de l'acquéreur de l'ouvrage acheté.

[402] La réception est un acte unilatéral du maître d'ouvrage, qui est conçu comme une opération contradictoire. Elle traduit l'intention du maître d'ouvrage d'accepter les travaux réalisés. La réception ouvre le délai de garantie décennale prévue par l'article 769 du D.O.C. De surcroît, la réception met fin à la surveillance générale de l'entrepreneur sur le chantier, en transmettant la garde de l'ouvrage au maître d'ouvrage. Si elle est acceptée sans réserve, la réception met, donc, fin à la responsabilité contractuelle de l'entrepreneur. V. BEL AYACHI Mostafa, Contrôle des Bâtiments administratifs, Colloque de Meknès, le 25-26 et 27 février 1988, p. 46.

La réception se distingue du certificat de conformité délivré par l'administration, qui constate seulement l'exécution conforme aux lois et règlements ainsi qu'aux autorisations administratives délivrées pour l'opération en cours, et de la déclaration d'achèvement des travaux à l'administration, en vue de l'obtention du dit certificat de conformité. V. SOINNE Bernard, *La responsabilité des architectes et entrepreneurs après la réception des travaux*, Thèses de doctorat, Université de Lille 1968, P 23.

Or, le problème de réception n'est pas résolu par la loi. En effet, il a repris le terme de réception tel qu'il est stipulé par l'article 769 mais sans y apporter de précision. En d'autres termes, la discussion entre assureurs et assurés sur la date d'effet à prendre en compte pour la police RCD restera de mise. Nous rappelons que cette question a été résolue pour les marchés publics puisque le CCAG-T dans son article 69 dispose que la garantie définie par l'article 769 du D.O.C commence à courir à compter de la réception définitive. Par contre, le secteur privé reste dans l'inconnu sauf si le contrat liant le maitre d'ouvrage aux constructeurs le précise.

2.3 - Contrôle technique

Nous rappelons que tous les réassureurs internationaux exigent le contrôle technique des constructions pour l'acceptation de leur couverture.

La loi n'a nullement lié la souscription de la police RCD à l'obligation du contrôle technique. En d'autres termes, les constructions qui n'ont pas bénéficié d'un contrôle technique doivent être assurées. Cette question est cruciale puisque la réassurance internationale ; d'ailleurs très restreinte dans cette branche ; exige le contrôle technique comme condition nécessaire pour l'analyse des risques et leur acceptation éventuelle.

Nous considérons que les risques marocains trouveront certainement des difficultés au niveau du placement de réassurance internationale.

2.4 - Étude géotechnique du sol

La loi n'exige pas clairement l'établissement d'une d'étude géotechnique de sol aux constructions assujetties à l'obligation d'assurance RCD. La loi s'est contentée d'exclure les risques des dommages consécutifs aux caractéristiques du sol dans le seul cadre de la police « responsabilité civile chantier », lorsque l'étude de sol n'a pas été effectuée avant le démarrage des travaux ou lorsque ces dommages résultent du non-respect des recommandations figurant dans la dite étude. Cette disposition n'a été reprise ni dans le cadre de la police TRC, ni dans le cadre de la police RCD.

En d'autres termes, les assureurs marocains devront accepter d'assurer mêmes les constructions n'ayant pas bénéficié d'une étude préalable de sol. Cette situation ne permet certainement pas la réassurance de ces risques à l'international. La liaison d'acceptation du risque par l'assureur à l'étude géotechnique préalable engendrerait certainement une réduction substantielle des risques de construction et participerait ainsi à l'amélioration de la stabilité, pérennité et sécurité des ouvrages dans le temps.

2.5 - Couverture du second œuvre

Les garanties offertes à ce jour par les assureurs marocains et les réassureurs internationaux ne concernent que la couverture des dommages affectant la structure porteuse de l'ouvrage (Fondations, poteaux, poutres, dalles, cages d'escaliers, voiles, etc.). Le second œuvre a été couvert optionnellement en répercussion. En d'autres termes, les dommages du second œuvre ne sont pris en charge par l'assureur que s'ils sont la conséquence d'un dommage touchant la structure porteuse alors que les dommages propres du second œuvre sont toujours exclus. À titre d'exemple d'illustration, le carrelage (second œuvre) est indemnisé lorsque celui-ci a été endommagé suite à l'écroulement d'une dalle (structure porteuse) et ne le sera pas si le dommage du carrelage est dû au craquement conséquent par exemple à une mauvaise pose ou due à une mauvaise conception des joints par exemple.

En d'autres termes, la loi n'apporte pas de réponse à la garantie ou exclusion du second œuvre de la police RCD.

Conclusion de la Partie II

Une loi n'a de valeur que si elle est applicable dans une société donnée. Importer une loi d'une autre société différente et qui vit dans un contexte différent ne peut mener qu'à l'échec et la fabrication de loi mort-née. Quand on lit la loi tunisienne du 10/10/1986, on s'aperçoit qu'elle était certainement établie sans consultation des professionnels de la construction et de l'assurance. On peut conclure qu'une loi n'est que le résultat et la conséquence de l'évolution d'une société ou d'un secteur donné. Comme l'a écrit Leibholz : « La nature du droit implique bien un « devoir être » (Sollen), mais en même temps le droit a son fondement dans la sphère de l'être (Sein). En conséquence, une conception juridique doit tenir compte non seulement de l'obligation normative que le droit impose à une personne, mais aussi de l'efficience des normes dans la réalité[403].

L'obligation d'assurance est une chose facile à décréter par une loi, mais son application revêt des caractères techniques généralement difficiles qu'il faudrait étudier avec beaucoup d'attention pour ne pas tomber dans des situations d'impasse. L'obligation d'assurance est une obligation autant pour les assurés que pour les assureurs. Par ailleurs, il est du plus grand intérêt de l'appareil législatif de l'autorité de tutelle du secteur des assurances ; notamment la DAPS ; de mettre en place une entité technique qui puisse départager l'assuré et l'assureur dans le cas où ce dernier refuse de couvrir le risque sous prétexte que le risque est inassurable, en d'autres termes certain et non aléatoire.

D'autre part, il est absolument nécessaire de lier l'obligation d'assurance à l'obligation du contrôle technique afin d'assurer une logique de garantie de la sécurité des biens et des personnes et en même temps la garantie de la qualité de la construction *in fine* au grand bonheur du consommateur ou utilisateur finaux.

Le mécanisme d'assurance en vigueur en Espagne par exemple ; modelé sur le dispositif français mais fortement allégé par rapport à ce dernier ; n'en a imposé que l'assurance dommage ouvrage souscrite par le maitre d'ouvrage. Par contre, l'assurance de responsabilité civile

---

403 SCHMITT (C), Les trois types de pensée juridique, Paris, PRESSES UNIVERSITAIRES DE FRANCE, 1ère éd, 1995, P 10

décennale ; non obligatoire mais couramment pratiquée ; est mise en jeu beaucoup moins rarement.
Il comporte une obligation d'assurance à souscrire par le maître d'ouvrage ou pour son compte, sauf dans le cas de « l'autopromotion «. Cette obligation ne concerne que les logements neufs ».
Par ailleurs, la couverture d'assurance comporte des franchises, avec un maximum de 1% du coût de la construction par sinistre et par an.
Le coût de l'assurance varie entre 0,55 et 1,5 % du coût de la construction auquel s'ajoutent des surprimes relatives aux extensions de garantie facultatives.
Par contre, une sanction automatique (non pénale) existe et traduite dans la pratique par le fait qu'aucun acte notarié ou d'écriture publique ne peut être passé en cas de non-respect de l'obligation d'assurance.

Il en résulte que le mécanisme espagnol est beaucoup moins protecteur pour le consommateur que son équivalent français. Il en résulte également un mécanisme moins responsabilisant pour les constructeurs sur les moyens et grands sinistres puisqu'en général l'assureur dommage ouvrage ne se retourne pas contre le constructeur ou contre son assureur.

Le système britannique présente le mérite de permettre à plus de 90% des acquéreurs de logements individuels de disposer, pour un prix très bas, d'une couverture étendue comportant une garantie de parfait achèvement et une protection assurantielle. Il semble que ce système permette une meilleure maîtrise des coûts de l'assurance en comparaison aux systèmes marocain et français et ce pour les raisons suivantes :

- La prédominance de la maîtrise d'ouvrage professionnelle ;
- L'allongement à deux ans d'une garantie proche d'une garantie de parfait achèvement, qui permet de faire supporter par les constructeurs une part plus importante du coût de la réparation des dommages ;
- Le rôle de médiateur entre les consommateurs et les constructeurs joué par les assureurs et les organismes professionnels facilitent les règlements amiables, moins coûteux d'ailleurs que ceux contentieux ;
- L'intervention des pouvoirs publics dans le contrôle de la conformité des constructions à la réglementation ;

- L'implication effective des assureurs dans les aspects techniques de la construction et l'inspection des chantiers de logements.

Le système allemand mérite les appréciations suivantes :

- De façon incontestable, le système allemand encourage, en matière de protection contre les risques de construction, comme en bien d'autres domaines, l'initiative individuelle, les rapports contractuels et le libre jeu des forces du marché ;
- N'imposant aucune obligation d'assurance, il est probable qu'il a un effet favorable sur le coût de la construction.

Mais le problème qui subsiste est celui des particuliers qui font construire ou achètent une maison individuelle ou un appartement et qui ne disposent ; en cas de malfaçons apparentes sur l'ouvrage ; que de protections relativement limitées. Non seulement aucune assurance n'est obligatoire en la matière, mais on observe qu'aucune couverture facultative ou optionnelle ne leur est offerte. De plus, la durée de la responsabilité contractuelle des entreprises de construction est limitée dans le temps, en général limitée à 4 ans, pouvant être prolongée à 6 ans. Elle s'apparente en pratique à une garantie de parfait achèvement et elle est plus large par rapport au Maroc pour les marchés publics (1 année) ainsi qu'en France (2 ans).

Quant aux maîtres d'ouvrage professionnels et aux entreprises de construction, leur degré de protection est lui aussi assez faible, et réside essentiellement dans le système des cautionnements. Mais ils se satisfont globalement de l'équilibre actuel et, surtout en ce qui concerne les secondes, paraissent bien déterminés à n'y rien changer.

CONCLUSION GÉNÉRALE

À travers la comparaison du système législatif marocain à d'autres systèmes africains et notamment celui de la Tunisie, de l'Algérie ainsi que celui du Sénégal, il parait clairement que le Maroc a pris beaucoup de retards dans le domaine législatif alors que le secteur du BTP marocain se développe rapidement au point qu'il s'exporte en dehors de ses frontières.

La législation marocaine est en déphasage complet avec le développement du secteur du BTP et ne suit nullement son développement caractérisé par son exportation en dehors du Maroc : De plus en plus, tant les entreprises de construction, que Ingénierie marocaines sont très appréciés en Afrique de l'Ouest.

Il apparait clairement que le Maroc devrait se doter d'une législation propre au secteur de la construction et l'harmoniser avec le code des assurances afin de protéger, aussi bien les acteurs économiques représentés par les promoteurs, les intervenants dans l'acte de construire que le consommateur marocain.
D'ailleurs, si les compagnies d'assurance connaissent de grandes difficultés à réassurer les risques marocains en responsabilité civile, c'est en partie à cause de l'inexistence et de l'absence de lois propres au secteur de la construction. Cette situation défavorise, en grande partie, les professionnels du secteur de la construction et génère de ce fait des litiges importants entre maître d'ouvrage et professionnels du secteur de BTP.

Afin d'illustrer cette situation, on énumérera les facteurs les plus importants pouvant aider et concourir à une meilleure organisation du secteur de BTP au Maroc :

- La classification des entreprises devrait être unifiée et mettre des critères techniques, et d'expérience pouvant amener ce procédé à plus de transparence et d'équité pour les entreprises ;
- Les ingénieurs de construction marocains devraient bénéficier ; à l'instar de leurs homologues ingénieurs géomètres topographes et architectes ; d'un ordre leur permettant de mieux s'organiser et

exprimer leurs préoccupations et leurs problèmes. L'ordre des ingénieurs de construction ne peut qu'aider cette tranche de professionnels à mieux encadrer et former ses éléments et les mettre *up date* aux techniques de prévention des risques tant techniques que juridiques liés à leurs métiers. L'ordre permet aussi de mettre en place une déontologie de pratique du métier permettant ainsi de moraliser le secteur ;

- Mise en place d'un système unique de réception des travaux ;
- L'instauration d'un système de contrôle des chantiers au niveau de l'hygiène et de la sécurité ;
- La promulgation d'un code de la construction et lois d'obligation du contrôle technique et la réalisation d'étude de sols pour certains travaux ;
- La promulgation d'une loi définissant les métiers et leurs responsabilités sur chantier ;
- La mise en place d'une loi relative à la sous-traitance ;
- La transparence des marchés publics.

Ces propositions d'organisation représenteraient la base minimale permettant au secteur du BTP de jouer pleinement son rôle dynamique dans la vie économique du pays.

Les attentes législatives du secteur du BTP

Au vu de la multitude des attentes d'ordre législatif, il ne sera abordé dans ce paragraphe que celles qui sont considérées essentielles, urgentes et présentant un intérêt consensuel pour tous les intervenants du secteur du BTP :

- La participation du secteur du BTP à la confection des lois le concernant. Il ne nous parait pas normal au 21ème siècle de décréter des lois sur les constructions sans la consultation préalable des professionnels du BTP et en d'autres termes outrepasser ceux qui vont la vivre et l'appliquer dans leur métier ;
- Tous les professionnels sont d'accord aujourd'hui pour dénoncer la non transparence des marchés publics. Cette situation génère les résultats les plus désastreux qui se caractérisent en général par une très mauvaise qualité des travaux réalisés *in fine* et des pertes financières pour le pays et pour le contribuable à la fin de la chaine ;

- La refonte des règlements de calcul de béton armé et la mise en place d'un règlement de calcul uniforme et imposable à tous les professionnels. En fait, le Maroc ne dispose pas d'un règlement de calcul propre à lui. Un ingénieur qui était formé en France, utilisera le règlement français et s'il est formé en Russie, il utilisera le règlement Russe. Cette multitude de règlements diversifiés et différents pose des problèmes de communication et crée des situations des plus inconfortables au système judiciaire en cas de litige. Par ailleurs, les experts judicaires ne sont pas censés connaitre tous les règlements de calcul de béton armé existant dans le monde. Il devient donc nécessaire et urgent d'unifier cette situation par la création d'un règlement de calcul de béton armé et de le codifier d'une façon claire et de le rendre obligatoire d'utilisation à tous les BET et BCT ;
- Face à la pluralité des normes utilisées au Maroc, la marocanisation de ces dernières s'impose comme une priorité offrant ainsi leur uniformisation ainsi que leur unicité. Cette uniformisation permettra de mettre en place un système référenciel unifié, unique et utilisable par tous les professionnels ;
- La réglementation de la sécurité et l'hygiène dans les chantiers doit voir le jour. En effet, le secteur du BTP est le secteur qui génère le plus grand nombre d'accidents corporels. À voir les chantiers marocains dénudés de toute mesure de sécurité ne peut en aucun cas favoriser le développement de l'économie marocaine. Les accidents corporels, leur prise en charge ainsi que les problèmes sociaux qu'ils engendrent sont parfois énormes et se traduisent par des tensions sociales incontrôlables. La société civile au Maroc devient de plus en plus contestataire à ce niveau et le pouvoir législatif a l'obligation d'être à l'écoute de cette évolution et apaiser la situation par le fait de décréter des lois qui répondent à ces attentes légitimes. Nous pensons que la réduction des risques et leur minimisation pourrait être atteinte par la promulgation et (surtout) l'application de lois.

Obligations d'assurance

La demande croissante des logements due à la pression urbaine, la multiplication des projets d'infrastructure ces dernières années et le développement des techniques de construction ont généré une situation

d'industrialisation, de sophistication et de complexité des techniques de constructions. Ces paramètres n'ont fait qu'augmenter les risques sur chantiers générant des sinistres tant matériels que corporels. Les professionnels ne présentent pas toujours une solvabilité suffisante et une capacité financière solide pour faire face à des sinistres qui peuvent se compter parfois en millions de Dirhams.
La gestion technique et scientifique des risques liés aux métiers de construction ne permet plus l'improvisation des méthodes de *Risk Management.* Ces dernières supposent l'utilisation des techniques se basant essentiellement sur l'identification, la prévention - protection des risques, le contrôle des risques et sur les méthodes de financement de risques.
Le transfert de certains risques sur les assureurs tels les risques liés à la responsabilité civile parait nécessaire. Mais ce transfert devrait se faire dans le cadre d'un système d'assurance murement réfléchi et préalablement organisé permettant ainsi la mise sur pied de polices d'assurance renfermant des garanties suffisantes.
À cet effet, le Maroc s'est mis tardivement à l'instauration d'une obligation d'assurance à travers la loi 59.13 promulguée par Dahir 1.16.129 du 25 Aout 2016 modifiant et complétant la loi 17-99 portant code des assurances parue au B.O N° 6501 du 19 Septembre 2016 en version arabe et parue aussi au B.O N° 6506 du 6 Octobre 2016 en version française.
Le système d'assurance obligatoire mis en place actuellement ne pourrait être efficace et répondre aux aspirations des professionnels que s'il satisfait à des conditions tirées des expériences passées d'autres pays tels la Tunisie et la France :

- La mise sur pied d'un organisme indépendant pouvant départager les assurés et assureurs en cas de refus d'assurance par les compagnies d'assurance[404] ;
- La liaison d'obligation d'assurance Responsabilité Civile Décennale au contrôle technique des constructions tant au niveau de la phase de la conception qu'au niveau de la phase d'exécution des travaux devrait être systématique et apparaitre clairement dans la loi d'obligation d'assurance construction.

[404] Le système français a mis sur pied un organisme appelé le Bureau Central de Tarification (BCT) dont le rôle est d'émettre les conditions tarifaires à appliquer ainsi que le choix de la compagnie d'assurance devant garantir le risque.

- Le système d'assurance devrait être basé sur le concept de la sécurité ; implicitement la qualité ; donc sur le système de contrôle technique. Cette démarche permettrait la garantie de protection des constructions contre les risques ;
- L'agrément des Bureaux de Contrôle Technique par le secteur des assurances devrait être uniformisé et délégué à un organisme indépendant ;
- Le système de préfinancement des sinistres n'est nullement présent dans la présente loi pour les polices RC Décennale. En construction, plus la réparation des structures endommagées tarde à être réalisée, plus les pathologies s'amplifient et s'aggravent. Cette situation de retard constaté en matière d'indemnisation dans le cadre des polices de responsabilité civile est due au temps pris par les assureurs à rechercher le responsable présumé. Mais ce problème peut être solutionné par l'instauration d'un préfinancement des sinistres sous forme d'acompte avancé à l'assuré lui permettant de commencer les réparations parallèlement aux investigations entreprises par l'assureur pour rechercher et déterminer les responsabilités.

L'organisation du secteur du BTP

L'organisation du secteur du BTP est une demande permanente chez les professionnels. Cette demande a été formulée chaque fois que l'occasion se présentait : salons de construction, accidents survenus sur chantiers, séminaires, tables rondes, réunions de fédérations, etc. Sans cette organisation tant demandée, les problèmes de mauvaise qualité des constructions subsistera.

Le constat de désorganisation du secteur du BTP n'est pas à démontrer. D'ailleurs, l'augmentation des pathologies constatées par les différents experts ou relatés par la presse ainsi que les litiges portés devant les tribunaux ne sont que la preuve irréfutable de ce malaise vécu par le secteur du BTP.

L'industrie de la construction ne cesse de se développer et d'évoluer. Les risques générés par ses activités vont de pair avec cette évolution et ce développement. Gérer les risques technologiques et juridiques de ce secteur ne peut se faire que par l'instauration de lois et systèmes permettant de répondre au mieux à ces risques d'une part et par le développement du secteur d'assurance d'autre part

Le système législatif de responsabilité et d'assurance marocain relatif au secteur de la construction ; et comparativement à d'autres systèmes de pays proches tels la Tunisie ou la France ; n'a pratiquement pas connu d'évolution depuis l'instauration du D.O.C [405] du 12 Août 1913. Les problèmes générés par cette carence sont multiples et étaient analysés dans les chapitres précédents. La révision de la législation passe nécessairement par une concertation entre autorités et professionnels. Les lois pouvant émaner de ces concertations devraient refléter la situation réelle du secteur du BTP et prendre en considération les préoccupations des métiers.

Les litiges naissant des difficultés du secteur du BTP proviennent essentiellement d'absence de lois définissant les métiers et délimitant ainsi les responsabilités. Par ailleurs, l'insuffisance des couvertures d'assurance, la lenteur d'indemnisation des sinistres couverts par les polices de responsabilité ; professionnelle ou décennale ; n'ajoutent que l'eau au moulin. La révision de la loi sans l'instauration d'un système d'assurance adéquat ne résoudrait les problèmes qu'à moitié et de ce fait les solutions seraient boiteuses.

La sécurité et l'hygiène dans les chantiers est le champ de bataille pour les ingénieurs préventionnistes. La gestion des risques sur chantier passe nécessairement par l'établissement des plans d'hygiène et de sécurité (PHS) mais à condition qu'ils soient normalisés, réglementés et opposables sinon ils ne seraient pas productifs et seraient comme dit l'adage « écriture sur l'eau ».

L'organisation actuelle du secteur du BTP génère des situations conflictuelles et des situations de confusions des métiers et de ce fait génère des dilutions et confusions d'obligations et de responsabilités. Elle ne permet nullement une transparence des marchés publics. La corruption envenime le secteur et produit des résultats de non qualité et de médiocrité des projets. Combien de fois on a assisté au Maroc à la réalisation des mêmes travaux plusieurs fois suite à la constatation de malfaçons et pathologies dans l'ouvrage se soldant par des pertes financières pour le pays et des résultats de qualité des plus médiocres. Dans le même sens, la pluralité des normes utilisées au Maroc exige

[405] Dahir des Obligations et Contrats : Code civil marocain

une unification de la normalisation[406] permettant de mettre en place un référentiel unifié servant de repère pour les professionnels et magistrats et rendant son application obligatoire et opposable à tous les professionnels.

La loi d'obligation d'assurance construction 59.13, même venue tardivement, elle marque un tournant et un début de changement de la législation marocaine. Mais néanmoins, elle n'a pas résolu tous les problèmes posés au secteur du BTP. En d'autres termes, les problèmes juridiques relatifs à la définition et limitation des responsabilités des constructeurs, l'acte de la réception des travaux ainsi que la sous-traitance restent de mise. Par ailleurs, son application ne sera pas facile mais contribuera en partie à la réparation des sinistres rapidement et diminuer ainsi l'aggravation des pathologies des travaux du bâtiment.

En résumé, il est urgent de repenser les textes législatifs qui gèrent le secteur de la construction et de les rassembler aussi dans un code facilitant ainsi leur accès et de ce fait leur application.

Par ailleurs, nous pensons qu'une compagnie d'assurance qui veut aller de l'avant ne peut en aucune façon atteindre un accroissement de ses parts sur le marché où elle opère malgré la concurrence accrue et poussée sans la formation technique de son personnel. Au vu des difficultés techniques de souscription et acceptation des polices d'assurance construction et qui demandent une grande technicité tant des souscripteurs que celle des gestionnaires de sinistres dans les compagnies d'assurance, il parait impératif pour le secteur des assurances de prendre en main la formation continue de son personnel par l'organisation de stages et de séminaires. Une entreprise est une entité formée d'hommes et de femmes : L'élément humain est ; avant tout ; la colonne vertébrale de l'entreprise.
D'autre part, les compagnies d'assurances sont appelées à améliorer l'efficacité et la qualité du travail malgré l'accroissement du volume des affaires à traiter. Ce but peut être atteint en adoptant un système informatique adéquat ainsi qu'un réseau de distribution des produits averti et efficace (ce sujet est d'une grande importance qui mérite à lui seul une thèse).

---

[406] Ensemble des normes techniques dans les différents domaines et métiers de la construction

Le développement actuel exige aussi des compagnies d'assurance une amélioration des produits ainsi que la qualité générale des services par :

- Un changement des mentalités et une redéfinition du rôle de l'assureur dans le tissu tant économique que social du Maroc. Le secteur des assurances doit jouer le rôle qui lui est assigné à savoir être le moteur de l'industrie marocaine ;

- Le renforcement des droits de l'assuré en le conseillant et en proposant des textes de lois qui peuvent être en mesure de valoriser la protection sociale du citoyen marocain. Ce renforcement ne peut qu'aider à réguler le rythme de croissance du secteur d'assurance. Dans le même sens, il est nécessaire actuellement d'essayer de simplifier les textes de police d'assurance et les mettre à la portée du grand public. Cela est d'autant plus valable pour les contrats d'assurance qui s'adressent aux particuliers (Marché des particuliers) ;

- La création et la mise en place d'un organisme chargé de l'observation statistique des sinistres qu'ils soient assurés ou non assurés en procédant à l'analyse des causes (recueillies auprès des experts) et des conséquences (recueillies auprès des assurés) ainsi que la réalisation d'enquêtes sur l'évaluation des systèmes de prévention et de protection des risques ;

- La révision systématique du portefeuille en l'adaptant constamment à la demande ;

- Les compagnies d'assurance devraient se préparer à une venue massive de demande d'assurance construction et devraient en même temps revoir et réviser leurs traités de réassurance à la lumière de la nouvelle loi d'obligation d'assurance construction N° 59.13.

En définitive l'assureur est un observateur social et technique privilégié puisqu'il reçoit les informations qualitatives des Risques. Dans ces conditions, il doit dépasser l'idée de simple preneur de risques et apporter une nouvelle approche afin de pouvoir répondre de façon satisfaisante à ces nouvelles exigences.

BIBLIOGRAPHIE

1 - Ouvrages

AL AMRANI ZANTAR (M), شرح قانون التأمين رقم 99-17 دراسة نظرية وتطبيقية, Traduction Libre: Explication du code d'assurance N° 17-99, Études théorique et pratique, Marrakech, IMPRIMERIE ET PAPETERIE NATIONALE - MARRAKECH, 1ère éd, 2005

AL KAZBARI (M), نظرية الإلتزامات في ضوء قانون الإلتزامات والعقود المغربي - أوصاف الإلتزام وانتقاله وانقضاؤه, Traduction Libre: Théorie des obligations à la lumière du code des obligations et contrat marocain - Caractéristiques de l'obligation, son transfert et sa déchéance, T2, Beyrouth, DAR AL KALAM, 2ème éd, 1974

AL KAZBARI (M), نظرية الإلتزامات في ضوء قانون الإلتزامات والعقود المغربي - مصادر الإلتزامات, Traduction Libre: Théorie des obligations à la lumière du code des obligations et contrat marocain - Sources des obligations, T1, Beyrouth, DAR AL KALAM, 2ème éd, 1974

ARGUS, L'expertise de règlement de sinistres, Paris, GROUPE MONITEUR, N° 32, 1997

ASSAROUKH (M), الصفقات العمومية في المغرب الأشغال-التوريدات-الخدمات, Traduction Libre: Les marchés publics au Maroc (les travaux, les fournitures, les prestations), Rabat, DAR AL KALAM, 2ème éd, 2012

BACACHE-GIBEILI (M), Droit civil, T5, Les obligations, la responsabilité civile extracontractuelle, Beyrouth, ÉDITIONS DELTA, 1ère éd, 2008

BAHI (M), دليل الصفقات العمومية, Traduction Libre: Guide des marchés publics, El Jadida, IMPRIMERIE ASSABAH, 2000

BEHAR-TOUCHAIS (M), VIRASSAMY (G), Les contrats de la distribution, Paris, EDITIONS DELTA, 1999

BEIGNIER (B), BLÉRY (C), Introduction au droit, Cours, Mémento, Lexique, Méthodologie des travaux dirigés, Paris, MONTCHRESTIEN LEXTENSO EDITIONS, 2011

BENABENT (A), Les contrats spéciaux civils et commerciaux, Paris, DELTA - MONTCHRESTIEN, 7ème éd, 2006

BENNOUNA (M.J), Pathologie et Management de la construction, Mohammedia, IMPRIMERIE FEDALA, 1998

BENYAHYA (M), Introduction générale au droit, Casablanca, ÉDITIONS MAGHRÉBINES, 5ème éd, 2003

BERGEL (J.L), BRUSCHI (M), CIMAMONTI (S°, Traité de droit civil, Les biens, Paris, L.G.D.J - E.J.A, 2000

BETTINI (S), BETTINI (S), Professions immobilières - Techniques du bâtiment, Montiny-le-bretonneux, CASTEILLLA, 2010

BIGOT (J), BEAUCHARD (J), HEUZÉ (V), KULLMANN (J), MAYAUX (L), NICOLAS (V), Traité de droit des assurances, T3, Le contrat d'assurance, Paris, L.G.D.J - DELTA, 2003

BIGOT (J), BELLANDO (JL), HAGOPIAN (M), MOREAU (J), PARLEANI (G), Traité de droit des assurances, T1, Entreprises et organismes d'assurance, Paris, EDITIONS DELTA 2000, 2ème éd, 1996

BIGOT (J), LANGÉ (D), Traité de droit des assurances, T2, La distribution de l'assurance, Paris, EDITIONS DELTA 2000, 1999

BLAISE (JB), Droit des affaires, Paris, L.G.D.J - DELTA, 1999

BONNARD (J), Droit des assurances, Paris, LEXISNEXIS LITEC, 4ème éd, 2011

BOUACHIK (A), الدليل العملي للاجتهاد القضائي في المادة القضائية, Traduction Libre: Guide pratique de jurisprudence en droit administratif, Rabat, REMALD, 1ère éd, 2004

BOUDAHRAIN (A), Droit judiciaire privé marocain, Casablanca, SOCIÉTÉ D'EDITION ET DE DIFFUSION AL MADARISS, 1999

CARBONIER (J), Sociologie juridique, Paris, PRESSES UNIVERSIATAIRES DE FRANCE, 2ème éd, 1978

CENTRE AFRICAIN DES RISQUES CATASTROPHIQUES, Catastrophe Risks: Management and coverage in insurrance and reinsurance, Traduction Libre: Risques catastrophiques: Gestion et couverture d'assurance et de réassurance, Rabat, SOCIÉTÉ CENTRALE DE RÉASSURANCE, 2008

CHABANOL (D), JOUGUELET (J.P), Marchés publics de travaux, Droits et obligations des signataires, Paris, LE MONITEUR, COLLECTION L'ACTUALITÉ JURIDIQUE, 1994

CHAGNY (M), PERDRIX (L), Droit des assurances, Paris, LGDJ LEXTENSO EDITIONS, 2ème éd, 2013

CHAHBOUN (A), الشافي في شرح قانون الالتزامات والعقود المغربي, Traduction Libre: Le satisfaisant en explication du droit des obligations et contrat marocain, Settat, 1999

CHERKAOUI (A), قانون العقود المسماة, T1, العقود الناقلة للملكية فقد البيع, Rabat, IMPRIMERIE AL OUMNIA, 2011

CHIGUER (M), FIRDAWCI(L), OUSMOUH (A), BOUKILI (H), Gestion du risque sécheresse: Cas des céréales au Maroc, L'assurance indexée (Standard Précipitation Index (SPI)), Rabat, COLLECTION CONFLUENCE, 2013

CIBERT-GOTTON (V), ALBORTCHIRE (A), Pratique du droit de la concurrence et de la consommation, Paris, ESKA, 2007

COLLECTIF, Guide de l'urbanisme et de l'architecture, IMPRIMERIE ROYALE, 1993

COLLECTIF, Le droit, Paris, ELLIPSES, 1988

COZIAN (M), VIANDIER (A), DEBOISSY (F), Droit des sociétés, Paris, LITEC, 11ème éd, 2004

DE POLIGNAC (B), MONCEAU (J.P), Expertise immobilière, Paris, EYROLLES, Mise à jour, 2003

DECROUX (P), Droit foncier marocain, Rabat, ÉDITIONS LA PORTE, 2008

DECROUX (P), Les sociétés en droit marocain, Rabat, ÉDITIONS LA PORTE, 5ème éd, 1988

DE TARDE (G), Les transformations du droit, Paris, 1893

EL ALAOUI (E.M), Les principes élémentaires de la réglementation des assurances au Maroc, T1, Casablanca, SOCIÉTÉ D'EDITION ET DE DIFFUSION AL MADARISS, 1978

EL ARARI (A), المسؤولية العقدية للمقاول والمهندس المعماري بالمغرب, Traduction Libre: La responsabilité contractuelle de l'entrepreneur et de l'architecte au Maroc, Rabat, DAR AL AMANE, 2ème éd, 2010

EL ARARI (A), عقد البيع, Traduction Libre: Le contrat de vente, Rabat, DAR AL AMANE, 2ème éd, 2010

EL ARARI (A), مصادر االإلتزامات - المسؤولية المدنية, Traduction Libre: Origines des obligations - La responsabilité civile, T2, Rabat, DAR AL AMANE, 3ème éd, 2011

EL HAINI (M), الحماية القانونية والقضائية للمأمن له في عقد التأمين, Traduction Libre: La protection juridique et judiciaire de l'assuré dans le contrat d'assurance, دراسة في عقد التأمين حماية مستهلكي خدمات التأمين, Rabat, DAR AL AFAK AL MAGHRIBIYA LI NACH WA TAWZII, 2010

EL KAZBRI (M), نظرية الإلتزامات في ضوء قانون الإلتزلمات والعقود المغربي - الجزء الأول مصادر الإلتزامات, Traduction Libre: Théorie des obligations dans le code des obligations et contrats marocain - Première partie Origines des obligations, Le Caire, DAR AL QUALAM, 3ème éd, 1974

EL KAZBRI (M), نظرية الإلتزامات في ضوء قانون الإلتزلمات والعقود المغربي - الجزء الثاني أوصاف الإلتزام وانتقاله وانقضاؤه, Traduction Libre: Théorie des obligations dans le code des obligations et contrats marocain - Seconde partie Description de l'obligation, de son transfert et de son extinction, Le Caire, DAR AL QUALAM, 3ème éd, 1974

ESSAID (M.J), Introduction à l'étude du droit, Casablanca, FONDATION M. J. ESSAID, 4ème éd, 2010

FABRE-MAGNAN (M), Droit des obligations, Responsabilité civile et quasi-contrats, Paris, PRESSES UNIVERSIATAIRES DE FRANCE, 3ème éd, 2013

FAHMI (T), المسؤولية المدنية في فترة المفاوضات السابقة على التعاقد في القانون المغربي, Traduction Libre: Responsabilité civile en période de négociations avant contât dans le droit marocain, Rabat, TOP PRESSE, 2012

FAVRE ROCHEUX (A), COURTIEU (G), Le droit du contrat d'assurance terrestre, Paris, L.G.D.J - DELTA, 1998

FETAHI (I), الاتفاق على تعديل أحكام المسؤولية العقدية في القانون المغربي والمقارن, Traduction Libre: Accord sur le changement des conditions de la responsabilité contractuelle en droit marocain et droit comparé, Rabat, IMPRIMERIE AL OUMNIA, 2004

FREYTAG (R), La tous risques chantiers, Paris, ARGUS, 1988

GOUBEAUX (G), BIHR (P), 100 commentaires d'arrêts en droit civil, Méthode appliquée, Paris, LGDJ LEXTENSO EDITIONS, 3ème éd, 2008

GOURDIN (G), Initiation aux études juridiques, Paris, CONFÉRENCE DES AMIS DE L'ICH, 2006

GRELIER WYCKOFF (P), Pratique du droit de la construction - Marchés publics et privés, Paris, EYROLLES, 5ème éd, 2007

GUAILLARD (E), La jurisprudence du CIRDI, T1, Volume I (1965-2003), Paris, EDITIONS A. PEDONE, 2011

GUAILLARD (E), La jurisprudence du CIRDI, T2, Volume II (2004-2009), Paris, EDITIONS A. PEDONE, 2011

GUELLAF (A), رقابة الدولة على قطاع التأمين, Traduction Libre: Contrôle de l'État sur le secteur de l'assurance, Rabat, ARABIAN AL HILAL, 1995

HADDAD (A), القضاء الإداري المغربي على ضوء القانون المحدث للمحاكم الإدارية, Traduction Libre: Le droit administratif à la lumière de la loi de création des tribunaux administratifs, Rabat, IMPRIMERIE OKAD, 1994

HAGOPIAN (M), LAPARRA (M), Aspects théoriques et pratiques de la réassurance, Paris, LA SÉCURITAS EDITEUR, 1991
H
HEUZÉ (V), Traité des contrats, Paris, DELTA - LGDJ, 2000

ISRAËL (L), SACRISTE (G), VAUCHEZ (A), WILLEMEZ (L), Sur la portée sociale du droit, Paris, PUF, 2005

JABBAR (ST), أساس المسؤولية المدنية عن العمل غير المشروع بين الخطأ والضرر, Traduction Libre: La base de la responsabilité civile pour le travail illégal entre la faute et le préjudice, Le Caire, DAR AL KOUTOUB AL KANOUNIYA - DAR CHATAT, 2010

JACUOT (H) - PRIET (F), Droit de l'urbanisme, Paris, DALLOZ DELTA, 3ème éd, 1998

KHALED (AM), المسؤولية المدنية في ضوء أحدث أحكام محكمة النقض, Traduction Libre: La responsabilité civile à la lumière des arrêts les plus récents de la cour de cassation, Le Caire, DAR AL KOUTOUB AL KANOUNIYA - DAR CHATAT, 2009

LAHRACH (K), القانون الإداري المغربي, Traduction Libre: Le droit administratif marocain, Rabat, TOP PRESSE, 2ème éd, 2012

LAMBERT-FAIVRE (Y), Droit des assurances, Paris, DALLOZ DELTA, 10ème éd, 1999

LAMBERT-FAIVRE (Y), Risques et assurances des entreprises, Paris, ÉDITIONS DALLOZ, 3ème éd, 1991

LAPOYADE DESCHAMPS (C), BLOCH (L), MORAACCHINI-ZEIDENBERG (S), Droit des obligations, Paris, ELLIPSES, 2ème éd, 2008

LARROUMET (C), Droit civil, T1, Introduction à l'étude du droit civil, Paris, ECONOMICA DELTA, 3ème éd, 2000

MAALAL (F), الوسيط في قانون التأمين, Traduction Libre: L'intermédiaire du code des assurances, Rabat, DAR ABI RAQRAQ D'IMPRESSION ET D'EDITION, 2011

MAALAL (F), شرح القانون التجاري المغربي الجديد, Traduction Libre: Explication du nouveau code de commerce marocain, 2ème éd, 2001

MAPFRE RE, Risque et assurance dans la construction, Cours du 10 Juin 2008 à Casablanca, Casablanca, 2008

MAYAUX (L), Les grandes questions du droit des assurances, Paris, LGDJ LEXTENSO EDITIONS, 2011

MENDEGRIS (R), VERMELLE (G), Le commentaire d'arrêt en droit privé, Paris, DALLOZ, 7ème éd, 2004

MERNISSI (A), Répons' Immo, Casablanca,

MIAILLE (M), Une introduction critique au droit, Paris, FRANÇOIS MASPERO, 1978

MOCKJLE (D), La gouvernance, le droit et l'État, Bruxelles, BRUYLANT, 2007

MOUMMI (S), Droit Civil droit des obligations, EL BADII, 2000

MOUTMIR (F), المسؤولية المعمارية للمقاول بين أزمة النص ومتطلبات الإصلاح, Traduction Libre: La responsabilité de l'entrepreneur entre la crise de la loi et les besoins de réformes, Rabat, IMPRIMERIE AL OUMNIA, 2010

ORGANISATION AFRICAINE DES ASSURANCES, L'OAA - 40 ans au service de l'assurance Africaine, 1972 - 2012, Douala, OAA, 2012

OUGHRISS (M), التأمين من المسؤولية في التشريع المغربي, Traduction Libre: Assurance de responsabilité dans la législation marocaine, Casablanca, IMPRIMERIE AL QARAWIINE, 2ème éd, 2001

PERRINET-MARQUET (H), La Responsabilité des constructeurs, Paris, DALLOZ, 1997

PERROT (R), Institutions judiciaires, Paris, MONCHRESTIEN, E.J.A, 12ème éd, 2006

PONCE (C), Droit de l'assurance construction, Paris, GUALINO LEXTENSO EDITIONS, 2ème éd, 2011

PREVOTES (J), ENO (J), L'assurance des pertes d'exploitation, Paris, ARGUS, 6ème éd, 1988

RAMEL (M), La réassurance, Aspects théoriques et pratiques, Paris, DULAC ET COMPAGNIE, 1980

RODA (JC), Les principales clauses des contrats d'affaires, Paris, EDITIONS LEXTENSO - POINT DELTA, 2011

ROUSSET (M), Contentieux administratif marocain, Rabat, ÉDITIONS LA PORTE, 2001

ROUSSET (M), BENABDALAH (MA), Actualité du droit administratif 2003-2009, Rabat, ÉDITIONS LA PORTE, 2010

RUBISE (P), L'assurance des risques techniques, Paris, ARGUS, 1987

SAFI (A), القانون المدني - تكوين العقد, Traduction Libre: Droit civil Formation du contrat, Casablanca, IMPRIMERIE ANNAJAH AL JADIDA, 2006

SAFI (A), بيع العقار في طور الإنجاز, Traduction Libre: Vente des immeubles en l'état futur d'achèvement, Casablanca, IMPRIMERIE AL JADIDA, 2011

SAMII (A), المقاولة من الباطن للصفقة, Traduction Libre: La société sous-traitant e du contrat, Casablanca, SOMADIL, 2008

SANHOURI (AA), الوسيط في شرح القانون المدني الجديد, Traduction Libre: L'intermédiaire d'explication du nouveau droit civil, Beyrouth, AL - HALABI LEGAL - PUBLICATIONS, 2011

SIMON (P), Droit civil, Paris, VUIBERT, 2ème éd, 2005

VINEY (G), JOURDAIN (P), Traité de droit civil, les conditions de la responsabilité, Paris, L.G.D.J - DELTA, 2ème éd, 1998

VINEY (G), JOURDAIN (P), Traité de droit civil, les effets de la responsabilité, Paris, L.G.D.J - DELTA, 2ème éd, 2002

ZAKI (M.J.D), الخبرة في المواد المدنية والتجارية, Traduction Libre: L'expertise dans les branches civiles et commerciales, Caire, IMPRIEMERIE UNIVERSITÉ DU CAIRE, 1990

ZAVARO (M), Assurance construction, recueil de textes commentés, PUBLICATIONS PROFESSONNELLES VALMY, 1997

ZLAIJI (M), الحق في الضمان المعماري ومدى انتقاله إلى الخلف الخاص, Traduction Libre: Le droit de garantie des constructions et la portée de son transfert au tiers, Oujda, IMPRIMERIE AL JOUSSOUR, 2011

ZOUBAA (A), Le régime juridique des marchés publics, Rabat, DAR ASSALAM, 2011

2 - Thèses et mémoires

BARON (F), La prévention en Responsabilité Civile, Quelle démarche pour les entreprises assurées ? Quel rôle pour les sociétés d'assurance, Mémoire MBA, Paris, ECOLE NATIONALE D'ASSURANCE, 2009

BERNARDIN (H), La Responsabilité des constructeurs de voirie et réseaux divers, Th,Nancy, UNIVERSITE NANCY 2, 2010

BERTHOU (S), Étude jurisprudentielle et statistique de la sinistralité des Géomètres-Experts, Mémoire de travail de fin d'études en vue de l'obtention du Diplôme d'Ingénieur de l'ESGT, Le Mans, Conservatoire National des Arts et Métiers - École Supérieure des Géomètres et Topographes, 2007

EL ARARI (A), المسؤولية العقدية للمقاول والمهندس المعماري بالمغرب, Traduction Libre: La responsabilité contractuelle de l'entrepreneur et de l'architecte au Maroc, Th, Rabat, UNIVERSITÉ MOHAMED V - RABAT, 1991

NGOUNGOURE MFENJOU (D), L'OEUVRE CREATRICE DE LA JURISPRUDENCE EN MATIERE DE RESPONSABILITE CIVILE ET D'ASSURANCE DES CONSTRUCTEURS, Th, Lille, UNIVERSITÉ LILLE 2, 2007

NIANG (Y), Assurance construction, Mémoire de maitrise, Dakar, UNIVERSITE CHEIKH ANTA DIOP, 2006

VINCENTELLI (C), L'amiante : comment gérer un risque inassurable?, Mémoire MBA, Paris, ECOLE NATIONALE D'ASSURANCE, 2009

3 - Revues

AL MOUNTADA, التحكيم, Traduction Libre: L'arbitrage, Marrakech, IMPRIMERIE PAPETERIE EL WATANYA, N° 2, 2000

ARGUS, L'expertise de règlement de sinistres, Paris, GROUPE MONITEUR, N° 32, 1997

ASSOCIATION DE PUBLICATION DE LA CONNAISSANCE JURIDIQUE ET JUDICIAIRE, مجلة المحاكم الإدارية, Traduction Libre : Revue des tribunaux administratifs, Rabat, IMPRIMERIE AL YAT, N° 4, 2011

ASSOCIATION DE PUBLICATION DE LA CONNAISSANCE JURIDIQUE ET JUDICIAIRE, مجلة المحاكم الإدارية, Traduction Libre : Revue des tribunaux administratifs, Rabat, IMPRIMERIE AL YAT, N° 4, 2011

BARREAU DE KENITRA, الإشعاع, Traduction Libre: Rayonnement, Rabat, IMPRIMERIE AL MAARIF, N° 40-39, 2012

CENTRE DE PUBLICATION ET DOCUMENTATION JUDICIAIRE, La jurisprudence de la Cour de cassation française concernant les arrêts de la Cour d'appel de Rabat, T1, Période 1915-1939, Rabat, ÉDITIONS IDGL, 2007

CENTRE DE PUBLICATION ET DOCUMENTATION JUDICIAIRE, La jurisprudence de la Cour de cassation française concernant les arrêts de la Cour d'appel de Rabat, T2, Période 1940-1951, Rabat, ÉDITIONS IDGL, 2007

CENTRE DE PUBLICATION ET DOCUMENTATION JUDICIAIRE, La jurisprudence de la Cour de cassation française concernant les arrêts de la Cour d'appel de Rabat, T3, Période 1952-1955, Rabat, ÉDITIONS IDGL, 2007

CENTRE DE PUBLICATION ET DOCUMENTATION JUDICIAIRE, La jurisprudence de la Cour de cassation française concernant les arrêts de la Cour d'appel de Rabat, T4, Période 1956-1958, Rabat, ÉDITIONS IDGL, 2007

CENTRE DE PUBLICATION ET DOCUMENTATION JUDICIAIRE, La jurisprudence de la Cour de cassation française concernant les arrêts de la Cour d'appel de Rabat, T5, Période 1959-1965, Rabat, ÉDITIONS IDGL, 2007

CENTRE DES ÉTUDES JURIDIQUES CIVILES ET FONCIÈRES - FACULTÉ DE DROIT DE MARRAKECH, الأنظمة العقارية في المغرب, Traduction Libre: Les régimes fonciers au Maroc, Marrakech, CENTRE DES ÉTUDES JURIDIQUES CIVILES ET FONCIÈRES, 2003

CENTRE MAROCAIN DES ÉTUDES JURIDIQUES, Le nouveau code de commerce, Actes de la journée d'études organisée par le CMEJ Rabat, 5 Juillet 1996, Rabat, CENTRE MAROCAIN DES ÉTUDES JURIDIQUES, 1997

CHIGUER (M), FIRDAWCI(L), OUSMOUH (A), BOUKILI (H), Gestion du risque sécheresse: Cas des céréales au Maroc, L'assurance indexée (Standard Précipitation Index (SPI)), Rabat, COLLECTION CONFLUENCE, 2013

CONSEIL DU BARREAU DE CASABLANCA, مجلة المحاكم المغربية, Traduction Libre: Revue des tribunaux marocains, LHAJ ALI SANAD, N° 121, 2009

COUR DE CASSATION DU ROYAUME DU MAROC, مجلة قضاء محكمة النقض, Traduction Libre: Revue des arrêts de la cour de cassation, Rabat, IMPRIMERIE AL OUMNIA, N° 74, 2012

COUR DE CASSATION DU ROYAUME DU MAROC, مجلة ملفات عقارية, Traduction Libre: Revue des dossiers fonciers, Rabat, IMPRIMERIE AL OUMNIA, N° 1, 2012

COUR SUPRÊME - ROYAUME DU MAROC, قرارات المجلس الأعلى الغرفة الإدارية 1971 -1972, Traduction Libre: Arrêts de la cour suprême 1971-1972, Rabat, ASSOCIATION DE DÉVELOPPEMENT DES RECHERCHES ET ÉTUDES ADMINISTRATIVES, 1ère éd, 1983

COUR SUPRÊME - ROYAUME DU MAROC, Arrêts de la chambre civile Période 1983-2004, Rabat, CENTRE DE PUBLICATION ET DOCUMENTATION JUDICIAIRE, 2007

COUR SUPRÊME DU ROYAUME DU MAROC, مجلة قضاء الجلس الأعلى, Traduction Libre: Revue des arrêts de la cour suprême, Rabat, IMPRIMERIE AL OUMNIA, N° 73, 2011

INSTITUT NATIONAL D'ÉTUDES JUDICIAIRES, Le droit maritime marocain, Rabat, A.P.R.E.J, 1981

LE MONITEUR, Responsabilités, contrôle et assurances de la construction, ACTUALITÉ JURIDIQUE PROPRIÉTÉ IMMOBILIÈRE (AJPI), 1980

LE MONITEUR, Responsabilités, contrôle et assurances de la construction, ACTUALITÉ JURIDIQUE PROPRIÉTÉ IMMOBILIÈRE (AJPI), 1980

MINISTÈRE DE LA JUSTICE ET DES LIBERTÉS, مجلة القضاء والقانون, Traduction Libre: Revue de la justice et du droit, Rabat, IMPRIMERIE AL OUMNIA, 161, 2012

ORGANISATION AFRICAINE DES ASSURANCES, L'OAA - 40 ans au service de l'assurance Africaine, 1972 - 2012, Douala, OAA, 2012

REMALD, Droit de l'arbitrage et de la conciliation en matières civile et commerciale, Casablanca, IMPRIMERIES AL MAARIF AL JADIDA, N° 147, 2006

REVUE MAROCAINE DE DROIT ET D'ÉCONOMIE DU DÉVELOPPEMENT, Journées d'études sur D.O.C et Société 70 ans après, FACULTÉ DES SCIENCES JURIDIQUES ÉCONOMIQUES ET SOCIALES DE CASABLANCA, N° 7, 1984

REVUE MAROCAINE DE DROIT ET D'ÉCONOMIE DU DÉVELOPPEMENT, Journées d'études sur D.O.C et Société 70 ans après, FACULTÉ DES SCIENCES JURIDIQUES ÉCONOMIQUES ET SOCIALES DE CASABLANCA, N° 7, 1984

SUDRES (R), L'assurance des risques de la construction, Hannover, HANNOVER RE, 2006

4 - Webographie

4.1 - Sites de Jurisprudence

www.legifrance.gouv.fr
(Le service public de la diffusion du droit)
http://jurismaroc.xooit.fr
(Le forum de droit marocain)
http://www.cass.be
(Cour de cassation - Belgique)
http://gallica.bnf.fr/ark:/12148/cb34488540t/date.r=.langFR

(Bulletin des arrêts de la cour de cassation en matière civile - France)
http://jurismaroc.xooit.fr/t537
(Cours-de-droit-musulman.htm, Jurismaroc Cours de droit musulman)
http://legifrance.gouv.fr/
(Le service public de la diffusion du droit)
http://www.cass.be/
(JURIDAT - Le portail du pouvoir judiciaire de Belgique)
http://www.conseil-etat.fr/
(Conseil d'État et la juridiction administrative - France)
http://www.courdecassation.fr/
(Cour de Cassation française)
http://www.jurisprudence.ma/
(Site du cabinet d'avocat Bassamat - Maroc)
http://www.jurisques.com/
(Site d'actualités juridiques)
http://www.senat.fr/
(Le sénat - France)

4.2 - Sites de thèses et mémoires

www.memoireonline.com
(Site des mémoires en ligne)
www.halshs.archives-ouvertes.fr

4.3 - Dictionnaires, lexiques et encyclopédies

http://www.dictionnaire-juridique.com
http://www.lexique-assurance.com
http://comparateurassurances.fr/lexique
http://www.universalis.fr/encyclopedie/droit-droit-compare/,
Encyclopédie Universalis - France,

4.4 - Sites de techniques de l'ingénierie

www.techniques-ingenieur.fr
www.ingenieursdumaroc.com
www.structureparasismic.com

4.5 - Sites de BTP

http://www.fnpi.net.ma

4.6 - Sites de droit

www.lexadin.nl/wlg/legis/nofr/oeur/lxwemar.htm
www.lexinter.net
http://achatpublic.blogspot.com/p/textes-juridiques.html, Marchés publics au Maroc
http://lexinter.net/, Le droit sur Internet - France
http://www.anil.org/, Agence Nationale pour l'Information sur le Logement
http://www.dalloz.fr/, Editions Dalloz
http://www.joradp.dz/HFR/Index.htm, Secrétariat Général du Gouvernement - Algérie
http://www.lexadin.nl/wlg/legis/nofr/oeur/lxwemar.htm, Legilation Morocco
http://www.lexadin.nl/wlg/legis/nofr/oeur/lxwemrt.htm, Législation Mauritanienne - Mauritanie
http://www.cima-afrique.org/, Portail de la Conférence Interafricaine des Marchés d'Assurances
http://www.ohada.com/, Portail de l'Organisation pour l'Harmonisation en Afrique du Droit des Affaires
http://www.fbls.net/soustraitant2P.htm

4.7 - Sites d'assurance

www.assurancesmaroc.com
www.assurancesguide.com
http://www.jurisques.com/jfc21.htm, CARLOT (JF), La place de l'assurance dans la gestion des risques Notion - Historique - Intérêts - Mécanisme
http://www.smabtp.fr

4.8 - Sites de revues spécialisées

www.lavieeco.com
www.universalis.fr
http://www.africaneconomicoutlook.org

4.9 - Sites officiels

www.sgg.gov.ma
www.mhu.gov.ma
http://adala.justice.gov.ma/AR/Legislation/TextesJuridiques.aspx
http://www.justice.gov.ma/, Ministère de la justice - Maroc,
http://www.marche-public.fr/Marches-publics/Textes/Jurisprudence, Portail des marchés publics - France,
http://www.mtpnet.gov.ma/MET_New/accueilar.htm, Ministère de l'équipement et du transport - Maroc,
http://www.sgg.gov.ma/sgg.aspx, Secrétariat Général du Gouvernement - Maroc,
https://www.marchespublics.gov.ma/pmmp/, Portail des marchés publics - Maroc,

TABLE DES FIGURES

LISTE DES TABLEAUX

TABLE DES MATIÈRES

DROIT

AUX ÉDITIONS L'HARMATTAN

Dernières parutions

DROIT DES RESSOURCES NATURELLES

Éléments d'élaboration, d'analyse et d'évaluation des lois

Mukendi Mukendi Ntantamika

Préface de Maître Emery Mukendi Wafwana

Cet ouvrage tente de répondre à la problématique induite par la quête scientifique et politique d'un meilleur système d'appropriation des ressources naturelles, d'un meilleur dispositif de contrôle d'accès à leurs gisements et de redistribution des revenus de leur exploitation. C'est par la construction d'archétypes de régimes juridiques déduits des critères institutionnels, écologiques, sociaux et économiques du principe de développement durable que ce livre procède.

(Coll. Harmattan RDC, 612 p., 49 euros)

ISBN : 978-2-343-15169-4, EAN EBOOK : 9782140122569

LES PROCÉDURES DE CONTRÔLE A POSTERIORI EN RD CONGO

Mise en oeuvre de contrôles douaniers et accisiens modernes et efficaces

Alain Tenday Lupumba

Préface d'Albert Yuma Mulimbi - Postface de Gabriel Mwepu Numbi

"Les objectifs de cet ouvrage sont de sensibiliser les professionnels et les autres acteurs du commerce international aux spécificités du contrôle douanier a posteriori et d'offrir une approche pratique et spécifique des rôles et responsabilités des uns et des autres. En l'intitulant Les procédures de contrôle a posteriori en RD Congo, mise en oeuvre de contrôles douaniers et accisiens modernes et efficaces, l'auteur a volontairement pris le parti de questionner l'ensemble des composantes susceptibles d'influencer la performance de l'administration douanière, y compris les aspects humains" (extrait de la préface de Albert Yuma Mulimbi)

(Coll. Comptes Rendus, 270 p., 28 euros)

ISBN : 978-2-343-17235-4, EAN EBOOK : 9782140122149

AN OUTILINE OF CUSTOMS POLICY OF THE DEMOCRATIC REPUBLIC OF CONGO

2003-2010

Jean-Paul Esamba Bokel'Ipoka

Foreword by Déo Rugwiza Magera

An Outline of Customs Policy of the Democratic Republic of Congo presents in the easiest way what is meant by customs policy in general, its basics namely: objects, elements, sources, instruments, functions (...), regional and international frameworks. The author stresses on the customs policy progress from 2003 to 2010, which is a decisive period in the DRC customs management, through the implementation of 2003 customs reform and modernization programme.

(Coll. Harmattan Cameroun, 156 p., 17 euros)

ISBN : 978-2-343-17710-6, EAN EBOOK : 9782140122040

LA GOUVERNANCE FORESTIÈRE EN RÉPUBLIQUE DU CONGO

1899-2017

André Ondele-Kanga

Ce livre a été rédigé pour documenter et archiver, au profit des générations futures, l'historique de la gouvernance forestière en République du Congo de 1899 à 2018. Il dénonce un paradoxe de la gouvernance forestière actuelle qui, renonçant à la croissance économique du secteur, fonde son satisfécit sur le succès diplomatique retentissant qui fait jouer au pays un rôle honorifique de leadership des forêts du bassin du Congo.

(Coll. Harmattan Congo-Brazzaville, 376 p., 37,5 euros)

ISBN : 978-2-343-15305-6, EAN EBOOK : 9782140121845

LES CHEFFERIES TRADITIONNELLES AFRICAINES FACE À LA DYNAMIQUE DES RÉFORMES TERRITORIALES

Contribution à l'étude des processus de décentralisation

Koko Adiki Tovenim

Cette étude, au-delà d'un bilan sur les processus de décentralisation en Afrique, se veut aussi prospective en offrant une mise à jour des institutions locales en Afrique subsaharienne dans le cadre des réformes territoriales entreprises ces dernières années.

(Coll. Études africaines, 228 p., 24,5 euros)

ISBN : 978-2-343-17045-9, EAN EBOOK : 9782140121371

LES MUTATIONS RÉCENTES DE LA JUSTICE ADMINISTRATIVE EN AFRIQUE FRANCOPHONE

Etude critique à partir du modèle camerounais

Olivier Fandjip

En Afrique francophone, on observe ces dernières années des réformes qui tendent, d'une part, à consolider les différents modèles de justice administrative en vigueur et, d'autre part, à améliorer la qualité de la justice. Ces évolutions renouvellent les interrogations sur la déconcentration et l'autonomie des juridictions administratives. À travers une analyse critique et prospective, cet ouvrage montre que, malgré l'importance de ces mutations, les problématiques de l'accès et de l'autonomie de la justice administrative se posent encore avec acuité.

(Coll. Études africaines, 254 p., 25 euros)

ISBN : 978-2-343-16510-3, EAN EBOOK : 9782140120657

DROITS DES TÉLÉCOMS ET DU NUMÉRIQUE

Profil africain et congolais, prospective comparée d'Europe et de France

Kodjo Ndukuma Adjayi

Les télécoms, l'Internet et le numérique sont des facteurs techniques de transformation du droit. À l'origine, les télécoms étaient sous le régime des services publics. À partir des États-Unis et de l'Europe, l'OMC (1994-1997) a promu le droit sectoriel de la régulation. Partout, de nouveaux défis sont nés, dans le démantèlement des monopoles vers une totale économie de marché. Pour la République démocratique du Congo, ses lois « dérégulatrices », figées depuis le 16 octobre 2002, contrastent avec les mutations numériques, économiques et sociétales des États postmodernes à l'épreuve d'Internet. L'« Europe des télécoms » réajuste constamment sa politique législative autour d'objectifs structurants : construction du marché, diffusion technologique, protection des données, etc. Si l'Afrique s'adapte à peine et avec peine, la République démocratique du Congo entend bien encadrer télécoms et TIC, renouveau de régulation étatique, échanges et commerce électroniques, à travers trois textes de loi en gestation...

(Coll. Enjeux et droits numériques, 434 p., 39 euros)

ISBN : 978-2-343-15722-1, EAN EBOOK : 9782140119033

DROIT DE L'ÉCONOMIE NUMÉRIQUE

E-commerce et dérégulation européenne, française, internationale, africaine, congolaise des télécoms

Kodjo Ndukuma Adjayi

Télécoms, Internet et numérisation ont donné prise à la révolution numérique. La phénoménologie d'ordre sociétal qui en résulte est une source réelle pour le Droit. Aujourd'hui, l'État fait face à des polycentres du pouvoir normatif et aux géants planétaires du Net. L'indépendance du Net postule la régulation seulement par le code informatique et par le marché. Tourneboulés, les paradigmes du droit offrent deux approches possibles de législation : via le contenu des activités réseautées ou via leur contenant. Le réseau est, en effet, la voie électronique pour le commerce à distance. Il monétise la valeur du clic ainsi que les intelligences sans cesse inventives. Il faut donc appréhender les enjeux dans le champ d'un Droit de l'économie numérique.

(Coll. Enjeux et droits numériques, 460 p., 42 euros)

ISBN : 978-2-343-15721-4, EAN EBOOK : 9782140119057

ESCULAPE ET MARS

Certificat médical et détention d'armes

Tanguy Kerneïs

Comment rédiger un certificat médical pour "faire du tir" et que faut-il écrire ? Engage-t-on sa responsabilité pour établir un certificat lors d'une demande d'inscription à l'examen du permis de chasser ou pour rédiger un document pour ce patient qui vient d'hériter du fusil du grand-père et qui veut le conserver ? Cet ouvrage explique les arcanes de la législation des armes et détaille les diverses situations pour que ces certificats ne deviennent pas une source d'inquiétude supplémentaire à une époque où la détention et l'usage d'une arme provoquent une angoisse sociétale.

SPM (92 p., 13 euros)

ISBN : 978-2-917232-98-9, EAN EBOOK : 9782140119460

CENTENAIRE DE LA DEUXIÈME RÉVOLUTION RUSSE

Perceptions et représentations contemporaines

David Cumin

2017 fut l'année du centenaire de la Révolution russe. Les contributions regroupées dans cet ouvrage s'intéressent aux perceptions et aux représentations contemporaines de cet événement. Comment perçoit-on le bolchevisme et l'URSS de nos jours, aussi bien en Russie qu'en France ou en Europe occidentale ? Andreï Gratchev (ancien conseiller de Mikhaïl Gorbatchev) fournit une réponse inédite sur ce point.

(Coll. Épistémologie et philosophie des sciences, 182 p., 19 euros)

ISBN : 978-2-343-17482-2, EAN EBOOK : 9782140120411

SÉPARATION DES POUVOIRS ET CONTRE-POUVOIRS

Actes des 1ères journées scientifiques de droit constitutionnel Palais des Congrès de Niamey, du 10 au 13 octobre 2017

Oumarou Narey

Avec l'Association Nigérienne de Droit Constitutionnel (Andc)

L'ouvrage tente de remettre en lumière l'essence de la séparation des pouvoirs et l'esprit des contre-pouvoirs alors qu'ils ont toujours été au centre des débats doctrinaux. La tombée en désuétude de la théorie ou son inadaptation aux réalités contemporaines fait que l'on assiste aujourd'hui à la construction d'une notion de substitution, celle de contre-pouvoir. Mais le recours presque frénétique à la notion, dans le champ du droit constitutionnel et politique, comporte un risque principal : celui de la perte de toute portée explicative et de son sens critique.

(Coll. Harmattan Sénégal, 518 p., 49 euros)

ISBN : 978-2-343-16827-2, EAN EBOOK : 9782140120237

QUAND SURVEILLER C'EST PUNIR

Vers un au-delà de la justice pénale

Dominique Rivière

Punir semble la réponse naturelle à un acte jugé indésirable. Pourtant, constatant l'impossibilité de définir clairement l'acte délictueux ou criminel, et réalisant que ce sont surtout les pauvres qui sont punis, la question du sens de la peine se pose, et plus encore sa justification. Remplacer le mot crime par situation problème, c'est envisager un au-delà de la justice rétributive. Refuser toute violence, c'est aller vers une société où le paradigme punitif cède la place au soin, à l'éducation, à la médiation, à la protection des personnes. Abolir la prison, et le Code pénal, suppose un changement de regard : l'autre, dans une altérité parfois très difficile, reste un être de parole et ne peut être l'objet de coercition. Puissent ces lignes ouvrir un nouvel horizon qui exclue radicalement la violence.

(Coll. Questions contemporaines, 222 p., 22,5 euros)

ISBN : 978-2-343-17356-6, EAN EBOOK : 9782140120138

POUR UNE CRIMINOLOGIE INTERCULTURELLE
Ethnoprobation
Guillaume Arandel
Préface de Philippe Pottier. Postface de Loïck M. Villerbu
Travailler avec des personnes délinquantes ou victimes suppose une adaptation à la diversité humaine et la singularité des situations. Or, dans un contexte d'interculturalité, les risques d'incompréhensions, de méprises et de maladresses sont démultipliés. L'analyse proposée ici s'appuie sur différentes méthodes et s'inspire de disciplines telles que : l'approche comparée (France, Canada, Mali), la philosophie, l'anthropologie juridique, l'ethnopsychiatrie, la communication interculturelle ou encore des témoignages. Développer ces savoirs revient à se donner l'opportunité de mieux appréhender les différentes cultures pour, in fine, encourager une meilleure prise de conscience de celle dans laquelle nous évoluons. Il s'agit de mieux appréhender les cultures questionnées, en comprendre leurs déviances et de gagner en lucidité sur leurs valeurs.
(Coll. Controverses, 134 p., 15 euros)
ISBN : 978-2-343-17291-0, EAN EBOOK : 9782140120008

LA DOMANIALITÉ DES BIENS DE L'ADMINISTRATION PUBLIQUE À L'ÉPREUVE DES RÉGIMES FONCIERS TRADITIONNELS
Samba Sarr
De nombreuses difficultés demeurent par rapport à la gestion du domaine, qu'il soit public ou privé, qu'il appartienne à l'Etat ou aux collectivités territoriales. Les droits coutumiers désormais reconnus et magnifiés à la faveur de la valorisation des traditions séculaires contestent la primauté du droit écrit. L'auteur présente la photographie des biens de l'administration publique ainsi que leur évolution par rapport aux régimes fonciers coutumiers.
(426 p., 42 euros)
ISBN : 978-2-343-17362-7, EAN EBOOK : 9782140120046

LES SÛRETÉS ET GARANTIES RÉELLES DANS LES PROCÉDURES COLLECTIVES
Yaya Diallo
Préface de Philippe Delebecque
En France et dans l'espace OHADA, le droit des procédures collectives renvoie aux procédures judiciaires spéciales et dérogatoires par rapport au droit commun réservées au traitement curatif des difficultés des entreprises. D'ordre public, ce droit est destiné à l'entreprise débitrice et à ses créanciers. Conformément aux objectifs poursuivis, les droits et sûretés subissent des atteintes et des restrictions. Mais cette emprise naturelle du droit des procédures collectives sur les sûretés des créanciers est remise en cause. Les nouveaux mécanismes de garantie de créance ont été différenciés des sûretés réelles classiques. Il en résulte une incohérence entre le droit des sûretés et le droit des procédures collectives. Pour y remédier, cette thèse propose l'extension de l'emprise du droit des procédures collectives aux propriétés sûretés.
(Coll. Logiques Juridiques, 564 p., 49 euros)
ISBN : 978-2-343-15222-6, EAN EBOOK : 9782140119538

LIRE LES CONSTITUTIONS
Laureline Fontaine
Ouvrage coordonné par
Le phénomène du constitutionnalisme englobe plusieurs événements et appréciations : la philosophie initiale s'appuyant sur la valeur du droit comme « capable » de limiter et de cadrer le pouvoir politique qu'il s'agit effectivement de limiter et de cadrer, relayée par la valeur anthropologique du droit comme « élément traducteur » de la société humaine ; l'élaboration, la pratique, l'interprétation, la pensée et la diffusion des constitutions aussi, au sein des différents espaces géographiques et temporels, qui comptent donc autant d'éléments non juridiques que juridiques.
(Coll. Questions contemporaines, 196 p., 19,5 euros)
ISBN : 978-2-343-16082-5, EAN EBOOK : 9782140119132

Structures éditoriales du groupe L'Harmattan

L'Harmattan Italie
Via degli Artisti, 15
10124 Torino
harmattan.italia@gmail.com

L'Harmattan Hongrie
Kossuth l. u. 14-16.
1053 Budapest
harmattan@harmattan.hu

L'Harmattan Sénégal
10 VDN en face Mermoz
BP 45034 Dakar-Fann
senharmattan@gmail.com

L'Harmattan Cameroun
TSINGA/FECAFOOT
BP 11486 Yaoundé
inkoukam@gmail.com

L'Harmattan Burkina Faso
Achille Somé – tengnule@hotmail.fr

L'Harmattan Guinée
Almamya, rue KA 028 OKB Agency
BP 3470 Conakry
harmattanguinee@yahoo.fr

L'Harmattan RDC
185, avenue Nyangwe
Commune de Lingwala – Kinshasa
matangilamusadila@yahoo.fr

L'Harmattan Congo
67, boulevard Denis-Sassou-N'Guesso
BP 2874 Brazzaville
harmattan.congo@yahoo.fr

L'Harmattan Mali
Sirakoro-Meguetana V31
Bamako
syllaka@yahoo.fr

L'Harmattan Togo
Djidjole – Lomé
Maison Amela
face EPP BATOME
ddamela@aol.com

L'Harmattan Côte d'Ivoire
Résidence Karl – Cité des Arts
Abidjan-Cocody
03 BP 1588 Abidjan
espace_harmattan.ci@hotmail.fr

L'Harmattan Algérie
22, rue Moulay-Mohamed
31000 Oran
info2@harmattan-algerie.com

L'Harmattan Maroc
5, rue Ferrane-Kouicha, Talaâ-Elkbira
Chrableyine, Fès-Médine
30000 Fès
harmattan.maroc@gmail.com

Nos librairies en France

Librairie internationale
16, rue des Écoles – 75005 Paris
librairie.internationale@harmattan.fr
01 40 46 79 11
www.librairieharmattan.com

Librairie l'Espace Harmattan
21 bis, rue des Écoles – 75005 Paris
librairie.espace@harmattan.fr
01 43 29 49 42

Lib. sciences humaines & histoire
21, rue des Écoles – 75005 Paris
librairie.sh@harmattan.fr
01 46 34 13 71
www.librairieharmattansh.com

Lib. Méditerranée & Moyen-Orient
7, rue des Carmes – 75005 Paris
librairie.mediterranee@harmattan.fr
01 43 29 71 15

Librairie Le Lucernaire
53, rue Notre-Dame-des-Champs – 75006 Paris
librairie@lucernaire.fr
01 42 22 67 13

www.ingramcontent.com/pod-product-compliance
Lightning Source LLC
LaVergne TN
LVHW021142061026
849535LV00002B/320

* 9 7 8 2 3 4 3 1 4 8 0 0 7 *